JN316885

組織文化と管理会計システム

木島淑孝 編著

中央大学企業研究所
研究叢書25

中央大学出版部

はじめに

　この書では，組織文化が，管理会計・原価計算あるいはそれを核とする会計情報システム（以下，包括的に管理会計という）に，いかなる関係性を有するかについて接近を試みる．しかし，複雑な要素が水平的・垂直的に絡み合って構成される組織文化が，未だ体系化に至らずに混沌とした状態にある管理会計総体に，いかなる関係性を有するかを俄かに断定することはできない．また，組織文化の影響下で，個々の管理会計技法が，いかなる理由をもって存立するのかを決め付けることは危険でもある．

　組織文化は一方的に管理会計に影響を与える図式としてあるわけではない．その組織内で機能してきた管理会計自体が，組織文化形成の上で逆に何らかの影響を与えるという双方向性の問題を抜きすることは軽率の謗りを免れないであろう．組織文化と管理会計との間には，そうした双方向の複雑な問題が潜在することは十分意識する．その意識を踏まえ，幾つかのリスクを抱えつつ，敢えてその関係性に足を踏み入れる．動機はその関係性への興味に尽きる．もちろん，この接近によって，管理会計の変節や方向転換の契機を期待してはいない．そこにあるものは，管理会計・原価計算およびそのシステムは一部の人間の利那的関心として存在するものではないという，ささやかな主張である．

　ここで，問題領域を管理会計に限定した理由について触れておかねばならない．われわれは組織文化を一般概念としての文化の制約概念としてとらえる．したがって組織文化も一般概念としての文化が有する基本的属性を逸脱するものではない．われわれは，組織文化の「組織」を企業もしくはそのサブシステムとし，「文化」をその領域的制約の中で独自の歴史を通じて培養され蓄積された知的および感性的資産として観念する．それは，特定組織に属する構成員が共有する理念や目標に基づく価値観と行動様式の特質でもある．ここで，制度は文化の一部ではあるが，文化と同義ではない．制度は自然発生的な属性を

もつ文化に，他律的な目的意識によって動機付けられた枠組みである．ひとたび制度として成立した枠組みの自由は大幅に制約される．その制約からの逸脱はサンクションに直結する．これに対して，文化はその硬直的制約性は認めない．この観点からすれば，実践としての財務会計は，制度会計という別名が付されるように制度として存在し，展開し，その枠組みの中で変化するに過ぎない．換言すれば，財務会計は組織文化によって影響を受ける程度は低く，したがってここに研究対象として取り上げる意味は希薄である．その意味で対象を管理会計とした．

そのような意味から研究対象を管理会計・原価計算に限定をしたからとはいえ，ここでわれわれが管理会計上の問題を網羅する意図はもたない．ここで取り上げる課題は，この研究に参加した研究員各々が抱く問題意識と関心に展開を委ねることになる．ただ，われわれ銘銘が組織文化を自由に解釈した上で，それぞれの課題を展開することは共同研究のあり方としては適切ではない．そこで，われわれは，先行研究成果の存在を認識しながらも，われわれ独自の調査によって，わが国の企業がそれぞれいかなる組織文化を保有しているかを探ることから活動を開始した．そのアンケートの内容およびその回答についての分析結果と解釈については第2部に譲ることにするが，ここでは第1部に盛られた各章の要約を示しておきたい．

第1章は，本著の柱である「組織文化」に直接立ち入る前に，いわゆる「文化」の一般概念について，諸種の研究分野における先行研究成果を踏まえて考察しておく．そして，そうした文化において現象する文化の態様について極力簡単に触れる．その後の展開を理解するうえで有効と思われるからである．

第2章は，この研究活動が試みた組織文化と管理会計システムの相互関係を解明するためのアンケート調査による定量化について触れる．マネジメント研究の領域における組織文化の研究は1980年代から本格的に開始されたが，研究目的や研究方法が多岐にわたり，また個々の研究者の立脚するパラダイムが異なることもあって，組織文化に関する統一的定義は未だ確立されていない．そこで，われわれは質問票をデザインするにあたり，多くの先行研究を参考に，

いかなる組織文化概念を選択，採用すべきかについての検討を行った．検討の結果，われわれの研究目的にもっとも適合した定義として，組織文化を「組織構成員に共有される価値，信念，規範の集合体」（第2概念）とする観念的定義を原則的に採用することとした．次いで，質問票による概括的・定量的測定が，組織文化の認識方法として，妥当性を維持しうるかどうかについての検証を行った．現在，組織研究には機能主義的アプローチと解釈主義的アプローチとが並立しているが，質問票調査は機能主義的アプローチにおけるオーソドックスな研究方法として有意義であることを確認した．こうした検討を踏まえて，組織における基本的な意思決定基準を抽出する方法で質問票をデザインした．

第3章は，組織文化の測定尺度について扱う．第2章で，理論的に導出した10次元の組織文化の意味を考察したが，各組織文化尺度のクロンバックのアルファ係数の値は一部の例外を除いて，著しく低いことが判明した．そこでこの章では，組織文化に関する全質問項目を用いて，相互の項目が関連しあっている潜在的な因子を探索するために因子分析を行い，妥当な組織文化尺度への再編成を試みた．その結果，創造的文化，従業員志向的文化，規範主義的文化，保守的文化および閉鎖的文化といった組織文化特性を表す尺度を抽出したのである．

第4章は，近年の高度情報技術を導入した会計情報システムの構築目的と運用状況が企業の組織行動様式や戦略スタイルという組織特性からどのような影響を受けるかという問題について，質問票調査の分析結果を手がかりに明らかにした．ここでは会計情報システム，組織行動様式および戦略スタイルをすべて，表層的組織文化の構成要素と位置づけた．質問票調査の回答状況をもとに実施した因子分析，変数クラスタ分析，主成分分析などによって，各要素にみられる特性間の関係を伝統的マネジメント志向特性と革新的マネジメント志向特性とに二分し，革新的マネジメントを志向すればするほど会計情報システムの統合化水準は高度化することを解明した．さらに，この結果を組織文化論にみられる文化類型と比較し，本分析が二分した組織特性は先行的に示された文化類型と概ね整合することを明らかにした．ここから，あらゆる企業は高度な

会計情報システムの構築を目指すのではなく，会計情報システムは企業固有の組織特性との適合関係のもとで構築されることを示唆することを看取した．これらの検討を通じて，会計情報システムと組織特性との間の適合モデルを仮説的に導出した．

　第5章は，会計情報システムと組織文化との関係をどのように捉えるべきかについて検討した．情報技術の進展によって，企業の情報システムはその領域の拡張と深化を遂げてきたといえるが，情報システムあるいは会計情報システムの運用に満足していないケースは少なくなく，その原因の1つに組織文化に対する理解の欠如が指摘されている．そこで，今回実施した調査結果を利用し，会計情報システム構築目的による企業の類型化を試みた上で，さらに詳しく目的に対する重点項目が経理部門と情報システム部門とで相違することを示した．会計情報システムは，経理部門，情報システム部門，その他ユーザ部門の部分単位の文化を反映したものであり，組織文化の現象物として位置づけられる会計情報システムの構築目的の相違は，各部門の文化の相違を反映しているものと考えられる．会計情報システムの有効性を追求するためには，組織文化を企業全体としてだけ捉えるのではなく，組織の各部分単位ごとに異なる文化，提供された情報に対して構成員がどのように行動するかという情報文化，個人文化をも含めた検討が必要であることを主張した．

　第6章は，情報システム化の目的，情報システムの運用環境，経営戦略および組織構造との関連から構成される会計情報システム全体の特性が，組織文化要因といかなる関連性をもつのか，実態調査分析によって明らかにした．まず主成分分析やクラスタ分析により，実態調査における会計情報システム環境を規定する要素に対応する「情報システム」，「戦略」，および「経営組織」の質問項目のカテゴリーを対象として，質問項目別に回答の組み合わせが類似する企業同士を識別して類型化を行った．次いで諸要素の類型に基づいて諸要素間の関連性を明らかにし，会計情報システム形態を4つに類型化した．そこでは，戦略が明確な企業ほど情報システムの構築目的も多岐にわたり，より積極的に情報システムを活用する傾向が認められ，会計情報システムの運用環境が高度

化していることを明らかにした．最後に会計情報システム形態の類型と「組織文化」の質問項目との相関分析を通じ，会計情報システム形態と組織文化要因との関連性を明らかにした．

　第7章は，効果的な会計情報システムの構築には，取引データの統合化を図ることよりも，その取引データをいかに活用しうるかが重要要素であり，そこに基本的な影響を与えるのが組織文化であり，就中，組織特性が重視されねばならないことを明らかにする．会計システムは一般に，「財務取引に関わる情報を産出するための仕組みや構造のシステム」として広義に理解する向きがある．しかし，こうした広義の会計情報システムの整備だけで，その効果的活用や企業のパフォーマンスの向上が約束されるわけではない．この問題意識に基づいて，①会計情報システムが扱う取引データの運用・統合化の水準（すなわち，機能），②いかなる目的に基づいて刷新や再構築が行われるか（すなわち，目的），③それらに影響を及ぼす組織特性とは何であるのか（すなわち，組織特性），④これらの①～③の間にいかなる関係性がある場合に好ましいパフォーマンスに結びつくのか，について情報システム部門に対するアンケート調査を行い，検討した．そのため，機能，目的，組織特性についての各因子とパフォーマンスとの相関関係の検討を試みた．その結果，会計情報システムを顧客満足・利用者指向・マネジメント対応を重視しながら再構築する場合には，機能とパフォーマンスの間には正の関係性が見出された．同様に，目的と創造的・従業員指向や規範的組織特性との間には正の関係性が見出された．これに対して，会計情報システムの取引データの統合化水準とパフォーマンスとの間，および組織特性とパフォーマンスと間には相関関係は見出せないことから，前の結論を導出するのである．

　第8章は，組織文化が，原価意識の醸成にどのような影響を与えているか，またどのような組織文化がその醸成を促進するかについて，部門平均の組織文化と製造部門の組織文化との関係について分析した．前者については，原価意識は自由闊達な雰囲気の中でボトムアップ的に従業員自らが育んでいくことが望ましいが，システマティックに導入することやトップダウン的に醸成してゆ

くことも可能であることを明らかにした．また後者については，従来型のシステマティックな原価管理システムの構築も効果的であるが，成員個々人の活躍を重要視する組織文化においても同様の効果を得ることが可能であり，原価管理活動の活性化には成員を枠にはめることも重要である反面，成員の創造性を重視することも同等に重要であることを明らかにした．以上により，原価意識は「土壌」に植え付けられるものではなく，成員の積極的な関与によって原価意識が成員に自発的に芽生えるような仕組み造りが重要であり，「創造的」文化特性のみならず，「規範主義的」文化特性が原価意識醸成に強い影響を与えているのは，製造部門の「もの作り」におけるルール（規範）が現場に定着していることであることを明らかにした．

第9章では，MPC（ミニ・プロフィットセンター）システムの効果に対する組織文化の影響を言及している．ここでは，組織文化が，MPCシステムの効果の1つである内発的動機づけの促進にどのように影響を及ぼしているかを分析する．分析の結果，明確に既定された職務分掌や規律が重視され，厳格な雰囲気で運営される保守的閉鎖的文化の下では，MPCの効果（内発的動機づけ）が抑制される傾向にあり，公式の規定などに縛られることなく自由に仕事ができ，和やかな雰囲気で運営される従業員志向的文化の下では，逆にそれが促進される傾向があることを明らかにしている．

第10章では，原価計算システムの変更に伴う動機づけの質的変化と組織文化の関係について言及している．原価改善活動の有効性を高めるために，原価計算システムの部分的な改良や大幅な変更が行われる．ここでは，原価計算システムの変更（精緻化）によって，原価改善活動に対する組織成員の動機づけが質的にどのように変化するのか，またその変化は組織文化からいかなる影響を受けるのか，について解明した．この解明のために，心理学領域の自己決定理論における動機づけの心理学的メカニズムに関連づけて，原価計算システムの変更，動機づけの質的変化，および組織文化の関係についての理論モデルを構築し，それを統計的に検証した．統計分析の結果は以下の通りであった．まず，原価計算システムの精緻化の認知は有能感・他者受容感の認知・経験を促進し，

これらの感覚の認知・経験は内発的動機づけを促進している．それと同時に，原価計算システムの精緻化の認知は強制感の認知・経験を促進し，当該感覚の認知・経験は外発的動機づけを促進している．次に，組織文化の観点から回答者を2つのクラスタに分け，上記の分析を再度実施した結果，各独立変数が各従属変数に与える影響力はクラスタごとに異なっていることが判明した．これにより，①原価計算システムの精緻化の認知は組織成員の動機づけに対して同時に相反する影響（内発的動機づけ化と外発的動機づけ化）を与えること，②その影響力は組織文化に応じて異なるつまり組織文化による調整的影響が働いていることを明らかにした．

　第11章では，戦略的管理会計情報利用度に対する組織文化の関係性について言及した．戦略的管理会計は様々な技法の集合体でありその定義は様々である．戦略的管理会計が提供する情報には，①外部性，②戦略・未来性，③非財務性という3つの情報特性がある．この特性と，先行文献における広範囲情報の情報特性との類似性を指摘できる．先行研究から得られた知見により，戦略的管理会計情報の利用度は環境不確実性の認知および戦略タイプから影響を受けるものと推察された．しかし，戦略的管理会計情報は広範囲情報と違い，高度に分析的であるため，広範囲情報と全く同様の結果が得られるとは考えられず，そこに組織文化の影響が考えられるとしうる．以上より，戦略的管理会計情報利用度に対する影響要因について，2つの仮説を立てた．第1の仮説は「企業の採る戦略は組織成員の戦略的管理会計情報利用度に影響を及ぼす」であり，第2の仮説は「分析的情報に対してネガティブな価値観を持つ企業では，PEUに関係なく戦略的管理会計情報の利用度は低く，分析的情報に対してポジティブな価値観を持つ企業では，PEUが高まるにつれて，戦略的管理会計情報の利用度が高まる」というものである．分析の結果，第1の仮説は支持されたが，第2の仮説は棄却された．しかし，戦略的管理会計情報利用度に対して，分析的情報に対するポジティブか否かという組織文化が影響していることが確かめられた．

　以上が第1部の構成である．これらの要約からも看取されるように，本書は，

組織文化と研究員各自が抱く管理会計領域における個別問題との関連性についての研究結果であって，組織文化総体に基づいた管理会計総体の関連性分析ではない．その総合的検討については別の機会に譲らねばならない．なお，第1部は原則として，組織文化については第2章で明示する「第2概念」を共通認識として展開している．しかし，章によっては程度の差こそあれ，その共通認識からの逸脱が見られることも，ここで断っておかねばならない．

　この研究は，中央大学共同研究費（2004年度）の支給をベースに展開した「組織文化と管理会計システムに関する理論的・実証的研究」および同大学企業研究所における研究プロジェクト「組織文化と会計システム」の成果であることを，ここに付記しておきたい．

　なお，最後になるが，この研究の遂行にあたっては，中央大学企業研究所の諸氏の深いご理解を得た．特に，石井典子さんにはアンケート調査に関連して惜しみないご協力を受けた．それに対して心から感謝の意を表したい．また，出版部副部長の平山勝基氏には，原稿執筆に際してのわれわれの勝手なる要望に対し，常時御海恕を賜わった．ここに併せて謝意を表するものである．

2005年晩秋

主査　木　島　淑　孝

目　次

はじめに

第1部　展　　開

第1章　文化と組織と会計 …………………………………… 3
　　　　　　　　　　　　　　　　　　　木　島　淑　孝
　1．はじめに ……………………………………………… 3
　2．文化一般について …………………………………… 4
　3．制度について ………………………………………… 9
　4．文化と組織 …………………………………………… 14
　5．むすびに代えて ……………………………………… 17

第2章　組織文化の概念化と測定方法 ……………………… 21
　　　　　　　　　　　　　　　　　　　佐　野　雄一郎
　1．はじめに ……………………………………………… 21
　2．組織文化の基本概念 ………………………………… 22
　3．組織文化の概念分類 ………………………………… 29
　4．組織文化とパラダイム論 …………………………… 36
　5．組織文化の研究方法 ………………………………… 42
　6．調査票作成の前提 …………………………………… 44

7．調査票のデザイン ………………………………………… 47
　8．調査結果の集計と若干のコメント ……………………… 56

第3章　組織文化の測定 ………………………………………… 63
　　　　　　　　　　　　　　　　　　渡　辺　岳　夫
　1．はじめに ……………………………………………………… 63
　2．因子分析の結果 ……………………………………………… 63
　3．因子の総合的解釈 …………………………………………… 78
　4．ま　と　め …………………………………………………… 82

第4章　会計情報システムと組織特性との適合性
　　　　――組織文化の視点に基づく実証的考察―― ………… 85
　　　　　　　　　　　　　　　　　　河　合　　　久
　1．はじめに ……………………………………………………… 85
　2．会計情報システムの背景と分析フレームワーク ………… 86
　3．分析要素の特性判定と特性間関係 ………………………… 92
　4．特性間関係の総合的検証 …………………………………… 103
　5．会計情報システムと組織特性との適合モデル …………… 108
　6．結びにかえて ………………………………………………… 113

第5章　会計情報システムの目的と組織文化 ………………… 119
　　　　　　　　　　　　　　　　　　成　田　　　博
　1．情報技術の進展と情報システムの目的 …………………… 119
　2．情報システムと組織文化 …………………………………… 121
　3．調査結果の検討 ……………………………………………… 125
　4．会計情報システムの目的と情報文化 ……………………… 134
　5．おわりに ……………………………………………………… 137

第6章 会計情報システム形態と組織文化要因との関連性
――実態調査分析をつうじて―― …………………… 141

櫻 井 康 弘

1. はじめに ………………………………………………… 141
2. 実態調査の分析方法 …………………………………… 142
3. 会計情報システム形態の諸要素 ……………………… 144
4. 会計情報システム形態と組織文化要因との関連性 … 153
5. おわりに ………………………………………………… 160

第7章 会計情報システムの実証研究
――組織特性とパフォーマンスと関連づけて―― …… 163

堀 内 恵

1. はじめに ………………………………………………… 163
2. 分析アプローチ ………………………………………… 164
3. 分 析 結 果 ……………………………………………… 172
4. 総括的検討 ……………………………………………… 177
5. むすびにかえて ………………………………………… 179

第8章 原価意識の醸成における組織文化の影響 ………… 183

田 代 景 子

1. はじめに ………………………………………………… 183
2. 原価管理活動における原価意識の役割 ……………… 184
3. 原価意識の醸成に必要な組織文化 (モデルの構築) … 186
4. 製造業における原価意識醸成についての因子分析 … 190
5. 部門平均の組織文化と原価意識醸成についての関連性分析
   ……………………………………………………………… 198
6. 製造部門の組織文化と原価意識醸成についての関連性分析
   ……………………………………………………………… 201

7．まとめにかえて ……………………………………………… 206

第9章　ミニ・プロフィットセンター制の効果に対する
　　　　組織文化の影響 ……………………………………… 209
　　　　　　　　　　　　　　　　　　　　　　渡　辺　岳　夫
1．はじめに ……………………………………………………… 209
2．研究フレームワーク ………………………………………… 210
3．研究アプローチ ……………………………………………… 214
4．変数の測定 …………………………………………………… 215
5．分析結果 ……………………………………………………… 217
6．分析結果の考察 ……………………………………………… 221
7．おわりに ……………………………………………………… 224

第10章　原価計算システムの変更に伴う動機づけの
　　　　　質的変化と組織文化の関係 ……………………… 229
　　　　　　　　　　　　　　　　　　　　　　真　部　典　久
1．問題意識と研究目的 ………………………………………… 229
2．先行研究のレビュー ………………………………………… 231
3．理論展開と仮説 ……………………………………………… 233
4．研究の方法 …………………………………………………… 245
5．分析の結果 …………………………………………………… 251
6．結果の解釈と検討 …………………………………………… 263

第11章　戦略的管理会計情報利用度に対する組織文化の影響
　　　　　………………………………………………………… 277
　　　　　　　　　　　　　　　　　　　　　　岸　田　隆　行
1．はじめに ……………………………………………………… 277
2．研究目的 ……………………………………………………… 278

3．戦略的管理会計の情報特性………………………………… 280
　4．組織文化と戦略的管理会計との関連性 ………………… 286
　5．仮説の展開 ………………………………………………… 287
　6．分析方法と分析結果 ……………………………………… 288
　7．結果の解釈 ………………………………………………… 294
　8．今後の展望 ………………………………………………… 297

第2部　質問票調査結果の報告

　1．調査目的と調査概要 ……………………………………… 303
　2．基本事項のデータ ………………………………………… 304
　3．質問項目別の回答数とコメント ………………………… 305

第1部 展　開

第1章　文化と組織と会計

1．はじめに

　企業が社会的存在としての意思決定主体として位置づけられるからには，企業活動が，それが存立する社会の文化という枠組みの束縛を受けることは必然である．それは社会人としての自然人がその社会の束縛を受けるのに似る．

　社会が自然人を拘束する要素には，法や規則によって個体もしくは集団が秩序と統制を維持する力と，長期間の経験と学習を通じて継承しつつ生活・行動様式の総体として活動個体に受容される共有価値とがある．一般に，前者を制度，後者を文化と呼ぶ．

　だが，両者は無関係の存在ではない．制度は文化を土壌として醸成される．これに対して，文化は一次的には自然発生する．しかし，文化単位が細分化するにつれて，二次的，三次的には，文化はその単位において醸成された制度の支配の中で凝集したり，制度に対するレジスタンスの過程から醸成されることも珍しくはない．このように，文化と制度は双方向的交渉関係にある．

　自然人の行動は制度や文化の色彩に染まった形で現象する．そこで用いられる慣習，思考様式，技術は，それぞれの文化によって色づけられた自然人の生活行動の便宜を踏まえて，合理性を追求しつつ改良・工夫されて現象したものである．そうした現象は文化に支えられて具現化したものであっても，やがてそれらの現象は制度，そしてその基礎にある文化にも影響を与え，これを変化させると考えられる．

　こうした論理は，自然人を企業に置き換えても真である．ここでは，企業全体を上位組織として捉えるだけでなく，その上位組織を構成する活動部分単位

つまり事業部，部門，作業場などの場を下位組織として捉える．そして，そうした組織階層それぞれに観察される文化を組織文化として観念する．

われわれは，会計をそうした各組織階層において経済合理性を追求する行為として位置づける．したがって会計技法個々の形式はそうした行為の手段として観念する．そこで行われる会計行為には，広狭の幅をもった選択の自由がある．財務会計の選択幅は狭く，管理会計の選択幅は広いことは，われわれが経験的に知るところである．その場合，財務会計は制度に拘束される度合いが強く，管理会計は制度の拘束を受ける度合いは希薄である．財務会計と管理会計の計算構造の基本部分たる原価計算は，したがって両者の属性を共有することになる．この書では管理会計に焦点を絞る．この研究で，財務会計を除くのはそうした理由に基づく．すなわち組織文化と深いかかわりをもって展開するのは管理会計であると断定するからである．ここでは，そうした視点を踏まえながら，先ずは文化一般を概観し，次いで文化との関係で会計に大きな影響力をもつことになる制度を探り，更に文化と組織の関係性に目を向け，それと管理会計一般の相関性を考察しておくことで，本書のプロローグとしたい．

2．文化一般について

「組織文化」自体の詳細については次章以下で扱う．ここでは，「組織文化」を理解する前提知識として，まず「文化」一般について概観することにしたい．文化の概念を扱う文献は多い．しかも文化概念は，日常的にも，哲学的にも，社会学的にも，あるいは心理学的にも扱われている．ここでは，そのうちから「組織文化」を位置づけるために有効と思われる幾つかの接近を俯瞰しておきたい．

（1）日常的接近

ある辞書は，文化（culture）を「人間が自然に手を加えて形成した"物""心"両面の成果」とする．この文化内容には，衣食住をはじめとする技術，学問，

芸術，道徳，宗教，政治，生活形成の様式と内容が含まれるとしている．他は「自然に働きかけて，人類の生活に役立たせたもの」とし，それは生得のものでなく，後天的に学習し，継承される価値観や物の見方・考え方，またはそれによって生まれたものと補足する．さらに他は「人間の生活様式の全体」もしくは「人類自らの手で築き上げてきた有形・無形の成果の総体」とし，それぞれの民族・地域・社会に固有の文化があり，学習によって伝習されるとともに，相互の交流によって発展してきたものとして意味補充を試みる．

ここに共通して看取されるものは，「文化」を精神的所産とし，物質的所産としての「文明（civilization）」と区別していること，そして人間が動態的努力によって創出した価値として認識しようとする姿勢であろう．つまり「文明」は，たとえばエジプトやアステカの遺跡に象徴される物質的産物であり，現在時点から見れば静的な所産であって，その当時に発達した土木・建築技法および結果としての建造物などは時代を問わず誰であっても係わることができるという属性を有し，人類に共通する普遍的・客観的な成果を意味する．これに対して，「文化」はその背景に学問（哲学，思想，科学），芸術，宗教が存在し，それら人間の精神的活動が一定の方向性をもって収斂した動的な所産であり，その動態性は現在時点からしても未だに失われていない全体的様態を意味する．それは文明とは異なり，特定の社会集団の精神的活動によって形成される成果であって，往々にして当該集団（特定の社会集団，特定の企業を意味することもある）にとっての特異性をもつことから，主観的性格が強く，当該集団の構成員にとってのみ共有されることを特徴としている．

同時に，文化は，それが明示的なものであれ，黙示的なものであれ，その集団の構成員の同意を必要とする．それゆえに，文化は，その集団の学習によって，一定の世代を超えて継承されるという特徴をもつ．したがって，その集団に定着した文化は，他からはその集団の差別化された個性として受取られ，その集団自体からすると自己完結的な価値として認識される．

それゆえにこそ，文化には，当該集団自体（もしくはその構成員）の日常的行動（もしくは判断）の暗黙的な規範（もしくは規準）としての伝習（あるいは継承）

たる価値の重みが付加され，当該個別集団を包摂する大集団（社会）が容認する価値判断基準としての「当為 (oughtness)」つまり道徳律としての意味に昇華する可能性を秘めることになる．これが日常的に理解される文化である．

(2) 社会学的接近

社会学では文化を社会的現象として捉える．したがって，社会学における文化概念は多様である．古典的には，文化は「知識，信仰，芸術，道徳，法律，風習，その他社会の一員としての人間によって獲得されたあらゆる能力や習慣を含む複合的な全体」として定義する．換言すれば，文化の主体は社会（集団枠）の一構成員としての人間であり，文化は彼が存在する社会で彼自身が獲得した能力や慣習の複合的な全体と，そこから派生する具体的事象の総体としたのであった．

これに対して，現代の社会学では，文化を自然・人間・社会の象徴化形態と定義する．つまり，そこでは，文化はその社会（集団または組織）において象徴化された外的自然であって，その社会における個人の行為関係という過程を通して象徴化された人間的自然の諸形態であり，かつその過程を通じて投影され，象徴化された＜外的自然−人間的自然＞という関係性そのものである，と説明されるのである．

これは，社会において観察される知識，信仰，技芸，道徳，法律，経済倫理，経営理念，会計技法，その他の文化（それは，社会の構成員が学習によって獲得した複合体として把握された能力・習慣の財産目録的文化である）を，人間の行為に結合させた＜自然−人間＞という関連を，諸個人の内的自然を媒介にして＜人間−人間＞という関連へと再結合させることで，文化を定義しようとする観念でもある．

社会学における文化は，＜人間−人間＞という図式，つまり人間のコミュニケーション行為を機軸として，そこに生成してくる「文化的」社会的関係の論理を明らかにしようとする概念として位置づける．それは，＜コミュニケーション行為−文化的社会＞という関係は，現代社会において，人々の「身体論」

レベルでの「意味 (sense)」（感覚，方向），「システム論」レベルでの「意味 (significance)」（機能），歴史的へと諸個人の生活世界を媒介して行く「意味 (meaning)」の重層構造を通じて，＜自然−人間−社会＞の連鎖の中で人間の人間的自然の「幸福と不幸」を規定しようとすることから発する思考であるとする．

　組織あるいは企業をひとつの社会と見立てた場合，社会学的に捉えられた文化の諸態様は，基本的にはそのまま当てはまる．つまり，そこに見出される文化は動態的なそれである．たとえば，企業のおいても，コミュニケーション過程において求めようとするものは，同質性の成立である．それも，より高い同質性である．高い同質性を満足する組織は，その構成員にとっては行動が容易であり，惹起しうる構成員同士の紛争やコンフリクトを回避できる可能性も高くなるのである．同時に，そうした組織は，異分子に対して生理的な非寛容を示すことになる．こうした現象は，たとえばその組織に新しい会計技法を導入する場合や，会計方法の変更もしくはシステムの変更に際して鋭く現れる．

（3）心理学的接近

　現代の心理学では文化を人間の心理的動向に影響を与えるひとつの独立変数として捉える．心理学独自の領域から文化を位置づけるのではなく，人類学の概念を援用するのである．これに対し，人類学では，文化の捉え方それ自体を研究課題とし，結果的に多くの文化概念を示すのであるが，それは＜個体−環境＞の図式においてわれわれが共有するシステムとして文化を位置づけようとする．

　具体的には，「行動を惹き起こし，維持する社会的強化の随伴性」として文化を捉える向きもあれば，「道路，建物，道具など物質的文化と，価値，態度，役割などのような人間によってつくられた主観的文化」という文明と混在させた文化概念を定義する向きもある．あるいは，「精神的な発達過程における特定の時期に，環境との相互作用により，可塑的に改正され，その後の行動，知覚，認知，動機，態度などを，基本的に方向付ける中核的反応の型で，ある特

定の集団の構成員に有意性を以って共通的に見られる価値」とするケースもある．恐らく，最後の定義が現代心理学上の最も一般的な文化概念として承認されるものではないかと思われる．

　こうした見方を基本とすると，心理学上の文化の種類は概略以下のように区分される．第1は，文化を生活様式の体系とする見方で，文化は特定集団の人々が習得し，共有し，伝達する行動様式のシステムであるとする．第2は，文化を自然環境に対する適応の体系とする見方で，文化は人間が環境に適応していくために必要な技術，経済，生産に結びつけた社会組織の諸要素であるとする．第3は，文化を観念体系とする見方で，文化は組織の構成要素が共有する観念の体系または概念や規則や意味の体系，あるいは知覚，信仰，評価，通達・行為に関する一連の規準であるとする考え方である．そして，第4は，文化を象徴体系とする見方で，ここでの象徴は物体，行為，出来事，性質，関係についての意味内容を表す触媒手段であるとし，文化はこのような象徴的形態で表現し，歴史的に伝える意味のパターンとするか，人間精神が生み出した象徴体系であるとする．

　いずれにせよ，心理学的には，文化は一定の組織で活動する個体または集団が習得したすべての能力と慣習の複合体として概念づけられ，認知や動機付けなどの心理的過程が個体または集団が生活する文化で受け入れられている意味構造によって形成され，逆にそうした心理過程が文化慣習・意味構造を維持・変容させるという双方向型影響の関係性を認識するのである．ただ，そうした場合であっても，組織により，文化英雄の違いにより，コミュニケーションのあり方により，あるいは学習経験期間の差により，そこに醸成される文化の内容は，それぞれの場において微妙な差異をもたらす．この差異が文化差となって定着する．この文化差が，その企業が利用する管理会計技法もしくは会計システムの選択や定着・廃棄に決定的な影響をもたらすと思われる．

　このような考え方からすると，個体または集団としての自己を独自の性格特性をもつ自律主体とする欧米文化と，個体もしくは集団単位の相互関係を基礎にして社会もしくは環境的状況を重視することによって自己を位置づけようと

するわが国もしくは東洋の文化の差は，組織文化の形成においてもまたその中での選択や評価の過程においても決定的な違いをもたらすと思われる．

3．制度について

　文化特性（culture traits）という言葉がある．これは文化の体系を分析する場合の単位を意味し，文化の発展や伝播のプロセスを分析する際の有力な手がかりとなる概念である．この中に一歩立ち入ってみれば，文化を構成する要素は，ものや道具などの物質文化，知識や宗教などの精神文化，慣習や法などの制度文化に区分けされることを知る．ここから拙速の謗りを恐れず断定すれば，制度は文化の分部であるということになる．そして，会計は慣習や法と並んでこの領域に位置する．ここでは，その周辺について若干の考察を試みたい．

（1）制度の意味
　制度（institution）は，法制度を典型として見られるように，一定の権威によって担保されるいわば実定法的な枠組みを意味することが多い．これは自然に対立する枠組みとして人間が操作的に決定した制度である．この見方からすれば，言語や慣習などは，制度以前の社会の自然史と位置づけられる．それはいわば自然の類推（analogy）を示し，それ自体が自然的な基礎をもつ実践知の形で体得されたものであって，継承的な「行為と行為」の連接の規範的枠組みとして位置づけられる．
　文化には自然的必然性に基づく構図が存在するのに対して，制度は恣意的必然性，周知性，暗黙性，加罰性を内包するところに文化との差異性がある．これらは，制度の属性を維持する要素でもある．ここに，恣意的必然性とは，たとえば個々の会計の基準は改変できるけれども，会計という制度そのものは一定の拘束力を帯びて定着するという属性を意味している．
　周知性とは，その制度が及ぶ範囲に存在する構成員にとっては既知とされ，それらが遵守する規則的システム性を帯びる属性をいう．たとえばその構成員

は当該企業が採用している原価計算が標準原価計算であることは既知であって，彼らはその標準原価を製造活動の目標として作業を遂行することに違和感を抱かないという属性を意味する．

　暗黙性とは，たとえばその組織の構成員が標準原価計算の内容やその基準性を周知していることを明示するとは限らないとしても，暗黙知という形で構成員が実践知を共有することで機能する属性を意味する．

　加罰性は，制度は規範的に一般化された予期システムであるから，意図の有無に関わらず，制度からの逸脱が生じれば一定のサンクション（sanction）が示される．このサンクションは，日常的に言えば「賞罰」であるから，正負のサンクションがある．一定の作業活動の結果としての実際発生原価が標準原価を超える逸脱を示す場合には，これを不利差異情報として把握し，当該行為責任負担者に負のサンクションが科されることになる．それに基づいて責任追及と改善措置が行われる．

　以上が，制度一般が有する属性である．それは制度の本質でもある．財務会計にせよ，管理会計にせよ，会計は，関係性の濃淡があるにせよ，こうした制度に依拠しながら展開する．

（2）文化と制度

　制度は通常，社会を構成する個別機能体における個体（制度に支配される組織，あるいはその組織の構成要素としての個人）が確定した行動様式の体系的フレームワークとか，強制され習慣化された行動様式一般であって既成拘束枠として機能する社会的システムなどと定義される．そこで意味されるひとつの属性としては，一定の社会（国，地域，企業，部署など）に関わって偏在性と多様性を同時的属性として具現する行動様式ということで，その限りでは文化と変わるところはない．

　しかし他方で，一定の文化の中で成立する制度には，その動機に目的性が強く介入し，それゆえに成立する枠組みに当為性が付与されることがある．そして，それが醸成されるのに必要な慣性化の段階で，一定の方向性をもった時間

的経過の許容が必要条件となる．その過程で付与された当為性が客観化することにより，組織または個体を個別的意思決定から解放することによって，必然的に統合化を導き，それが逆に組織または個体に対する拘束力を一段と強化していくという側面を併有することになる．つまり，制度の規範性の増殖あるいは自由度の拘束強化である．これが文化一般との違いである．

　制度を含む文化の構造は「入れ子細工」に似る．大きな容器の中に隙間なく組み込めるように作られた小さな容器，その小さな容器の中にまた組み込めるように作られたさらに小さな容器，これを順次作った細工の箱・籠を「入れ子細工」という．それらの形状は必ずしも物理的相似形たることを要しないが，素材や機能などは抽象的相似形であることを旨とする．

　一定の文化をもつ社会（たとえば，国）において，一定の制度が，何らかの目的動機をもって成立する．同時にその社会の下に企業という組織が成立する．その企業は，その社会の中で活動するためには，その社会に貫徹する文化に順応した形で活動を行うことが，継続企業を全うする意味で都合がよい．逸脱による負のサンクションに対するエネルギー負担を回避できるからである．やがて，その社会において多数生じる企業の活動の合理性を保つことを目的動機として法律や規則が設定される．つまり制度化である．この制度はその社会に貫徹する文化と無矛盾的な文化の一端として定着する．他方で，成立した企業つまり組織は，企業経営の合理性の向上を意図して，準組織を生むことになる．幾つかの事業部，各事業部の中に幾つもの部門，さらに部門の中には幾つかの作業場が，準組織として設定されるのである．さらにこうした場は，個体つまりその部署の構成要素たる従業員個人によって構成される．この末端にまで制度は及ぶ．しかも，その制度は，末端部署の独自の文化を基礎としたものであると同時に，それらは上位組織の文化とは矛盾するものであってはならない．

　制度は，本源的な文化を土壌として成立する，サブ文化として捉えられる．定着したサブ文化は組織の内包を規定する．ここに，当該組織が概念規定されると同時に，当該組織独自の文化が浮き上がる．これが組織文化である．この組織文化の下で，その組織を構成する要素としての個体の行為は展開すること

になる．その行為の中に会計の選択がある．会計方法の選択，会計判断の選択，会計技法の選択，会計システムの選択，企業で実施される会計も，こうした関係性の中で，取捨選択され，展開されるのである．

(3) 制度と会計

　制度は，一定の目的を意識して動機付けられた組織形態でもあるが，これが成熟度を増すとその社会の規範たる意味を帯びることになることは既に述べた．熟した制度は，その社会もしくはその社会の構成要素たる個体（人間）の行動だけでなしに，思考をも拘束するシステムとして機能するのである．つまり，制度は，社会における相互行為の主体に，相補的安定性を与え，規範的行動様式を可能にし，それによって社会的秩序を統合し，維持する機能を発揮することになるのである．その意味で，制度は，その文化に支配される行動主体の自由を強く制約し，その逸脱に対しては負のサンクションを余儀なくする．

　会計の母体が文化であることに疑はない．そこから発生した会計は，文化に一定の拘束性を帯びさせた制度としての会計と，文化の自由性の下で展開する会計とが存在する．しからば，後者において自由に展開する会計は，それが展開する企業という社会のもつ文化的特性に無縁であるはずはない．

　他方，制度には構成的制度と規制的制度があるといわれる（河野勝, 2002, pp.18-24）．構成的制度は既にある枠組み，つまりそれによって影響される行為の主体よりも先見的にその存在が見出される制度をいう．それは行為の新しい形態を創造し定義する枠組みであって，いわば「Cという文脈においては，XとはYである」という制度である．たとえば，民主主義は政治に関わる文化の産物であって，それは政治的決定を下す権限を最終的に有権者に託す制度といえよう．この場合，民主主義は有権者を定義する構成的制度であることになる．これを財務会計に当てはめれば，資本主義経済社会における資本測定の行為がそれに該当する．つまり，前例の民主主義の位置がそれに該当するわけであって，企業という組織限定された場で発現する経済現象を貨幣単位によってシステマティカルに測定する行為は構成的制度に該当する．

これに対して，規制的制度は個人の行為を規制する制度で，いわば「Cという文脈においては，Xをせよ」という内包をもつ枠組みである．たとえば，民主主義において有権者を特定年齢以上に限定するとか，所得別に限定するとかは，有権者の概念を規程はするが，有権者自体の存在を本質的に左右するものではない．これが規制的制度である．会計の範疇でいえば，資本の測定を取得原価主義によって行うか，時価主義によって行うかの選択は，資本測定の存在自体を左右するものではないのである．この次元に関わる枠組みが規制的制度に該当する．

ここで注意すべきことは，資本の測定行為は，原価効率の測定，事業部制の業績評価値の測定，あるいは代替案の評価値の測定などと同次元の問題であるということである．しがたって，先の測定の種類からすれば，それらは構成的制度の問題と整理することができる．つまり，われわれが以降の章で展開する管理会計は構成的制度として展開する会計である．

会計という行為もしくは形式は文化の産物である．それが発生し，経済社会に定着した限りでは，ある企業がそれを使用するか・しないかは自由であって，その判断のいかんによって，その企業が何らかのサンクションを受けることはない．しかし，企業が投資者の「金儲け」の手段としての認識から，社会的存在としての意思決定主体として承認される段階に至ると，会計は個体の金儲け計算手段から社会的公器に移行し，その過程で規範的行動様式たる属性が醸成されるに至ると，制度の拘束は非常なる高まりを見せる．

この現象は外部報告会計に強く顕在化する．しかし，それは，組織文化の影響というよりは，その国の文化から直接的に成立する制度との関係性において見られるのである．たとえば，「経験の蒸留」とされる会計慣行，つまり「一般に公正妥当と認められる会計原則」，より至近的にいえば「企業会計原則」をはじめとする諸種の会計規則，会社法や税法を典型とする法規程が制度の象徴となり，外部報告会計つまり制度としての会計（財務会計）はそれに全面的に従うことになる．そこでは，若干の選択肢の有り様は見られるものの，全面的拘束の中での展開に過ぎないといえる．

これに対して，企業経営は，計画（plan）⇔実施（do）⇔統制（see）というマネジメント・サイクルの過程で，スパイラル的な連続性をもって遂行され，管理会計はその経営管理プロセスで，必要かつ有効な情報を提供する装置型として機能する．情報の形は，いささか大胆に区分すれば，原価維持・原価改善・原価企画などを含むコスト・マネジメント，予算編成や予算統制を含む予算管理，各種の価格決定および価格政策，短期的もしくは長期的視点に立った代替案選択つまり経営意思決定の領域に，いかに有効な原価情報を提供しうるかの視点から遂行されればよいのであって，その情報獲得手段や提供手段をいかに選択するかは原則的には自由である．その選択は，財務会計の情報が客観性を第一義とするのに対して，管理会計のそれは有用性を第一義とするから，いわゆる当該組織に定着した制度に内在する規範性あるいは拘束性からくる支配度は希薄であって，むしろ自由度が尊重され，時として会計というフレームワークからの逸脱も許容されるのを見る．つまり，管理会計は，当該組織あるいはその上位組織の文化と深く関わりながら，選択，導入，実施，放棄されるのである．ここに，組織文化と会計との関係性の比重が，断然管理会計にあることを了解するのである．

4．文化と組織

組織文化それ自体については後章に譲るとして，ここでは，組織を企業に限定した場合，その企業とは何であるのか，そして企業に文化がどのように関わるのかを考察しておきたい．

組織とは，機械的に表現すれば，要素間の関係の独自の構成化の段階をあらわす概念として表現されるが，企業として成立する組織はこれを構成する要素の単純集合ではなく，その集合にプラスαが加わった意思決定能力を具備したそれ自体独立した有機体として理解しなければならない．

この有機体は，営利獲得を目的動機とし，それに合理的に機能する意思決定能力をもつ主体として具現する場合，これを営利企業とする（ここで企業といえ

ばこれを指す).企業は自らの意思で行動する活動の集合体であり,各活動は全体最適としての営利原則に制約を受けた分部最適的営利を貫徹する単位である.したがって企業は,企業の構成要素たる個人またはその小集団(これを,ここでは個体と表現する)が遂行する活動ならびに活動相互間の関係枠でもある.

この構成要素たる個体の活動が文化によって条件付けられていることは,行動科学の常識である(犬田,2001, 33-45ページ).自然人としての人間の生体(human organism)は,特定の企業の文化に参加することにより人間的存在(human being)となる.それは,その過程で,人間的存在としての各個体の活動についてみれば,その基礎が生得的な生理・生物的要素によって規定されているのはごく僅かな分部なのであって,その活動基礎となっている知的活動過程のほとんどは当該企業の文化によって規定されているからである.

企業は文化変容が常態化した動態的な単位でもある.ここに文化変容とは文化触変ともいい,企業外の要因とくに組織間の直接の接触に起因する文化変動の一形態であり,複数の自律的な組織の文化体系が互いに継続的に接触することにより生じる文化の変動で,統合,同化,分離,境界化などとなって現れる.簡単にいえば,異文化の中に生活してきた個体が,企業の文化の中で学習し,価値を共有していくことである.こうした状況は,産業社会の変化速度の上昇に伴って,交通機関の発達による物理的な距離の飛躍的短縮や情報通信機器機能の発展による同時化が,企業構成要素の文化差の早急な克服に拍車をかけることにより,顕在化する.

その結果,企業内部であっても,社会に見慣れるような現象が顕著に現れてくる.すなわち,物質的変化,後発的変化,皮相的変化,形式的変化を内容とする企業文化の変容である.これを会計領域で俯瞰すれば以下のようになる.理論よりはITの援用による変化が経験的に確認される.会計の理念や公準に関心を向けた問題ではなく,測定技術次元での変化に関心が向けられる.このように,会計研究の方向性は本質論ではなくますます機能的関心を増すばかりである.こうした傾向は以下に直結する.外部たとえば外国を土壌として発芽した先端的会計技法を,異文化の企業に持ち込もうとする場合,それを育てよう

とする土壌を振り返ることなしに，まず拙速な移植を図ろうとする．そうした例は枚挙の暇はない．

　現代は「組織の噴出の時代」と称されるほどに，様々な組織が存在する．その上位組織（企業体）自体も様々な下位組織（事業部や部門）によって構成される．これが，一定の営利原則に依拠した方向に進むとしたら，そこには進むべき共通目標の理解が必要となる．そこでの不可欠な要素は，コミュニケーションとリーダーシップである．コミュニケーションは，一方でその内容の知覚や解釈に選択余地を残しながらも，それがなければ企業内での文化変容は成し遂げられないし，事業部あるいは部門間の文化伝播も果たせない．その結果として，企業体あるいは事業部もしくは部門の組織文化は定まることはない．他方で，リーダーシップは企業をより好ましく成立させるためには不可欠な要素であるが，同時にその企業が確立すると，その企業の目標がより合理的な方向へと変化する力となる．その下で文化英雄あるいはそれに近似する支配的文化が定着することになり，それがやがて企業の価値として貫徹することになる．

　企業は，創立当初は既に述べた営利原則，より具体的にいえば目標利益などのいわば物質的目的だけで機能するが，規模の拡大と質の向上によって「その存在意義」の納得が必要条件となる．つまり，当該企業組織の社会的存在の自己確認である．この部分は換言すれば当該企業の価値観の成立であり，その注入によってその企業は単なる物質的システムから社会的有機体へ昇華する．ここに現代的企業の成立を見る．その場合，この価値は，自然発生的に当該組織に芽生えることは少なく，組織英雄を典型としたリーダーによる注入によって成るとしなければならないのである．これが，やがて，物質的目的と有機的に結合し，そのプロセスでより高度の合理性を追求しながら展開を示しつつ，組織の変更や管理方法の変更をもたらし，連動的に会計組織の変更や新しい会計手法の導入などを刺激する．すなわち，この次元で，組織文化が会計に大きく関係するのである．

5．むすびに代えて

　優れた企業は固有の文化をもつ．エクセレント・カンパニーこそ強烈で個性的な文化をもつことは経験的に観察されることである．この文化は，上位組織（企業体）あるいはその下位組織（企業体構成要素としての場）によって共有されている思考・行動様式であり，これを企業文化とか組織文化と呼ぶ．このように，企業文化と組織文化を同一視する見解もある．しかし，ここでは敢えて，暫定的に企業文化と組織文化を合同形としてはとらえず，前述の「入れ子細工構造の関係」として捉える．

　ここではまず，社会における存在と活動が承認された意思決定有機体としての企業それ自体が有する文化を企業文化とする．この文化は，外在的な文化を基礎として醸成される傾向が強い．文化英雄の提唱による文化の定着もこの範疇である．

　これに対して，企業を構成する下位組織たる事業部，部門，作業場などの場にも文化はある．ここではその文化を組織文化とする．この文化は，企業文化そのものが浸透したままである場合もあれば，基本としては企業文化を遵守しながらもその場特有の文化伝播や文化触変を繰り返しながら文化特質として定着する文化もある．また，その組織文化は順次更なる下位の組織における文化を生む．半面，組織文化は，究極のところで企業文化の枠を超えることはできない．それゆえに，企業文化と組織文化の関係性は「入れ子細工構造の関係」となるのである．

　この「入れ子細工の構造」がいかなる特徴をもつかは，企業文化によって規定される．企業においては，そのあり方は権限・責任の図式と有機的に連動して動き出す．新しい管理会計的技法，たとえば制約理論のスループット会計の導入を，一定レベルの場としての下位組織の文化が認め，それを上位の裁可を得るべく提唱したとしても，上位組織の文化がこれを拒否すればその提案は露と消える．その場合，それを提唱した下位組織の説明が客観的視点からすればいかに説得力に満ちているものであるとしても，上位組織がその論理を理解し

ようと努めない文化をもつか，あるいは何らかの非論理的な理由で受け入れないことを許容する文化であるなら，その提案は実現することはない．逆に，下位組織が気づかない方法であっても，その重要さを認めたトップが，これを権限によって強制することで，下位組織の納得を超えて迅速に実現するケースもある．

このように，企業文化と組織文化の関係性は一様ではない．しかも会計は両者に深く関わって使用され，変更され，放棄される．したがって，企業文化と組織文化の関係性についての等閑視は許されるものではなく，企業は，より積極的に企業文化と組織文化の関係性の整備に挑む必要がある．企業文化であれ，組織文化であれ，それが文化のまま留まることもあれば，制度に移行することもある．そうなれば，会計の及ぼす影響は，異質性をもって顕在化してくることは必須である．つまり，その成り行き次第はここでの直接的関心事ではないが，そのあり方が会計の選択肢に関係してくることは，時代を追うに従って比重を増してきていることは指摘するまでもない．

いずれにせよ，管理会計との関わりでいえば，企業文化が制度化して拘束するケースを除けば，そうした文化階層の中で管理会計の技法やシステムは取捨選択されるのである．そうした関係性については，既に多くの予感がありえた．予感があったということと，企業文化もしくは組織文化と管理会計の関係性が実際に如何なる形で横たわっているかを検討することとは大きな差がある．

近年の管理会計の動向を鳥瞰すると，新しい会計技法，とりわけ非会計専門家によって提示される非会計的技法に無条件に飛びつく傾向をみる．研究者が，いち早くその技法の内容を検討して，それを解説し，その適切さを明示することは，それなりの有効性があることを否定はしない．だが，会計技法は，既に述べたように，文化の所産なのである．文化が芽生えるには，必ずやそれに適した土壌が必要である．それがなければ開花はしない．

それにもかかわらず，他の土壌で咲いた花の美しさを愛でることはしても，それが開花している土壌に足を踏み込む姿にはほとんど遭遇することはない．新しい管理会計技法が有効であるか否かを判ずるには，まずそれが花開く土壌

の属性を解析する必要がある．次いで，その苗を移植する先の土壌がいかなる性質のものであるべきかを確認しなければならない．つまり移植しようとしている土壌（企業もしくは組織文化）が，新管理会計技法やシステムを萌芽させ，開花させるに足る土壌かどうか，検証するの必要がある．そして，その土壌が不適切であるとしたら，いかなる土壌改善を行わねばならないかを示唆し，その上で改善された土壌に適合するように改良された新しい技法の苗を植え付けなければならない．あるいは，いかにしても移植は無理という判断がなされるなら，敢然としてその技法の不適切さを主張しなければならない．それが会計研究者の責任でもある．なぜなら，会計は実践という土壌に開花してはじめて会計であるからである．その判断の重要なメルクマールが企業文化もしくは組織文化なのである．

参 考 文 献

Adler, N. J.(1991), *International dimensions of organizational behavior*(2nd ed), Boston: PWS-Kent.（江夏健一・桑名義晴監訳『異文化組織のマネジメント』セントラル・プレス，1996年）

出口将人（2004）『組織文化のマネジメント』白桃書房．

Eliot, T. S.(1948), *Notes towards the definition of culture*, Faber and Faber.（深瀬基寛訳『文化とは何か』弘文堂書店，1967年）

林　周一（1984）『経営と文化』（中公新書729）中央公論社．

林　吉郎（1994）『異文化インターフェイス経営』日本経済新聞社．

Hofstede, G.(1980), *Culture's Consequences*, SAGE publications.（萬成博・安藤文四郎監訳『経営文化の国際比較』産業能率大学，1984年）

藤田彰久（1999）『生産文化論』関西大学出版部．

犬田　充（2001）『行動科学』中央経済社．

伊丹敬之・加護野忠男（1993）『ゼミナール経営学入門』（第10章）日本経済新聞．

加護野忠男（1988）『組織認識論』千倉書房．

河野　勝(2002)『制度』（社会科学の理論とモデル12）東京大学出版会．

河野豊弘（1988）『変革の企業文化』（講談社現代新書927）講談社．

河野豊弘・S.R. クレグ（1999）(吉村典久・北居明訳)『経営戦略と企業文化』白桃書房．

クラックホーン, C（城戸浩太郎訳）(1958)『文化と行動』社会心理学講座Ⅵ・文化とパーソナティ2，みすず書房．

馬越恵美子（2000）『異文化経営論の展開』学文社.
盛山和夫（1995）『制度論の構図』（現代自由学芸叢書）創文社.
村山元英・小柏喜久夫（1997）『経営文化論序説』文眞堂.
根本 孝・ティレフォーシュ吉本容子（1994）『国際経営と企業文化』学文社.
野中郁次郎（1985）『企業進化論』日本経済新聞社.
North, D.C.(1990), *Institutions, Institutional Change and Economic Performance*, Cambridge University Press.（竹下公視訳『制度 制度変化 経済成果』晃洋書房, 1994年）
大久保渡（1999）『企業文化と環境』泉文堂.
相良憲昭（2003）『文化学講義』世界思想社.
咲川 孝（1998）『組織文化とイノベーション』千倉書房.
佐藤郁哉・山田真茂留（2004）『制度と文化：組織を動かす見えない力』日本経済新聞社.
Schein, E. H.(1985), *Organizational Culture and Leadership*, Jossey-Bass.（清水紀彦・浜田幸雄訳『組織文化とリーダーシップ』ダイヤモンド社, 1989年）
Schein, E. H.(1999), *The Corporate Culture Survival Guide*, Jossey-Bass.（金井壽宏監訳, 尾川丈一・片山佳代子訳「企業文化―生き残りの指針」白桃書房, 2004年）
関根雅美（2000）『多文化主義社会の到来』（朝日選書650）朝日新聞社.
祖父江孝男編（1959）『人間の文化』現代文化人類学2, 中山書店.
津田眞澂（1994）『日本の経営文化』ミネルヴァ書房.
鶴見俊輔・生松敬三編（1968）『岩波講座哲学ⅩⅢ・文化』岩波書店.
張虹・金雅美・吉村孝司・根本孝（2004）『テキスト企業文化』泉文堂.
梅澤 正（2003）『組織文化 経営文化 企業文化』同文館出版.
梅澤 正・上野征洋（1995）『企業文化論を学ぶ人のために』世界思想社.
（辞典, 事典類, ただし国語辞典類は省略）
『岩波哲学・思想事典』岩波書店, 1998年.
『哲学事典』平凡社, 1971年.
『心理学事典』平凡社, 1981年.
『心理学辞典』有斐閣, 1999年.
『社会学事典』弘文堂, 1988年.

第2章　組織文化の概念化と測定方法

1. はじめに

　本研究会の統一的な研究テーマは，組織文化と管理会計システムとの間に成立する相互影響プロセスを解明することにある．現代のマネジメント理論において，組織文化のあり方が企業業績や具体的なマネジメント・システムに一定の影響を及ぼすことは定説化している．しかし，周知のように組織文化の概念をいかに定義するかについては多様な見解があり，現在でも統一的な認識は確立されていない．組織文化と管理会計システムとの関係を解明するためには，まず現実の企業活動において組織文化がいかなる様相や特性を有しているかを認識する必要がある．

　われわれは組織文化の実像を理解する方法として調査票による定量的測定を採用することとした．一般に社会調査の方法には質問票調査による定量的測定と，インタビューや継続的観察による定性的測定がある．組織文化の測定という観点からすれば，定量的アプローチで測定できる範囲は組織文化の表層的領域に限定され，深層的領域の測定には向かないとされる．しかし，本研究の主目的は組織文化の本質そのものを究明するというよりも，組織文化が管理会計というきわめて具体的な制度や手法にどのような影響を及ぼしているのか，組織文化の特性が異なることでその影響プロセスに相違が発生するのかというテーマを解明することにある．この意味で，質問票による広範な定量的測定を実施することで組織文化の類型化を試みることは，本研究テーマにとって十分に意義があるものと判断された．

　質問票をデザインするに当たり，われわれが最初に直面した問題は組織文化

の概念をどのように定義するかであった．飯田 (1993) は「企業文化（組織文化）という用語には幾通りもの概念があり，それぞれの研究者は各々の問題意識や研究目的に応じて，その都度，最適な文化概念を選んで用いる自由を持つ．ただし選択した文化概念の定義と理由を明示し，複数の概念を使い分けないこと．」(p.86) と指摘している．われわれはこの見解を尊重し，まず本研究における組織文化の概念をいかなる次元に置くかについて検討した．

2．組織文化の基本概念

一般に文化とは，人間が社会の成員として生きるために後天的な学習によって得たすべてのもの，すなわち衣食住に関わる日常的な生活様式はもとより，あらゆる知識，技術，信仰，芸術，道徳，法律，慣習などの社会を構成する諸要素の一切を含む概念である．これらを大まかに整理すれば，ひとつは対象となる社会の範囲によって国民文化，民族文化，地域文化，組織文化（企業文化）などに分類され，ひとつは有形か無形によって物質文化と精神文化とに分類される．

もちろんこうした分類はあまりにも広範な文化概念を便宜的に類別しているにすぎない．たとえば国民文化の特性はその国に存在するさまざまな組織の特性に影響を及ぼすし，逆に産業や企業のあり方がその産み出す製品やサービスを通じて国民文化に影響を及ぼすことも明白である．社会システム論的にいえば，文化概念も上位システムと下位システムで構成される重層的関係を有していることになる．物質文化と精神文化の区分についても同様のことがいえる．有形か無形か，可視的か不可視的かという分類の境界はかなり曖昧なものである．たとえばキリストの十字架像はキリスト教という宗教の教義を，コンピュータは情報や意味を，ファッションは人々の嗜好をシンボライズしているという側面がある．その意味で物質文化の背後には常に精神文化があり，精神文化の反映として物質文化が成立していると理解することもできる．しかしそこでは逆の思考も展開される．コンピュータという物質が誕生したことによって，それ以前とは比較にならない高度で大量の情報を産出し交換することが可能に

なり，現代社会は情報化を軸とする新たな文化を創造したと考えることもできるからである．

このように文化の概念は社会を構成するあらゆる要素を対象として，しかも複雑な相互関係を有しながら総体を維持しているために，すべてを網羅した学問体系を構築することは不可能に近い．したがって文化に関する研究は，論考に先立って研究分野を特定し，それに適合した文化概念を抽出するとともに，研究アプローチを明確に表明することが求められる．その際，上記の大まかで曖昧な文化の概念区分は依然として重要な争点であり，それが後段で検討するように文化に関する研究の多様性を生み出しているように思われる．

本来社会学や文化人類学の研究範囲であった文化概念が，マネジメントの研究領域に本格的に導入されたのは1980年代といわれる．しかし，マネジメント研究の主たる対象を，組織の機能や構造の合理性に置くか人間の精神活動や心理的側面に置くかという切り分けをして，後者を組織文化の研究範囲に含めるとすれば，マネジメントにおける組織文化の研究は，それよりもはるか以前から成立していたといえる．たとえばBarnard（1938）は，経営者のリーダーシップにおける道徳性の高さが従業員の協働の基盤であり，道徳性が低ければ組織は短命に終わると主張している．Mayo（1933）やその協力者であるRoethlisberger（1941）は集団におけるインフォーマル組織の存在を確認し，人々の社会的相互関係から自然発生する集団規範が企業行動に強い影響力を及ぼすことを立証した．Selznick（1957）はリーダーが組織に価値を注入することによって，組織は社会的制度に転化すると主張した．Maslow（1954）は人間の欲求に焦点を当て，自己実現欲求という後の動機づけ理論に多大の影響を及ぼす概念を提示した．Mazlowの思考を直接にマネジメント理論に導入したMcGregor（1960）は，組織における人間の見方をX理論とY理論とに切り分け，主体的・創造的な人間観の重要性を主張した．このように，マネジメント理論の先駆的研究においても，組織における文化的要素（価値，信念，規範）の重要性は十分に認識されていたといえるが，組織文化そのものを直接の対象としてマネジメントにおける重要性が認識されるのは1980年代からである．

この時期に組織文化論が脚光を浴び，独自の研究分野として確立された経緯を，出口（2004）は「アカデミックな要因」と「社会的な要因」という2つの要因から説明している．出口によればアカデミックな要因としては，第1に社会科学における支配的なパラダイムが機能主義から解釈主義へシフトしたこと，第2に1960年代から70年代に隆盛をきわめたコンティンジェンシー理論の限界が顕著になってきたこと，第3に当時「戦略経営」の分野で支配的であったPPMを典型とする分析的アプローチの有効性に懐疑が生じ，組織文化の機能と重要性を主張するPeters & Waterman（1982）らの業績が注目されたこと，第4に「文化」という言葉の持つ潜在的な可能性を研究者が注目したこと，などを列挙している．一方，社会的な要因としては，第1に社会全体の文化が変化したこと，第2に産業界における文化要素が変化したことに注目している．前者は社会構造の変化が社会文化の多様化をもたらしたこと，豊かな社会が従来のプロテスタンティズム的職業倫理から多様な職業意識への転換を促進したことが指摘され，後者は日本企業の躍進に伴う異文化としての日本的経営への関心が高まったこと，情報・サービス産業が台頭し，新たな組織形態が生まれるとともに組織文化の重要性がより注目されたことが指摘されている（出口, 2004, pp.13-21）．

　これらの諸要因のなかで，マネジメント理論における組織文化の重要性を最も強く意識させたものは，Peters & Watermanの業績と，日本的経営への関心であると思われる．周知のようにPeters & Watermanは著書『エクセレント・カンパニー』において，当時のアメリカにおける優良企業の調査を踏まえて，それらの企業が「行動の重視」「顧客に密着する」「自主性と企業家精神」「人を通じての生産性向上」「価値観にもとづく実践」「機軸から離れない」「単純な組織と小さな本社」「厳しさと穏やかさの両面を同時にもつ」という8つの基本的特性を備えていることを報告した．今日の組織文化論に照合すれば，異なる次元の文化的要因が未整理のまま列挙されている感もあるが，分析主義的な戦略経営が支配的だった当時においてはきわめて斬新なアプローチとして受容された．こうして「優れた企業には優れた文化が存在し，それが組織行動を支配し，

リードすることで高い成果を達成できる」とする仮説が成立したのである．

　一方，当時アメリカの産業界が沈滞するのと対照的に，日本企業が躍進しアメリカ市場を席巻する状況のなかで，日本企業には特有の卓越性があるのではないかという問題意識が芽生え，いわゆる「日本的経営」の研究が進展する．当初は極端な日本的経営賛美論に走るものも見られたが，欧米文化と日本文化という異質の文化を比較研究する過程で，国民文化の相違に関係なく，優良企業には共通した強い組織文化が存在すると考える研究が登場した．

　Ouchi（1981）は日本企業の特徴をタイプJ，アメリカ企業の特徴をタイプAと名づけ7つの次元で両者を比較する．その上でアメリカ企業にもタイプJに近い企業が存在し，それらが高い業績を維持していることを指摘するとともに，そのモデルをタイプZと呼んだ．こうした彼の研究は，企業の国籍に関係なく優良な企業の条件は普遍的であり，独特の組織文化（価値や信念）によって統合され，方向づけられた企業が高い業績を実現できるとする仮説を構築することになる．

　同時期に『シンボリック・マネジャー』を著したDeal & Kennedy（1982）は，個々の日本企業が強い組織文化を有しているとともに，日本の経済システムや国家システム全般に一貫した強固な文化が存在していることを認めながら，成功したアメリカ企業もまた本来的に固有の強い文化を有していると主張した．そして強い文化の構成要素として「理念」，「英雄」，「儀礼と儀式」，「文化のネットワーク」の4者を指摘した．彼らの研究も「強い文化が強い企業を作り出す」という仮定に基づくものであるが，さらに組織文化を構成する要素は何かというテーマに踏み込んだ点に特色がある．

　こうして，組織文化の研究はマネジメントの，とくに経営戦略論の分野に新たな可能性を開くテーマとして広く注目を浴び，さまざまな研究が展開されることになったが，それらの多くが以下の仮説を含むものであった．

(1) 強い組織文化は強い企業（高い業績）を実現する．
(2) 組織文化は経営システムや人々の行動に共通の意識（価値）を植えつけ，影響を及ぼし，方向づける．

(3) 組織文化を変革することで，企業行動を好ましい方向に変えることができる．

　こうした仮説を検証するためには具体的に以下の課題を解明する必要がある．第1は組織文化の本質を定義し，その構成要素を明確にしなければならない．漠然と強い組織文化といってみても，組織文化のどの要素がいかなる特性を持ったときに「強い」といえるかを解明しなければ，実態を認識することにはならないからである．第2は組織文化がメンバーに影響を及ぼし，認知され，共通の理解として定着していくプロセスを解明しなければならない．そこには組織文化が上位システムから一方的に作用し影響するものかどうかという疑問も生まれる．英雄や伝説が文化の要素であるとすれば，下位システムの具体的な行動や変化が上位システムの組織文化に影響を及ぼし変革を促すというプロセスもこの分野における重要なテーマになる．第3は組織文化を意図的に変革することが可能かという問題である．可視的・実体的な組織構造や組織制度または組織行動を意図的に変容させることは比較的容易かもしれないが，漠然とした観念としての文化を企業が好ましいと考える方向に意図的に変容させることは，きわめて困難な課題である．

　組織文化論においてまず注目されたのは第1の組織文化の本質をいかに定義するかという課題である．この課題についてもっとも基本的な概念規定を行ったのはSchein (1985) であった．

　Scheinはこの時期に国民文化および組織文化の双方が注目された理由として，日本企業がアメリカ企業と競争して成功を収めたことを挙げ，多くの研究者が，「文化が組織の有効性に決定的な差を生み出しているという主張を展開している」，ところが組織文化について書いている人々の間に文化に関する概念的かつ方法論的な差異があるために，それぞれの主張を評価することがほとんど不可能な状態になっていると指摘した．その上で彼は文化を「ある特定のグループが外部への適応や内部統合の問題に対処する際に学習した，グループ自身によって創られ，発見され，または発展させられた基本的仮定のパターン：それはよく機能して有効と認められ，したがって新しいメンバーにそうし

た問題に関しての知覚，思考，感覚の正しい方法として教え込まれる」（邦訳p.2）と定義した．

そして多様な文化概念を整理するために「文化の次元」を以下の3つの水準に分類する（邦訳pp.19-27要約）．

レベル1　人工物・創造物

　文化が最もよく見えるレベルで，物理的・社会的環境を意味する．すなわち物理的空間，技術的成果，言葉・装飾，メンバーの行動などで，観察が可能である．しかし，人工物が何を意味し，どのような相互関係があり，いかなる深層のパターンを反映しているかを理解することは難しい．このレベルの理解を時間をかけずに達成したいのなら，構成員の行動を導く日常の行動原理を提供する中心価値を分析することが早道である．

レベル2　価値

　すべての文化の学習は究極的に，ある人（リーダー）の原初の価値すなわち「どうあるべきか」という感覚を反映している．あるグループが新しい任務，論点，問題に直面するとき，それに対処する（メンバーからの）第1の解答は，ある価値を保持するだけである．しかし，その解決策が機能し，グループがその成功についての認識を共有すれば，その価値が徐々に認知的変容の過程を開始し，ひとつの信念になり，究極的にひとつの仮定となる．この変容過程が起こると，グループのメンバーが当初は確信の持てなかった価値が当然視され，次第に信念になり，仮定になって，ちょうど習慣が無意識となり自動的となるように，意識から抜け落ちてしまう（意識下に潜在する）のである．また，多くの価値が絶えず意識され明確に表現されるのは，それらグループの指導メンバーの規範的・道徳的機能として，ある重要な状況に対処する際に役立つからである．信奉された価値がその基礎にある仮定と一致するものであれば，経営の理念にこれらの価値を明確に表現することが，グループを統合するのに非常に役立つし，そしてそれが企業の自我や使命の源泉として

役立つ．

レベル3　基本的仮定

　ある問題に対する解決策が繰り返し機能すると，それはあたりまえのこととして考えられるようになる．単なる予感とか価値によって支持された仮説だったものが，徐々にひとつの現実として取り扱われるようになる．基本的仮説は，あまりにも当然のこととしてみなされるために，あるひとつの文化的単位のなかではほとんどヴァリエーションをもつことがない（選択の余地がない），いわば暗黙の仮定である．このような仮定を位置づけることは非常に困難であるが，会社の人工物や価値を注意深く調べれば，その根底に横たわる仮定の推論を試みることができる．もし面接する人とされる人が文化のパターンを浮き彫りにする試みに全力をあげるならば，そのような仮定は，面接の中で通常明らかにできる．

　以上のように，Scheinは組織文化をその認識される意識レベルによって，表層的な人工物から，理念的な価値，深層的な基本的仮定の3段階に分類するが，それは組織文化の構成要素を類別しているのではなく，「目に見え意識される文化水準」から「目に見えず意識されない文化水準への」変容過程を階層化しているのである．レベル1の人工物・創造物はその背後にある日常の行動原理を提供する中心的価値を分析することで理解される．一方，レベル2の価値は認知的変容の過程を通じて信念になり，最終的にレベル3の基本的仮定になる．したがって，従業員に信奉される価値がその基礎にある（意識されていない）基本的仮定に一致するものであれば，経営の理念にこれらの価値を明確に表現することでグループを統合し，企業の自我や使命の源泉として役立つのである．Scheinは文化の本質をレベル3とし，それを理解することは非常に困難であるが，人工物と価値を綿密に観察すれば，その根底にある仮定を推論できるし，克明な面接によって明らかにできるとしている．

図表2-1　文化のレベルとその相互作用

```
┌─────────────────────────────┐
│ レベル1　人工物と創造物        │    見えるがしばしば解読できない
│   ・技術                     │           ↑
│   ・芸術                     │           │
│   ・視聴可能な行動パターン     │           │
└─────────────────────────────┘           │
         ↕                                │
┌─────────────────────────────┐           │
│ レベル2　価値                 │    より大きな知覚のレベル
│   ・物理的環境でテスト可能     │           ↑
│   ・社会的合意によってのみテスト可能│        │
└─────────────────────────────┘           │
         ↕                                │
┌─────────────────────────────┐    当たり前と受け取られている
│ レベル3　基本的仮定            │    目に見えない
│   ・環境に対する関係           │    意識以前
│   ・現実，時間，空間の本質      │
│   ・人間性の本質              │
│   ・人間行動の本質            │
│   ・人間関係の本質            │
└─────────────────────────────┘
```

出所：Schein（1985, 邦訳 p.14）

3．組織文化の概念分類

Scheinの研究を発端として，混沌とした組織概念を分類・整理する研究が進んだ．飯田（1991, 1993）は経営学的観点から意識的に文化という言葉を用いている文献を蒐集し，組織文化（飯田は企業文化と呼称）の概念を以下の6次元の基準に基づいて，図表2-2に示すように9の概念に整理している（飯田, 1993, pp.62-64）．

第1次元：「共有物」とするか「活動」とするか
第2次元：記述的に定義するか，規範的に定義するか
第3次元：「不可視物」のみとするか，「具現物」を含めるか，「具象物」まで
　　　　　含めるか*1

第4次元：「全体集合的概念」とするか，「選択集合的概念」とするか*2
第5次元：「潜在物」のみとするか，「顕在物」まで含めるか*3
第6次元：「共有物」そのものとするか，その「媒体」を含めるか*4

*1　不可視物・具現物・具象物
・不可視物：価値観，信念，理念，規範などの意思決定基準
・具現物：態度，仕事の方法，慣習などの行動パターン（観察可能な行動として具現化された意思決定基準）
・具象物：組織構造，戦略，制度などの創造物（行動から生み出された具象物）

*2　全体集合的概念か選択集合的概念か
・全体集合的概念：共有物のすべてを文化とみなす
・選択集合的概念：当該企業に特有の優れているいくつかのもののみを文化とみなす

*3　潜在物・顕在物
・潜在物のみ：構成員が通常は意識することのない潜在的な意思決定基準のみ
・顕在物を含める：構成員が意識することのできる顕在的基準まで含める

*4　媒体：意思決定基準および行動パターン（共有物）を構成員に伝え，浸透させる手段（社是社訓，シンボル，逸話，儀礼的行事など）

　われわれは上記の先行研究を精査することによって，われわれの意図する質問票調査による組織文化の測定と類型化，さらには管理会計システムとの相互関係の解明を試みるというテーマにとって，いかなる組織文化概念を採用することが適切かについての検討，すなわち，飯田が指摘する「その研究で用いる文化概念の定義と，その定義を採用する理由」を明確にする作業を行った．
　飯田は類型化した9概念について，以下のような定義を行い，それぞれの定義の目的と概念規定上の問題点を指摘している．
　第1概念：各個別企業の構成員が共有しているすべての潜在的意思決定基準．
　第2概念：各個別企業の構成員が共有しているすべての潜在的および顕在的な意思決定基準．
　第3概念：各個別企業の構成員が共有している当該企業に特有で優れている

第 2 章　組織文化の概念化と測定方法　31

図表 2-2　企業文化概念の諸類型

概念分類	共≠活	記・規	不可視物⊂具現物⊂具象物	全つ群	潜在⊂潜在+顕在	共有⊂共有+媒体	代表的論者
第 1 概念	共有物	記述的	不可視物 *1	全基準	潜在物		Schein
第 2 概念	共有物	記述的	不可視物	全基準 *2	潜在物+顕在物	—	Davis, Hofstede, 加護野, 伊丹
第 3 概念	共有物	記述的	不可視物	基準群	—	—	Peters & Waterman
第 4 概念	共有物	記述的	不可視物・具現物	全基準	—	共有物	野中, 河野, Karlof, Jaques, Deal & Kennedy, Juran, Callenbach
第 5 概念	共有物	記述的	不可視物・具現物	全基準	—	共有物+媒体*4	Ouchi
第 6 概念	共有物	記述的	不可視物・具現物	基準群	—	—	梅澤
第 7 概念	共有物	記述的	不可視物・具現物・具象物	—	—	—	境
第 8 概念	共有物	規範的	—	—	—	—	植木, 梅澤
第 9 概念	活動	—	—	—	—	—	池上

出所：飯田論文（1993, p.63）をもとに作表

いくつかの意思決定基準．

第4概念：各個別企業の構成員が共有しているすべての潜在的意思決定基準，およびそれを具現化した行動パターン．

第5概念：各個別企業の構成員が共有しているすべての潜在的意思決定基準，およびそれを具現化した行動パターン，およびそれらを構成員に浸透させる媒体や手段．

第6概念：各個別企業の構成員が共有している当該企業に特有で優れているいくつかの意思決定基準や行動パターン．

第7概念：各個別企業の構成員が共有しているすべての潜在的意思決定基準，およびそれを具現化した行動パターン，およびそれらによって具体化された創造物．

第8概念：あらゆる企業の構成員が共有すべき普遍的かつ絶対的な意思決定基準．

第9概念：企業による文化振興活動や社会貢献活動．

　第1概念に相当する代表的見解は本章でもすでに検討したScheinの定義である．彼は人工物や創造物といった表層的レベルにある可視物や，客観的に観察可能な価値を文化の範疇から除外し，さらに深層にある基本的仮説（組織の構成員があまりにも当然と思い込んでいるために，その存在すら意識できない思考傾向）を文化の本質と規定した．しかし，あまりにも純粋概念を追求したことによって，この概念は客観的な測定が困難になるという問題に直面する．彼はアンケート調査やテストを用いることについて「そのような方法によって得られるものは，せいぜい構成員の信じるいくつかの価値観に過ぎない」(Schein, 1985, 邦訳 p.172) と指摘する．一方で基本的仮説としての文化を理解することの困難性について「文化的仮定を見つけ出すための信頼性の高い手軽な方法は私も未だに見つけていない」(Schein, 1985, 邦訳 p.171) とも表明している．この意味で第1概念は，質問票調査を意図するわれわれの目的には適合しない．

　第2概念はScheinの分類するレベル2を文化として認識する見解である．

飯田は代表的研究者としてDavis (1984), Hofstede (1980), 加護野 (1988a) らを挙げる．このうち加護野は組織文化を「組織構成員によって共有された価値，信念，規範のセット（集合体）である」（加護野，1998a, p.26）と定義する．飯田はこの概念を採用する研究者たちには3つの共通する理解があるとして，その特徴を，第1に企業文化を「測定し評価する」ことによって，より望ましいものへと変革するための手法や理論を見出そうとすること，第2に目に見えない価値，信念，哲学，理念，規範などを文化と規定し，Scheinのいう「その下にあるもの」については想定しなかったり，区別の必要を示さなかったりすること，第3は目に見え，観察することのできる行動パターン，態度，方法，慣習などは，文化を具現化したものではあるが文化そのものではないと考える3点を指摘している．そしてこの第2概念は「測定の可能性を重視し，さまざまな調査によって比較的容易に把握しうる，かなり顕在的な意思決定基準を文化とするので，この概念を採用することによって，ある程度の論理的精密性を残しながらも，同時に実践性と実証性を確保できよう」（飯田，1993, p.69）との評価を与えている．

　第3概念は第2概念と同様に「人々に共有された価値や信念」を主張するが，その文化は他の組織に比較して「独自で優れた価値観」の選択的集合を意味している．この概念には優れた文化が優れた企業を実現するという仮説が含まれるが，無数の価値（意思決定基準）のうち何が「優れた文化」なのかを特定することは非常に困難な作業である．

　第4概念は飯田によればもっとも多くの研究者によって積極的に採用されている概念とされる．そのうち野中 (1985) は「企業の共有された思考・行動様式の体系」(p.104) と定義している．この概念の特徴は第2概念のレベル2に加えて，レベル1に位置づけられる人々の行動パターンを加えたことにある．これによって文化概念の測定は目に見える現象を対象にすることで，格段に容易になる．しかし飯田は，文化把握の容易さと裏腹の関係にある緻密性の低さが，この概念の抱える最大の問題点であり，研究者は価値観という目に見えないレベルの文化と，行動パターンという表出的なレベルとの関係について，批

判者を納得させられるだけの説明を用意しなければならないと主張する（飯田,1993, p.75）.

　第5概念は第4概念にそれを浸透させるための媒体や手段を加える見解である．代表的研究者として飯田は「セオリーZ」を著わしたOuchiの名を挙げ，彼が文化概念の構成要素として列挙したシンボル，儀式的行事，逸話が文化概念に加わることで，文化の把握はさらに容易になるが，これらの媒体が，果たして実際に構成員が共有している意思決定基準（価値）や行動パターンを反映したものであるかどうかは定かではないとの懸念を表明している（飯田, 1993, p.77）.

　第6概念は梅澤（1990）を代表とする概念で，文化を「価値の高い文化」に限定し，「洗練された思考や行為の様式」と捉える見解である．第3概念と同じく「高い価値」や「洗練されたもの」を客観的に特定できるのかという問題と，文化把握の容易さの裏にある緻密性の低さが障害になる．

　第7概念は第4概念に加えて具象化された創造物，すなわち戦略スタイルや組織構造，制度などを包含する見解で，事実上，企業を構成するあらゆる要素を含むことになる．

　第8概念は第6概念と近似している．文化を人間にとって普遍的・絶対的な理想を表す「真・善・美」などの価値として捉え，そうした価値を企業に植えつける必要性を説く見解である．

　第9概念は企業による文化振興活動や社会貢献活動を企業文化として捉える見解である．

　これらの9概念に分類した上で，飯田は第5概念と第7概念については，文化の範囲対象があまりにも広すぎ，その概念を用いる利点が問題点を上回ってしまうため，例外的理由や特別の研究目的がない限り採用を控えるべきとし，また第9概念は他の諸概念との乖離があまりにも大きく，少なくとも学術的研究においては採用を控えるべきと断定している（飯田, 1993, p.86）.

　こうした飯田のガイドに加えて，われわれは「優れた文化が優れた企業を実現する」との仮説を含む概念を，われわれの研究からは除外することとした．

その第1の理由は「優れた文化とは何か」を客観的に測定したり評価したりする手段が見当たらないこと，第2の理由は同様に「優れた企業とは何か」を測定し評価する手段が見当たらないこと，第3はわれわれが意図する質問票では「優れている・劣っている」といった規範的ないし主観的な側面を問う質問を極力排除して，できるだけ客観的なデータに基づく文化特性の抽出を目指すためである．

以上の検討を踏まえて，本研究会ではさらに飯田の分類する第1概念，第2概念，第4概念の検討を進めた．記述のとおり，本研究の目的は，アンケート調査を通じて組織文化の様相を解明し類型化すること，および組織文化のありようと具体的な管理会計システムとの間に成立する相互影響プロセスを解明することにある．仮にScheinのいうように組織文化を人々の意識レベルよりもさらに下層の「深層にある基本的仮説」と定義した場合（第1概念），あまりにも抽象的で，Schein自身もいうように，回答者の現実の意識を問うアンケート調査からは何も説明できないことになる．一方，組織文化の概念そのものに人々の行動や制度といった具体的な要因を加える場合（第4概念）には，観念や理念としての文化と具現物・具象物として文化を峻別することが困難になる．具体的な組織現象を観察し，分析することによってその背後にある観念や理念としての文化を抽出しようとする研究目的からして，われわれは飯田分類の第2概念，なかでも加護野による組織文化とは「組織構成員によって共有された価値，信念，規範の集合体」であるとする定義を最適と判断し，メンバーの共通認識とした．

「組織構成員に共有された価値，信念，規範」のうち，価値とは組織が何を是とし何を否とするか，何が善で何が悪かの判断，信念とは世の中のありかたを規定する世界観，規範とは物事はかくあるべきとする認識であり，いずれも倫理的・道徳的基準を帯びた理念である．したがって個別企業の組織文化とは，その企業に共有される支配的な観念または理念と言い換えることができる．個別企業に固有の観念・理念としての組織文化が成立することによって，あらゆる組織現象（人々の行動，意思決定のパターン，制度，組織構造など）は，強弱に差

はあっても，何らかの影響を受けることになる．たとえば集権を是とする理念と分権を是とする理念があるとすれば，両者の違いは意思決定のパターン，コミュニケーションの特性，個人に対する認識，組織構造のデザイン，業績の測定といった，企業特性をかたちづくるさまざまな側面に異なる組織現象をもたらすことになる．このような関係を一般化・類型化する目的で測定しようとするとき，観念・理念そのものを直接に聞く方法は，回答者個人の主観を問うことになり，それをもって組織文化とすることはできない．むしろ組織文化の反映である具体的な組織現象に対する認識を聞くことによって，その背後にある観念・理念としての文化を描出する方法が適切であると思われる．

4．組織文化とパラダイム論

上記のように組織文化の概念を「目には見えない（不可視物）が顕在的な観念」として捉えた場合，多くの研究者が文化の範疇に含める可視的な行動パターンや構造をどのように理解すべきであろうか．文化概念としては表層的な行動パターンや構造が深層的な文化から影響を受けた文化的産物であり，それ自体にシンボリックな意味が込められていることも事実なのである．こうした観念としての文化と具象物・具現物との関係を理解するために，パラダイム論を援用することが有意義に思われる．

加護野（1988a）は『組織認識論』において組織文化とパラダイム論について克明な検討を試みている．加護野は著書の冒頭で「日常の理論」と呼ぶ操作的概念を設定する．「日常の理論とは人々が日々の経営を行っていくための基礎となる実践的な知識体系であり，経営の実践と緊密に結びついている」（加護野，1988a, p.8）とし，それは「スキーマの集合体である」（加護野，1988a, p.64）と考える．すなわち，スキーマは個人の知識として蓄積され体制化された情報であり，その集合体が「日常の理論」である．そして「人々が疑うことのできない『現実』だと思っている外界の社会的現実は，『日常の理論』ともいうべき実践的な知識体系をもとに作り出されたものである．しかも人々はこの主観的

な現実を,勝手に変えることのできない客観的なものとして捉え,それをもとに,外界の出来事に意味を与えたり,行為を選択したり,問題を解決したり,一定の行為を通じて他の人々にある意味を伝えようとしている」(加護野,1988a,p.85) のであるが,その際「日常の理論」において,意味を伝え合う手段としての「パラダイム」が重要な役割を演じる,としてパラダイムの意味づけを行う.

加護野 (1988b) は「パラダイムとは,企業内の人々に共有された世界観,ものの見方であり,共通の思考前提,思考の枠組み,方法論である……人々が共通にいだいている,企業と外界についての基本的なイメージ(心象,映像)だといってもよい」とし,パラダイムはメタファー(比喩,隠喩,直喩,アナロジーなど)の集合体ないしそれによって示されるイメージであると規定する(加護野,1988b, p.18).そして,「メタファーとしてのパラダイムの本質的な役割は,それが新しい知識ならびに意味を創り出す『知の方法』としての機能を果たしていることである」(加護野, 1988a, pp.103-104) という.

このような前提のもとに,加護野(1988a)は広義のパラダイムを,Kuhn(1962)のパラダイム概念を援用しながら,以下のように関連しあった3つのレベルに分類する (p.108).

(1) 第1水準—基本的メタファーの集合体としてのパラダイム

組織の内界・外界についての世界観やイメージを与え,それを共有させる働きをするパラダイムであり,これらのメタファーの集合体を狭義のパラダイムと呼ぶ.

(2) 第2水準—価値・規範としてのパラダイム

われわれ(加護野)が「日常の理論」と呼んだものに対応するレベルであり,これまでの組織論で「組織文化」とよばれてきたものと近似した概念である.

(3) 第3水準—見本例・範例としてのパラダイム

日常の理論(第2水準)を具体的に体現すると同時に,さらに間接的には狭義のパラダイム(第1水準)をも体現する見本例あるいは手本で,製品・

商品・事業・人・組織などの具現物である．

　加護野はこれら3者の関係を「基本的パラダイムはたとえそれが適切な概念によって表現されたとしても，それを直接にひとびとに理解させるのは難しい．実体のともなわない概念は空疎である．パラダイムとそれが生み出す世界を実体のあるものとして理解するには，より具体的な行為との結び付けがなければならない．日常の理論は，より具体的なレベルでパラダイムを体現するのである．日常の理論もいぜんとして抽象的である．それを理解するには一層の具体化が必要である．それが見本例である．具体例はイメージとしてのパラダイムに鮮明さを与えるのである」．また，「社会的に創り出された現実は，人々の日常的な行為によって維持されなければならない．パラダイム（狭義）の妥当性は，より具体的な日常の論理（文化）によって支えられ，日常の論理の妥当性は見本例によって支えられる」．つまり，日常の論理は，抽象的・普遍的メタファーとしてのパラダイムが正当性を与え，具体的行為や事実見本例が妥当性を与えることになるのだと主張する（加護野，1988a，pp.108-111）．

　既述のように，加護野は組織文化を「組織構成員によって共有された価値，規範，信念の集合体」と定義したが，この定義は「兆候，行動，および行動の産物」を通じて文化を観察しようとする現実主義に対して，観念主義のアプローチに立つもので，観念主義においては文化とは理解され，推測されるものであるとし，加護野らの試みは「観念としての組織文化をパラダイムと日常の論理の2つのレベルに分けてとらえようとしたものである」（加護野，1988a，pp.114-115）と結論づけたのである．

　抽象的概念と具体的概念とを関連させようとする場合，それらをつなぐ操作的概念を設定する必要が生じる．たとえばBarnard（1938）は組織の本質を定義する方法として「協働システム cooperative system」の概念を発想した．彼は，われわれが通常組織と認識する企業，学校，病院などの具体的存在をいったん協働システムの概念に置き換え，これを「物的システム，人的システム，社会的システム，組織システムからなる複合体（システム）」と定義する．その

上で，協働システムを多様化させている物的，人的，社会的要因をこれから捨象することによって，組織システムだけを抽出する．こうして「組織は二人以上の人々の意識的に調整された活動や諸力の体系（システム）」(Barnard, 1938, p.75) であるとする画期的な定義を導き出した．

　Barnardの場合は，具体的な事象を抽象化して組織の本質を定義するための道具として協働システムの概念を用いているが，加護野らは逆に，文化という抽象的な概念を戦略や行動のレベルと結びつけ，操作可能な水準に置き換える道具としてパラダイムの概念を導入しているように思われる．当然のことながら，文化概念とパラダイム概念は同一のものではない．非常に相似的ではあっても，抽象度が異なり，分類基準も異なる．たとえば飯田は文化概念の分類基準として不可視物，具現物，具象物を含むか含まないかという基準を採用し，さらに不可視物を潜在物と顕在物に分類している．この分類によれば，シャインは文化を潜在物のみに限定し純粋概念としての文化を主張する（第1概念）．これに対してホフステッドや加護野らは，文化の範囲に価値，規範，信念などの顕在物を含めたより広い概念を主張する（第2概念）．飯田論文では第2概念の特徴のひとつとして「シャインのいうその下にあるものについて想定していない」と指摘している．しかし，第2概念は潜在物と顕在物を含む概念であるから，加護野らが第1概念を否定しているとは考えにくい．加護野らは第1概念が存在していることは認識しながら（狭義のパラダイム），しかしシャイン自らが表明するように，第1概念の抽象性がその本質の観察や測定を困難にしていることから，この水準を直接の対象とするのではなく，顕在物として知覚できる価値や規範といった第2水準から間接的に第1水準を推測するというアプローチを採用していると思われる．つまり，パラダイムは抽象的な文化概念を解明する手段として採用された操作的概念とみることができる．

　この概念が有用である大きな理由のひとつは，文化の3分類にほぼ照応する3つの概念区分をもっていることである．加護野はクーンの分類を組織理論に敷衍して，狭義のパラダイム，日常の理論（価値・規範）としてのパラダイム，見本例・範例としてのパラダイムに分類し，自らの研究を「観念としての組織

文化を，パラダイムと日常の理論の2つのレベルに分けて捉えようとしたもの」であるとしている．その際，加護野は組織文化のレベルとして上記の第2水準を想定している．ところで加護野によれば（狭義の）パラダイムはメタファーの集合体であり，それが新しい知識ならびに意味を創りだす「知の方法」としての機能を果たしているという．メタファーは抽象的な存在の本質をそのまま説明するのではなく，「Xのようなもの」という比喩で表現する方法である．この方法によれば，顕在物としての価値・規範のみならず，シャインのいう潜在的な「基本的仮定」の一部についても言語（意味）表現が可能になるのではないか．いくつかのメタファーを組み合わせることによって，曖昧さを残しながらも潜在的認識を顕在化する可能性がある．クーンはパラダイムの第1水準を「形而上的」と表現したが，仮にメタファーに新たな知識や意味を創造する機能があるとすれば，狭義のパラダイムは形而上のものを形而下に置き換える機能が含まれているといえないか．加護野はパラダイムを顕在化された文化に対応させているが，より潜在的な文化の一部にも対応できる概念の可能性があるように思われる．

顕在的不可視物（第2概念）に対応するものがパラダイムと日常の理論だとすれば，飯田のいう具現物と具象物は加護野の見本例・範例のパラダイム（第3水準）に対応することになる．しかし飯田の具現物には態度，仕事の方法，慣習などの「行動パターン」が含まれる．態度は人々がさまざまな現象に対して表す基本的な反応パターンないしは準拠枠であり，慣習はこれまでの経験の蓄積によって自然に形成された問題処理の手続きとみなすことができる．加護野は日常の理論をスキーマの集合体であると規定し，スキーマとは人間が外界を理解するための（心理的）枠組みであり，緩やかに体制化されているという．態度や慣習はまさしく人々の内面に体制化された（定着し安定した）準拠枠であり，一定の刺激に対してプログラム化した反応を促す判断基準である．すなわち態度や慣習やルーチン化した仕事の方法はそれ自体，加護野のいう「日常の理論」に含まれるものと理解することができる．

坂下（2002）は「組織シンボリズム論」の見地から，「物的，行動的，言語的

シンボルの使用,行使,表現といったシンボリック行為がシンボリズムであり,そうしたシンボリズムを通じてシンボルの意味が共有されるとき,その共有された意味体系,およびその媒体であるシンボル体系が「組織文化」であるとして,「組織文化とは,共有された意味体系やシンボル体系である」(坂下,2002,pp.48)と定義する.彼は社会学における機能主義的パラダイムと解釈主義的アプローチを峻別した上で,それぞれが機能主義的組織シンボリズムと解釈主義的組織シンボリズム論を導出する過程と,各々の特質について克明な論究を展開している.その検討過程で坂下は加護野の組織認識論に論及し,加護野の研究は坂下が究極的に目指そうとする「解釈主義的組織シンボリズム」と同一の方向であると評価する.一方,加護野の研究は解釈主義的組織シンボリズム論の正統派の道を進まず,「解釈」と「認知」の概念を合成した「認識」という独自概念に基づいて,組織認識論という独創的世界を作り出したと指摘する(坂下,2002,pp.33-37).こうした見地からすると,先に述べたような比較は,異なる方法論から導かれた概念を比較していることになるかもしれない.飯田がレビューした膨大な先行研究は,時代背景から見ても大部分が機能主義的アプローチに立脚するものであり,加護野の見解が坂下のいうように解釈主義的アプローチに立脚するものであるとするならば,概念規定の方法論が異なるからである.

しかし,組織文化を「価値,信念,規範」と定義し,後述するように大規模なアンケート調査を実施することで組織文化の類型化を試みた当時の加護野の研究スタンスは,機能主義的アプローチの色彩を強く感じさせるものである.一方,パラダイムをメタファーの集合体と認識し,日常の論理をスキーマの集合体とする認識には坂下の指摘するように解釈主義的傾向が鮮明に現れている.坂下が自ら認めるように(坂下,2002,p.225),解釈主義的シンボリズム論は現在,機能主義的シンボリズム論ほどには研究が進んでいない.理論的背景は明確に規定されたとしても,実際に組織文化を認識し,推定する方法が確立されたとはいえないからである.加護野の研究は組織シンボリズム論の萌芽期における先駆的な研究であったことを考えれば,両面を具有していたとしても不思

議とはいえない．加護野の研究が組織文化に関するわれわれの基本認識に強固な根拠を与えるものであることに変わりはない．

5．組織文化の研究方法

　本研究においてわれわれが終始留意していたことは，調査票を用いた概括的な調査の有効性についてである．坂下（2002）は「組織文化の既述は，観察者（＝研究者）が組織文化に対してどのようなパースペクティブに立つかに応じて，個別把握的にも類型把握的にも行いうる．観察者が組織文化を一個同一の特定的対象として個別的に捉えるパースペクティブに立つのであれば，その組織の成員たちの間主観的な1次的意味構成は個別把握的に記述される．その結果，組織文化の2次的構成は個別把握的なものになり，その成果は『組織文化のエスノグラフィー』となる．これに対して，観察者が組織文化をある共通の特性を持った多くの匿名的対象として捉えるパースペクティブに立つのであれば，その成員たちの間主観的な1次的意味構成は類型把握的に記述される．その結果，組織文化の2次的意味構成は類型把握的なものになり，組織文化は『文化類型』として再構成されていくのである」（坂下，2002，p.223）として，研究者の組織文化に対するパースペクティブが相違すれば，組織文化の把握方法が異なることを容認している．

　出口（2004）は，組織文化の研究方法について①基本的な組織観／組織文化観（機能主義か解釈主義か），②分析の視点（外部者の視点か内部者の視点か），③データの性質（定量的データか定性的データか），④主たる研究目的（組織文化の類型化，組織文化の創造・変革，メタファーとしての解釈）の4つの基準に基づいて，以下の4類型を提示している．

　第1の類型は，機能的な組織観／組織文化観に基づき，質問票調査などの方法で収集された定量的なデータを外部者の視点から客観的に分析することによって組織文化を類型化したり，組織文化と組織内外の環境との適合関係を明らかにしたりする研究である（出口，2004，p.28）．第2の類型は上記を定性的な

図表2-3 組織文化研究の分類

	基本的な組織観／組織文化観	分析の視点	データの性質	主たる研究目的
組織文化研究	機能主義	外部者の視点 客観的な分析	定量的データ	組織文化の特定, 類型化
			定性的データ	組織文化の創造, 変革のモデル・方法論の提示
	解釈主義	内部者の視点 主観的な分析		組織のメタファーとしての組織文化の解釈, 記述

出所：出口（2004, p.29, 一部省略）

データを用いて分析する研究，第3の類型は上記方法で研究目的を組織文化の創造，変革のためのモデルや方法論におく研究，第4の類型は解釈主義的な組織観／組織文化観に基づいて，メタファーとしての組織文化を研究する方法である．

ただし，出口によれば組織観／組織文化観や分析の視点といった基準に基づく分類は相対的なものにならざるをえないという．「たとえば，機能主義的な組織観／組織文化観に基づく研究においても組織のシンボリックな側面，つまり組織のメンバーが主体的にものごとを解釈するという側面が無視されているわけではないし，逆に，解釈主義的な組織観／組織文化観にもとづく研究においても，組織文化と組織構造，システムや習慣，儀礼などのルーティンな行動といった組織を構成する諸要素は，きわめて綿密に関わりあっており，組織文化のかなりの部分がそれに組み込まれたものと考えられている」（出口, 2004, p.31）との見解を表明している．出口の分類に従えばわれわれの研究は第1の類型に相当することになる．それゆえ今回の研究において，われわれは伝統的組織文化理論ともいうべき機能主義的組織観に立脚するものであるが，前節で

若干の検討を加えたように，組織のシンボリックな側面についても大きな関心を抱いている．調査票を用いた客観的分析を目指す今回の研究を踏まえて，将来的には，さらに個別調査によるシンボリックな研究の可能性を探るつもりである．

6．調査票作成の前提

本研究会では，現代日本企業における組織文化の様相を解明するために，東京証券取引所に上場されている全企業を対象にアンケート調査を実施した．1990年に実施された加護野らによる組織文化の先駆的な調査に関するコメントの中で，加護野は当該調査が1社につき1名の回答に基づくものであり，その回答が特定の企業文化をどの程度代表しているかについては不安があることを表明している（加護野・山田・角田，1993, p.65）．

経営組織の重層構造を考えれば，組織文化の認識もその回答者が属する部門や階層によって相違することは明らかである．この問題を配慮して，本調査では1社について経理，製造，営業・販売，企画，IT・情報の各部門別に用意された5種類の質問票を同封し，それぞれの部門責任者に回答を求めるかたちで実施した．なお，質問項目のうち文化，戦略，組織に関わる分野は全部門に共通とし，特定領域を対象とした質問を部門別に添付している．企業によってはすべての部門が設置されていないケースもあり，企業ごとの回収数はばらついているが，その平均値を当該企業の見解とした．

周知のように，組織文化の概念をいかに定義するかについては多様な見解があり，現在でも統一的な認識は確立されていない．前章で記述したように，本研究においては組織文化概念として加護野による「組織構成員によって共有された価値，信念，規範の集合体」(1988, 1993) の定義を採用した．

組織文化の定量的測定に用いるべき質問票の，一般に妥当といえるフォーマットやスタイルに関するコンセンサスもいまだ確立されていない．その原因のひとつは組織文化の概念自体がもつ重層性と多様性にある．既に検討したよう

に組織文化は人々に共有される無自覚的前提ないしは基本的仮定として認識される次元，価値・信念・規範のセットとして認識される観念的次元，人々の行動や文化的産物などの具体的組織現象として認識される次元に階層化される．また，組織文化を構成する諸概念も多様な意味を内包している．たとえば「価値」の概念について Hofstede（1980）は「欲望の客体としての価値」すなわち人々が現実に欲しているものと，「望ましい理想としての価値」すなわち人々が欲するべきと信じているもの，いわば現実と理想を区別する必要を主張している（p.10）．こうした次元や概念区分のどこに焦点を当てるかによって，質問項目の次元や表現もまた異なることになる．第2は，研究者が定量的測定を試みる研究対象や課題水準の相違によって，質問項目も異なることにある．Hofstede のように国民レベルでの文化の違いを測定する場合と，加護野らのように企業レベルにおける新事業開発と組織文化との関係を解明しようとする場合とでは，当然のことながら質問のレベルも構成もまったく異なるはずである．

　組織文化のありようを実証的・定量的アプローチによって規定しようとする場合，文化をどのような概念で描出するかという問題に直面する．無数の要素で成り立っている文化について思いつく限りの言葉を用いたとしても，それで文化の本質が説明できる保障はない．研究者の立場からは，一定の仮説に基づいて妥当と思われる構成概念を採用する以外にはない．

　たとえば Hofstede（1980）は多国籍企業に現れる各国の文化を比較するために①権力の格差，②不確実性の回避，③個人主義対集団主義，④男らしさ対女らしさ，という4つの構成概念を用いているが，国際的な文化比較をテーマとしている点で，われわれの研究とは次元が異なる．

　調査票の作成に当たって，われわれが多くの示唆を得て参考にしたものは，1990年に加護野らが関西生産性本部のもとで行った，日本企業を対象とする組織文化とマネジメント・システムに関する先駆的な調査である．

　この調査では，組織文化の諸次元を大きく①組織の編成と運営に関する次元，②組織におけるコミュニケーションの様式に関する次元，③組織と環境とのかかわりかたに関する次元，④組織と個人のかかわり方に関する次元に分類し，

さらにそれぞれの次元に以下のような概念を設定している．質問票は，それぞれの下位概念に複数の質問項目を置き，合計50項目をランダムに配置するかたちで構成されている．

①組織の編成と運営
　a）公式性
　b）柔軟性
　c）プロジェクト編成
　d）ライン主導
　e）厳格な管理
　f）分権

②組織におけるコミュニケーションの様式
　a）横断的な情報共有
　b）情報伝達の公式性
　c）あいまいな情報にたいする敏感さ

③企業と環境とのかかわり方
　a）実験主義
　b）リスクテーキング
　c）分析主導
　d）戦略主導
　e）ビジョン的戦略
　f）変化許容度
　g）現場主義
　h）突出
　i）余裕の重視

④個人と組織の関係
　a）個性の尊重

この質問票にはいくつかの仮説が組み込まれている．そのひとつは当時の日本企業が「新事業開発」を重視したリストラクチャリングを展開しているとす

る仮説，第2は当時世界的な脚光を浴びたPeters & Waterman (1982) の主張を検証しようとするものであり，結果として環境適応と経営戦略に重点を置いた質問が多く設定されている．著者自身が「以上の諸次元は必ずしも網羅的なものではない．偏りがあるし，抜けている次元も存在するかもしれない．この次元は，これまでの研究で企業の業績や適応力に影響を及ぼすと考えられてきた側面に注目したものである．」（加護野・山田・角田，1993, p.75）としている．

7．調査票のデザイン

既述のように，われわれは組織文化を「人々が共有する価値，信念，規範のセット」と定義した．これらの観念は，組織の特性，組織の構成員に関する認識，組織行動および組織構造などに関して，何を善として何を悪とみなすか，社会や組織のあるべき姿はいかなるものか，われわれは何をなすべきかまたは何をなさざるべきか，といった問いかけに対する基本的な意思決定基準を意味する．

日常的な意識レベルではこうした意思決定基準が明示的に認識されることはない．日常的行動に障害がない限り，何を是とするか，どうすればよいかという新たな問いかけは発生しないからである．あえて探せば「これまでのやり方がよい」とする暗黙の了解が支配しているにすぎない．実はこの暗黙の了解こそが現在の組織文化を体現しているといえるのだが，それがいかなるものかは日常の意識レベルで認識することはできない．基本的な意思決定基準が顕在化するのは，多くの場合，従来とは異なる状況が生起して，既存の思考や行動を変えようとする局面である．たとえば職能別組織の弊害を克服するために事業部制組織を採用しようという場合に，はじめて集権化を是とするか分権化を是とするかという判断が求められることになる．さらに，プロジェクト組織やマトリックス組織といった機能横断的な組織構造を採用しようとする場合には，組織運営の基本認識として柔軟性を重視すべきか秩序性を重視すべきかといった判断が必要になる．人事制度の見直しといった場面では従業員に対する人間

観・労働観についての基本認識が問われることもあろう．

このように観念としての組織文化はあらゆる組織現象に影響を及ぼしているが，日常の意識レベルで直接に感得できるものではない．しかし，いわゆる深層の無自覚的前提としての基本的仮説のようにまったく認識不可能というわけではない．組織文化を基本的意思決定のセットと考えれば，個々の意思決定次元を概念的に規定することは可能である．

先に述べた人々の「暗黙の了解」は，現在，当該組織がどのような意思決定のセットを備えているかを表現している．組織は過去から現在にいたるあらゆる過程において無数の意思決定を繰り返しながら現実の組織を形成している．一般に価値・信念・規範のレベルにおける意思決定の基本形は，特定の事柄について対立的な認識の一方を選択する行動といえる（もちろん，現実の行動基準は一方の極を選ぶのではなく，両極の間のいずれかの水準を選ぶことになるが）．さまざまな意思決定の次元に関する是か非かの判断があり，それらが集積することによって複雑な意思決定体系が形成され，組織文化の特性が規定されることになる．

本調査ではこうした思考を踏まえて，企業組織における基本的な意思決定のセットを検討し，それぞれの意思決定基準を表現する表層レベルでの質問項目を抽出した．

われわれの質問票の基本構造は，経営理論において頻繁に議論される経営上の意思決定について，対極的な認識と思われる判断基準を一対のものとして，10の次元を設定している．上掲した加護野らの質問項目も，たとえば組織の編成と運用における「公式性」と「柔軟性」，企業と環境における「戦略主導」と「ビジョン的戦略」，「現場主義」と「突出」などは意図的に対極的な質問として設定されており，また「ライン主導」，「分権」，「情報伝達の公式性」その他多くの次元に，その次元とは逆の意味をもつ（−）項目が設定されている．

二元論的に過ぎるとの批判はあるかもしれないが，できるだけ網羅的に質問を設定することで，組織文化の類型化を図りたいというねらいから，本質問票はすべての次元について対立的な概念を置き，それぞれに同数の質問項目を設定している．

（1）第1次元：理念・ビジョン重視―実務・利潤重視

　経営戦略論では企業戦略の中核に企業の社会的使命やビジョンや長期的目標を構築することの重要性が説かれている．事実，社会的責任や使命を強く意識し，経営理念やビジョンとして戦略的な位置づけを行う企業は少なくない．ホームページや会社案内には例外なく経営理念が表明されているといっても過言ではない．しかし，そのような公式の表明が，組織文化すなわち人々の共有する価値として定着しているか否かは企業よって大きな格差があるものと思われる．企業によっては抽象的なメッセージよりも日常的な競争関係や利益確保をより重視している文化が支配的であることも考えられる．この次元では「理念・ビジョンを重視する文化」と「現実の競争や利潤を重視する文化」の度合いを聞くための質問をそれぞれ3項目ずつ設定している．

　なおカッコ書きはその文化の概念を全体的に表現したイメージ文である．質問項目の括弧内数字は質問票への記載順位を示している．

1-1　理念・ビジョン重視

「わが社にはメンバー全員が共有している経営理念，社会的使命，ビジョンが存在している．」

　⑴　全社的な経営理念をメンバー全員が共有している．
　⒆　企業として果たすべき社会的使命が明確である．
　㊲　長期的な観点からのビジョンが表明されている．

1-2　実務・利益重視

「わが社では，全社的に利益目標や予算が明確にされ，メンバー全員がその達成に方向づけられている．」

　⑵　毎期の利益目標が提示され，予算達成が強調される．
　⒇　競合他社の動向に敏感な事業展開がなされる．
　㊳　半期ないし4半期ごとの目標達成や収益管理が厳しく要求される．

(2) 第2次元：変化への適応重視―安定成長重視

環境変化への適応は現代企業の最重要課題であるが，その認識の度合いには差がある．環境変化を常に意識して新たな機会を模索する文化と，既存の事業を軸に安定的な成長めざす文化の度合いを測定する項目である．

2-1　変化への適応

「わが社では，常に環境変化に対応する準備があり，さまざまな事業単位で新たなビジネスチャンスを模索している．」

(3) 環境が変化することは当然のこととして考えられている．
(21) 常に環境変化を予測した新たなビジネスを模索している．
(39) 既存事業の競争力はいつか衰退すると考えている．

2-2　安定成長

「わが社では，既存事業の競争力を維持し，現実的で実現可能な成長を目指している．」

(4) 既存事業の競争力を維持することが重視されている．
(22) 事業展開においては，厳格なリスク分析が優先される．
(40) 現実的で実現可能な目標や計画が設定される．

(3) 第3次元：挑戦的－現状維持的

経営姿勢が挑戦的で新たな事業分野の開拓を志向しているか，現状を維持し安定的な経営を志向しているかの度合いを測定する項目である．

3-1　挑戦的

「わが社では，技術，製品，市場などに対するイノベーション（革新）を重視した経営を展開している．」

(5) 新技術や新製品の開発に優先的な資源配分が行われる．
(23) 新しいアイデアや試みが実行に移される．

3-2 現状維持的
「わが社では，持続的な成長と利害関係者に対する貢献を重視した経営を展開している．」
- (6) 無理な投資を避け，持続的な成長をめざす．
- (24) 安定した収益を確保することで，利害関係者の期待に応える．

（4）第4次元：柔軟性―公式性
　経営理論では環境変化が激しくなるにつれて，企業は柔軟性の高い組織構造や制度を選択して高度な環境適応行動を展開し，一方，安定的な環境においては高い公式性が求められ官僚的な組織を採用するという仮説がある．この次元では柔軟性を重視する文化か公式性を重視する文化かという視点から質問が設定されている．

4-1 柔軟性
「わが社ではマトリックス構造やプロジェクト・チームなどの機能横断的組織が多用されている．」
- (7) 公式の規定や権限関係にしばられず自由に仕事ができる．
- (25) 部門や階層を越えた多様な協力関係が存在する．
- (41) プロジェクト・チームやタスク・フォースなどの臨時的組織が多用されている．

4-2 公式性
「わが社では組織の秩序や統一性が重視され，権限・責任の所在や職掌が明確に規定されている．」
- (8) 権限・責任関係や職務マニュアルが整備され，秩序を重視した管理が行われている．
- (26) 部門ごとの目標が明確に設定され，その達成が優先される．
- (42) 業務は部門単位に遂行され，部門間の調整は部門長が行う．

（5）第5次元：分権化―集権化

　分権化を志向するか，集権化を志向するかという判断は，全社的な意思決定パターンや組織特性，コミュニケーションなどに決定的な影響を及ぼすといわれる．この次元では分権的傾向が強い文化か，集権的傾向が強い文化かを測定する質問が設定されている．

5-1　分権化

「わが社では，全社的に意思決定や予算編成，業務執行における分権化が進んでいる．」
　　(9)　全社的に大幅な権限委譲がなされている．
　　(27)　事業部制ないしは事業本部制がとられ，各事業単位に利益責任が課されている．
　　(43)　現場からの発案が新製品や新技術の開発に反映される．

5-2　集権化

「わが社では，ほとんどの事業活動がトップ主導で進められ，現場ではライン中心に業務が進められる．」
　　(10)　事業活動は基本的にトップの意思決定にもとづいて進められる．
　　(28)　ライン部門が強い発言力をもち，ライン主導で業務が展開される．
　　(44)　研究や開発はトップに直属した研究所またはセンターで行われる．

（6）第6次元：競争重視―協調重視

　組織内で働く従業員と業績について，従業員相互間の競争を重視し個人業績を奨励する考え方と，チームプレイを重視しチーム業績を奨励する考え方がある．一般に欧米型経営では前者の，日本型経営では後者の傾向が強いとされてきた．しかし，企業環境が変化し日本企業でも制度的には個人業績を重視するケースも増加している．この次元では制度的変化が組織文化のレベルにも反映されているかに関する質問である．それぞれ1項目ずつを設定してあるのでイ

メージ文と質問項目は同一である．

6-1　競争重視
　⑾　個人的業績が重視され，業績に見合った褒賞制度が整備されている．

6-2　協調重視
　㉙　個人プレイよりもチームプレイが重視され，チームによる業績が高く評価される．

（7）第7次元：戦略重視―計画重視
　多くの企業が経営戦略を策定しているが，従業員の日常的な意識レベルでそれがどのように認識されているかは明らかではない．理論的にはともかく現実的な経営活動では戦略と計画の境界は曖昧なものかもしれない．企業によっては抽象的な戦略的思考に必要性を感じず，実務的な計画が機能している場合も考えられる．戦略と計画とは対立的概念ではないが，経営活動が大きな構想の中で展開されているか，日常的反復の中で展開されているかの度合いを測定するねらいから設定された．

7-1　戦略重視
「わが社では，長期的視野に立った自社の将来像から，現実の経営行動をデザインすることが多い．」
　⑿　長期的な経営戦略が表明され，重点目標が提示される．
　㉚　経営戦略の達成に向けて重点的な資源配分がなされる．

7-2　計画重視
「わが社では，着実な改善が重視され，前年度実績をベースに予算が編成される．」
　⒀　着実な改善が重視され，実現性の高い計画が策定される．

⑶1) 予算は前年度実績を前提に，新規事業分を積み上げるかたちで編成される．

（8）第8次元：弾力的な人材活用―固定的な人材活用
　人材の活用については，従業員の能力を幅広く捉え，さまざまな業務を経験させるとともに個人のアイデアを積極的に活用する場合と，早期に専門化し狭い範囲で固定的に活用する場合とがある．
　この次元では企業における人間観（人材活用の姿勢）について質問している．

8-1　弾力的な人材活用
「メンバーは自分のアイデアを自由に提案し，事業プロセスに参加するチャンスを与えられている．」
　⑭ 異なる業務への人事異動が頻繁に行われる．
　⑶2) 個人のアイデアが採用され，事業プロセスに反映される．

8-2　固定的な人材活用
「メンバーは適性を評価され，特定の業務や職群に専門化されるケースが多い．」
　⑮ メンバーは早期に適性を評価され，専門化される．
　⑶3) メンバーの業務は，明確に規定された職務分掌に沿って行われる．

（9）第9次元：横断的なコミュニケーション―垂直的なコミュニケーション
　組織文化はコミュニケーションのあり方にも大きな影響を及ぼす．弾力性を重視する組織では自在で機能横断的なコミュニケーションが行われ，秩序性を重視する組織では垂直的な階層関係にもとづくコミュニケーションが行われるといわれる．この次元は企業におけるコミュニケーションの特徴について質問している．

9-1 横断的なコミュニケーション

「わが社では，上下関係や部門関係にこだわらず，誰でも必要な情報にアクセスし，活用することができる．」

　⒃ 部門や階層にこだわらず，必要な情報にアクセスし活用することができる．

　㉞ 異質なメンバーが組み合わされて問題解決に取り組むケースが多い．

9-2 垂直的なコミュニケーション

「わが社では，多くの情報は指示・報告のかたちで，階層関係を軸に交換される．」

　⒄ 情報は指示・報告のかたちで階層関係を軸に交換される．

　㉟ 情報は機密保持の観点から厳格に管理されている．

(10) 第10次元：職場の雰囲気

　最後の次元は従業員が職場に対して日常的にどのような雰囲気を感じているかを問うている．雰囲気は非常にシンボリックな意味を多く含むものであり，組織文化の特性をよく表現する要因であると思われる．ここでは第9次元までの設定方法を変えて，「厳格な雰囲気」「友好的な雰囲気」「創造的な雰囲気」の3質問に分類している．

　⒅ 職場の規律が重視され，厳格な雰囲気で運営されている．

　㊱ 職場での和やかな人間関係が重視され，友好的な雰囲気で運営されている．

　㊺ 職場での新しい試みが重視され，創造的な雰囲気で運営されている．

(11) その他：後段の研究テーマから必要と判断された質問項目

　㊻ 客観的な事実やデータを重視した経営管理が行われている．

　㊼ 意思決定の際には個人的な直感や経験が重視されている．

8. 調査結果の集計と若干のコメント

　図表2-4は組織文化に関する47項目の調査結果を単純集計したものである．

　質問項目の数量化に当たっては「まったくそのとおりである：5点」「ある程度そのとおりである：4点」「どちらともいえない：3点」「あまりそうではない：2点」「まったくそうではない：1点」の得点を与えている．

　回答は234社から合計507件が寄せられており，職種別の内訳は製造97件，営業・販売87件，経理118件，企画110件，情報95件である．表の回答数はそれらのうち有効回答の合計を示している．1～5の欄に記載された数字は回答数に占める割合（％）である．

　本調査では文化の次元を10分野に分類し，それぞれに対立的な概念を設定している．個々の概念はイメージ文で表現されるものであり，それを単一の内容を表現する複数の質問項目に分割している．質問票はランダムな順位で配列されているので，当然のことながら，回答者は質問があらかじめいくつかの次元やカテゴリーに分類されていることは察知できない．分割され単純化された質問文は，回答者の個人的判断基準で判定されるので，かならずしも質問者の意図に沿った回答を寄せるわけではない．また個々の質問には複数の価値や意味が含まれることも多い．したがって，われわれが設定したカテゴリーごとの質問に対する回答傾向が斉一的である保障はない．集計結果を見ると，カテゴリーごとに回答傾向が斉一的なものと，そのような斉一性が見られないものとに分かれている．

　第1次元で4・5と回答した割合をみると，「利益目標・予算達成」が94.2％で最も肯定的であり，「経営理念の共有」が続いている．他の質問項目もすべて70％を超えており，企業経営においてこの次元の価値がきわめて重視されていることが分かる．カテゴリー間の違いはほとんど見られない．

　第2次元では「環境変化は当然」が89.4％と最も肯定的で，僅差で「既存事業の競争力を維持」が続いている．さらに「現実的な目標・計画」も重視され

ている．それに対して，「既存事業の競争力はいつか衰退」は低い．この次元における意識はかなり複雑である．環境変化が当然であるとする認識と，「既存事業の競争力もいつか衰退するかもしれない」とする認識は，現実には連動していないようにみえる．逆に「既存事業の競争力を維持」の高さは，「現実的な目標・計画」の高さや，既存事業は衰退しないとの認識に合致している．環境変化は当然とする意識はたてまえ，既存事業に対する信頼が本音とも推測できる．

第3次元では，カテゴリー間に一定の格差が見られる．「無理な投資を避け持続的な成長」と「安定した収益」で構成される現状維持的カテゴリーが相対的に挑戦的カテゴリーを上回っている．上記の安定成長志向と合わせると，現実の意識はやや保守的な意識が優勢の傾向が見られる．

第4次元では「部門ごとの目標達成」が83.2％と高く，「部門単位の業務遂行」が続く．「公式の規則や権限関係にしばられない」「部門や階層を越えた協力関係」のスコアは相対的に低く，カテゴリー間でも柔軟性に比較して公式性を重視する認識が高い．

第5次元では，「トップの意思決定」が88.8％と高く，ついで「事業部制・利益責任」が続く．ここではカテゴリー内の質問項目間に興味深い傾向が見られる．分権化を表現する概念として事業部制は一般的であるが，同時に設定した「全社的な権限委譲（40.1％）」「現場からの発案（40.1％）」はそれほど肯定的とはいえない．組織構造としての分権制と権限委譲，現場からの発案といった経営行動とは必ずしも連動的ではない．これに対して「トップの意思決定」は集権制を表す概念であるが，それと「ライン主導」とも連動的とはいえない．分権と集権に対する認識は，現実にはかなり流動的で錯綜した意識が混在しているように思われる．

第6次元は質問項目が1項目ずつということもあり，単純集計の段階ではこれといったコメントは表明できない．

第7次元では，「長期的経営戦略・重点目標（81.0％）」が突出して高く，カテゴリー間でも戦略重視の傾向が優勢である．

58　第1部　展　開

図表2-4　組織文化に関する調査の第1次集計

	1	2	3	4	5	回答数
1-1　理念・ビジョン重視 (0.743)						
(1) 全社的な経営理念をメンバー全員が共有している．	0.2	4.2	7.8	52.2	35.6	500
(19) 企業として果たすべき社会的使命が明確である．	0.2	4.2	15.1	49.4	31.1	498
(37) 長期的な観点からのビジョンが表明されている．	0.0	7.6	20.7	47.1	24.5	497
1-2　実務・利益重視 (0.498)						
(2) 毎期の利益目標が提示され，予算達成が強調される．	0.4	2.0	3.4	32.7	61.5	501
(20) 競合他社の動向に敏感な事業展開がなされる．	0.0	4.0	16.3	57.6	22.1	498
(38) 半期ないし4半期ごとの目標達成や収益管理が厳しく要求される．	0.2	7.0	12.4	45.8	34.5	498
2-1　変化への適応 (0.163)						
(3) 環境が変化することは当然のこととして考えられている．	0.0	1.8	8.8	38.2	51.2	500
(21) 常に環境変化を予測した新たなビジネスを模索している．	1.0	14.6	24.6	45.9	13.8	499
(39) 既存事業の競争力はいつか衰退すると考えている．	7.2	18.8	33.7	32.1	8.2	499
2-2　安定成長 (0.384)						
(4) 既存事業の競争力を維持することが重視されている．	0.2	2.0	10.6	50.4	36.7	498
(22) 事業展開においては，厳格なリスク分析が優先される．	1.2	18.5	36.1	37.3	6.8	498
(40) 現実的で実現可能な目標や計画が設定される．	0.0	6.2	22.5	60.0	11.2	498
3-1　挑戦的 (0.639)						
(5) 新技術や新製品の開発に優先的な資源配分が行われる．	0.2	9.8	27.4	44.0	18.6	500
(23) 新しいアイデアや試みが実行に移される．	0.2	11.0	28.7	51.7	8.4	499
3-2　現状維持的 (0.575)						
(6) 無理な投資を避け，持続的な成長をめざす．	0.0	3.8	16.6	52.0	27.4	500
(24) 安定した収益を確保することで,利害関係者の期待に応える．	0.0	0.8	11.8	59.8	27.5	498
4-1　柔軟性 (0.555)						
(7) 公式の規定や権限関係にしばられず,自由に仕事ができる．	0.8	18.0	34.7	42.3	4.2	501
(25) 部門や階層を越えた，多様な協力関係が存在する．	0.8	9.6	30.1	49.1	10.4	499
(41) プロジェクト・チームやタスク・フォースなどの臨時的組織が多用されている．	0.2	8.5	24.3	48.5	18.5	497
4-2　公式性 (0.385)						
(8) 権限・責任関係や職務マニュアルが整備され，秩序を重視した管理が行われている．	0.2	14.6	22.4	51.3	11.6	501
(26) 部門ごとの目標が明確に設定され,その達成が優先される．	0.2	2.2	14.4	51.9	31.3	499
(42) 業務は部門単位に遂行され，部門間の調整は部門長が行う．	0.8	7.0	20.9	59.8	11.4	498
5-1　分権化 (0.306)						
(9) 全社的に大幅な権限委譲がなされている．	1.0	19.8	38.8	36.6	3.8	500
(27) 事業部制ないしは事業本部制がとられ，各事業単位に利益責任が課されている．	9.4	9.2	10.8	29.3	41.3	499
(43) 現場からの発案が新製品や新技術の開発に反映される．	1.0	12.3	36.6	44.2	5.9	495

第 2 章　組織文化の概念化と測定方法　59

	1	2	3	4	5	回答数
5-2　集権化（0.219）						
⑽ 事業活動は基本的にトップの意思決定にもとづいて進められる．	0.2	1.0	10.0	47.4	41.4	500
㉘ ライン部門が強い発言力をもち，ライン主導で業務が展開される．	1.8	12.4	44.4	35.5	5.8	498
㊹ 研究や開発はトップに直属した研究所またはセンターで行われる．	8.7	20.0	27.3	31.6	12.3	494
6-1　競争重視						
⑾ 個人的業績が重視され，業績に見合った褒賞制度が整備されている．	4.4	19.4	25.6	46.2	4.4	500
6-2　協調重視						
㉙ 個人プレイよりもチームプレイが重視され，チームによる業績が高く評価される．	0.0	9.0	47.0	37.1	6.8	498
7-1　戦略重視（0.594）						
⑿ 長期的な経営戦略が表明され，重点目標が提示される．	0.6	5.4	13.0	48.3	32.7	501
㉚ 経営戦略の達成に向けて重点的な資源配分がなされる．	0.0	5.0	25.7	56.7	12.6	499
7-2　計画重視（0.000）						
⒀ 着実な改善が重視され，実現性の高い計画が策定される．	0.4	6.8	26.1	54.5	12.2	501
㉛ 予算は前年度実績を前提に，新規事業分を積み上げるかたちで編成される．	2.4	15.9	25.0	51.4	5.2	496
8-1　弾力的な人材活用（0.492）						
⒁ 異なる業務への人事異動が頻繁に行われる．	2.6	42.5	30.3	22.4	2.2	499
㉜ 個人のアイデアが採用され，事業プロセスに反映される．	0.4	19.9	43.7	34.0	2.0	497
8-2　固定的な人材活用（0.559）						
⒂ メンバーは早期に適性を評価され，専門化される．	1.4	31.7	43.5	21.6	1.8	499
㉝ メンバーの業務は，明確に規定された職務分掌に沿って行われる．	0.8	18.1	27.3	45.6	8.2	498
9-1　横断的なコミュニケーション（0.564）						
⒃ 部門や階層にこだわらず，必要な情報にアクセスし活用することができる．	0.4	16.5	28.4	49.5	5.2	497
㉞ 異質なメンバーが組合わされ問題解決に取り組むケースが多い．	2.2	28.3	39.2	26.9	3.4	498
9-2　垂直的なコミュニケーション（0.496）						
⒄ 情報は指示・報告のかたちで階層関係を軸に交換される．	0.4	10.2	30.5	53.3	5.6	499
㉟ 情報は機密保持の観点から厳格に管理されている．	0.8	9.6	25.1	46.8	17.7	498
10　職場の雰囲気						
⒅ 職場の規律が重視され，厳格な雰囲気で運営されている．	1.4	22.1	41.4	30.8	4.2	497
㊱ 職場での和やかな人間関係が重視され，友好的な雰囲気で運営されている．	0.2	6.6	34.3	51.5	7.4	499
㊺ 職場での新しい試みが重視され，創造的な雰囲気で運営されている．	0.6	20.3	40.8	32.1	6.2	498
11　その他						
㊻ 客観的な事実やデータを重視した経営管理が行われている．	0.4	6.6	21.1	58.8	13.1	497
㊼ 意思決定の際には個人的な直感や経験が重視されている．	3.4	25.9	48.5	21.8	0.4	495

第8次元は「明確な職務分掌（53.8％）」を除くと，残りの3者はかなり否定的な回答になっている．ことに「頻繁な人事異動」は2への回答が42.5％と非常に高い．人事異動はこれまで日本的経営の特質のひとつとされてきたが，現実の意識は異なるのだろうか．

第9次元ではカテゴリー間に若干の差異が見られる．相対的に「垂直的なコミュニケーション」と認識する割合が高い．「異質なメンバーの組み合わせ」は2への回答割合も多く，第4次元と照合すると，現実には部門単位の組織運営が優勢であるものと推測できる．

第10次元では「和やかな人間関係・友好的な雰囲気」が相対的に高い割合（58.9％）で，「厳格な雰囲気」「創造的な雰囲気」は30％台でほぼ近似した傾向が見られる．人間関係を重視する傾向は歴史的に日本企業を特徴づける要因といわれるが，この調査でもそれが表明されている．

当然のことながら，単純な第1次集計で組織文化の様相を描出することはできない．次章以降で統計的解析により，詳細な検討が進められる．

参考文献

Barnard, C. I. (1938), *The Function of the Executive*, Cambridge, Mass, Harvard University Press.（山本安次郎・田杉競・飯野春樹訳『新訳・経営者の役割』ダイヤモンド社，1968年）

Deal, T. E. & A. A. Kennedy (1982), *Corporate Culture*, Addison-Wesley.（城山三郎訳『シンボリック・マネジャー』新潮社，1983年）

出口将人（2004）『組織文化のマネジメント――行為の共有と文化』白桃書房．

林周二（1984）『経営と文化』中央公論社．

Hofstede, G. (1980), *Culture's Consequences*, SAGE publications.（萬成博・安藤文四郎監訳『経営文化の国際比較』産業能率大学，1984年）

飯田史彦（1991）「企業文化論の史的研究（1）」『商学論集（福島大学）』第60巻第1号，19-51．

飯田史彦（1993）「企業文化論の史的研究（2）」『商学論集（福島大学）』第61巻第4号，61-87．

稲垣保弘（2002）『組織の解釈学』白桃書房．

加護野忠雄（1988a）『組織認識論』千倉書房．

加護野忠雄（1988b）『企業のパラダイム変革』講談社現代新書．

加護野忠雄（1983）「文化進化のプロセス・モデルと組織理論」『組織科学』Vol.17, No.3, 2-15.
加護野忠雄（1997）「日本企業における組織文化と価値の共有について」『組織科学』Vol.31, No.2, 4-11.
加護野忠雄・角田隆太郎・山田幸三・(財) 関西生産性本部編（1993）『リストラクチャリングと組織文化』白桃書房.
加藤茂夫（1982）『現代組織と人間行動』泉文堂.
Kuhn, T.(1962), *The Structure of Scientific Revolutions*, University of Chicago Press. (中山茂訳『科学革命の理論』みすず書房，1971年)
Maslow, A. H.(1954), *Motivation and Personality*, New York: Harpers and Row. (小口忠彦訳『人間性の心理学』産業能率短期大学出版部，1971年)
Mayo, E.(1933), *The Human Problems of an Industrial Civilization*, Macmillian. (村本栄一訳『産業文明における人間問題』日本能率協会，1951年)
McGregor, D.(1960), *The Human Side of Enterprise*, McGraw-Hill. (高橋達男訳『企業の人間的側面』産業能率短期大学出版部，1966年)
村田晴夫（2000）「組織における美と倫理」『組織科学』Vol.33, No.3, 4-13.
庭本佳和（2000）「組織と意味の展開」『組織科学』Vol.33, No.3, 52-61.
野中郁次郎（1980）『経営管理』日本経済新聞社.
野中郁次郎（1983）「進化論的戦略と企業文化」『組織科学』Vol.17, No.3, 47-58.
野中郁次郎（1985）『企業進化論』日本経済新聞社.
奥山敏雄（1999）「組織の社会学理論におけるメタファーの意味」『組織科学』Vol.33, No.1, 4-13.
Ouchi, W. G.(1981), *Theory Z: How American Business Can Meet the Japanese Challenge*, Addison-Wesley. (徳山二郎監訳『セオリーZ』CBSソニー出版，1981年)
Peters, T.J. & R.H. Waterman (1982), *In Search of Excellence*, New York: Harpers and Row. (大前研一訳『エクセレント・カンパニー』講談社，1983年)
Roethlisberger, F. J.(1941), *Management and Morale*, Cambridge, Mass. (野田一夫・川村欣也訳『経営と労働意欲』ダイヤモンド社，1954年)
坂下昭宣（2002）『組織シンボリズム論―論点と方法』白桃書房.
坂下昭宣（2003）「『意味の組織論』としての組織シンボリズム論」『組織科学』Vol. 37, No.2, 39-48.
佐藤郁哉・山田真茂留（2004）『制度と組織―組織を動かす見えない力』日本経済新聞社.
Schein, E. H.(1985), *Organizational Culture and Leadership*, Jossey-Bass. (清水紀彦・浜田幸雄訳『組織文化とリーダーシップ』ダイヤモンド社，1989年)

Selznic, P. (1957), *Leadership in Administration*, Harper & Row.（『組織とリーダシップ』ダイヤモンド社，1963年）
鈴木竜太（2002）『組織と個人』白桃書房.
上田泰（2003）『組織行動の展開』白桃書房.
梅澤正（1990）『企業文化の革新と創造』有斐閣.
梅澤正（1993）『組織文化・経営文化・企業文化』同文館出版.
梅澤正（2000）『企業と社会』ミネルヴァ書房.
梅澤正（1983）「組織文化の観点から」『組織科学』Vol.17, No.3, 16-25.
渡辺岳夫（2002）「管理会計情報と組織文化：情報の認知とモチベーションとのインプリケーション」『企業研究』第1号, 127-156.

第3章　組織文化の測定

1．はじめに

　前章では，理論的に導出された10次元の組織文化について，その意味や単純集計の結果が考察された．しかし，前章の図表2-4に示されているように，それら10次元の組織文化尺度のクロンバックのアルファ係数の値は，一部の例外を除き著しく低い．したがって，それらの尺度をそのまま（換言すれば，各次元に属する諸変数を合成して），次章以降の会計システムと組織文化の関連性を究明しようとする分析において用いることはできない．そこで本章では，前章の図表2-4の47の質問項目を用いて，相互の項目が関連しあっている潜在的な因子を探索するために因子分析を行い，妥当な組織文化尺度への再編成を行うこととする．

　前章でも説明されているが，本調査では，1社について製造，営業・販売，企画，IT・情報および経理の各部門別に用意された5種類の質問票を同封し，それぞれの部門責任者に回答を求めた．そのため，本研究では，全部門を対象とした因子分析および部門ごとの因子分析という6つのパターンの分析が試行された．以下では，その各々について言及し，最後に抽出された因子を総合的に解釈する．

2．因子分析の結果

(1) 部門平均値を対象とした因子分析の結果

　本研究の企業ごとの質問票回収部門数にはばらつきがある．たとえば，ある企業からは全部門から，ある企業からは3部門から，またある企業からは1部

図表 3-1 部門平均値

前章 図表2-4 の番号	内容
32	個人のアイデアが採用され，事業プロセスに反映されている
7	公式の規定や権限関係にしばられず，自由に仕事ができる
9	全社的に大幅な権限委譲がなされている
23	新しいアイデアや試みが実行に移されている
34	異質なメンバーが組み合わされて問題解決に取り組むケースが多い
45	職場での新しい試みが重視され，創造的・挑戦的な雰囲気で運営されている
16	部門や階層にこだわらず，必要な情報にアクセスし活用することができる
15	メンバーは早期に適性を評価され，専門的能力を育成されている
21	常に環境変化を予測して，新たなビジネスを模索している
11	個人的業績が重視され，業績に見合った報奨制度が整備されている
5	新技術や新製品の開発に優先的な資源配分が行われている
43	現場からの発案が新製品や新技術の開発に反映されている
25	部門や階層をこえた多様な協力関係が存在する
37	長期的な観点からのビジョンが表明されている
12	長期的な経営戦略が表明され，重点的目標が提示されている
19	企業として果たすべき社会的使命が明確である
47	意思決定の際には個人的な直感や経験が重視されている
46	客観的な事実やデータを重視した経営管理が行われている
6	無理な投資を避け，持続的な成長を目指している
4	既存事業の競争力を維持することが重視されている
17	情報は指示・報告のかたちで，主に階層関係を軸に交換されている
24	安定した収益を確保することが優先されている
42	業務は部門単位に遂行され，部門間の調整は部門長が行う
29	個人プレイよりもチームプレイが尊重され，チームによる業績が高く評価されている
36	職場での和やかな人間関係が重視され，友好的な雰囲気で運営されている
27	事業部制ないし事業本部制がとられ，各事業単位に利益責任が課されている
38	半期ないし四半期ごとの目標達成や収益管理が厳しく要求されている
26	部門単位の目標が明確に設定され，その達成が優先されている
39	既存事業の競争力はいずれ衰退すると考えられている

因子寄与

を対象とした因子分析

		パターン行列			
因子1 創造的 従業員志向的	因子2 規範主義的	因子3 保守的閉鎖的	因子4	因子5	Cronbach's alpha
0.83	－0.11	－0.08	0.05	0.11	
0.80	－0.27	0.13	－0.23	－0.05	
0.79	－0.32	0.14	0.00	0.04	
0.68	0.05	－0.04	0.08	0.06	
0.68	－0.02	－0.08	0.02	－0.01	
0.65	0.04	－0.09	0.27	0.02	
0.62	－0.03	－0.05	0.07	－0.12	0.90
0.61	0.01	0.07	0.06	0.03	
0.61	0.24	－0.16	－0.11	0.10	
0.57	0.00	－0.01	－0.24	0.13	
0.54	0.07	－0.03	0.05	0.07	
0.53	－0.05	0.06	0.21	0.03	
0.52	0.16	0.03	0.21	－0.18	
0.30	0.61	－0.02	0.00	－0.20	
0.31	0.61	0.03	－0.23	－0.14	
0.10	0.60	0.12	0.13	－0.11	0.79
0.30	－0.57	0.13	－0.13	0.00	
0.20	0.51	0.10	0.06	0.06	
0.01	－0.09	0.73	0.03	－0.07	
0.00	－0.07	0.59	－0.07	－0.25	
－0.05	0.02	0.48	－0.03	0.11	0.65
－0.12	0.28	0.48	－0.04	0.03	
0.06	－0.19	0.44	0.18	0.19	
－0.05	0.19	0.08	0.57	0.03	0.50
0.18	0.03	－0.08	0.49	－0.10	
0.06	－0.08	－0.01	0.01	0.53	
0.07	0.38	0.05	－0.11	0.47	0.53
－0.02	0.35	0.09	0.10	0.45	
0.05	－0.22	－0.09	－0.09	0.42	
7.47	5.27	2.93	2.03	1.40	

門のみから回収された．ここでは，その平均値を当該企業の当該質問項目の値と認識している．すなわち，ある企業について4部門から回収された場合，各質問項目に対する回答が4通りあるわけだが，その平均値を代表値とするということである．その代表値を対象に行われた因子分析を，以下，部門平均値を対象とした因子分析と呼称する．

具体的には，組織文化に関する47の質問項目の部門平均値を対象にした因子分析（重み付けのない最小二乗法，プロマックス回転，因子抽出および回転の方法は以降の因子分析においても同様）を実施した．最初に，因子負荷が1つの因子について0.4以上で，かつ2因子にまたがって0.4以上の負荷を示さない29項目を選出した（分析対象の質問項目の選出方法・基準は以降の因子分析においても同様）．その結果，因子数は5因子とされ，図表3-1のとおり第1因子は「創造的・従業員志向的文化」，第2因子は「規範主義的文化」，および第3因子は「保守的・閉鎖的文化」と命名されたが，第4因子と第5因子は，クロンバックのアルファ係数がそれぞれ0.50，0.53と低く，集合尺度として不適切と判断された．

(2)製造部門を対象とした因子分析の結果

製造部門の責任者が回答した47の質問項目を対象にした因子分析では，33項目が選出され，因子数は5因子とされた．図表3-2のとおり，第1因子は「創造的文化」，第2因子は「保守的・閉鎖的文化」，および第3因子は「従業員志向的文化」と命名された．しかし，第4因子はクロンバックのアルファ係数が0.49と低く，また第5因子はこれに負荷を示した項目が1つのみであり，それぞれ集合尺度として不適切と判断された．

(3)営業・販売部門を対象とした因子分析の結果

営業・販売部門（以下，販売部門と称する）の責任者が回答した47の質問項目を対象にした因子分析では，31項目が選出され，因子数は4因子とされた．図表3-3のとおり，第1因子は「創造的・従業員志向的文化」，第2因子は「規範主義的文化」，および第3因子は「閉鎖的文化」と命名されたが，第4因子

はクロンバックのアルファ係数が0.50と低いため，集合尺度として不適切と判断された．

(4) 企画部門を対象とした因子分析の結果

企画部門の責任者が回答した47の質問項目を対象にした因子分析では，29項目が選出され，因子数は5因子とされた．図表3-4のとおり，第1因子は「創造的・従業員志向的文化」，第2因子は「閉鎖的文化」，第3因子は「規範主義的文化」，および第4因子は「保守的文化」と命名されたが，第5因子はクロンバックのアルファ係数が0.49と低く，かつ当該因子に負荷を示した項目が2つと少ないため，集合尺度として不適切と判断された．

(5) IT・情報部門を対象とした因子分析の結果

IT・情報部門（以下，情報部門と称する）の責任者が回答した47の質問項目を対象にした因子分析では，33項目が選出され，因子数は4因子とされた．図表3-5のとおり，第1因子は「創造的文化」，第2因子は「規範主義的文化」，および第3因子は「保守的・閉鎖的文化」と命名されたが，第4因子はクロンバックのアルファ係数が0.58と低いため，集合尺度として不適切と判断された．

(6) 経理部門を対象とした因子分析の結果

経理部門の責任者が回答した47の質問項目を対象にした因子分析では，29項目が選出され，因子数は4因子とされた．図表3-6のとおり，第1因子は「創造的文化」，第2因子は「規範主義的・閉鎖的文化」，および第3因子は「保守的文化」と命名されたが，第4因子はクロンバックのアルファ係数が0.52と低いため，集合尺度として不適切と判断された．

図表 3-2 製造部門

前章図表2-4の番号	内容
5	新技術や新製品の開発に優先的な資源配分が行われている
37	長期的な観点からのビジョンが表明されている
32	個人のアイデアが採用され，事業プロセスに反映されている
23	新しいアイデアや試みが実行に移されている
21	常に環境変化を予測して，新たなビジネスを模索している
19	企業として果たすべき社会的使命が明確である。
29	個人プレイよりもチームプレイが尊重され，チームによる業績が高く評価されている
45	職場での新しい試みが重視され，創造的・挑戦的な雰囲気で運営されている
30	経営戦略達成に向けて重点的な資源配分がなされている
20	競合他社の動向を敏感に意識した事業展開がなされている
15	メンバーは早期に適性を評価され，専門的能力を育成されている
44	研究や開発はトップに直属した研究所やセンターを中心に行われている
12	長期的な経営戦略が表明され，重点的目標が提示されている
24	安定した収益を確保することが優先されている
33	メンバーの業務は，明確に規定された職務分掌に沿って行われている
18	職場の規律が重視され，厳格な雰囲気で運営されている
8	権限・責任関係や職務マニュアルが整備され，秩序を重視した管理が行われている
6	無理な投資を避け，持続的な成長を目指している
26	部門単位の目標が明確に設定され，その達成が優先されている
35	情報は機密保持の観点から厳格に管理されている
1	全社的な経営理念をメンバー全員が共有している
22	事業展開においては，厳格なリスク分析が優先されている
25	部門や階層をこえた多様な協力関係が存在する
9	全社的に大幅な権限委譲がなされている
34	異質なメンバーが組み合わされて問題解決に取り組むケースが多い
31	予算は前年度実績を前提にして，新規事業分を積み上げるかたちで編成されている
16	部門や階層にこだわらず，必要な情報にアクセスし活用することができる
7	公式の規定や権限関係にしばられず，自由に仕事ができる
36	職場での和やかな人間関係が重視され，友好的な雰囲気で運営されている
38	半期ないし四半期ごとの目標達成や収益管理が厳しく要求されている
40	現実的で実現可能な目標や計画が設定されている
27	事業部制ないし事業本部制がとられ，各事業単位に利益責任が課されている
47	意思決定の際には個人的な直感や経験が重視されている

因子寄与

第 3 章 組織文化の測定　69

を対象とした因子分析

パターン行列					
因子1 創造的	因子2 保守的閉鎖的	因子3 従業員志向的	因子4	因子5	Cronbach's alpha
0.78	－0.15	0.06	－0.06	0.13	
0.76	－0.13	0.03	－0.01	－0.04	
0.76	－0.20	0.07	0.27	0.06	
0.72	－0.07	0.10	0.17	0.00	
0.62	0.03	0.09	0.14	－0.06	
0.61	0.14	－0.13	－0.16	－0.13	
0.57	0.17	－0.13	－0.19	0.11	0.87
0.56	－0.03	0.19	0.11	0.14	
0.54	0.11	－0.01	0.14	－0.08	
0.47	0.28	－0.08	－0.13	－0.18	
0.47	0.14	0.09	0.08	－0.01	
0.45	0.13	－0.13	－0.19	0.35	
0.43	0.13	0.08	0.07	－0.07	
－0.33	0.79	0.13	0.15	0.00	
0.01	0.71	0.01	0.12	0.15	
0.11	0.64	－0.11	0.03	0.14	
0.13	0.62	0.01	－0.04	－0.14	
－0.09	0.55	0.03	0.01	0.09	0.84
－0.11	0.55	－0.02	0.31	－0.04	
0.22	0.49	－0.06	0.01	－0.16	
0.14	0.43	0.17	－0.11	－0.08	
0.18	0.43	0.17	0.15	－0.22	
0.16	0.12	0.67	－0.33	0.01	
－0.07	0.30	0.58	0.02	0.19	
0.15	0.14	0.57	－0.05	0.10	
0.23	0.11	－0.56	0.13	0.20	0.74
0.24	－0.03	0.48	0.01	0.02	
0.25	－0.22	0.48	0.26	0.02	
0.08	－0.06	0.40	－0.33	0.11	
0.03	0.20	0.06	0.65	0.07	
0.33	－0.01	－0.26	0.53	－0.12	0.49
0.02	0.12	－0.33	0.46	0.30	
－0.06	－0.05	0.14	0.08	0.75	N/A
7.55	5.54	3.86	2.49	1.36	

図表 3-3 営業部門を対象

前章 図表2-4 の番号	内　　容
15	メンバーは早期に適性を評価され，専門的能力を育成されている
32	個人のアイデアが採用され，事業プロセスに反映されている
43	現場からの発案が新製品や新技術の開発に反映されている
7	公式の規定や権限関係にしばられず，自由に仕事ができる
45	職場での新しい試みが重視され，創造的・挑戦的な雰囲気で運営されている
9	全社的に大幅な権限委譲がなされている
23	新しいアイデアや試みが実行に移されている
16	部門や階層にこだわらず，必要な情報にアクセスし活用することができる
5	新技術や新製品の開発に優先的な資源配分が行われている
34	異質なメンバーが組み合わされて問題解決に取り組むケースが多い
14	異なる業務への人事異動が頻繁に行われている．
30	経営戦略達成に向けて重点的な資源配分がなされている
25	部門や階層をこえた多様な協力関係が存在する
12	長期的な経営戦略が表明され，重点的目標が提示されている
37	長期的な観点からのビジョンが表明されている
1	全社的な経営理念をメンバー全員が共有している．
10	事業活動は基本的にトップの意思決定にもとづいて進められている。
38	半期ないし四半期ごとの目標達成や収益管理が厳しく要求されている
35	情報は機密保持の観点から厳格に管理されている
26	部門単位の目標が明確に設定され，その達成が優先されている
11	個人的業績が重視され，業績に見合った報奨制度が整備されている
33	メンバーの業務は，明確に規定された職務分掌に沿って行われている
42	業務は部門単位で遂行され，部門間の調整は部門長が行う
18	職場の規律が重視され，厳格な雰囲気で運営されている
8	権限・責任関係や職務マニュアルが整備され，秩序を重視した管理が行われている
13	着実な改善が重視され，実現性の高い計画が策定されている。
40	現実的で実現可能な目標や計画が設定されている
17	情報は指示・報告のかたちで，主に階層関係を軸に交換されている
28	ライン部門が強い発言力をもち，ライン主導で業務が展開されている．
31	予算は前年度実績を前提にし，新規事業分を積み上げるかたちで編成されている
24	安定した収益を確保することが優先されている

因子寄与

とした因子分析

パターン行列				
因子1 創造的 従業員志向的	因子2 規範主義的	因子3 閉鎖的	因子4	Cronbach's alpha
0.78	−0.25	0.06	0.25	
0.78	0.00	−0.04	0.02	
0.76	−0.07	−0.02	0.21	
0.70	0.09	−0.11	−0.19	
0.67	0.10	0.07	0.12	
0.66	−0.11	0.19	−0.17	
0.64	0.05	0.15	−0.03	0.91
0.62	−0.01	0.05	−0.12	
0.61	0.15	−0.29	0.05	
0.59	0.12	−0.03	−0.05	
0.51	−0.17	0.27	0.02	
0.50	0.32	0.08	−0.03	
0.50	0.21	−0.09	0.07	
0.14	0.77	0.01	−0.06	
0.28	0.65	−0.12	−0.06	
0.16	0.62	−0.01	−0.03	
−0.19	0.60	0.00	0.40	
−0.24	0.58	0.17	0.00	0.86
0.31	0.51	0.14	−0.04	
0.14	0.45	−0.08	0.26	
0.19	0.41	0.10	0.19	
−0.05	0.28	0.64	−0.09	
0.03	−0.10	0.59	0.11	
0.11	−0.14	0.52	0.37	
−0.08	0.28	0.52	0.07	0.79
0.43	0.09	0.49	−0.05	
0.21	−0.03	0.48	−0.20	
−0.22	0.09	0.46	0.33	
0.31	−0.10	−0.19	0.58	
−0.22	0.12	0.16	0.51	0.50
−0.01	0.10	0.08	0.44	
8.43	6.58	4.65	2.16	

図表 3-4　企画部門

前章図表2-1の番号	内容
32	個人のアイデアが採用され，事業プロセスに反映されている
23	新しいアイデアや試みが実行に移されている
45	職場での新しい試みが重視され，創造的・挑戦的な雰囲気で運営されている
34	異質なメンバーが組み合わされて問題解決に取り組むケースが多い
25	部門や階層をこえた多様な協力関係が存在する
21	常に環境変化を予測して，新たなビジネスを模索している
16	部門や階層にこだわらず，必要な情報にアクセスし活用することができる
15	メンバーは早期に適性を評価され，専門的能力を育成されている
3	環境が変化するのは当然のことだと考えられている．
11	個人的業績が重視され，業績に見合った報奨制度が整備されている
14	異なる業務への人事異動が頻繁に行われている．
33	メンバーの業務は，明確に規定された職務分掌に沿って行われている
8	権限・責任関係や職務マニュアルが整備され，秩序を重視した管理が行われている
18	職場の規律が重視され，厳格な雰囲気で運営されている
35	情報は機密保持の観点から厳格に管理されている
4	既存事業の競争力を維持することが重視されている
1	全社的な経営理念をメンバー全員が共有している
12	長期的な経営戦略が表明され，重点目標が提示されている
39	既存事業の競争力はいずれ衰退すると考えられている
19	企業として果たすべき社会的使命が明確である。
24	安定した収益を確保することが優先されている
37	長期的な観点からのビジョンが表明されている
40	現実的で実現可能な目標や計画が設定されている
13	着実な改善が重視され，実現性の高い計画が策定されている．
6	無理な投資を避け，持続的な成長を目指している
10	事業活動は基本的にトップの意思決定にもとづいて進められている．
20	競合他社の動向を敏感に意識した事業展開がなされている
27	事業部制ないし事業本部制がとられ，各事業単位に利益責任が課されている
28	ライン部門が強い発言力をもち，ライン主導で業務が展開されている．

因子寄与

を対象とした因子分析

因子1 創造的 従業員志向的	因子2 閉鎖的	因子3 規範主義的	因子4	因子5	Cronbach's alpha
0.83	−0.08	−0.11	0.00	0.05	
0.77	−0.08	0.17	−0.17	0.16	
0.74	−0.09	−0.11	0.17	0.12	
0.67	−0.23	0.06	0.09	−0.10	
0.59	−0.11	0.32	−0.03	−0.21	
0.58	0.04	0.00	0.09	0.09	0.86
0.56	0.05	−0.04	−0.08	−0.12	
0.47	0.32	−0.32	0.25	−0.06	
0.43	−0.10	0.18	0.15	0.12	
0.43	0.22	0.02	−0.06	−0.01	
0.43	0.27	−0.23	0.00	−0.05	
0.05	0.76	0.00	−0.19	−0.04	
−0.07	0.75	−0.12	0.11	−0.14	0.73
−0.28	0.54	0.00	0.24	−0.01	
0.12	0.48	0.28	−0.02	−0.12	
−0.20	−0.24	0.66	0.20	−0.16	
0.07	0.03	0.61	0.01	0.08	
0.25	0.33	0.44	−0.05	0.04	
−0.17	0.04	−0.44	0.04	0.37	0.65
0.03	0.21	0.43	0.08	0.17	
−0.17	0.28	0.43	0.21	0.18	
0.16	0.33	0.35	0.11	0.00	
0.14	−0.02	0.00	0.64	0.07	
0.26	0.04	0.03	0.60	−0.01	
−0.07	0.10	0.18	0.49	0.06	0.76
−0.18	0.02	0.34	0.43	−0.05	
0.25	−0.02	0.13	0.42	−0.14	
0.09	0.03	−0.16	−0.09	0.74	0.42
−0.05	−0.34	0.10	0.13	0.53	
6.67	4.72	4.96	4.42	1.78	

図表 3-5　情報部門

前章図表2-4の番号	内容
23	新しいアイデアや試みが実行に移されている
45	職場での新しい試みが重視され，創造的・挑戦的な雰囲気で運営されている
32	個人のアイデアが採用され，事業プロセスに反映されている
43	現場からの発案が新製品や新技術の開発に反映されている
34	異質なメンバーが組み合わされて問題解決に取り組むケースが多い
9	全社的に大幅な権限委譲がなされている
11	個人的業績が重視され，業績に見合った報奨制度が整備されている
25	部門や階層をこえた多様な協力関係が存在する
5	新技術や新製品の開発に優先的な資源配分が行われている
30	経営戦略達成に向けて重点的な資源配分がなされている
7	公式の規定や権限関係にしばられず，自由に仕事ができる
12	長期的な経営戦略が表明され，重点目標が提示されている
37	長期的な観点からのビジョンが表明されている
47	意思決定の際には個人的な直感や経験が重視されている
19	企業として果たすべき社会的使命が明確である
22	事業展開においては，厳格なリスク分析が優先されている
8	権限・責任関係や職務マニュアルが整備され、秩序を重視した管理が行われている
33	メンバーの業務は，明確に規定された職務分掌に沿って行われている
21	常に環境変化を予測して，新たなビジネスを模索している
46	客観的な事実やデータを重視した経営管理が行われている
1	全社的な経営理念をメンバー全員が共有している
13	着実な改善が重視され，実現性の高い計画が策定されている
6	無理な投資を避け，持続的な成長を目指している
24	安定した収益を確保することが優先されている
4	既存事業の競争力を維持することが重視されている
31	予算は前年度実績を前提にして，新規事業分を積み上げるかたちで編成されている
42	業務は部門単位に遂行され，部門間の調整は部門長が行う
17	情報は指示・報告のかたちで，主に階層関係を軸に交換されている
18	職場の規律が重視され，厳格な雰囲気で運営されている
27	事業部制ないし事業本部制がとられ，各事業単位に利益責任が課されている
38	半期ないし四半期ごとの目標達成や収益管理が厳しく要求されている
2	毎期の利益目標が明示され，予算達成が強調されている
26	部門単位の目標が明確に設定され，その達成が優先されている

因子寄与

を対象とした因子分析

	パターン行列			
因子1 創造的 従業員志向的	因子2 規範主義的	因子3 保守的閉鎖的	因子4	Cronbach's alpha
0.80	0.00	−0.20	0.04	
0.76	0.03	−0.05	0.05	
0.76	−0.03	−0.06	0.03	
0.68	−0.30	0.02	0.37	
0.56	0.13	−0.02	−0.11	
0.53	0.24	−0.04	0.11	0.89
0.46	0.28	0.03	−0.01	
0.45	0.30	0.12	−0.07	
0.44	0.16	0.06	0.15	
0.43	0.19	0.14	−0.03	
0.42	0.02	−0.21	−0.03	
0.04	0.77	−0.13	−0.01	
0.13	0.66	−0.22	0.13	
0.45	−0.65	0.34	−0.18	
0.09	0.62	0.03	0.07	
0.19	0.61	0.09	−0.17	
0.08	0.56	0.26	−0.23	0.83
0.04	0.56	0.17	−0.04	
0.29	0.51	−0.30	−0.11	
0.14	0.51	0.14	0.23	
0.32	0.43	−0.05	0.05	
0.07	0.41	0.29	0.04	
−0.01	−0.04	0.64	0.17	
−0.18	0.10	0.56	0.24	
−0.04	0.05	0.49	0.09	
0.01	−0.28	0.48	0.10	0.71
−0.23	0.10	0.43	−0.16	
−0.08	−0.02	0.42	−0.10	
0.13	0.28	0.39	−0.14	
0.17	−0.16	−0.02	0.52	
−0.08	0.47	0.07	0.50	0.58
0.02	0.10	0.18	0.42	
−0.06	0.37	0.08	0.41	
6.29	6.79	2.83	2.14	

図表 3-6　経理部門

前章図表2-4の番号	内容
32	個人のアイデアが採用され，事業プロセスに反映されている
23	新しいアイデアや試みが実行に移されている
45	職場での新しい試みが重視され，創造的・挑戦的な雰囲気で運営されている
9	全社的に大幅な権限委譲がなされている
16	部門や階層にこだわらず，必要な情報にアクセスし活用することができる
43	現場からの発案が新製品や新技術の開発に反映されている
5	新技術や新製品の開発に優先的な資源配分が行われている
25	部門や階層をこえた多様な協力関係が存在する
11	個人的業績が重視され，業績に見合った報奨制度が整備されている
34	異質なメンバーが組み合わされて問題解決に取り組むケースが多い
15	メンバーは早期に適性を評価され，専門的能力を育成されている
21	常に環境変化を予測して、新たなビジネスを模索している
30	経営戦略達成に向けて重点的な資源配分がなされている
8	権限・責任関係や職務マニュアルが整備され，秩序を重視した管理が行われている
35	情報は機密保持の観点から厳格に管理されている
12	長期的な経営戦略が表明され，重点目標が提示されている
39	既存事業の競争力はいずれ衰退すると考えられている
33	メンバーの業務は、明確に規定された職務分掌に沿って行われている
19	企業として果たすべき社会的使命が明確である
37	長期的な観点からのビジョンが表明されている
18	職場の規律が重視され，厳格な雰囲気で運営されている
13	着実な改善が重視され，実現性の高い計画が策定されている
22	事業展開においては，厳格なリスク分析が優先されている
4	既存事業の競争力を維持することが重視されている
24	安定した収益を確保することが優先されている
6	無理な投資を避け，持続的な成長を目指している
38	半期ないし四半期ごとの目標達成や収益管理が厳しく要求されている
2	毎期の利益目標が明示され，予算達成が強調されている
27	事業部制ないし事業本部制がとられ，各事業単位に利益責任が課されている

因子寄与

を対象とした因子分析

	パターン行列			
因子1 創造的 従業員志向的	因子2 規範主義的 閉鎖的	因子3 保守的	因子4	Cronbach's alpha
0.92	−0.09	−0.16	−0.22	
0.80	−0.04	0.15	−0.07	
0.77	−0.01	0.05	−0.03	
0.69	−0.15	0.01	0.01	
0.63	0.09	−0.14	−0.02	
0.61	0.02	0.00	−0.09	
0.56	−0.05	−0.23	0.09	0.89
0.55	0.05	0.05	0.11	
0.54	−0.08	0.11	−0.02	
0.53	−0.03	0.11	0.10	
0.52	0.11	0.08	0.03	
0.40	0.15	−0.07	0.27	
0.34	0.32	0.00	0.22	
−0.06	0.69	−0.05	−0.06	
0.08	0.65	0.16	−0.22	
−0.09	0.61	−0.12	0.40	
0.18	−0.60	0.17	0.23	
−0.08	0.59	0.06	−0.02	0.76
0.14	0.56	0.07	0.08	
0.16	0.54	−0.03	0.21	
−0.06	0.50	0.38	−0.29	
0.19	0.46	0.02	0.06	
0.19	0.40	0.28	−0.15	
0.03	−0.14	0.64	0.08	
−0.24	0.21	0.59	0.12	0.65
0.06	−0.02	0.53	0.15	
−0.02	−0.30	0.35	0.70	
−0.07	0.15	−0.07	0.62	0.52
−0.02	−0.16	0.04	0.41	
7.23	6.03	3.69	3.32	

第3章 組織文化の測定 77

3．因子の総合的解釈

以上，6パターンの因子分析の結果を見てきたが，続いて各々の因子分析によって抽出された因子を，総合的に解釈することにする．

図表3-7は，部門平均値，経理部門，営業部門，情報部門，および企画部門を対象とした各因子分析によって抽出された因子1と，製造部門を対象とした因子分析によって抽出された因子1と因子3についての解釈を示している（以下，単にたとえば「部門平均値の因子1」，「製造部門の因子3」と表現する）．ただし，各因子に対して相対的に小さい因子負荷しか有さなかった変数については表中に示していない（図表3-8と3-9についても同様）．

図表3-7に示したすべての因子1には，「個人のアイデアの尊重」，「新しいアイデアや試みの実施」，「新たなビジネスの継続的な模索」，および「創造的な雰囲気」を表す変数などが大きな正の因子負荷を有しており，これらの因子1は「創造的」文化特性の因子であるといえる．また，製造部門を除く他のすべての因子1および製造部門の因子3には，大きな正の因子負荷を有した「高い仕事の自由度」，「多様な協力関係の存在」，「大きな権限委譲」，および「現場からの提案の活用」を表す変数などが所属しており，両因子が「従業員志向的」文化特性の因子であることを示している．したがって，部門平均値，経理部門，営業部門，情報部門，および企画部門の因子1は「創造的・従業員志向的」文化特性の因子，および製造部門の因子1と因子3はそれぞれ「創造的」文化特性の因子，「従業員志向的」文化特性の因子である，と解釈することができる．

続いて，図表3-8からは，2種類の組織文化特性が解釈されうる．すなわち，製造部門の因子2，部門平均値，経営部門，および情報部門の因子3，そして企画部門の因子4には，「既存の競争力の維持の重視」，「無理な投資の忌避」，および「安定した収益確保の優先」を表す変数などが大きな正の因子負荷を有しており，これらの因子は「保守的」文化特性の因子であるといえよう．また，製造部門と企画部門の因子2，部門平均値，情報部門，営業部門の因子3には，

第3章 組織文化の測定　79

図表 3-7　因子の総合的解釈 Ⅰ

部門	経理	営業	情報	企画	製造	製造	
平均			因子1			因子3	
創造的	1	1	11	11	3		異なる業務への人事異動が頻繁に行われている
	8	11	2	1	11		個人のアイデアが採用され、事業プロセスに反映されている
	11	7	1	15			メンバーは早期に適性を評価され、専門的能力を育成されている
	4	2	9		1		新技術や新製品の開発に優先的な資源配分が行われている
	6	3	7	1	2		新しいアイデアや試みが実行に移されている
	9	12	5	2	4		職場での新しい試みが重視され、創造的・挑戦的な雰囲気で運営されている
			2	3	8		常に環境変化を予測して、新たなビジネスを模索している
	13	13	12	6	5		経営戦略達成に向けて重点的な資源配分がなされている
			10	10	9		
従業員志向的	2	4	4	11	6		公式の規定や権限関係にしばられず、自由に仕事ができる
	13	8	13	8	1		部門や階層をこえた多様な協力関係が存在する
	3	4	6	6	2		全社的な発案が大幅な権限委譲がなされている
	12	6	3	4			現場からの発案が新製品や新技術の開発に反映されている
	7	5	8	7	5		部門や階層にこだわらず、必要な情報にアクセスし活用することができる
	5	10	10	5	3		異質なメンバーが組み合わされて問題解決に取り組むケースが多い
				4	4		予算は前年度実績を前提にして、新規事業分を積み上げるかたちで編成されている (－)
					7		職場での和やかな人間関係が重視され、友好的な雰囲気で運営されている

注) 表中の数字は、該当する因子における寄与の高さの順位を示している。

80 第1部 展　開

図表 3-8　因子の総合的解釈 Ⅱ

	企画	経理	部門情報	製造	営業	企画
			平均			
	因子4	因子3	因子3	因子2	因子3	因子2
保	1		2			3
守	3	3	1	1		5
的	2	2		4	2	1
						4

既存事業の競争力を維持することが重視されている
現実的で実現可能な目標や計画が設定されている
無理的な投資を避け、持続的な成長を目指している
安定した収益を確保することが優先されている
着実な改善が重視され、実現性の高い計画が策定されている
予算は前年度実績を前提として、新規事業分を積み上げるかたちで編成されている

						4	4	2
						6		
閉	5	5					2	
鎖	3	6				7		7
的			7					4
			3			3	3	3
						2	1	1
						9		

権限・責任関係や職務マニュアルが整備され、秩序を重視した管理が行われている
部門単位の目標が明確に設定され、その達成が優先されている
業務は部門単位に遂行され、部門間の調整は部門長が行う
情報は指示・報告のかたちで、主に階層関係を軸に交換されている
情報は機密保持の観点から厳格に管理されている
職場の規律が重視され、厳格に規定された雰囲気で運営されている
メンバーの規律は、明確に規定された職務分掌に沿って行われている
事業展開においては、厳格なリスク分析が優先されている。

注）表中の数字は、該当する因子における寄与の高さの順位を示している。

第3章 組織文化の測定　81

図表3-9　因子の総合的解釈 Ⅲ

部門	情報	経理	営業	企画		
平均	因子2	因子2	因子2	因子3		
規範主義的	3	10	3	2	全社的な経営理念をメンバー全員が共有している
	1	4	6	5	企業として果たすべき社会的使命が明確である
	2	2	7	2	7	長期的な観点からのビジョンが表明されている
	2	1	3	1	3	長期的な経営戦略が表明され、重点的目標が提示されている
	5	9			客観的な事実やデータを重視した経営管理が行われている
	4	3			意思決定の際には個人的な直感や経験が重視されている(−)
閉鎖的		1			権限・責任関係や職務マニュアルが整備され、秩序を重視した管理が行われている
		2			情報は機密保持の観点から厳格に管理されている
		8			職場の規律が重視され、厳格な雰囲気で運営されている
		5			メンバーの業務は、明確に規定された職務分掌に沿って行われている
保守的			1		既存事業の競争力を維持することが重視されている
			6		安定した収益を確保することが優先されている
			4		既存事業の競争力はいずれ衰退すると考えられている

注：表中の数字は、該当する因子における寄与の高さの順位を示している。

「明確に規定された職務分掌の存在」,「厳格な雰囲気」, および「秩序を重視した管理」を表す変数などが比較的大きな正の因子負荷を有しており, これらの因子は「閉鎖的」文化特性の因子であるといえよう. したがって, 経理部門の因子3と企画部門の因子4は「保守的」文化特性の因子, 企画部門の因子2と営業部門の因子3は「閉鎖的」文化特性の因子, そして製造部門の因子2, 情報部門の因子3, および部門平均値の因子3は「保守的・閉鎖的」文化特性の因子である, と解釈することができる.

最後に, 図表3-9では, 3種類の組織文化特性が解釈されている. しかし, そのうち2種類の文化特性については図表3-8において既出である. すなわち, 経理部門の因子2と企画部門の因子3は, それらに大きな正の因子負荷を有する一部の変数から, それぞれ上述の「閉鎖的」文化特性と「保守的」文化特性の因子であると解釈される. 新出の組織文化特性は「規範主義的」文化特性である. すなわち, 図表3-9のすべての因子には, 大きな正の因子負荷を有した「重点的な目標の提示」,「長期的なビジョンの表明」, および「社会的使命が明確」, さらに相対的に大きな負の因子負荷を有する「個人的な直感や経験の重視」を表す変数などが所属しており, それらの因子が「規範主義的」文化特性の因子であることを示している. したがって, 部門平均値, 情報部門, および営業部門の因子2は「規範主義的」文化特性の因子, 経理部門の因子2は「規範主義的・閉鎖的」文化特性の因子, そして企画部門の因子3は「規範主義的・保守的」文化特性の因子である, 解釈することができよう.

4. まとめ

以上の部門ごとの組織文化特性の解釈の結果は, 図表3-10のようにまとめることができる. 全体的にみて大きな相違は認められない. 部門平均値の組織文化特性は, 各部門の値の合成によって抽出されていることから, 当該企業の全体的な組織文化を表象していると解釈することができるであろうが, その企業全体的な組織文化と下位部門のそれぞれの組織文化特性が比較的類似してい

図表3-10　因子の解釈結果のまとめ

	部門平均値	情報部門	営業部門	経理部門	企画部門	製造部門
因子1	創造的 従業員志向的	創造的 従業員志向的	創造的 従業員志向的	創造的 従業員志向的	創造的 従業員志向的	創造的
因子2	規範主義的	規範主義的	規範主義的	規範主義的 閉鎖的	閉鎖的	保守的 閉鎖的
因子3	保守的閉鎖的	保守的閉鎖的	閉鎖的	保守的	規範主義的	従業員志向的
因子4	—	—	—	—	保守的	—

るという点は興味深い発見事項である．また，若干ではあるが，製造部門ついては他の部門あるいは部門平均値の組織文化特性と相違が認められる．製造部門文化の特異性が示唆される．しかし，それらの点についてのより詳細な考察は今後の課題としたい．

なお，次章以降で行われる組織文化と会計システムの関連性を追求する研究においては，本章で解釈された組織文化特性が，その次元に属する変数（質問項目）の単純平均値をもって測定され，実証分析に用いられることになる．なお，いかなる部門（あるいは部門平均値）の組織文化特性を使用するかは，次章以降のそれぞれの研究目的に依存するものである．

第4章 会計情報システムと組織特性との適合性
―― 組織文化の視点に基づく実証的考察 ――

1. はじめに

　企業の情報システム[1]の変遷を歴史的にみると,近年に至るまでに EDPS (Electronic Data Processing System), MIS (Management Information System), SIS (Strategic Information System) および ERP (Enterprise Resource Planning) という世代区分が可能である.この間,情報技術は世代を越えて絶え間なく進歩し続けてきており,ある時点で確立した情報システムの技術的機能性は性能を高めながら今日まで継承されてきた.しかしその時どきの新奇情報技術の潜在能力が経営管理や組織に対して与えるインパクトは世代ごとに異なり,各世代の特徴は情報システムの適用範囲や情報化アプローチの相違に現れている.

　会計情報システム (以下, AIS) についていえば, EDPS 世代から SIS 世代にかけて,産出可能な情報範囲は財務諸表,業績管理会計情報,意思決定会計情報へと拡大し,また,基幹業務システムと総勘定元帳システムとの統合化も着実に進んだ. EDPS 世代が複式簿記手続きの機械化から始まったことを考えれば, AIS の重点課題は世代が進むにつれて会計取引処理の効率化から経営管理への貢献へと移り,取り扱う情報内容も定型的情報から非定型的情報または分析的情報へと高度に変化した.その間の AIS の変化は,とくに管理会計情報の包括的産出に向けた連続的な進展であった (河合, 1999;河合・櫻井, 2002;櫻井, 2004).さらに ERP 世代を迎えて,近年の AIS は従来とは異質な統合化に向かって発展する様相を呈している.

　情報システムの歴史的変遷の中で今日的に最も注目される点は, SIS 世代か

ら近年のERP世代への移行期においてパラダイム転換ともいえる情報技術の発展がみられたことによって，情報システム構築に従前とは異なる視点を考慮する必要が生じたことである．その情報技術の発展とはホスト中心システムからクライアント・サーバ・システムへの転換である．これにより，分散的な情報資源管理が促進され，企業は，ホスト中心システムでは困難とされた全社的な情報共有化または機能横断的情報活用，組織構造のオープン化，ビジネスプロセスの全体最適化など，競争戦略の推進に有効な情報化ビジョンを展望できるようになった．だが一方で，それらの展望を推進することは，長い期間にわたって培われた戦略スタイルや組織文化などの組織特性の革新（innovation）を伴うことにもつうじるといわれている．

　では，近年のAISの構築過程において，組織特性の変化はどのような影響を及ぼしているのか．本研究では，それらの組織特性は，明示的にせよ暗示的にせよ，AISの構築目的と運用状況に反映されると仮定している．この仮定にたって2003年に東証1部上場企業に実施した質問票調査を分析したところ，伝統的マネジメントに特徴的な組織特性とパラダイム転換以降に特徴的な組織特性とが類別され，それぞれの特性に応じてAISの特性にも相違が認められたのである．以下では，まず本研究の前提となる分析フレームワークについて論じ，統計分析の結果から組織特性とAIS特性との関係を考察し，組織特性の違いに応じて求められるAISの構築目的と運用状況とはどのようなものであるかを比較するための，AIS特性と組織特性との適合モデルを示したい．

2．会計情報システムの背景と分析フレームワーク

（1）近年の会計情報システムの統合化をめぐる背景

　近年，会計取引データを基幹業務システムで分散的に捕捉し，これを総勘定元帳システムに直接転送するという，いわゆる業務統合型AISを構築する企業が増加している．この増加傾向を加速させた要因の1つとして，クライアント・サーバ・システムおよびデータベース管理システムを中心とする情報技術

の普及を挙げることができる．それらの情報技術を活用したオープン指向のネットワーク・コンピューティングは，AIS の統合化に大きな変化をもたらした．ここでは，近年の AIS の統合化をめぐる背景について以下の 4 点を指摘したい．

① 会計情報システムと基幹業務システムとの一体化

近年の統合化の最大の特徴は，基幹業務システムを構成するモジュール間のシームレスな統合が，機能横断的情報活用あるいは全社的情報共有を可能にするオンライン取引処理（Online Transaction Processing : OLTP）を実現し，さらに，データ・ウェアハウスを介して基幹業務システムと意思決定支援システム（Decision Support System : DSS）とを連携するオンライン分析処理（Online Analytical Processing : OLAP）を展開可能にした点にある（Mckey, 1997）．そのような動向は，1990 年代にはいってから顕著となり，ERP の概念と実践に象徴されるように，AIS と基幹業務システムとの一体化を印象づけるようになった．近年の企業の情報化の方向性は，基幹業務システムによる現業プロセスの効率化とフロント業務支援を優先し，財務諸表あるいは予算管理情報といった定型的業績報告書や各種意思決定情報などのバックオフィス支援目的の伝統的会計情報の作成機能については，基幹業務システムにモジュールとして吸収するか，その延長線上に連携しようとするものである．今日の AIS の統合化は，伝統的 MIS[2] の枠組みにおいて優先されてきた業績報告書作成過程の能率化という効果を超えて，経営全般に対する貢献度を飛躍的に高めている．この方向性は，情報システムの構成ばかりでなく，その活用方法および組織構造をも一変させるほどのパラダイム転換と認識されている（Tapscott & Caston, 1993）．

② 経営戦略への対応の変化

情報システムのマネジメントに対する貢献は，MIS 世代にその基礎を定着させた．その時代の情報システムの評価は意思決定に対する効果を問題としていた．日常的な企業活動に関するマネジメントは中長期的に計画された所与の戦略の範囲内でコントロールされるという計画的戦略に基づき，将来の基本構造を規定する戦略策定に対する情報システムの貢献は，DSS あるいは EIS（Executive Information System）を活用した高度な意思決定モデルに基づくバッ

クオフィス支援にとどまるものであった．このアプローチはR.N.アンソニーの経営管理モデル（Anthony, 1965）に基礎を置くものである．これに対して，基幹業務システムの統合化に重点を移した情報システムがフロント業務支援を推進するようになるにつれて，差別化やコスト・リーダーシップなどの競争優位性の源泉を企業内部の価値創造プロセス，すなわち価値連鎖（value chain）をなすビジネスプロセスに見出すという，競争優位の戦略（Porter, 1985）が重視されるようになる．近年では，計画的戦略という伝統的戦略のもう一方の極に，異なる職能や事業単位の連携を重視して経営の内部活動から新たな戦略の機会を創造または創発するという創発的戦略を加える経営戦略観が注目されている（十川，2000）．

③ 情報システム再構築の革新性

高い理想のもとに最新の情報技術に高額な投資をするだけでは情報システムの有効性や経営の業績は向上しないことを，多くの企業は経験的に学んでいる（Hunton & Flowers, 1997）．競争戦略重視の機運が高まる中で情報技術以外の要因を考慮する必要が生じたのである．以来，情報システムの有効性向上にとって不可欠とされた条件は，情報システムの再構築を前提とした組織全体を巻き込む革新性である．具体的には，ネットワーク型組織またはフラット型組織への転換，幅広い権限委譲（empowerment）による社員の自主的な組織コミットメントの促進，顧客満足向上に照準を合わせたビジネスプロセス・リエンジニアリング（BPR），全社的な情報共有化など，組織的あるいは人的側面に配慮した情報システムの革新的再構築が要請されている（Tapscott & Caston, 1993；遠山，1994；今井，1998；大月，1999；大月，2001）．近年，情報システムの有効性は，情報システム全般に蓄積される情報が組織の意思決定機構やビジネスプロセスと密接な関係をもって競争優位性の獲得にどれだけ貢献できるかという視点から判断されることになる．

④ 組織内資源および組織文化形成要因としての情報システム

情報システムへの役割期待がビジネスプロセスの効率化あるいは組織効率の向上に重点を移すことによって，情報システムは，たんなる情報提供ツールで

はなく競争優位戦略の源泉に位置づけられ,組織それ自体の有効性を左右する資源とみなされるようになった.情報システムは,組織の戦略スタイルやこれを反映した諸制度とならんで,組織内の環境条件整備を意味する組織デザインの方向を規定するファクターとなる(藤田,2000).さらに,組織デザインは継続的な経営活動に根ざした企業固有の共通価値体系である組織文化(または企業文化)を反映している.近年では,情報システムの革新的再構築による情報化を推進する際には組織文化の再形成が必要であるという見解が支配的である(Tapscott & Caston, 1993;遠山,1994;Dunk & Roohani, 1997).とくに2000年以降になると,新たな情報化ビジョンを模索する過程で自社の情報システムを組織内の重要な資源と位置づけ,組織文化の改革を含めた抜本的組織デザインの変革を積極的に構想する企業も出現し[3],情報システムのパラダイム転換は現実性を増しつつある.

(2)組織文化概念と分析フレームワーク

Romney & Steinbart (2000) によれば,情報技術,AIS,経営戦略および組織文化の関係は図表4-1のように表される.そこでは,情報技術がAIS,経営戦略および組織文化を変更する要因になることが前提とされ,その上で,経営戦略はAISの設計に影響を及ぼし,組織文化は経営戦略およびAISと相互に影響を及ぼし合うという関係が含意されている.そして,近年の情報技術の動向に照らして次のような具体的関係が示されている.すなわち,競争優位を確立するためには組織の諸活動の有機的結合によるシナージーが要件となり,それゆえ,組織内外の価値連鎖を反映した機能横断的情報活用を可能にするオープン指向のAISを構築して,情報システムのユーザが会計情報に広範かつ容易にアクセスできるように,組織の分権性と社員の主体性を発揮できる組織文化が要求される,というものである.この関係は,AISをめぐる前述の背景と符合するものであり,近年のAIS構築問題の一般的傾向を推論するための1つの仮説となりうる.ゆえに,AISの構築目的に対する組織特性の影響を分析するという本研究の課題にとってAIS,戦略および組織文化の3つの要素を分析対象

図表4-1　分析対象要素間の仮説的な関係モデル

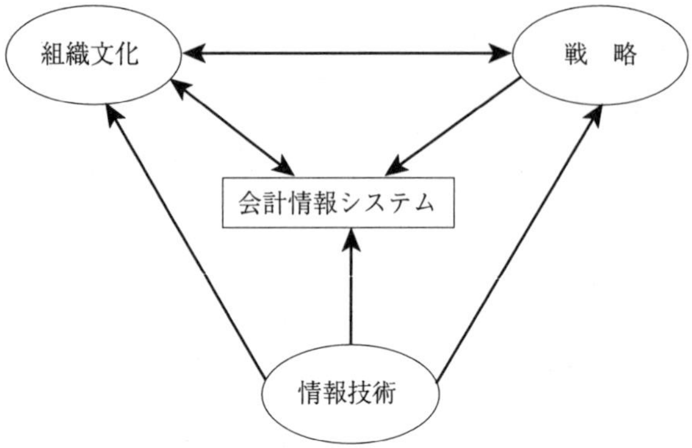

[組織文化] ←→ [戦略]
　↘ ↓ ↙
　[会計情報システム]
　　　↑
　　[情報技術]
（情報技術から組織文化・戦略へも矢印）

出所：Romney & Steinbart (2000, p.7)

とすることは妥当かつ有効と考えられる．問題は，分析対象に含める組織文化の概念をどのように捉えるかであろう．

組織文化の基礎的な概念を提唱したSchein (1985) によれば，文化とは「ある特定のグループが外部への適応や内部統合の問題に対処する際に学習した，グループ自身によって創られ，発見され，または，発展させられた基本的仮定のパターン」（訳書p.12）と定義され，その本質は「組織のメンバーによって共有され，無意識のうちに機能し，しかも組織が自分自身とその環境をどうみるかを，基本的で『当然のこととみなされた』方法で定義するような『基本的仮定』や『信念』」（訳書p.10）である．ここで，基本的仮定は外部適応や内部統合に向けた学習を長期にわたり繰り返して行う中で組織に培われる共有観念である．組織文化を具体的にどのように観察し，認識するかに関していえば，この観念的レベルはあまりにも抽象的である．ゆえに，組織文化は習慣，行動様式（行動パターン），組織構造，システムなどの組織を構成するさまざまな要素に反映されるという機能主義的立場にたって，伝統的には，基本的仮定のレベルよりも表層的な「組織メンバーの日常的な行動を支配する価値」のレベルか「人工物や創造物」のレベルに着目する試みがなされている（出口，2004）．

組織文化をより表層的に認識する際に中心的となる概念は「価値」である．梅澤（2003）によれば，価値とは人間の判断の拠り所あるいは行動の基準となる「望ましさ」（p.87）であり，企業独自の個性や社風は，企業による価値の違いと，目指す価値を実現するための体現化の仕方の違いに依存するとされる．「経営風土，社風，職場の雰囲気といった『経営や組織の体質』，人事制度や組織構造，経営目標や経営戦略，マネジメント活動やリーダーシップ行動など経営に関する『制度や施策』，仕事のやり方やコミュニケーションの仕方など『社員の思考・行動様式』といったものは，総じて企業価値を体現した性格のもの」（p.91）となり，共有された価値が制度的に内面化したときに固有の組織文化（企業文化）が形成されると捉えられる．

価値もまた基本的仮定と同様に不可視的で観察しにくいが，やがて組織メンバーの行動様式や人工物に体現されるとすれば，AISの構築目的の設定局面には経営や組織の体質，あるいはマネジメント・スタイルを反映した制度や施策が影響し，その結果として構築される情報システムのハード／ソフト構成は社員の行動様式に影響するであろう．このように考えると，AISの統合化が組織特性と密接な関係をもつ近年においては，人工物としてのAISそれ自体を組織文化の構成要素に位置づける見方が成り立つ．飯田（1993, pp.62-64）によれば，この見方は，組織文化を「企業特有の環境知覚様式（情報処理様式）や戦略スタイル，組織構造・制度を含む企業全体の環境に対する適応スタイル」と認識するものであり，また，「各個別企業の構成員が共有しているすべての意思決定基準やそれを具体化した行動パターン，およびそれらによって具象化された創造物」という組織文化概念に相当する．本研究ではこの最も表層的な組織文化概念を採用する[4]．

ここで図表4-1に立ち返ってみよう．図表4-1において組織文化は戦略およびAISとは別のディメンジョンに位置づけられている．しかし，そこでの組織文化概念は，マネジメント・スタイルの一側面である戦略（戦略スタイル）およびAISに体現される以前の，抽象度の高い価値のレベルを想定しているとは考えにくい．なぜなら，例示された組織の分権性および社員の主体性という文化

図表4-2　表層的組織文化概念に基づく分析フレームワーク

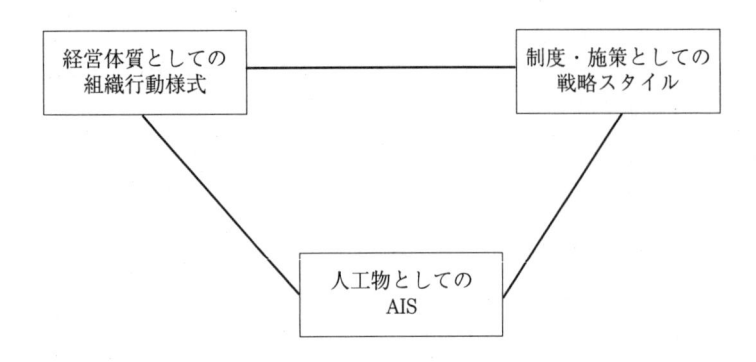

```
    経営体質としての ────── 制度・施策としての
     組織行動様式              戦略スタイル
           \                    /
            \                  /
             \                /
              人工物としての
                  AIS
```

的要件は，経営や組織の体質ないし社員の思考・行動様式の具体的側面を表していると理解できるからである．そこで，組織文化を表層的に捉えようとする意図のもとでは，図表4-1を図表4-2のように修正することが妥当であろう．以下では，経営体質としての「組織行動様式」，制度・施策としての「戦略スタイル」，および，人工物としての「AIS」が分析対象となり，それらの3つのディメンジョンからなる関係性が本研究における実証的分析のためのフレームワークとなる．なお，ここでは情報技術を企業によって選択可能な外部環境要因と位置づけ，それは戦略スタイルと組織行動様式とに影響するとしても間接的であり，むしろ直接的にはAISの構築目的および運用状況に反映されると想定する．それゆえ，本研究では情報技術を分析対象から除いている．

3．分析要素の特性判定と特性間関係

（1）分析方法

東京証券取引所1部上場企業（2003年10月1日現在）に対して実施した質問票調査では，本研究の対象となるAIS，戦略スタイルおよび組織行動様式の3つのディメンジョンについて，それぞれ複数の質問項目が設定された．AISに関する質問は25項目，戦略スタイルに関する質問は12項目，組織行動様式に関

する質問は47項目であった[5]．ある企業の組織特性をより適切に把握する意図から，質問票は1社につき5部門に宛てて同時に郵送された．AISの質問については経理部門および情報システム部門に，戦略スタイルおよび組織行動様式の質問については企画部門，経理部門，情報システム部門，営業・販売部門および製造部門に回答を求めた．

企業によってはすべてのディメンジョンに回答がなかったケースがあり，回答企業数はディメンジョンによって異なっている．本研究にとって有効な回答を示した企業数は，AISについては161社，戦略スタイルについては231社，組織行動様式については233社であった．ただし，ここでは3つのディメンジョン間の関係性を問題とするので，分析の最終段階では，そのすべての質問に回答した148社が検討対象となる．なお，すべての質問に5点法リッカート尺度の選択方式を採用し，複数部門からの回答を得た企業については質問項目ごとに回答部門のリッカート尺度（1～5点）の平均値をとり，これを当該質問項目に関する1社のスコアとして扱うことにする．分析の方法と手順は次のようである．

最初に，3つのディメンジョンそれぞれについて，因子分析をつうじて得られた因子に収束する質問項目を特定し[6]，それらの質問項目の共通性を見出して当該因子の特徴を判定する．この手続きによって判定された因子の特徴が，AIS，戦略スタイルおよび組織行動様式の各特性を表すことになる．その後の分析では，それらの特性を変数として扱うため，特性1つにつきスコア1つを与える必要がある．ここでは各特性に収束したすべての質問項目のスコアの平均値を各特性のスコアとする．続いて，絞り込まれた148社について3つのディメンジョンに含まれるすべての特性（変数）を対象にしたクラスタ分析を施し，各特性間の相関関係を考慮しながら回答傾向が類似する特性同士を類別する．本研究では，クラスタ分析によって類別された特性の組み合わせが，各ディメンジョンの関係性の特徴と相違を判断するための基準になる．

(2) 会計情報システムに関する因子分析と特性判定

　AISに関する質問は，最近5年間の構築目的についての質問群と現時点の運用状況についての質問群からなる．構築目的と運用状況とは表裏一体の関係にあるから，ここでは両質問群を分けずに因子分析を行う[7]．因子分析の結果は図表4-3[8]に示すとおりである．固有値が1以上の因子に限定すると，第5因子までが考慮の対象となる[9]．第1因子，第2因子および第4因子には構築目的に関する質問項目，第3因子および第5因子には運用状況に関する質問項目が収束した．各因子に収束した質問項目に共通の特徴から，AISに関する特性を以下のように規定する．

① 構築目的：第1因子

　第1因子に収束した質問項目の内容は，顧客満足の向上，企業内外の価値連鎖に着目したビジネスプロセスの効率化，競争優位の実現，戦略対応など，近年の情報システムに対して広く一般に期待されている事項である．前述のように，それらは競争戦略の遂行にとって追求されるべき企業の情報化ビジョンを具体的に展開する際の課題であり，とくに情報システムによるフロント業務支援を強調している．そこで，それらの質問項目によって代表される特性として，この因子を「AISのプロセス効率の向上目的」と概念化する（$\alpha = 0.81$）．

② 構築目的：第2因子

　第2因子に収束した質問項目は，会計情報の迅速な組織内浸透，管理会計機能の充実，制度変更への対応という業績報告システムに関連する目的である．それらは，会計情報の範囲と伝達の適正化をめぐってAISに不変的に要請される技術的課題である．そこで，この因子を「AISのリポーティング機能の向上目的」と概念化する（$\alpha = 0.68$）．

③ 構築目的：第4因子

　第4因子には管理会計全般への対応に関連する項目が収束した．質問内容そのものに管理会計に関する具体的技法は表現されていないが，それらの質問項目を包括する特徴は，業績管理を中軸とする分析的な財務情報の提供によるバックオフィス支援が強調されることである．ここでは，この因子を「AISのマ

図表4-3 AIS構築目的に関する因子得点
（主因子法，バリマックス回転）

変数名	質問内容	第1因子	第2因子	第3因子	第4因子	第5因子
OBJ9	顧客満足の充実度	0.74	0.06	−0.01	0.15	0.02
OBJ6	ビジネスの競争優位の実現	0.69	0.03	0.00	0.15	0.16
OBJ12	企業間の業務プロセスの連携や調整の向上	0.62	0.10	0.24	0.01	0.08
OBJ13	ユーザの利用満足度の向上	0.59	0.08	0.15	0.13	−0.03
OBJ11	自社の業務プロセスの連携や調整の向上	0.55	0.17	0.12	0.11	0.13
OBJ5	戦略計画支援の充実	0.47	0.32	−0.04	0.41	0.15
OBJ15	情報システム化投資の改善	0.35	0.20	0.05	0.02	0.35
OBJ1	会計情報提供の迅速化	0.02	0.81	0.08	0.07	0.09
OBJ4	管理会計機能の充実	0.16	0.55	0.03	0.38	0.20
OBJ2	新会計基準への対応	0.16	0.44	0.00	0.12	0.04
OBJ3	会計情報の部門間の共有化	0.12	0.40	0.34	0.20	0.08
OPRT3	各業務部門では，他の業務部門のデータを，各部門に配置されている端末機から相互に利用できる	−0.04	−0.19	0.78	0.09	0.09
OPRT2	各業務で発生した会計取引は，仕訳以前の業務資料を，各業務担当部門で分散的に入力し，自動仕訳する	0.17	0.09	0.46	0.05	0.04
OPRT8	各業務プロセスのデータベースは，各業務プロセス間で統合化されている	0.14	0.16	0.45	0.00	0.36
OPRT9	データベースからデータをとりだして，現場の担当者が独自にデータ加工を行い，業務に役立てている	0.07	0.20	0.43	−0.01	0.34
OBJ8	業績評価の範囲やタイミングの充実	0.24	0.15	0.14	0.60	0.08
OBJ7	予算編成支援の充実	0.09	0.39	0.11	0.49	0.34
OBJ10	内部コントロールの充実	0.26	0.26	0.02	0.41	−0.04
OPRT6	営業部門の販売担当者は，各自の端末機から原価情報を入手することができる	0.09	0.00	0.17	−0.08	0.48
OPRT7	製造現場管理者は，各自の端末機から利益情報を入手することができる	0.06	−0.03	0.12	0.16	0.47

ネジメント・コントロール対応の向上目的」と概念化する（$\alpha = 0.64$）．

④ 運用状況：第3因子

AISの運用状況に関する質問は，近年の情報システムにおいて考えられる高い水準の技術的機能性がどの程度達成されているかを基準にして設定されている．第3因子に収束された質問項目は，とくにデータベース環境下での部門横断的データ共有，会計取引の分散入力，アプリケーションとビジネスプロセスとの統合など，近年のAISの統合化をめぐる前述の背景と密接に関連する．そこで，それらの質問項目によって代表されるAISの運用状況の特性として，この因子を「AISの統合化水準」と概念化する（$\alpha = 0.66$）．

⑤ 運用状況：第5因子

第5因子に収束した質問項目は，非常に限定的であるが，原価および利益という特定の会計情報について，自部門以外の情報利用者，とくに現業部門の管理者または社員がそれらを入手し活用できるかどうかに関連している．そこで，この因子をAISの運用状況における「会計情報の共用水準」と概念化する（$\alpha = 0.70$）．

（3）戦略スタイルに関する因子分析と特性判定

戦略スタイルに関する因子分析の結果は図表4-4に示すとおりである．固有値が1以上の因子に限定すると第3因子までが考慮の対象となる．この結果をみると，本質問票調査に基づく戦略スタイルの特性は，製品・市場戦略，多角化戦略，計画的戦略あるいは競争戦略といった戦略のタイプを規定するのではなく，戦略の策定から遂行までのプロセスにおいて，企業はいかなる視点を重視するか，すなわち経営戦略に対する企業の姿勢を識別することになる．

① 戦略スタイル：第1因子

戦略スタイルの第1因子に収束した質問項目をみると，自社の得意分野に特化して他社との差別化を図り，コア競争力を基盤にしてビジネスを展開する特徴が強調される．そこで，この因子を「コア競争力重視の戦略」と概念化する（$\alpha = 0.66$）．

図表4-4 戦略スタイルに関する因子得点
(主因子法, バリマックス回転)

変数名	質問内容	第1因子	第2因子	第3因子
ST4	得意分野に特化するかたちで展開されている	0.77	－0.07	0.01
ST11	競合他社に対する差別化を志向している	0.48	0.40	0.19
ST5	事業や製品を軸に構想されている	0.47	0.12	0.18
ST6	市場や地域特性を軸に構想されている	0.39	0.37	0.14
ST8	新技術や新製品の開発を軸に構想されている	0.38	0.16	0.19
ST10	情報化・ネット化を軸に構想されている	0.06	0.72	0.17
ST9	組織・諸制度・人事の改革を軸に構想されている	0.16	0.64	0.16
ST7	顧客や消費者を軸に構想されている	0.44	0.45	0.23
ST3	事業の多角化を目指すかたちで展開されている	－0.32	0.39	0.28
ST12	競合他社に対するコスト優位性を志向している	0.34	0.36	0.20
ST2	具体的なプログラムやアクションプランとして提示されている	0.17	0.20	0.79
ST1	長期的なビジョンや目標として提示されている	0.28	0.28	0.72

② 戦略スタイル：第2因子

戦略スタイルの第2因子に収束した質問項目から識別できる特性は，顧客の選好を意識してビジネスの多角化を図るという積極的な環境適応に不可欠な内部組織化を重視する点である．それらの質問項目に限定した場合でも，この内部組織化には組織・制度の変革だけでなく，情報化を軸にした価値連鎖における無駄の排除という視点も含まれることから，ここではこの因子の特性を「組織変革・効率化重視の戦略」と概念化する（$\alpha = 0.67$）.

③ 戦略スタイル：第3因子

戦略スタイルの第3因子に収束した質問項目は2つであるが，いずれも戦略の提示に関わる項目である．しばしば指摘されるように，明確なビジョンが表明され，それが具体的な目標やプログラムとして組織に浸透することが戦略の確実な遂行にとって重要である．そこで，この因子を「ビジョン・目標の浸透重視の戦略」と概念化する（$\alpha = 0.81$）.

(4) 組織行動様式に関する因子分析と特性判定

組織行動様式に関する因子分析結果は図表4-5のとおりである．本質問票におけるそれらの質問項目は，戦略スタイルと同様に表層的な組織特性の一側面であるが，戦略スタイルや組織構造とは質問カテゴリーを区別して，経営全般という大綱的観点から設定されている．ゆえに，それらを戦略スタイルを規定しうる前提条件としての文化的要因と位置付けることも可能である．しかし既に指摘したように，本研究は，それらを抽象度の高い価値観と捉えるのではなく，その価値観が表層的に体現した経営体質または組織風土を識別するような，社員によって認知され実行されている行動様式として捉える立場に立つ．因子分析の結果，考慮の対象となる因子は第3因子までである[10]．各因子の特徴は以下のようである（第3章参照）．

① 組織行動様式：第1因子

組織行動様式の第1因子に収束した質問項目をみると，従業員個々人の経営への参加を重視する項目が多いことがわかる．さらにそれらの具体的内容は，高い水準で権限を個人に委譲した分権的意思決定や非公式なコミュニケーションを重んじる近代型の有機体的組織観に合致するものである．すなわち，この因子の特性は環境変化への積極的対応を志向して新しいアイデアを創造していく雰囲気が形成される程度を判定する尺度になる．そこで，この因子の特性を「創造的・従業員志向的風土」と概念化する（$\alpha = 0.90$）．

② 組織行動様式：第2因子

組織行動様式の第2因子に収束した質問項目の多くは，企業内外に対する企業の将来の方針または展望の表明に関連している．それらの具体的内容からすれば，組織における任意の主体が設定するビジョンや戦略は長期的かつ明確で，日常的なマネジメントも計画的かつ分析的である．よって，それらに共通の特徴は設定されたビジョンや戦略に基づく規範性を重視する程度を判定する尺度になる．ここでは，この因子の特性を「規範主義的風土」と概念化する（$\alpha = 0.79$）．

③ 組織行動様式：第3因子

組織行動様式の第3因子に収束した質問項目の具体的内容は伝統的な階層型

図表 4-5　組織行動様式に関する因子得点
（最小二乗法，プロマックス回転）

変数名	質問内容	第1因子	第2因子	第3因子
CL32	個人のアイデアが採用され，事業プロセスに反映されている	0.83	−0.11	−0.08
CL7	公式の規定や権限関係にしばられず，自由に仕事ができる	0.80	−0.27	0.13
CL9	全社的に大幅な権限委譲がなされている	0.79	−0.32	0.14
CL23	新しいアイデアや試みが実行に移されている	0.68	0.05	−0.04
CL34	異質なメンバーが組み合わされて問題解決に取り組むケースが多い	0.68	−0.02	−0.08
CL45	職場での新しい試みが重視され，創造的・挑戦的な雰囲気で運営されている	0.65	0.04	−0.09
CL16	部門や階層にこだわらず，必要な情報にアクセスし活用することができる	0.62	−0.03	−0.05
CL15	メンバーは早期に適性を評価され，専門的能力を育成されている	0.61	0.01	0.07
CL21	常に環境変化を予測して，新たなビジネスを模索している	0.61	0.24	−0.16
CL11	個人的業績が重視され，業績に見合った報奨制度が整備されている	0.57	0.00	−0.01
CL5	新技術や新製品の開発に優先的な資源配分が行われている	0.54	0.07	−0.03
CL43	現場からの発案が新製品や新技術の開発に反映されている	0.53	−0.05	0.06
CL25	部門や階層をこえた多様な協力関係が存在する	0.52	0.16	0.03
CL37	長期的な観点からのビジョンが表明されている	0.30	0.61	−0.02
CL12	長期的な経営戦略が表明され，重点的目標が提示されている	0.31	0.61	0.03
CL19	企業として果たすべき社会的使命が明確である	0.10	0.60	0.12
CL47	意思決定の際には個人的な直感や経験が重視されている	0.30	−0.57	0.13
CL46	客観的な事実やデータを重視した経営管理が行われている	0.20	0.51	0.10
CL6	無理な投資を避け，持続的な成長を目指している	0.01	−0.09	0.73
CL4	既存事業の競争力を維持することが重視されている	0.00	−0.07	0.59
CL17	情報は指示・報告のかたちで，主に階層関係を軸に交換されている	−0.05	0.02	0.48
CL24	安定した収益を確保することが優先されている	−0.12	0.28	0.48
CL42	業務は部門単位に遂行され，部門間の調整は部門長が行う	0.06	−0.19	0.44

組織にみられる公式的コミュニケーションに基づく調整重視のマネジメントを志向し，追求する目標は保守的傾向を示すものである．これらの特徴は，機械的・官僚的でクローズドな組織環境の程度を判定する尺度でもある．この因子の特性を「保守的・閉鎖的風土」と概念化する（$α = 0.65$）．

(5) クラスタ分析による特性間の関係

以上の因子分析によって明らかになったAIS，戦略スタイルおよび組織行動様式に関する構成概念は以下のとおりである（記号は変数名）．

① AIS の構成概念
　　AIS1：「AISのプロセス効率の向上目的」の程度
　　AIS2：「AISのリポーティング機能の向上目的」の程度
　　AIS3：「AISの統合化水準」の程度
　　AIS4：「AISのマネジメント・コントロール対応の向上目的」の程度
　　AIS5：「会計情報の共用水準」の程度

② 戦略スタイルの構成概念
　　STG1：「コア競争力重視の戦略」の程度
　　STG2：「組織変革・効率化重視の戦略」の程度
　　STG3：「ビジョン・目標の浸透重視の戦略」の程度

③ 組織行動様式の構成概念
　　CUL1：「創造的・従業員志向的風土」の程度
　　CUL2：「規範主義的風土」の程度
　　CUL3：「保守的・閉鎖的風土」の程度

ここでは，それらの特性間の関係を明らかにするために，すべての特性（変数）を対象にしたクラスタ分析を施す．図表4-6は各変数（因子）に収束した全質問項目のスコアの平均値，すなわち各構成概念（特性）のスコアについての記述統計量である．図表4-7はクラスタ分析の結果として得られたデンドログラムである．階層的クラスタ分析により変数は3つのクラスタに分解されうる．図表4-7の左から，第1クラスタにはAIS1, AIS3, AIS4, STG2およびCUL1

第4章　会計情報システムと組織特性との適合性　101

図表 4-6　全構成概念の記述統計量

変数名	度　数	最小値	最大値	平　均	標準偏差	歪　度	尖　度
AIS1	148.00	1.71	4.79	3.43	0.58	－0.55	0.36
AIS2	148.00	2.00	5.00	4.01	0.57	－0.80	1.06
AIS3	148.00	1.00	5.00	3.56	0.74	－0.53	0.41
AIS4	148.00	1.67	4.83	3.39	0.61	－0.22	0.14
AIS5	148.00	1.00	5.00	2.86	1.13	0.05	－0.84
STG1	148.00	2.40	4.60	3.68	0.42	－0.26	0.31
STG2	148.00	1.80	4.20	3.28	0.44	－0.54	0.62
STG3	148.00	2.00	5.00	3.94	0.66	－0.70	0.27
CUL1	148.00	2.23	4.33	3.27	0.44	－0.03	－0.31
CUL2	148.00	2.40	4.53	3.70	0.40	－0.54	0.48
CUL3	148.00	2.40	4.80	3.88	0.38	－0.75	1.40

図表4-7　クラスタ結果

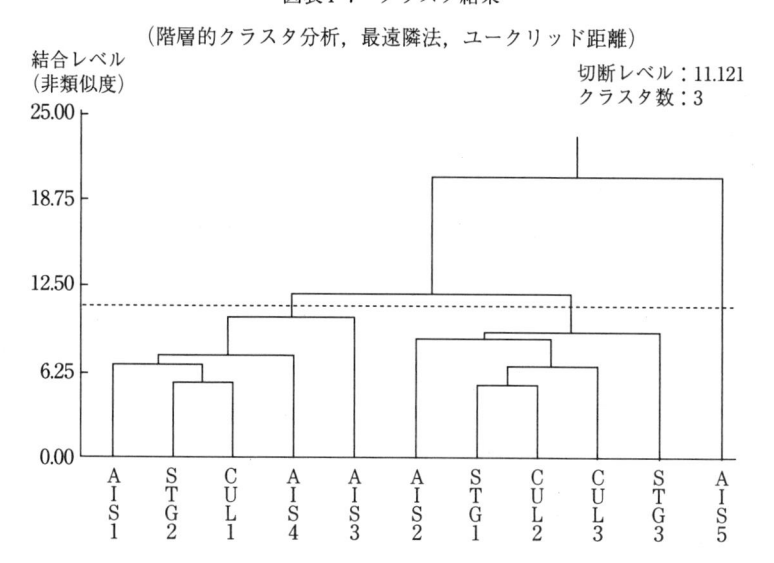

(階層的クラスタ分析，最遠隣法，ユークリッド距離)

結合レベル
(非類似度)

切断レベル：11.121
クラスタ数：3

が凝集し，第2クラスタにはAIS2，STG1，STG3，CUL2およびCUL3が凝集した．分散が大きく他の変数との強い相関が認められないAIS5は単独で分離した[11]．そこで第1クラスタと第2クラスタの特徴をみてみよう．

まず第1クラスタの組織特性としては「組織変革・効率化重視の戦略」と「創造的・従業員志向的風土」とが密接な関係にある．またAISの構築目的に関しては「AISのプロセス効率の向上目的」および「AISのマネジメント・コントロール対応の向上目的」が関係している．このことから，AISの構築目的の比重をマネジメントへの対応におく場合でも，とくに情報システムによる業務プロセスの効率化や競争優位の実現を目指すようなケースでは，戦略スタイルおよび組織行動様式も外部環境に積極的に対応するための組織効率を高めるという，近代型の革新的マネジメントを志向する傾向が強いことを読み取ることができる．

これに対して，第2クラスタの組織特性としては「コア競争力重視の戦略」，「ビジョン・目標の浸透重視の戦略」，「規範主義的風土」および「保守的・閉鎖的風土」の関係が強い．AISの構築目的としては「AISのリポーティング機能の向上目的」が関係している．このクラスタにみられる組織特性の特徴は外部との積極的な関係性や変化を重視するというよりは，コア競争力を軸にして長期的かつ明確に設定された計画を基準にして活動を統制していくというマネジメントを志向するということであり，そのためには目標や業績に関する情報を公式に内部伝達可能にする情報システムが要求されるという状況を読み取ることができる．また，それらの特性は，企業が基本的に追求する伝統的マネジメント・スタイルを意味している．

なお，AISの運用状況の特性である「AISの統合化水準（AIS3）」が第1クラスタに凝集したのは，図表4-8に示すように，第1クラスタの変数との相関が第2クラスタの変数よりも相対的に強いため（とくに第2クラスタのSTG1およびCUL3との相関が弱いため）である．加えて，相関係数の限りでは，「AISの統合化水準」は戦略スタイルおよび組織行動様式の諸変数よりもAIS構築目的の諸変数との相関が相対的に強く，3つのAIS構築目的のうち2つ（AIS1および

図表 4-8　相関係数行列

	AIS1	AIS2	AIS3	AIS4	AIS5	STG1	STG2	STG3	CUL1	CUL2
AIS2	0.35 **									
AIS3	0.29 **	0.28 **								
AIS4	0.47 **	0.52 **	0.27 **							
AIS5	0.18 *	0.07	0.30 **	0.12						
STG1	0.39 **	0.19 *	0.17 *	0.33 **	0.01					
STG2	0.49 **	0.17 *	0.14	0.39 **	0.09	0.40 **				
STG3	0.35 **	0.25 **	0.24 **	0.37 **	0.06	0.32 **	0.48 **			
CUL1	0.48 **	0.23 **	0.23 **	0.48 **	0.18 *	0.54 **	0.46 **	0.48 **		
CUL2	0.50 **	0.38 **	0.25 **	0.53 **	0.14	0.41 **	0.53 **	0.76 **	0.67 **	
CUL3	0.18 **	0.23 **	0.06	0.24 **	0.16	0.17 *	0.23 **	0.10	0.15	0.25 **

＊＊：1％水準で有意（両側），＊：5％水準で有意（両側）

AIS4）が戦略スタイルのSTG2および組織行動様式のCUL1とやや強い相関を有していることも影響している．このように，「創造的・従業員志向的風土」の程度および「組織変革・効率化重視の戦略」の程度が相対的に高い企業は「AISの統合化水準」の程度が高い，といえそうである．この関係はとくに1990年代以降の情報技術パラダイム転換を背景とした情報システム再構築の革新性を反映していると解釈できよう．

4．特性間関係の総合的検証

上記の因子分析および因子クラスタ分析によって，AIS，戦略スタイルおよび組織行動様式（経営風土）を構成する諸特性は伝統的マネジメント・スタイルの特徴を有する特性群と革新的マネジメント・スタイルの特徴を有する特性群に大別された．しかしその際，AIS特性の2つの運用状況のうち「会計情報の

図表 4-9　主成分分析による因子負荷量

変数名	主成分1	主成分2	主成分3	主成分4	主成分5
AIS1	0.72	0.14	0.50	−0.40	−0.19
AIS2	0.57	0.61	−0.39	−0.28	0.17
AIS4	0.76	0.40	−0.06	0.42	−0.25
STG1	0.56	−0.11	0.35	0.19	0.42
STG2	0.66	−0.23	0.27	0.03	0.12
STG3	0.75	−0.53	−0.36	−0.10	−0.05
CUL1	0.72	−0.17	0.24	0.23	0.08
CUL2	0.85	−0.24	−0.13	0.01	0.04
CUL3	0.30	0.20	0.04	0.09	0.65
累積寄与率	47.4%	61.8%	72.0%	79.2%	85.3%

共用水準（AIS5）」は特性群の分類に十分な影響をもたなかった．ちなみに，AISの運用状況のもう1つの特性である「AISの統合化水準（AIS3）」は先のクラスタ分析では革新的マネジメント・スタイルに関係したが，「会計情報の共用水準」とともに「AISの統合化水準」を除外したクラスタ分析を実施したところ，他の諸特性はやはり2つのクラスタに分解可能であり，各クラスタに凝集した特性も先のクラスタ分析と同じであった．このことから，戦略スタイルおよび組織行動様式の特性分類に比較的強い関係を有するAIS特性は，その構築目的であるといえる．

　ここで，伝統的マネジメントの特徴と革新的マネジメントの特徴とを識別することが妥当であるかどうか，また，それらの2つの特性群に対応して回答企業がどのように集団化されるかを総合的に検証するために，先の因子分析から得られた各特性スコアに基づく主成分分析を施す（ただし，AISの運用状況に関する2つの特性を除外している）．図表4-9は主成分別の因子負荷量である．

　主成分1はすべての変数と正の相関を有しており，図表4-8において相対的に強い相関をもつ変数同士は主成分1においても因子負荷量が大きいことから，主成分1は回答企業の分類に与える影響力を示す軸と解釈できる．主成分2においては，AISの構築目的に正の因子負荷量が与えられたのに対して，戦略ス

第4章 会計情報システムと組織特性との適合性　105

図表4-10　主成分分析による散布図

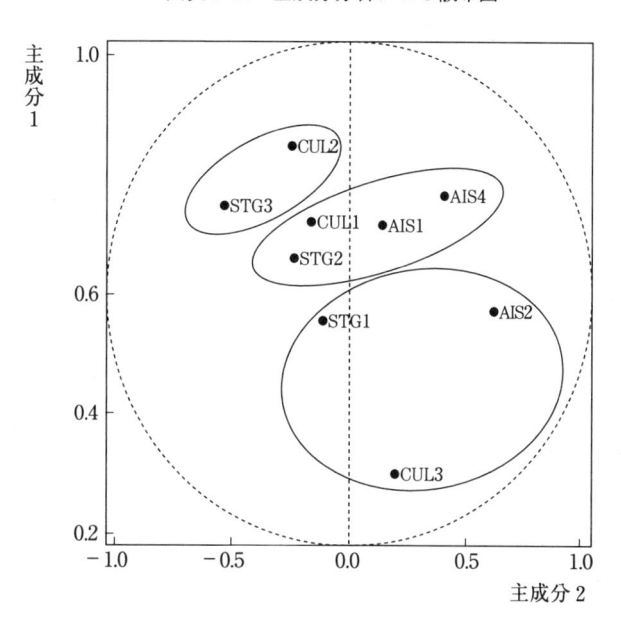

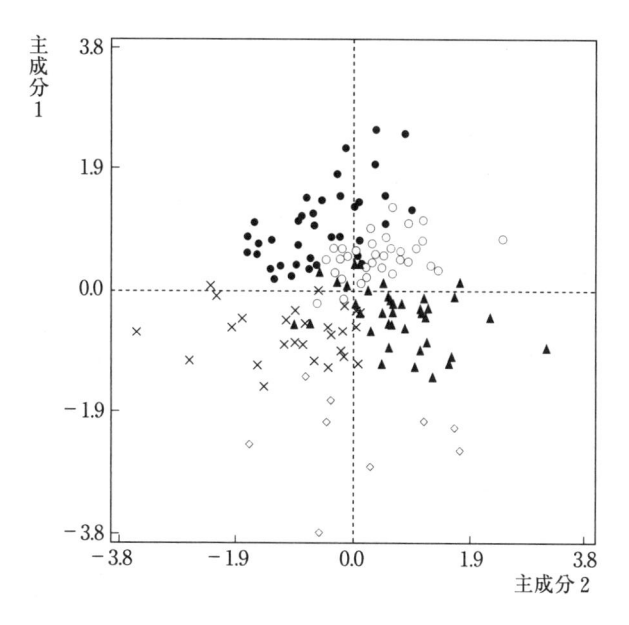

タイルおよび組織行動様式には負の因子負荷量が与えられたことから（ただしCUL3を除く），主成分2はAIS特性と組織特性とを分解する軸と解釈できる．主成分3は，主成分2において包括されたAIS特性を正負対称的に分解している．主成分3に着目すると，AIS1と同様にSTG2およびCUL1が正の相関を示したのに対し，AIS2と同様にSTG3が負の相関を示したことから，革新的マネジメントと伝統的マネジメントの特徴の相違は第3主成分までに比較的よく説明される可能性がある（累積寄与率：72％）．そこで，主成分1および主成分2の2つを軸にとり，各変数および企業の散布図をプロットしてみる（図表4-10）．

まず変数の散布図（図表4-10上）をみると，中心付近にAIS1，AIS4，STG2およびCUL1が接近していることがわかる．それらは先のクラスタ分析において第1クラスタに凝集した変数である．第2クラスタに凝集したその他の変数は散布図の上で分離したようにみえるが，これは直ちに先のクラスタ分析を否定するものではない．ここで企業の散布図（図表4-10下）に注目してみよう．そこでは，同じ変数を用いたサンプル（企業）のクラスタ分析に従って，企業群が層別にプロットされている．このサンプルのクラスタ分析において妥当と判断されるクラスタ数は2つ，すなわち図の「●」および「○」で示した企業群と，「▲」，「×」および「◇」で示した企業群である．いま企業群を5つに分類したのは，本来の2つの企業群が革新的マネジメント・スタイルと伝統的マネジメント・スタイルの特徴を分けるとすれば，その相違がどこにあるかを明らかにするためである．

図表4-11は，各特性（変数）のクラスタ別（企業群別）平均値である．図の網掛け部分は各特性の平均値が相対的に大きい箇所である．さらに，変数の中には複数のクラスタにまたがって網掛けが施されている箇所があるが，これはクラスタ間の平均値に5％水準で有意差が認められないこと，すなわち平均値の大きさに決定的な開きがあるとはいえないことを示している．このクラスタ別平均値から以下のことがわかる．

① クラスタ1（●）およびクラスタ2（○）の企業群では，すべての変数の平均値は相対的に大きいが，他のクラスタ平均値と有意差がある特性は，

図表4-11　企業群別の特性スコアの平均

変数名	第1クラスタ		第2クラスタ		
	クラスタ1●	クラスタ2○	クラスタ3▲	クラスタ4×	クラスタ5◇
AIS1	3.85	3.55	3.42	2.96	2.56
AIS2	4.22	4.21	4.15	3.56	3.13
AIS4	3.63	3.94	3.27	2.84	2.41
STG1	3.91	3.78	3.64	3.44	3.27
STG2	3.61	3.40	3.09	3.16	2.57
STG3	4.57	4.06	3.44	4.03	2.61
CUL1	3.67	3.35	3.06	3.08	2.73
CUL2	4.10	3.79	3.50	3.58	2.84
CUL3	4.00	3.95	3.83	3.81	3.57
会社数	39社	34社	38社	28社	9社

「AISのプロセス効率の向上目的（AIS1）」,「AISのマネジメント・コントロール対応の向上目的（AIS4）」,「組織変革・効率化重視の戦略（STG2）」および「創造的・従業員志向的風土（CUL1）」だけである．それらはすべて先の因子クラスタ分析において，革新的マネジメント・スタイルの特徴が強い第1クラスタ（図表4-7）に凝集した変数である．

② クラスタ1（●）とクラスタ2（○）とが区別されたのは，前者において「AISのプロセス効率の向上目的（AIS1）」および「創造的・従業員志向的風土（CUL1）」が，後者においては「AISのマネジメント・コントロール対応の向上目的（AIS4）」が強く反応したことに依存している．この相違は図表4-10におけるそれらの変数の位置関係に対応している．

③ クラスタ3（▲），クラスタ4（×）およびクラスタ5（◇）の企業群の平均値は総じて小さいが，①および②の2つの企業群（図表4-11の第1クラスタ）との間に有意差が認められない変数を含んでいる．すなわち「AISのリポーティング機能の向上目的（AIS2）」,「コア競争力重視の戦略（STG1）」,「ビジョン・目標の浸透重視の戦略（STG3）」,「規範主義的風土（CUL2）」および「保守的・閉鎖的風土（CUL3）」である．よって，この企

業群はそれらの変数の結びつきに基づいて分類されたことを意味している．それらはすべて先の因子クラスタ分析において，伝統的マネジメント・スタイルの特徴が強い第2クラスタ（図表4-7）に凝集した変数である．

④　クラスタ3（▲）とクラスタ4（×）が区別されたのは，前者では「AISのリポーティング機能の向上目的（AIS2）」が，後者では「ビジョン・目標の浸透重視の戦略（STG3）」が強く反応したことに依存している．この相違は図表4-10におけるそれらの変数の位置関係に対応している．

このように，主成分分析によって特性間関係を総合的に検証した結果，AIS，戦略スタイルおよび組織行動様式の諸特性を革新的マネジメント志向特性と伝統的マネジメント志向特性とに分類することに一定の妥当性があるということができる．なお，前述のように「AISの統合化水準」は革新的マネジメント・スタイルと関係が深い可能性がある．そこで，「AISの統合化水準（AIS3）」の平均値について，革新的マネジメント・スタイルを志向する企業群（図表4-11の第1クラスタ）と伝統的マネジメント・スタイルを志向する企業群（図表4-11の第2クラスタ）とに分けて比較すると，前者の平均値が3.78であるのに対して後者の平均値は3.35であり，それらの平均値に1％水準で有意差が認められた．このことから，革新的マネジメント・スタイルを志向する企業群のほうがAISの統合化水準が高い傾向にある．

5．会計情報システムと組織特性との適合モデル

本研究ではAIS，戦略スタイルおよび組織行動様式の3つのディメンジョンをすべて表層的組織文化要素と位置づけ，ここまで，それらを総合的に包含した分析を試みてきた．第2節で論じたように，計画的戦略から競争戦略または創発的戦略への重点移行や情報システムの革新的再構築といった経営課題への対応に向けて，近年の高度情報技術の導入によるAISの統合化は基幹業務システムとの一体化の方向に転換しつつある．これまでの分析では，高水準のAISの統合化を目指す企業の組織特性がそのような経営課題を克服するために必要

な条件を備えつつあることを検証することができた．これは転じて，高水準のAIS構築がどの組織特性のもとでも追求されるとはいえないことを意味する．この意味において，本分析結果は，革新的マネジメントと伝統的マネジメントとの対置関係おいて，組織行動様式および戦略スタイルからなる組織特性の相違に応じてAISの構築目的およびAISの統合化水準が異なる，換言すれば，AISの構築目的および統合化水準は組織特性の相違に応じて異なる適合性をもちうることを示唆している．そこで問題となるのは，本分析におけるAIS，戦略スタイルおよび組織行動様式を含む表層的組織文化要素の特性間関係が，組織文化論における組織文化類型とどのような関連を有するかということである．ここではそれらの関連性を比較検討するために，本研究での分析フレームワークの設定に当たって参考とした梅澤（2003, pp.118-124）よる類型化概念を援用する．

梅澤正によれば，まず，組織の全体的な性格を表象するディメンジョンにはマネジメントのあり方を規定するマネジメント・スタイルとマネジメントの行為主体である組織のあり方を規定するオーガニゼーション・パーソナリティーとがあり，組織文化はこの2軸を基準にして図表4-12に示す4パターンに類型化される．マネジメント・スタイルの両極には，たんに業務を処理するにとどまる「課業遂行」タイプと，積極的に新しい可能性を追求する「機会開発」タイプが対置される．また，オーガニゼーション・パーソナリティーでは，形式的で消極的な「機械的」組織運営と，メンバーの能力や発想をダイナミックに活用する「有機的」組織運営とが対置される．このようにして分類される組織文化類型の特徴は，それぞれ以下に要約されるとおりである．

①業務処理型：安全性や効率を追求して，メンバー間や部門間の交流が少ない中で，手続きに従って定型業務を確実に処理する特徴がある．

②問題解決型：生産性の向上と職場の和を同時に実現することを目指し，メンバー個々人が問題の解決に努めるが，戦略やシステムより情報共有化が重視される特徴がある．

③目標達成型：長期的な開発プランによって経営と組織のリフレッシュを目

図表4-12　組織文化の類型化

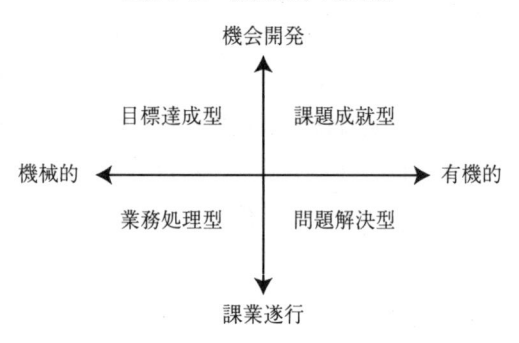

```
              機会開発
               ↑
    目標達成型  │  課題成就型
               │
機械的 ←────────┼────────→ 有機的
               │
    業務処理型  │  問題解決型
               ↓
              課業遂行
```

横軸：オーガニゼーション・パーソナリティー
縦軸：マネジメント・スタイル

出所：梅澤（2003, p.122）をもとに作成

指し，高い業績目標のもとで部門と個人の役割が明確にされ，目標達成のために情報の収集と解析，解決策の遂行などがシステマティックになされる特徴がある．

④課題成就型：メンバー同士が情報やアイデアを相互に積極的に活用しあいながら，新しい可能性の追求を重視し，戦略，目標，構造あるいはシステムを環境に適応するようにダイナミックに発展させる特徴がある．

さて，それらの組織文化類型の特徴は，本研究の因子分析で明らかにされた組織特性と概ね整合することがわかる．まず，本分析における「創造的・従業員志向的風土」および「組織変革・効率化重視の戦略」の組織特性にみられた特徴と「課題成就型」文化の特徴とは，近代的かつ革新的マネジメントの特徴を共に有している点で酷似している．次に，本分析での「規範主義的風土」および「ビジョン・目標の浸透重視の戦略」の組織特性にみられた特徴は，その具体的内容（とくに図表4-4におけるST2, 図表4-5におけるCL12, CL47, CL46の項目内容）から判断して，「問題解決型」文化および「目標達成型」文化の特徴に整合している．そして最後に，本分析による「保守的・閉鎖的風土」の特徴

は「業務処理型」文化の特徴に符合する．この最後のレベルではもともと戦略との関連性は弱いのであるが，組織の外部環境との能動的対応や積極的な開発を重視せずに自社の得意分野に固執する「コア競争力重視の戦略」スタイルは安定的な企業活動条件を生み易いという点から，これを「業務処理型」文化と関係づけて差し支えないだろう．下表に整理したように，この対応関係によって本分析における組織特性は3つのグループに分けられたが，それらは先の主成分分析によってプロットされた3つの変数群と一致している（図表4-10上参照）．

梅澤の組織文化類型	本分析による組織特性類型
課題成就型	●創造的・従業員志向的風土 ●組織変革・効率化重視の戦略
目標達成型 問題解決型	●規範主義的風土 ●ビジョン・目標の浸透重視の戦略
業務処理型	●保守的・閉鎖的風土 ●コア競争力重視の戦略

　このように本研究での組織特性類型が組織文化論において先行的に提示された組織文化類型と整合性を有することから，AIS特性と組織特性との適合性を仮説として以下のように一般化できるだろう．

　図表4-13は分類された組織特性にAISの構築目的を適合させた概念的モデルである．ここで，AISの構築目的の適合位置関係は，基本的には先のクラスタ分析および主成分分析で検証された組織特性の特徴に従っている．ただし，クラスタ分析上は「課題成就型」文化に関連づけることが可能な「AISのマネジメント・コントロール対応の向上目的」を，ここでは「問題解決型」文化および「目標達成型」文化に関連する構築目的と位置づけた．というのは，その2つの組織文化類型に特徴的なマネジメントが業績目標の設定と達成を指向している点はマネジメント・コントロールの課題と理論的に同義であり，また，分析上も「AISのマネジメント・コントロール対応の向上目的（AIS4）」は「規範主義的風土（CUL2）」と最も強い相関係数を示したからである（図表4-8参照）．

112　第1部　展　開

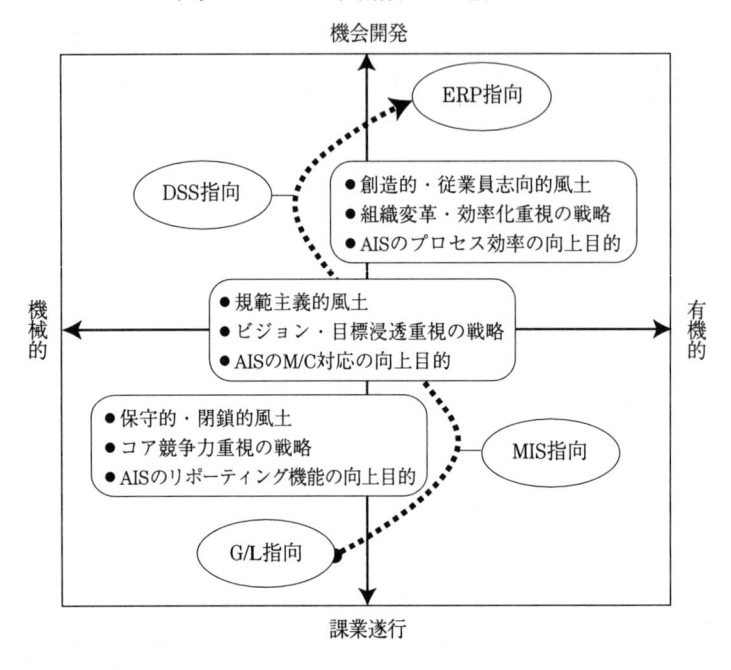

図表4-13　AISと組織特性との適合モデル

　図表4-13に描かれたS字型の点線はAISの統合化水準の発展を表している．先の分析でも明らかなように，AISの統合化は「業務処理型」文化から「課題成就型」文化に向かうにつれて水準を高めると判断してよい．AISの統合化水準の変化を考慮すれば，AIS特性と組織特性との適合関係は，組織文化の視点から以下のように説明できる．

　第1に，「業務処理型」文化の特徴をもつ企業はAISのマネジメント対応を重視せずAISのリポーティング機能の向上または取引処理能率の改善を構築目標に置くにとどまり，AISは業績報告書の産出を基本機能とする総勘定元帳システム（G/Lシステム）を中心とする．

　第2に，「問題解決型」文化あるいは「目標達成型」文化の特徴をもつ企業はAISのマネジメント・コントロール対応の向上を目的とする傾向にあり，AISの統合化が進められる．「問題解決型」文化のもとでは購買在庫・生産・販

売などの機能別業務管理システムとG/Lシステムとの統合化という，MISを指向した最も基本的な統合化にとどまる．文化特性が「目標達成型」の色彩を強めるようになると，意思決定のために客観的データの活用がより重視されることになり，定型的会計情報以外の分析的情報を産出可能にするDSSとの統合化を推進する．G/LシステムをコアとするMIS指向統合のAISがDSSとの連携を強固にすると，OLTPとOLAPとの統合化の基盤が整う．

第3に「課題成就型」という革新的な文化特性をもつ企業は，AISのプロセス効率向上を図って，AISと基幹業務システムとの一体化によるフロント業務支援やオープンシステム化を推進する統合化を目指す．この最も近代的な統合化はERP概念に基づく情報化の推進に通じる可能性が高い．ERPは技術的にはG/Lシステム，MIS指向統合およびDSS指向統合のすべてを内包する．

6．結びにかえて

AISの統合化水準は確かに高度情報技術の導入により向上するが，本研究における実態分析でも明らかなように，AISに求められる役割期待や構築目的は企業によって異なる．本研究が明らかにした最も重要な点は，企業によるその相違が企業の組織特性との適合関係に現れるということである．しかし，規範的には企業が競争優位を獲得するにはもはや情報システムの有効活用を避けることはできないのであるから，基幹業務システムとの一体化を目指す統合化に向かってAIS水準を改善または再構築する必要性は高い．その場合に軽視できないファクターが組織固有の特性である．

激変する経営環境に適応するためには革新的なビジネスプロセスの再構築を伴う情報システムの変革が重要であると指摘されるが，そうした経営基盤の飛躍的な進展が望まれる場合に，組織文化の改革を同時に進める必要が認識されなければならないであろう．企業において組織文化は長い期間に培われ共有される価値観にほかならず，これを一気に変更することは容易ではなかろう．だが，表層的にみれば，組織文化は，人工物としてのAISを含み組織行動様式や

戦略スタイルの基礎をなす諸制度を複合させ，それらを有効に機能させるための組織デザインの変更によって次第に変化することになる．近年の高度情報システムの導入を伴う情報化への対応において，組織文化を考慮するプロセスは，新たな技術や制度によって望ましい組織デザインを構築することを目指して，既存の文化を支えている価値観，さらに基底にある仮定や信念を変更する努力であるといえる．

　本研究は，質問票調査の分析をつうじて，AISと組織特性との適合性をはかる基準となる一定の枠組みを示すことができたが，そこに含めた要素は十分ではない．本来の情報システムはマネジメントに有効な情報の作成および提供機能を持たなければならないから，情報システムおよび情報の利用者がそれらにどのような期待や満足度を有しているのか，経営管理者がマネジメントを遂行する際に会計情報をどの程度重視するのかなど，組織メンバーによる情報システムへの価値認識を含む組織特性を考慮しなければならないだろう．新規情報システムの導入を推進力とする組織文化の変革によってAISと組織特性との有効な適合性を図る際には，組織メンバーや集団としての組織単位が情報の取得，共有あるいは開放に意義を見出すか否かという組織上の姿勢が問題となる．この問題は，ひいては組織能力や業績の向上への情報システムの影響と密接に関係するので，今後はさらに重要な課題となるだろう．

注

1) 本稿で「情報システム」の語を用いる場合は企業に配備されている情報システム全体を指すときである．この意味では，後出の会計情報システムおよび基幹業務システムは「情報システム」を構成するサブシステムである．ただし本稿では，財務会計および管理会計領域で伝統的に取り上げられている情報の作成および提供機能をもつサブシステムを強調するときに「会計情報システム」，購買，生産ないし販売の各機能の現業管理の機能をもつサブシステムを強調するときに「基幹業務システム」の語を用いることにする．
2) ここでいうMISとは，「取引処理システムから得た情報を要約し，それを管理者に対して定型的なサマリーまたは例外報告という形式にて提供する」(Leidner, 1994) 機能を備えたオンライン指向の情報システムを意味する．この意味におけるMISの基本概念はオンライン技術の出現から今日まで継承されている．だが，技術的には

クライアント・サーバ・システムが可能にする後述の DSS への協調対応は，従前のホスト中心システムでは困難であった．よって，技術的視点に限定すれば，ここでいう「伝統的MIS」の時代は，MIS概念が萌芽した1960年代からホスト中心システムがレガシー・システムと位置づけられるようになった1980年代までの期間を指している．

3）筆者は，日本管理会計学会に設置された企業調査研究プロジェクトの「情報システム」研究グループ（専門委員長：溝口周二横浜国立大学教授）に参加し，2003～2004年に日本および韓国の企業数社を訪問調査した（訪問調査は同研究グループが共同で獲得した科学研究助成による）．それによれば，情報システムの抜本的変革を展望する企業の特徴として，組織機構や業務プロセスの改革を視野に入れた中長期計画を立案していることと，ERPパッケージ・ソフトへの転換を意図していることを挙げることができる．詳細については，別に公表を予定している同プロジェクトの報告書に譲る．

4）本研究チームでは，完全なる表層的な側面ではなく飯田による第2概念を組織文化概念と認識している（第2章参照）．その意味では，本稿でも「価値」を組織文化の中心概念と捉える立場にたつ．だが本研究の主題のもとでは，「価値」をさらに表層的な行動様式と捉えたほうが人工物としてのAIS構築問題と組織文化との関係性を同じレベルで理解するためのフレームワークを形成することが可能となると判断した．

5）実際の質問票では，組織行動様式は「経営全般についての質問」，戦略スタイルは「経営戦略についての質問」，会計情報システムは「情報システムについての質問」というカテゴリーで質問した．詳しくは第2部資料編を参照されたい．

6）統計上，各因子に収束される質問項目が当該因子を説明する変数として妥当かどうかを判断するための信頼性尺度として，一般にはクロンバックの α 係数が用いられる．α 係数は0.8以上または0.7以上（Hunton & Flowers, 1997, p.22）が要求される．本研究では，最低の α 係数が0.60，最高の α 係数が0.90であり，妥当性を必ずしも満たさない因子を含めている．しかしここでは，一定の仮説を厳密に検証するというより，3つのディメンジョンの関係性についての傾向を見出し，その傾向から何らかの仮説を導出するための判断材料として統計データを活用する意図がある．それゆえ，変数を削除するなどの補足分析をしても α 係数が大きく上がらない因子についても採用することにした．

7）ただし，運用状況に関する質問群のうち「各業務処理を担う基幹システムは，自社開発している程度が高い〔OPTN1〕」，「会計システム（一般会計システム）は，情報システム部門や経理部門などで集中管理されている〔OPTN4〕」，「定型的管理報告書は，各現場よりも基幹システムによって産出し提供される〔OPTN10〕」の3つの質問（第2部資料編参照）は，会計情報システムに関する他の質問項目との間

に有意な相関をほとんど示さなかったことから，因子分析から除いた．
8）因子分析の結果を示す図表4-3～4-5には変数名が表示されるが，変数名に付された番号は実際の質問票における各質問群の質問番号に対応している．よって，考慮の対象にならない質問の番号は変数名番号からも除かれることに留意されたい．
9）戦略スタイルに関して抽出された因子は第6因子までであったが，第6因子の α 係数は0.44と非常に低い値であったため，考慮から外した．
10）組織行動様式について，固有値が1以上の因子は第5因子までであったが，第4因子および第5因子の α 係数は，それぞれ0.50および0.53と低位であったため，考慮の対象から外した．
11）全変数を含むこのクラスタ分析では，クラスタ数を擬似F統計量，平方重相関係数およびセミパーシャル平方重相関係数から判断して3つに決めた．単独で分離したAIS5を除く変数のクラスタ分析をまったく同じ方法で行ったところ，クラスタ数は2つとなったが，それらの2つのクラスタに凝集した変数は，図表4-7と同一であった．なお，クラスタ分析をウォード法（平方ユークリッド距離）で行っても同じ結果を得た．

参 考 文 献

出口将人（2004）『組織文化のマネジメント：行為の共有と文化』白桃書房．
Dunk, A. S. & S. J. Roohani (1997), "A Framework of the Relation between Information Technology and Performance: The Influence of Operational Change Factors and Organizational Culture," *Advances in Accounting Information Systems*, 5, Greenwich: JAI Press Inc, 81-97.
藤田誠（2001）「資源と組織」大月博司他『組織のイメージと理論』創成社．
Hunton, J. E. & L. Flowers (1997), "Information Technology in Accounting: Assessing the Impact on Accountants and Organization," *Advances in Accounting Information Systems*, 5, Greenwich: JAI Press Inc, 3-34.
飯田史彦（1993）「企業文化論の史的研究（2）」『商学論集（福島大学）』第61巻第4号，61-87.
今井賢一・塩原勉（1998）『ネットワーク時代の組織戦略』第一法規出版．
河合久（1999）「会計情報システムの構築形態に関する分析的考察」佐藤進編著『わが国の管理会計：実態調査研究』中央大学出版部，175-216.
河合久・櫻井康弘（2002）「企業の会計情報システムの現状：実態調査結果から」成田博・今井二郎他著『コンピュータを利用した会計教育の体系化』高千穂大学総合研究所，301-321.
Leidner, D. E. (1999), "Information Technology and Organizational Culture - Understanding information culture: integrating knowledge management system into organizations,"

Galliers, R. D., D. E. Leidner & B. S. H. Baker, *Strategic Information Management: Challenges and Strategies in managing information systems*, 2nd edition, Oxford: Butterworth-Heinemann, 523-550.

Mckie, S. (1997), *Client/Server Accounting: Reengineering Your Accounting Systems*, New York: John Wiley & Sons, Inc. (橋本義一・河合久・成田博訳『インターネット環境下のクライアント/サーバ会計：会計システムのリエンジニアリング』白桃書房, 1999年)

大月博司・中條秀治・犬塚正智・玉井健一 (1999)『戦略組織論の構想』同文舘.

大月博司・藤田誠・奥村哲史 (2001)『組織のイメージと理論』創成社.

Porter, M. E. (1985), *Competitive advantage*, New York: The Free Press. (土岐坤・中辻萬治・小野寺武夫訳『競争優位の戦略』ダイヤモンド社, 1985年)

Romney, M. B. & P. J. Steinbart (2000), *Accounting Information Systems*, 8th ed., New Jersey: Prentice-Hall Inc.

櫻井康弘 (2004)「会計情報システム形態の現状：実態調査分析にもとづいて」『経理研究 (中央大学経理研究所)』第47号, 310-322.

十川廣國 (2000)『戦略経営のすすめ：未来創造型企業の組織能力』中央経済社.

Tapscott, D. & A. Caston (1993), *Paradigm Shift: The New Promise of Information Technology*, New York: McGraw-Hill Inc. (野村総合研究所訳『情報技術革命とリエンジニアリング』野村総合研究所, 1994年)

遠山暁 (1994)「情報システム再構築の基盤整備」遠山暁編著『情報システム革新の戦略』中央経済社.

梅澤正 (2003)『組織文化 経営文化 企業文化』同文舘.

第5章 会計情報システムの目的と組織文化

1. 情報技術の進展と情報システムの目的

　1950年代後半から1960年代前半に, 多くの企業で情報システムが導入され, その時代における情報システムは EDPS (Electronic Data Processing systems) という用語で代表され, 情報システムの目的は定型的かつ大量のデータを効率的に処理することに主眼がおかれていた. 取引処理を中心とした業務であったため, 情報システムの構築・運用を経理部門が兼務することや, あるいは経理部や管理部の下位部門として情報システム部門が設置されるケースが多くみられた. その後, 情報システムの重要性が高まるにつれ, 独立した部門として情報システム部門が設置されるようになったものの, 他の部署とは隔離されたコンピュータ室における大量のデータ処理に関わるプログラムの運用, 開発保守の業務が中心であった.

　1960年代後半から1970代前半は, 経営管理に有用な情報を提供するという理想的な情報システムとしての MIS (Management Information Systems) が脚光を浴びたものの, 実際には技術的に実現不可能であったため, MIS という概念だけが先行する机上の空論に終わった. この時代には, 多くの企業でコンピュータによるデータ処理, 情報システムの導入が進んだものの, 情報システム導入当初と同様その目的は, 依然として定型的かつ大量のデータの効率的処理であったといえる.

　次の1970年代後半から1980年代前半は, 前述の MIS の失敗による反省も踏まえて, 特定の経営管理者の意思決定を支援することを目的とした DSS (Decision Support Systems) あるいは EIS (Executive Information Systems) が注目を集めた.

この時代は，コンピュータが小型化・高性能化によってオフィスへと浸透し，広く一般ユーザへと拡大され，情報システムが単なるデータ処理機能を担うだけではなく，経営管理・意思決定の支援，さらには経営戦略支援もが認識されるようになった．情報システム部門も独立した組織として運用されることが一般化し，ユーザ部門との多くの関係の中でシステム開発，運用することが必要となり，一部の専門家だけに利用される閉ざされた組織からユーザとの関係が重視される開かれた組織へと変化し，広く企業の業務に精通し，ユーザ部門の要求に対応したシステム開発・運用が求められることとなった．

データ処理技術と通信技術の融合が進んだ1980年代後半から1990年代前半は，ネットワーク化，分散化，ダウンサイジング，EUC（End User Computing）の進展を背景としたC/Sシステム（Client / Sever Systems）を基盤として，企業競争戦略の武器としての情報システムの構築が強く意識された．情報システムに対して，戦略支援機能に対するニーズが高まり，従来の業務の効率化，コスト削減という視点に加えて，個別業務システムを戦略的視点から全社的に統合したERP（Enterprise Resource Planning）パッケージが出現したのもこの時期の後半である．大型機を中心としたシステムを対象としてきた情報システム部門にとってもまったく異なる新しいアーキテクチャに基づくシステム検討，開発が要求されることとなり，コンピュータの浸透によるユーザ部門の要求の高度化やユーザ部門間での情報共有を目的としたシステムの統合化への要求も高まり，ユーザ部門との調整・協力に基づいたシステム開発が必要となった．

1990年代後半以降は，企業の戦略支援あるいはビジネス競争優位確立における情報システムの重要性がより一層強く認識されるようになる．SCM（Supply Chain Management），CRM（Customer Relationship Management）などに対応するための基幹業務システムの拡張，また，ネットワークやインターネットの急速な普及による，企業外も含めた領域を対象としたBtoB（Business to Business），BtoC（Business to Consumer），企業内の知識や情報の創造・共有・活用を意図したKMS（Knowledge Management System）やEKP（Enterprise Knowledge Portal）など，情報システム対象領域の拡張と深化が進展する新たな開発・構築局面を

むかえているといえる．

　1990年代後半以降，景気停滞により情報投資が抑制される中，基幹業務システムを中心とする情報システム領域の拡張とともに，コミュニケーション系のシステムの構築が進展し，企業にとっては，社外とのネットワークのためのシステム機器の管理など，社内インフラの整備も含め増大する情報資源をいかに効率的に管理するかが課題となっている．また，戦略支援に対する情報システムへの期待も高く，業務改革とシステム改革とが一体のものとして推進されることが要請されている．このような企業の情報システムの歴史的な流れを概観してみると，その主たる目的が，データ処理の効率化およびそれに伴うコスト削減，そして経営管理・意思決定支援，さらに情報資源の効率的管理をも含む企業の経営戦略支援へと変化してきているといえる．

2．情報システムと組織文化

　企業の情報システムは，情報技術の進展にともなって発展を遂げてきており，取引処理を中心としたシステムから意思決定支援，コミニュケーション・ツール，知識創造のシステムへと企業の多くの局面を網羅して拡張と深化を遂げてきた．

　しかし，それらの情報システムを導入した企業がその目的あるいは意図した成果を享受し，その運用に満足しているケースは必ずしも多くない．MISを導入すれば経営に必要な情報がすべて手に入るかのような幻想が先行したものの，実際には技術的な問題から実現不可能であったように，どの時代のどのシステムにおいても，概念，イメージに対して，必ずしも技術水準が運用レベルにまで発展していないという技術的側面とともに，情報システムを提供してきたハードウェア・メーカー，ソフトウェア・ベンダーなどの過大な宣伝，成功局面のみが強調された導入事例の紹介といったことも導入前の期待と現実とのギャップを生み出す大きな要因となっているといえよう．他の企業が導入して成功したシステムをそのまま適用したとしても期待する効果は得られない，各企業

にあわせてカスタマイズする必要がある．各企業ともこのことは十分承知して効果的な運用への努力をしているにもかかわらず，それでも情報システムの運用に満足しているケースは必ずしも多くないのである．

Leidner (1994, p.524) は，「情報システムの歴史は、情報をタイムリーに、見やすい形式で、より多くの詳細な情報を提供することを目的として継続的なサイクルを繰り返していて，見つけ出すことが困難な真に重要な情報を放置したまま，不適切な情報を永遠に提供しつづけることが運命づけられているのではないか？ あるいは，進歩はいつも表面上だけのことであり，情報システムの効果に対する新たな障害がその都度生じて来ているのか？ さもなければ、情報システムが組織の有効性に貢献していないと考えられる真の原因がいまだに発見されていないのかではないか？」という疑問を投げかけている．

ERPパッケージが大きな支持と実績を背景に注目を集めた1990年代後半，情報システムによってBPR（Business Process Reengineering）を実現することが主張された．ERPパッケージを導入することによってBPRの実現が可能であり，企業のニーズ・現行の業務プロセスに適合するようにシステムを構築するのではなく，システムに業務プロセスを適合させていくことがBPR，組織の効率化への近道であるとさえ言われた．MISの時代に比べれば，情報技術は格段に進展し，予算の制約さえなければ，企業のニーズの多くに応えられるようなカスタマイズもなされるようになったものの，それでも期待はずれとなるシステム導入・運用の事例は少なくなかった．

このような情報システムに対する期待と実際の運用とのギャップの大きな要因，従来のシステム開発において見過ごされてきたものとして，情報文化・組織文化との不調和が指摘されてきた．Leidner (1994, pp.533-535) は，「管理者や専門家のための新しい種類の情報システムが続いて登場してきているものの，それらのシステムから体系的に便益を得るという永年の問題は依然残されたままである．……（中略）……従来情報とは、その正確性、適時性、信頼性、完全性、厳密性、明瞭性、形式、アクセス可能性、有効性等によって分類されてきたが，過去のシステム設計では、情報の質を判断する基礎としてこれらの側面

を重視し，その中で情報文化の問題に関する理解が見過ごされてきた」と主張する．従来の情報アーキテクチャが技術的理由から不必要なデータを最小にするものであり，加えてシステムの設計者が企業の情報の大部分がわずかな共通用語で構成されるという仮説に基づいており，人々がどのように情報を利用するかという人間中心の考え方が欠如していたとされるのである(Davenport, 1994).

　組織文化をいくつかのレベルで考察した場合，情報システムとは，各企業の構成員が共有している意思決定基準や行動パターンおよびそれらによって具象化された創造物として位置づけられる（飯田，1993）．しかし，情報システムが組織文化の現象物である一方，それはさらに各構成員の共有する意思決定基準や行動パターンそのものに対して影響を及ぼすものであり，反対に具象化されていない構成員の共有する意思決定基準や行動パターンといった異なるレベルの組織文化によって情報システムの効果が阻害されることもある．例えば，ERP は部門間を情報システムによってシームレス化することを意図したものであるが，部門単位が高度に分権化された組織においては導入に対する構造上の抵抗が生じるし，情報システムによるフラットなコミュニケーションを意図した社内メールの活用は，厳格な階層構造を有する企業の管理者にとっては権限構造に対する脅威として管理上の抵抗を生み出す恐れがある．図表5-1は，これまでの情報システムと管理上の抵抗，構造的抵抗，そして文化的抵抗との関係を示したものであり，水平的かつ垂直的統合の双方を必要とするシステムは，文化的抵抗をも考慮する必要があることを示したものである．

　ERPの導入は，業務データ，財務データにだれでもリアルタイムにアクセスできるようになるため，より民主的な組織づくりが可能な一方で，情報管理やプロセスの標準化を管理する中央集権的構造を生むという，組織構造に対して逆説的なインパクトを与えることになる．また，情報共有を促進することによって組織文化をより協調性のあるもの，統一性のあるものにすることを意図して導入されるケースと，逆に階層構造を再編することによってより革新的で柔軟な組織文化を構築することを意図するケースもあり，これらは情報システムによって組織文化を変革していこうとするものである（Davenport, 1998）．情報

図表 5-1　情報システムに対する抵抗

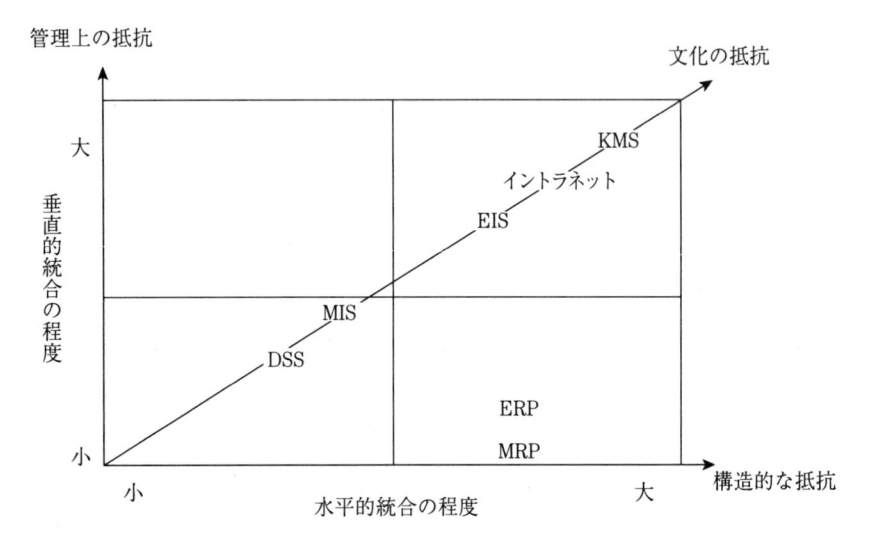

```
管理上の抵抗 ↑                              ↗ 文化の抵抗
             │                         KMS
  大  │      │              イントラネット
      │      │           EIS
垂直的 │      │
統合の │──────┼──────────────────
程度   │      │      MIS
      │      │   DSS
      │      │                ERP
      │      │                MRP
  小  └──────┴──────────────────→ 構造的な抵抗
        小      水平的統合の程度      大
```

出所：Leidner（1999, p.536）を一部修正

　システムと組織文化との関係を考察する場合，もともとその企業がどのような組織文化を備えているのか，具象化された組織文化たる組織構造や制度のレベルに限定することなく，共有する意思決定基準や行動パターンのレベルまで，すなわち提供された情報に対して企業の構成員がどのように対処，行動するかという情報文化を含めた検討が必要であり，そしてそれを情報システムによってどのように変革していこうとするのかの意図をも考慮する必要があるのである．その場合，組織文化を企業全体としてだけ捉えるのではなく，組織の各部分単位ごとに異なる組織文化，情報文化の存在，情報システム開発に関しては，開発・構築を担当する部門とユーザ部門との文化的相違も考慮する必要があるといえる．

3．調査結果の検討

(1) 会計情報システムの構築目的による企業の類型化

今回，東京証券取引所1部上場企業（2003年10月1日現在）に対して実施した質問票調査では，経理部門および情報システム部門に対して，「最近5年，どのような目的を掲げて業務処理システムや会計システムを再構築しましたか？」という会計情報システムの構築目的に関する質問を実施し，図表5-2の15項目に対してリッカート尺度（1～5点）による回答を得た．

これらの回答結果から，まず近年における企業の会計情報システムがどのような目的を重視して構築されたかという企業間の相違・特徴を明らかにするために，回答企業の類型化を試みた．そのため，経理部門と情報システム部門がともにすべての質問項目に回答した企業41社を対象[1]とし，経理部門と情報

図表5-2　質問項目および変数名

	質問項目	変数名
1	会計情報提供の迅速化	OBJ1
2	新会計基準への対応	OBJ2
3	会計情報の部門間の共有化	OBJ3
4	管理会計機能の充実	OBJ4
5	戦略計画支援の充実	OBJ5
6	ビジネスの競争優位の実現	OBJ6
7	予算編成支援の充実	OBJ7
8	業績評価の範囲やタイミングの充実	OBJ8
9	顧客満足の充実	OBJ9
10	内部コントロールの充実	OBJ10
11	自社の業務プロセスの連携や調整の向上	OBJ11
12	企業間の業務プロセスの連携や調整の向上	OBJ12
13	ユーザの利用満足度の向上	OBJ13
14	売上高や利益率などの業績の向上	OBJ14
15	情報システム化投資の改善	OBJ15

システム部門の回答の平均値を利用した.

主成分分析の結果は図表5-3に示したとおりであり，ここでは固有値が1を超え，累積寄与率が65.5％となる第3成分までを分析対象とした.

① 第1成分

第1成分の因子負荷量はすべての項目に対して（+）を示しており，すべての目的を網羅した総合成分と捉えられるものといえる.なかでも「業績評価の範囲やタイミングの充実」，「情報システム化投資の改善」，「内部コントロールの充実」が高い値を示している.

② 第2成分

第2成分は，「会計情報提供の迅速化」，「新会計基準への対応」，「予算編成

図表5-3 主成分分析結果

変数名	主成分1	主成分2	主成分3
OBJ1	0.555	0.626	0.027
OBJ2	0.570	0.443	−0.409
OBJ3	0.477	0.328	−0.340
OBJ4	0.660	0.364	−0.071
OBJ5	0.642	−0.064	0.481
OBJ6	0.670	−0.419	0.214
OBJ7	0.530	0.400	0.323
OBJ8	0.736	−0.143	0.235
OBJ9	0.649	−0.398	0.041
OBJ10	0.686	−0.123	−0.347
OBJ11	0.624	−0.261	−0.399
OBJ12	0.493	−0.623	−0.097
OBJ13	0.519	−0.333	−0.163
OBJ14	0.517	0.177	0.524
OBJ15	0.694	0.163	−0.068
固有率	5.523	1.987	1.321
寄与率	0.368	0.132	0.088
累積寄与率	0.368	0.501	0.589

支援の充実」に対して(+),「企業間の業務プロセスの連携や調整の向上」,「ビジネスの競争優位の実現」に対して(−)の高い値を示しており,伝統的会計システム・情報の充実・進展を志向する特性を示していると判断できる.

③ 第3成分

第3成分は,「売上高や利益率などの業績の向上」,「戦略計画支援の充実」に対して(+),「新会計基準への対応」が(−)の高い値を示しており,会計情報システムの戦略的貢献・活用を志向する特性を示していると判断できる.

これらの3つの成分の各サンプル企業に対して与えられたサンプル得点により,階層的クラスタ分析(クラスタ化法:ウォード法,類似係数:平均ユークリッド距離を採用)を実施した結果が図表5-5である.サンプル企業41社がクラスタ1:5社,クラスタ2:13社,クラスタ3:6社,クラスタ4:6社,クラスタ5:11社に分類された.クラスタ別の各サンプルの成分得点およびクラスタ別の実際の回答状況から,各クラスタの特性を総合的に解釈することとした.

① **クラスタ1**(5社)

各成分に対する反応は,第3成分に対して(−),第2成分に対して(+)となっているサンプルが多いことが特徴である.「会計情報の部門間の共有化」

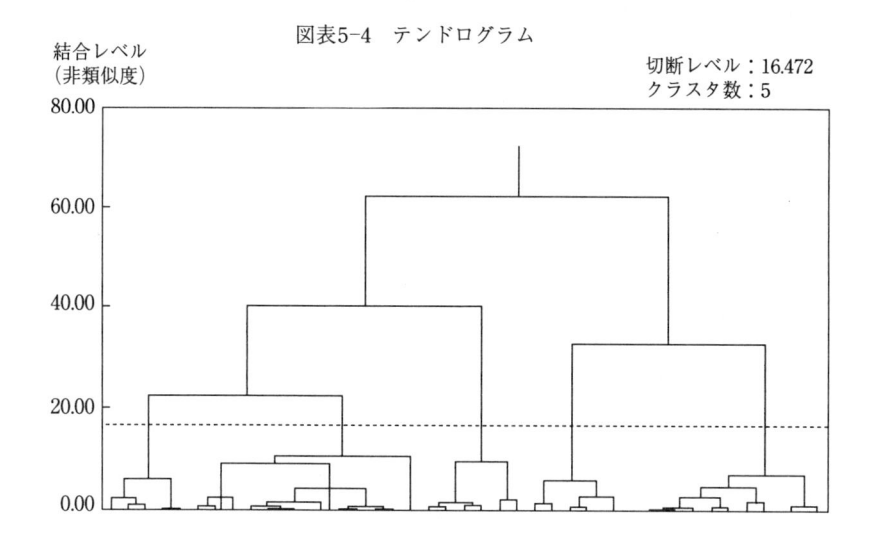

図表5-4　テンドログラム

結合レベル
(非類似度)

切断レベル:16.472
クラスタ数:5

に対して全クラスタの中で最も高い回答値を示しており，逆に「戦略計画支援の充実」，「ビジネスの競争優位の実現」，「業績評価の範囲やタイミングの充実」に対して最も低い回答値を示している．「会計情報提供の迅速化」，「新会計基準への対応」そして「自社の業務プロセスの連携や調整の向上」にも高い回答値を示していることから，会計情報共有・活用による業務プロセス改善志向のグループと解釈した．

② **クラスタ2**（13社）

各成分に対する反応は，クラスタ1と同様に第2成分に対して（＋）となっているサンプルが多いが，第3成分に対する（－）の反応はやや弱い．「企業間の業務プロセスの連携や調整の向上」，「ユーザの利用満足度の向上」，「顧客満足の充実」に対して全クラスタ中最も低い回答値を示している．クラスタ1に比べて「予算編成支援の充実」，「売上高や利益率などの業績の向上」の回答値が高く，逆に「会計情報の部門間の共有化」が低い回答値となっている．「会計情報提供の迅速化」，「新会計基準への対応」についてはクラスタ1と同様に高い回答値を示していることから，会計情報活用によって業績向上に資することを意識した会計システムの充実・改善志向のグループと解釈した．

③ **クラスタ3**（6社）

ほぼすべての成分に対して，（＋）の値を示したサンプルによって構成されているクラスタである．「会計情報の部門間の共有化」を除くすべての項目に対して最も高い回答値を示しており，会計情報システムの全般的改善志向のグループと解釈した．

④ **クラスタ4**（6社）

第1成分と第2成分に対しては（－）となっているサンプルが多く，第3成分はすべてのサンプルが（＋）の値を示したクラスタである．「自社の業務プロセスの連携や調整の向上」に対して全クラスタの中で最も高い回答値を示しており，逆に「会計情報提供の迅速化」，「予算編成支援の充実」，「売上高や利益率などの業績の向上」，「情報システム化投資の改善」に対して最も低い回答値を示している．「新会計基準への対応」，「会計情報の部門間の共有化」にも比

第 5 章　会計情報システムの目的と組織文化　129

図表 5-5　クラスタ分析結果

分　類	主成分 1	主成分 2	主成分 3
クラスタ 1 （5 社）	－0.097	1.912	－1.400
	0.505	0.002	－2.040
	0.155	－0.236	－1.666
	－0.289	0.777	－1.294
	－0.866	0.994	－2.115
クラスタ 2 （13 社）	0.321	1.443	1.126
	－0.320	0.058	0.335
	0.486	1.248	－0.522
	－0.073	0.751	－0.350
	0.236	0.368	－0.240
	－1.099	1.937	0.802
	0.768	0.950	－0.197
	－2.345	0.875	－0.214
	0.205	0.418	0.068
	0.057	1.307	－0.216
	0.077	1.567	0.321
	0.017	0.391	0.260
	－0.593	－0.027	－0.455
クラスタ 3 （6 社）	1.244	－0.183	0.306
	2.658	－0.764	－0.711
	1.561	0.485	0.824
	0.753	0.445	1.172
	2.735	0.035	0.416
	0.956	0.433	0.260
クラスタ 4 （6 社）	－1.230	－1.394	－1.884
	－0.110	－1.309	－0.518
	0.397	－1.539	－1.148
	0.065	－1.164	0.114
	－0.888	－1.204	－0.873
	0.513	－1.868	－1.015
クラスタ 5 （11 社）	－0.355	－0.376	0.831
	－1.042	－1.645	0.983
	0.192	－0.960	1.337
	0.466	－1.079	0.743
	－0.418	－0.675	0.504
	－1.699	－0.797	0.300
	－0.503	－0.274	1.291
	－0.304	－0.293	0.892
	－1.212	－0.323	1.427
	－1.222	0.385	1.108
	0.296	－0.673	1.437

図表5-6 クラスタ別回答結果（平均値）

	クラスタ1(5)	クラスタ2(13)	クラスタ3(6)	クラスタ4(6)	クラスタ5(11)
OBJ1	4.6	4.7	4.9	4.0	4.1
OBJ2	4.7	4.3	4.8	3.9	3.5
OBJ3	4.4	3.8	4.2	3.6	3.3
OBJ4	4.3	4.1	4.6	3.7	3.7
OBJ5	3.0	3.4	4.3	3.3	3.8
OBJ6	3.1	3.2	4.3	3.7	3.5
OBJ7	3.3	3.8	4.3	2.9	3.5
OBJ8	2.7	3.2	4.4	3.4	3.2
OBJ9	3.4	3.3	4.3	3.9	3.5
OBJ10	3.6	3.4	4.1	3.6	3.1
OBJ11	4.0	3.8	4.3	4.3	3.5
OBJ12	3.2	2.9	3.8	3.7	3.5
OBJ13	3.8	3.4	4.2	4.1	3.5
OBJ14	3.4	4.1	4.5	3.3	4.0
OBJ15	3.8	3.5	4.4	3.4	3.4

較的低い回答値，「企業間の業務プロセスの連携や調整の向上」には比較的高い回答値となっていることも考慮すると，業務処理システムを中心としたプロセス充実・改善志向のグループと解釈した．

⑤ **クラスタ5**（11社）

第2成分と第3成分に対して（−）となっているサンプルが多いことが特徴のクラスタである．「新会計基準への対応」，「会計情報の部門間の共有化」，「内部コントロールの充実」，「情報システム化投資の改善」に対して最も低い回答値を示し，全般的にすべての回答値が低いものとなっている．クラスタ4と同様に会計情報の活用には消極的だが，「戦略計画支援の充実」，「売上高や利益率などの業績の向上」は比較的高い回答値を示していることから，業務処理システムを中心とした戦略支援による業績向上志向のグループと解釈した．

以上の5つのクラスタの特性の解釈結果によれば，クラスタ1とクラスタ2はともに会計基準への対応という財務会計情報も含めた会計システムおよび会

計情報の活用・改善の目的が強く意識されており，逆にクラスタ4とクラスタ5は会計情報の活用・改善に対してよりも，戦略計画支援やビジネスの競争優位を意識した業務処理システム中心の改善を目的としているといえる．そして戦略への貢献を意図した業務システムと会計システムとを高度に統合した会計情報システムの構築・改善を目的としているのがクラスタ3ということとなる．

(2)部門別の回答結果

前項に示した結果では，全般的な会計情報システムの改善を目指すクラスタ3を除けば，会計システムを中心とした改善を意図する企業グループと業務システムを中心とした改善を意図する企業グループに大別され，ある程度全体としての会計情報システムの構築目的が明らかとなったといえるが，それは，経理部門と情報システム部門各々の回答の平均値を使用して実施したものであり，同一の企業であっても，経理部門と情報システム部門ではその意図する目的は異なる場合が想定される．

個別の質問に対する部門別の回答状況を示したのが図表5-7である．主として「ある程度そうである」と「まったくそのとおりである」という肯定的回答に着目すると，「会計情報の部門間の共有化」，「管理会計機能の充実」，「予算編成支援の充実」，「内部コントロールの充実」の項目に対して経理部門が情報システム部門よりも回答数が多く，逆に「顧客満足の充実」，「自社の業務プロセスの連携や調整の向上」，「企業間の業務プロセスの連携や調整の向上」の項目に対しては情報システム部門が経理部門よりも多い回答数となっている．

また，具体的に同一企業の経理部門と情報システム部門の回答結果に2ポイント以上の開きがあるものを調査した結果が図表5-8である．同一の質問項目で，経理部門の回答が情報システム部門の回答より2ポイント以上肯定的であった企業数を「経理＞情報」欄に，逆に情報システム部門の回答が2ポイント以上肯定的であった企業数を「情報＞経理」欄に記載している．ここには，「経理＞情報」の数と「情報＞経理」の数に2社以上の開きのあった項目を示している．図表の示すとおり，「会計情報の部門間の共有化」，「管理会計機能

図表5-7 部門別回答集計結果

		まったくそうでない	あまりそうでない	どちらともいえない	ある程度そうである	まったくそのとおりである	(相関関係)
OBJ1 会計情報提供の迅速化	経理部門	0 0.0%	0 0.0%	1 2.4%	18 43.9%	22 53.7%	(0.984)
	情報部門	0 0.0%	0 0.0%	4 9.8%	15 36.6%	22 53.7%	
OBJ2 新会計基準への対応	経理部門	0 0.0%	1 2.4%	7 17.1%	19 46.3%	14 34.1%	(0.974)
	情報部門	0 0.0%	1 2.4%	8 19.5%	16 39.0%	16 39.0%	
OBJ3 会計情報の部門間の共有化	経理部門	0 0.0%	2 4.9%	11 26.8%	17 41.5%	11 26.8%	(0.882)
	情報部門	1 2.4%	5 12.2%	9 22.0%	20 48.8%	6 14.6%	
OBJ4 管理会計機能の充実	経理部門	0 0.0%	0 0.0%	7 17.1%	19 46.3%	15 36.6%	(0.902)
	情報部門	0 0.0%	2 4.9%	11 26.8%	19 46.3%	9 22.0%	
OBJ5 戦略計画支援の充実	経理部門	0 0.0%	5 12.2%	14 34.1%	16 39.0%	6 14.6%	(0.936)
	情報部門	0 0.0%	7 17.1%	10 24.4%	17 41.5%	7 17.1%	
OBJ6 ビジネスの競争優位の実現	経理部門	0 0.0%	5 12.2%	16 39.0%	16 39.0%	4 9.8%	(0.934)
	情報部門	1 2.4%	1 2.4%	20 48.8%	14 34.1%	5 12.2%	
OBJ7 予算編成支援の充実	経理部門	0 0.0%	2 4.9%	11 26.8%	24 58.5%	4 9.8%	(0.721)
	情報部門	1 2.4%	5 12.2%	16 39.0%	12 29.3%	7 17.1%	

第5章 会計情報システムの目的と組織文化　133

OBJ8 業績評価の範囲やタイミングの充実	経理部門	0　0.0%	7　17.1%	14　34.1%	14　34.1%	6　14.6%
	情報部門	2　4.9%	5　12.2%	18　43.9%	13　31.7%	3　7.3% (0.911)
OBJ9 顧客満足の充実	経理部門	0　0.0%	7　17.1%	16　39.0%	10　24.4%	8　19.5%
	情報部門	0　0.0%	3　7.3%	13　31.7%	17　41.5%	8　19.5% (0.788)
OBJ10 内部コントロールの充実	経理部門	0　0.0%	4　9.8%	16　39.0%	16　39.0%	5　12.2%
	情報部門	1　2.4%	2　4.9%	22　53.7%	12　29.3%	4　9.8% (0.905)
OBJ11 自社の業務プロセスの連携や調整の向上	経理部門	1　2.4%	3　7.3%	8　19.5%	22　53.7%	7　17.1%
	情報部門	0　0.0%	1　2.4%	4　9.8%	29　70.7%	7　17.1% (0.981)
OBJ12 企業間の業務プロセスの連携や調整の向上	経理部門	2　4.9%	8　19.5%	16　39.0%	12　29.3%	3　7.3%
	情報部門	0　0.0%	5　12.2%	12　29.3%	22　53.7%	2　4.9% (0.780)
OBJ13 ユーザの利用満足度の向上	経理部門	1　2.4%	3　7.3%	13　31.7%	18　43.9%	6　14.6%
	情報部門	0　0.0%	2　4.9%	13　31.7%	18　43.9%	8　19.5% (0.987)
OBJ14 売上高や利益率などの業績の向上	経理部門	0　0.0%	3　7.3%	8　19.5%	18　43.9%	12　29.3%
	情報部門	0　0.0%	1　2.4%	12　29.3%	18　43.9%	10　24.4% (0.947)
OBJ15 情報システム化投資の改善	経理部門	0　0.0%	2　4.9%	17　41.5%	17　41.5%	5　12.2%
	情報部門	0　0.0%	2　4.9%	16　39.0%	16　39.0%	7　17.1% (0.992)

図表 5-8　部門によって相違のあった質問項目と回答社数

変数名	質問項目	経理＞情報	情報＞経理
OBJ3	会計情報の部門間の共有化	5社	2社
OBJ4	管理会計機能の充実	5社	1社
OBJ6	ビジネスの競争優位の実現	3社	5社
OBJ8	業績評価の範囲やタイミングの充実	7社	3社
OBJ9	顧客満足の充実	3社	5社
OBJ11	自社の業務プロセスの連携や調整の向上	1社	5社
OBJ12	企業間の業務プロセスの連携や調整の向上	3社	7社
OBJ13	ユーザの利用満足度の向上	2社	5社
OBJ15	情報システム化投資の改善	3社	5社

の充実」,「業績評価の範囲やタイミングの充実」に対して経理部門の意識の高い企業が多く,「ビジネス競争優位の実現」,「顧客満足の充実」,「自社の業務プロセスの連携や調整の向上」,「企業間の業務プロセスの連携や調整の向上」,「ユーザの利用満足度の向上」,「情報システム化投資の改善」に対しては情報システム部門の意識の高い企業が多い結果となっている．

　会計情報システム構築に際しては各業務部門，経理部門，情報システム部門などの調整のもとに進められるものであるが，これらの部門別の全体の回答，同一企業の部門別回答結果からすれば，経理部門の回答は，自らが提供する情報や機能に関連する項目の改善目的を，一方，情報システム部門は会計情報システムの構築といえども，情報システム全般をも視野に入れた「顧客満足」「企業間連携」,「情報システム化投資の改善」といった広範囲を対象とした改善目的を意識しており，それぞれの部門の職能を反映した結果となったことが明らかにされたものといえる．

4．会計情報システムの目的と情報文化

　前節の調査結果に対する若干の分析からは，会計情報システムの構築・改善には，戦略への貢献を意図した業務システムと会計システムとの統合を志向す

る企業グループ以外に，会計システムを重視するグループと業務システムを重視するグループとに大別されること，同一企業の経理部門と情報システム部門の間にも構築・改善目的に対する意識の相違が存在することが明らかになったといえる．経理部門にとっては会計情報の産出を担う部門としての目的，意図，意識が，情報システム部門としては会計情報システムを含むその他企業のすべてのシステム開発，運用等を担う部門としての目的，意図，意識が存在するものといえる．推測を含めて言い換えるならば，経理部門としては，会計情報の活用が経営管理に資するものである，意思決定を支援するという認識あるいは経理部門としての文化を有しており，その一方で，企業全体として会計情報を積極的に活用する組織文化の創造を意図していると考えられる．情報システム部門としては，会計情報システムを含む企業のすべての情報システムによって，企業内，企業間のプロセス連携を向上し，顧客満足，競争優位の確立をも達成しようとする認識あるいは情報システム部門としての文化を有しており，情報システム全般を戦略的に活用する組織文化の創造を意図していると考えられる．会計情報システムを対象とすれば，営業部門，製造部門，購買部門等，各種データの捕捉部門であり，かつ，提供される情報のユーザとしての諸部門も存在している．これらのユーザ部門にとっても会計情報システムに対する改革，改善に対する要求があり，それらの総合的な調整のもとで実際のシステム構築・改善が進められるのである．これらの各部門の目的，意図，意識，要求は，提供される情報をどのように利用するか，それらの情報によってどのような意思決定がなされ，どのような行動パターンをとるかという各部門単位の文化を反映したものと考えられる．情報システムが組織文化の具象化された創造物であるとすれば，下位文化である各部門の文化の集合体として位置づけられることとなるといえる．実際には，関係する部門，ユーザのすべての要求，目的，意図あるいは期待，そして技術的・予算的制約の中の調整の産物としてシステムが構築されるものであり，その前提としての関係部門の下位文化が捨象あるいは反映されないという結果が生じるのである．ERPに関連して主張されたように，技術主導のシステム導入が組織の構成員が情報を収集し，共有し，活用する

現実の活動を無視し,エンドユーザの非合理的な行動にもまったく無警戒となり,ERPがほんのわずかの共通用語で構成される最大公約数的なシステムであるという批判を生む結果となったのである (Davenport, 1994, 1998). また,実際のERPパッケージの導入に際して,業務に沿ったシステム開発ではなく,ERPパッケージにあわせて業務を変更するという主張は,まさに既存の企業の情報に対する部門単位の文化の存在をほとんど考慮していなかったものといえる.

　実際の情報の利用局面においては,個人レベルで情報をどのように活用するのか,どのような行動パターンをとるのかという情報に対する個人文化,もちろん,個々の価値観や意思決定基準,行動パターンではなく,少なくとも複数の構成員で共有されているという意味における個人文化が存在しているといえる. KMSにおける暗黙知に関連して,個人文化と組織文化,部分単位の文化との関係を整理した研究がなされたように (Leidner, 1994),今後の会計情報システムの有効性を追求していくためには,個人文化のレベルまでも対象とした研究が必要となるであろう.会計情報システムの成功要因が組織文化との適合にあるとすれば,組織文化を企業全体としてだけ捉えるのではなく,組織の各部分単位ごとに異なる文化,個人文化,提供された情報に対して構成員がどのように行動するかという情報文化を含めた検討が必要である.それを会計情報システムによってどのように変革していこうとするのかの意図を明確にする必要があるのである.個人文化が部門単位の文化に影響を与え,それが組織文化としての現象物たる情報システムに影響を及ぼす.また逆に情報システムが部分単位の文化に影響を与え,さらに個人文化に影響を与える.これらの相互作用の結果として,現象物たる情報システムは組織文化の構成要素と認識できるものとなるといえる.ERPパッケージの導入により組織文化の変革を意図して失敗した事例は後者の一方向のみの流れを創出しようとしたものである.

　情報システムの開発,研究の中で組織文化との調和が見過ごされてきたという問題は,単に組織文化の問題を無視してきたことを意味するものではなく,これまでの情報システムと組織文化の研究が,組織文化が実在物であり,情報システムが共有された価値を具象化したものとしての組織文化の構成要素であ

るという機能主義的組織文化論の立場に立脚したものであることを認識し，解釈主義的組織文化論の立場をも考慮した開発，研究を進めるべきという主張であると理解できるものである．出口（2004）は，組織文化のマネジメントにおいて，実践的価値規範を浸透させるためには日常的な行為を共有させる重要性を主張している．このような観点を情報システムを対象に考慮するとすれば，組織文化の障害を抱える既存の会計情報システムの活用・改善には，意思決定を支援するOLAP（Online Analytical Processing）をいかに精緻化し，会計情報システムとして統合していくかが1つの課題となるものといえる．そして日常的な行為を共有させることを目的とした情報活用の方法を含めた会計情報システムに関するユーザ教育を徹底するという基本に立ち返ることも必要であると考えるのである．提供される情報に対して，その企業の構成員がその企業独特の同様の意思決定，行動パターンをとる，このような会計情報システムが確立されたとするならば，その会計情報システムは組織文化を具象化したもの，あるいは1つの組織文化そのものとなるものと考えられる．

5．おわりに

　情報技術の進展によって，企業の情報システムはその領域の拡張と深化を遂げている．その結果，情報システムの開発，運用，ユーザとして多くの社員，部門が複数の情報システムと関与することとなっている．そのことは，それだけ異なる文化の調整を必要とするものであり，特にKMSのように，個人の情報に対する行動が直接システムの成否を左右するようなシステムにおいては，文化の問題に対して正面から取り組まなければならない必要に迫られているといえる．企業の情報システム部門の組織形態が集権型あるいは分散型から，全社的な情報技術の活用の方針の策定やインフラの整備および企画機能は「情報企画部」や「情報戦略部」といった少数からなる部署に集中し，開発，運用についてはユーザ部門に分散配置された情報システム要員あるいはそれに相当する人材との調整に基づいて実施する連邦型への移行が顕在化しつつあるが[2]，この

ことも単に各部門の要求を調整・反映させるということではなく，異なる部門単位の文化の調整の必要性から生じたものと考えることができる．

本稿では，会計情報システムの構築・改善において，情報に対する部門単位レベル，個人レベルの文化を考慮する必要性を主張したに過ぎず，各部分単位や個人が情報に対してどのような価値，意思決定基準を共有し，行動パターンを採用するかという最も重要な問題に立ち入っていない．さらなる精緻な研究の必要性を痛感していることを記し，今後の課題としたい．

注

1)「会計情報システムの構築目的」に対して，延べで経理部門から118社，情報システム部門から95社の回答があったが，ここでは同一の企業で両部門から回答があり，すべての質問項目に回答のあった41社を分析対象とした．

2) 筆者は，日本管理会計学会に設置された企業調査研究プロジェクトの「情報システム」研究グループ（専門委員長：溝口周二横浜国立大学教授）に参加し，2003-2004年に日本および韓国の企業数社を訪問調査した（訪問調査は同研究グループが共同で獲得した科学研究助成による）．日本企業に対する調査では，2000年頃を契機として，本社に企画，全体調整を担当する少数の情報システム部門が設置され，それ以外の要員は各部門に分散配置されるという連邦型への移行が確認された．詳細については，別に公表を予定している同プロジェクトの報告書に譲る．

参考文献

出口将人（2004）『組織文化のマネジメント―行為の共有と文化―』白桃書房．

Davenport, T.H. (1994), "Saving IT's Soul: Human-Centered Information Management," *Harvard Business Review March-April*, 119-131.（DIAMONDハーバード・ビジネス・レビュー編集部訳 「人間中心の情報マネジメント」『ITマネジメント』ダイヤモンド社，2000年，165-200）

Davenport, T.H. (1998), "Putting the Enterprise into the Enterprise System," *Harvard Business Review July-August*, 121-131.（DIAMONDハーバード・ビジネス・レビュー編集部訳（2000）「ERPの効果とその限界」『ITマネジメント』ダイヤモンド社，45-74）

飯田史彦（1993）「企業文化論の史的研究（2）」『商学論集（福島大学）』第61巻第4号，61-87．

Leidner, D.E. (1999), "Information Technology and Organizational Culture - Understanding information culture: integrating knowledge management system into organizations," in Galliers, R.D., D.E Leidner & B.S.H. Baker. *Strategic Information Management: Challenges and Strategies in managing information systems*, Second edition, Butterworth-Heinemann, 523-550.

McKie, S. (1997), *Client/Server Accounting: Reengineering Your Accounting Systems*. John Wiley & Sons, Inc.（橋本義一・河合久・成田博訳『インターネット環境下のクライアント/サーバ会計：会計システムのリエンジニアリング』白桃書房，1999年）

ロザベス・モス・カスター著，内山悟志・櫻井祐子訳 （2001）『企業文化のe改革』翔泳社．

坂下昭宣（2001）「二つの組織文化論：機能主義と解釈主義」『国民経済雑誌』第184巻6号，15-31．

坂下昭宣（2002）「組織文化はマネジメント可能か」『国民経済雑誌』第186巻6号，17-28．

Schein, E. H. (1999), *The Corporate Culture Survival Guide*. Jossey-Bass Inc. （金井壽宏監訳，尾川丈一・片山佳代子訳「企業文化―生き残りの指針」白桃書房，2004年）

Tap Scott, D. and A. Caston (1993), *Paradigm Shift: The New Promise of Information Technology*. McGraw-Hill Inc.（野村総合研究所訳『情報技術革命とリエンジニアリング』野村総合研究所，1994年）

梅澤正（2003）『組織文化 経営文化 企業文化』同文舘．

梅沢正/上野征洋編（1995）『企業文化論を学ぶ人のために』世界思想社．

山崎秀夫（2002）『未来型組織を支える企業ナレッジポータル』野村総合研究所．

淀川高喜（1999）『情報技術が企業を変える』野村総合研究所．

第6章　会計情報システム形態と組織文化要因との関連性
——実態調査分析をつうじて——

1. はじめに

　わが国企業の多くは，会計情報システム形態をすでに独立型から統合型へと発展させており，近年では高度な情報技術の利用によってさらにその統合化の水準を向上させている．そのような会計情報システムにおける統合化水準の高度化の背景には，企業が組織環境の変化に適応するため経営戦略を支援するビジネス・プロセスの統合化や効率化を必要としていることが要因である．すなわち，そのような経営戦略を支援する統合化指向の基幹業務システムへの役割期待が増大している．各企業における会計情報システムの統合化水準の相違を会計情報システム形態として捉える実態調査研究においては，統合型の会計情報システムを規定する視点として，基幹業務システムと総勘定元帳システムとの連携の水準，部門横断的な基幹業務データの利用水準，および管理会計情報を統合された基幹業務システムに格納されたデータから作成する水準が，明らかにされている（河合，1999；櫻井，2004）．これらの会計情報システム形態を規定する視点は，基本的には情報技術の利用水準の相違に起因するシステムの構造的かつ技術的な要件を特徴づけるものである．したがって，統合型の会計情報システム形態は，従来，高度な情報技術を比較的容易に利用できる環境にある資本金規模の大きい企業に多く見られた．しかし，近年では，資本金の規模が小さいからといって高水準の情報技術環境に基づいた統合型の会計情報システム形態が必ずしも採用されないとは限らないし，一方，資本金規模が大きい企業であっても会計情報システムの統合化水準が低位であるという結果があ

る(櫻井,2004).結局,近年においては,会計情報システム形態の内的な要素である構造的かつ技術的な要因だけでは,会計情報システム形態を識別できないほど,会計情報システム形態における統合化の内容は多様化している.このように会計情報システム形態を内的要素からのみ識別しようとするには限界があることが明らかにされている[1].

会計情報システム形態における統合化に関する分析においては,その内的要素に影響を及ぼすと考えられる組織環境の観点からした経営戦略や組織形態といった外的要素と内的要素との関係を考察しなければならない.とりわけ,経営戦略が会計情報システムの構築に影響を及ぼす要因の1つとして認識されなければならない(Romney & Steinbart, 2000).なぜならば,会計情報システムの構築過程では,企業が組織環境の変化に適応するため,経営戦略を策定し,それと一体として組織化戦略や情報化戦略の策定がなされ,それらの結果として会計情報システムの構築が行われるからである.さらに,Romney & Steinbart (2000)によれば,会計情報システムの構築において影響を与える要因として組織文化を挙げており,さらに組織文化は経営戦略に対しても影響を与える要因としている.

そこで本章では,実態調査から会計情報システム形態を構成すると考えられる諸要素のうち,内的要素としての「情報化目的」,「システムの開発・運用状況」,外的要素としての「経営戦略」および「組織形態」を取り上げ,外的要素と内的要素との関連を分析した上で会計情報システム形態の特性を明らかにする.続いて,明らかにされた会計情報システム形態と組織文化要因との関連性について,相関関係分析をつうじて検討することを目的としている.

2. 実態調査の分析方法

本実態調査分析は,2003年10月1日現在でわが国の東京証券取引所第1部に上場する企業に対して郵送で行ったアンケート調査に基づいている.実態調査の質問票は,各企業に対して,経理部門,製造部門,営業部門,企画部門,

第6章 会計情報システム形態と組織文化要因との関連性　143

図表6-1　分析の枠組み

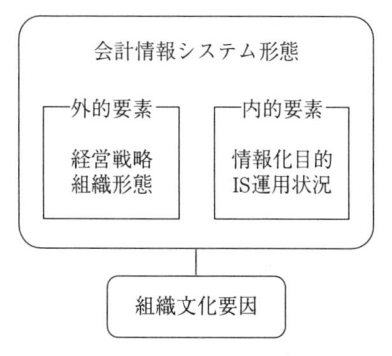

```
┌─────────────────────────────┐
│      会計情報システム形態         │
│  ┌─外的要素─┐  ┌─内的要素─┐  │
│  │  経営戦略  │  │ 情報化目的 │  │
│  │  組織形態  │  │ IS運用状況 │  │
│  └──────────┘  └──────────┘  │
└──────────────┬──────────────┘
               │
         ┌─────┴─────┐
         │ 組織文化要因 │
         └───────────┘
```

および情報システム部門に同時に郵送されている．本実態調査分析では，回答があった企業のうち，質問【4】「情報システムについての質問」への回答を行っている経理部門または情報システム部門からの回答を分析対象としている[2]．質問【4】の他に分析対象となった質問は，質問【2】「経営戦略についての質問」，質問【3】「経営組織についての質問」，質問【1】「経営全般についての質問」である．なお，経理部門と情報システム部門から同時に回答があった企業については，質問項目ごとにリッカート・スケール（5点）の平均値をとって，それをもって1企業の回答として質問項目ごとに扱った．最終的な分析対象企業は，質問【4-1】と【4-2】が157社と153社，質問【2】が158社，質問【3】が156社であった．

それらの質問項目を用いた会計情報システム形態の類型化の分析においては，最終的に147社が対象となった．

図表6-1は，本実態調査分析における分析の枠組みである．分析方法は，最初に，主成分分析，クラスタ分析によって，会計情報システム形態を規定すると考えられる外的要素に対応する「経営戦略」と「組織形態」，内的要素に対応する「情報化目的」と「情報システムの運用状況」の質問項目のカテゴリーを対象として，質問項目別に回答の組み合わせが類似する企業同士を識別して回答タイプを明らかにし，その回答タイプの特性を判断して要素ごとにその類

型化を行う．

　次に，各要素すべての回答タイプに基づいて諸要素間の関連性についてクロス集計の独立性検定（カイ二乗検定5％未満水準）を適用して明らかする．さらにそれらの諸要素をすべて用いて会計情報システム形態の類型を明らかにする．会計情報システム形態のタイプの判断には，まず名義尺度の主成分分析に相当する数量化Ⅲ類を実施し，続いてクラスタ分析を適用した．

　最後に，明らかにされた会計情報システム形態と組織文化との関連性について分析を行う．しかしながら，現時点において会計情報システム形態と組織文化との関連性を説明するような明確な仮説はもち合わせていない．また，分析に用いる質問項目すべてが本実態調査分析を必ずしも予定していたものでもない．したがって，組織文化を規定すると考えられている組織文化要因に対応した質問項目[3]を分析対象として，明らかにされた会計情報システム形態との関連性について，相関関係分析によってその関連性について若干の考察を行うものである．

3．会計情報システム形態の諸要素

（1）外的要素としての組織環境水準の識別

① 経営戦略の類型化

　1980年代以降，戦略論においては特定の事業を対象とした事業戦略の考え方が浸透し，その事業における差別化戦略，コスト戦略などの競争戦略が提唱された（Porter, 1985）．競争戦略においては，ビジネス・プロセスの最適化を指向して，それによってビジネス・プロセスの改善をつうじてコストを最小化することが求められる．競争戦略における競争優位性の確保を実現するためには，ビジネス・プロセスの最適化の推進と，それに伴う情報利用者の意思決定支援を可能とする情報技術の積極的な活用が注目されている．

　本実態調査における経営戦略に関する質問【2】では，第1に，経営戦略の策定における経営理念や方針または実行計画の立案など経営戦略の明確化につ

いて問われている．第2に，自社の対象とする事業領域や重視する機能に関する戦略について問われている．第3に，競争戦略における差別化戦略とコスト優位戦略について問われている．ここでは，すべての質問項目に対して回答した企業（158社）を対象に主成分分析を行い，解釈可能な第2成分（累積寄与率43.7％）までを取り上げた上で，そのサンプルスコアに基づくクラスタ分析を実施した．分析の結果，経営戦略について次のように特徴づけ5つの集団に類型化することができた．図表6-2は，経営戦略に関する各質問項目のクラスタ別の平均値である．

戦略1：経営理念や方針を明示したうえで経営戦略を策定し，それに基づいた実行計画が立案されているように経営戦略が明確化されており，自社の得意な事業領域に特化する形で，他社との差別化を図りコストの上でも優位な立場を獲得しようとする競争戦略を展開しているという企業が多い集団．「計画的競争戦略」型（66社：41.8％）

戦略2：経営戦略が明示されており，自社の得意な事業領域に特化する形で競争戦略を展開しているという企業が多いという点では，戦略1の集団と同じ特徴を有している．戦略1と比較してあるいは他の集団と比較してこの集団の顕著な特徴は，競争戦略を展開する上で，新技術や新製品の研究開発，組織化，情報化といった機能別の戦略を一体として展開している水準が高いという企業が多い点である．すなわち，この集団は，競争戦略等の経営戦略の策定と情報化戦略等が統合的に行われており，経営戦略策定においては情報技術の活用が前提とされていることになる．「統合的競争戦略」型（12社：7.6％）

戦略3：経営戦略が明確化されているという点では，戦略1と戦略2の集団と同様の特徴を有する．しかし，それが具体的にどの事業領域や機能に展開されているのかが不明である．これは，経営戦略が組織構成員に浸透していないと捉えることが可能である．また，この集団は唯一自社の得意な事業領域に特化する戦略の水準を多角化戦略の

図表 6-2 経営戦略に関する類型化資料（平均）

質問項目	戦略1 66社	戦略2 12社	戦略3 25社	戦略4 26社	戦略5 29社
経営戦略は長期的なビジョンや目標として提示されている	4.49	4.75	4.08	3.23	3.64
経営戦略は具体的なプログラムやアクションプランとして提示されている	4.16	4.50	3.98	2.92	3.10
経営戦略は事業の多角化をめざすかたちで展開されている	3.22	2.50	3.36	2.40	2.07
経営戦略は得意分野に特化するかたちで展開されている	3.75	4.75	2.86	3.79	4.43
経営戦略は事業や製品を軸に構想されてる	4.08	4.79	3.34	3.42	4.31
経営戦略は市場や地域特性を軸に構想されている	3.62	4.29	2.76	3.25	3.93
経営戦略は顧客や消費者を軸に構想されている	3.90	4.83	3.36	3.52	4.03
経営戦略は新技術や新製品の開発を軸に構想されている	3.42	3.96	2.78	2.67	3.57
経営戦略は組織・諸制度・人事の改革を軸に構想されている	3.30	3.75	2.60	2.58	2.60
経営戦略は情報化・ネット化を軸に構想されている	3.23	3.83	2.76	2.60	2.52
経営戦略は競合他社に対する差別化を志向している	3.92	4.54	3.32	3.10	3.83
経営戦略は競合他社に対するコスト優位性を志向している	3.86	4.33	3.30	2.98	3.88

　　水準が上回る点が特徴である．その点で，この集団は組織環境適応のために特定の事業領域を維持することにこだわらず，多方面の事業領域を見出そうとしている集団であると特徴づけることも可能である．「戦略分散・非浸透」型（25社：15.8％）

戦略4：経営理念や方針を明確にして経営戦略を策定する水準や，それに基づいた実行計画の立案の水準が低く，それに起因して柱となる戦略も明らかでないという企業が多いという集団．「戦略不明確」型（26社：16.4％）

戦略5：自社の得意な事業領域に特化する形で，他社との差別化を図りコストの上でも優位な立場を獲得しようとする競争戦略を展開しているという企業が多いという点では戦略1の集団と類似している．しかし，戦略1と異なる点は，経営理念や方針の明確化や実行計画の立案の水準が低く，経営戦略策定が不明確な企業が多いという集団．「非計画的競争戦略」型（29社：18.4％）

② 経営組織の類型化

経営組織構造の選択は，組織環境の適応方法に対応して異なる．安定的な組織環境にある企業では，官僚型の組織構造や機能別の組織構造を採用し，一方で組織環境の変化に敏感な企業では，自律的に対応できるような高度な組織構造を採用することになる．

本実態調査における経営組織に関する質問【3】では，経営組織構造について問われている．ここでは，すべての質問項目に対して回答した企業（156社）を対象に主成分分析を行い，解釈可能な第4成分（累積寄与率59.4％）までを取り上げた上で，そのサンプルスコアに基づくクラスタ分析を実施した．分析の結果，経営組織について次のように特徴づけ5つの集団に類型化することができた．図表6-3は，経営組織に関する各質問項目のクラスタ別の平均値である．

組織1：他の集団と比較すると研究・開発部門を重視した組織構造を有している水準が高く，営業・販売部門や工場・製造部門も重視している水準も高い．また，マトリックス組織を採用している水準が他の集団よりも高い点が特徴的である集団．「機能横断的組織デザイン」型（36社：23.1％）

組織2：他の集団と比較して，営業・販売部門を重視した組織構造である水準が最も高い集団．「営業・販売組織デザイン」型（36社：23.1％）

組織3：工場・製造部門を重視する水準が比較的高いという集団．「工場・製造組織デザイン」型（36社：23.1％）

図表6-3　経営組織に関する類型化資料（平均）

質問項目	戦略1	戦略2	戦略3	戦略4	戦略5
	36社	36社	36社	16社	32社
わが社の組織は工場・製造部門を重視してデザインされている	3.42	1.71	3.46	4.09	2.86
わが社の組織は営業・販売部門を重視してデザインされている	4.07	4.39	3.24	2.81	3.52
わが社の組織は研究・開発部門を重視してデザインされている	3.83	2.15	2.54	3.09	3.03
わが社の組織はプロジェクトやタスクを重視してデザインされている	2.92	2.56	2.25	2.94	2.67
わが社の組織は職能部門別組織を主要な構造としている	3.47	3.33	2.93	3.72	2.52
わが社の組織は事業部制または事業本部制を主要な構造としている	4.13	3.47	4.29	2.28	3.50
わが社の組織はマトリックス組織（事業・市場・機能の複合管理）を主要な構造としている	3.65	2.38	2.24	1.94	2.42
わが社の組織はプロジェクト組織を主要な構造としている	2.46	2.36	1.76	2.34	2.61
わが社の組織はカンパニー制を主要な構造としている	2.40	1.86	1.56	1.22	3.03
わが社の組織は持株会社による分社経営を主要な構造としている	1.49	1.42	1.18	1.25	2.88

組織4：工場・製造部門を重視する水準と職能別組織を採用している水準とが他の集団と比較するともっとも高いという特徴を有する集団．「工場・製造組織デザイン職能別組織」型（16社：10.3％）

組織5：営業・販売部門を重視する水準が他の水準と比べて比較的高い．また，近年わが国企業にみられる組織再編のなかで採用されている，カンパニー制組織や持ち株会社などの比較的新しい組織構造を採用している企業の水準が他の集団と比べて比較的高い水準にあるという集団．「営業・販売部門デザイン重視組織再編」型（32社：20.5％）

(2) 内的要素としての会計情報システム水準の識別

① 情報化目的の類型化

近年の企業における情報システムの構築目的では，顧客満足の向上や競争優位の実現などの観点からBPR (Business Process Reengineering)，SCM (Supply Chain Management) など情報技術を活用して業務改善を図りビジネス・プロセス全体の最適化を向上させたりすることが注目を集めている．これは，ビジネス・プロセスに対応した業務データの収集，活用，および情報の共有化等が注目されている．さらには，会計ビックバンといわれるような国際会計基準，連結決算，四半期開示といった会計基準の変更に対応するために情報システムの再構築が検討される場合もある．

本実態調査における質問【4】では，会計情報システムに関する質問が設定されている[4]．そのうち質問【4-1】では，最近5年間における基幹業務システムや総勘定元帳システム[5]の再構築における情報化目的について問われている．ここではすべての質問項目に対して回答した企業 (157社) を対象に主成分分析を行い，解釈可能な第2成分（累積寄与率44.9%）までを取り上げた上で，そのサンプルスコアに基づくクラスタ分析を実施した．分析の結果，基幹業務システムや総勘定元帳システムの構築における情報化目的について次のように特徴づけ4つの集団に類型化することができた．図表6-4は，情報化目的に関する各質問項目のクラスタ別の平均値である．

目的1：会計情報の充実，管理会計情報の充実，競争優位の確立など情報システムの構築目的すべてにおいて高い水準を示しているという集団．とりわけ，他の集団と比較して業績の向上の値が高い水準を示し，加えて競争優位の確立，顧客満足度の充実，管理会計情報の充実が高い水準にある集団．「戦略的利用目的」型 (26社：16.6%)

目的2：5つの集団のなかでもっとも企業が多い集団である．企業間ビジネス・プロセスの効率化には低い水準であるが，自社のビジネス・プロセスの効率化には一定程度の高い水準を示していて，それに起因して会計情報の迅速化，共有化に高い水準で対応し，管理会計情報

図表6-4 情報化目的に関する類型化資料（平均）

質問項目	目的1 26社	目的2 73社	目的3 14社	目的4 30社	目的5 14社
会計情報提供の迅速化	4.88	4.58	4.43	4.10	3.11
新会計基準への対応	4.81	4.32	4.04	3.87	3.21
会計情報の部門間の共有化	4.31	3.75	3.50	3.43	2.50
管理会計機能の充実	4.60	4.05	3.57	3.52	2.82
戦略計画支援の充実	4.12	3.36	2.39	3.42	2.43
ビジネスの競争優位の実現	4.21	3.22	2.14	3.87	3.11
予算編成支援の充実	4.15	3.66	3.11	3.05	2.21
業績評価の範囲やタイミングの充実	4.02	3.29	2.50	3.12	2.64
顧客満足の充実	4.00	3.39	1.79	4.07	3.04
内部コントロールの充実	3.96	3.53	2.71	3.50	2.79
自社の業務プロセスの連携や調整の向上	4.29	3.60	2.82	4.20	3.29
企業間の業務プロセスの連携や調整の向上	3.83	3.03	1.89	3.75	2.64
ユーザの利用満足度の向上	4.10	3.38	2.11	3.87	3.32
売上高や利益率などの業績の向上	4.62	3.70	3.07	4.05	3.18
情報システム化投資の改善	4.19	3.47	2.89	3.77	2.93

や予算編成支援の充実が高い水準にある．近時の，基幹業務システムの再構築によるビジネス・プロセスの効率化を行い，それと同時に予算管理や管理会計情報の充実を図るという集団．「BP効率化・会計情報充実目的」型（73社：46.5％）

目的3：会計情報の迅速化に対して最も高い水準である．これは近年の会計基準への対応に起因して，四半期決算への対応や，連結決算への対応にだけ対処するという集団．「会計基準対応目的」型（14社：8.9％）

目的4：自社や企業間のビジネス・プロセスを効率化し，顧客満足の向上や競争優位を獲得し，業績の向上を図ろうとする集団．しかし，ビジネス・プロセスの改善に対応した会計情報の共有化，管理会計情報の充実にはあまり対応していないという集団．「BP効率目的」型（30社：19.1％）

目的5：他の集団と比較するとあらゆる情報化目的に対して低い水準の反応をしめしており，逆に高い水準にある情報化目的がひとつもないという集団．「情報化目的不明」型（14社：8.9％）

② 会計情報システムの運用状況の類型化

近年の情報システムの運用状況においては，基幹業務システムと総勘定元帳システムとを統合化する点が大きな特徴である．その統合化では，会計取引を分散入力し，部門横断的なデータ利用を可能として，さらには統合化された基幹業務システムに格納されているデータを活用して表計算ソフト等を協調させて管理会計情報を産出する点が特徴的である（河合，1999；櫻井，2004）．基幹業務システム間の統合化またはそれらと総勘定元帳システムとの統合化は，結局，経営戦略に対応したビジネス・プロセスを反映した部門横断的なデータ活用による現場業務の支援を可能としたり，経営管理者の意思決定を支援する情報提供を可能としたりしている．

本実態調査における会計情報システムに関する質問【4】のうち質問【4-2】では，基幹業務システムや総勘定元帳システムの開発および運用環境について問われている．すべての質問項目に対して回答した企業（153社）を対象に主成分分析を行い，解釈可能な第3成分（累積寄与率51.6％）までを取り上げた上で，そのサンプルスコアに基づくクラスタ分析を実施した．分析の結果，会計情報システムの運用状況は次のように特徴づけられ4つの集団に類型化することができた[6]．図表6-5は，情報システムの運用状況に関する各質問項目のクラスタ別の平均値である．

運用1：この集団に位置づけられる企業は，他の集団と比較して会計取引を分散入力する水準と業務担当者が自らデータ取得し加工する水準が低いという特徴を有する．また，その他の顕著な特徴として，業務プロセスのデータベースが，各業務プロセス間で統合化されている水準が低いことを挙げることができる．結局，これに起因して他の業務部門のデータを各部門に配置されている端末機から相互に利用

図表6-5 情報システムの運用環境に関する類型化資料（平均）

質問項目	運用1 37社	運用2 32社	運用3 29社	運用4 55社
各業務処理を担う基幹システムは，自社開発している程度が高い	4.39	4.31	4.26	2.74
各業務で発生した会計取引は，仕訳以前の業務資料を，各業務担当部門で分散的に入力し，自動仕訳する	3.41	4.41	4.62	4.15
各業務部門では，他の業務部門のデータを，各部門に配置されている端末機から相互に利用できる	2.61	3.77	4.24	3.26
会計システム（一般会計システム）は，情報システム部門や経理部門などで集中管理されている	4.59	4.69	4.76	4.26
管理会計情報は，基幹システムと表計算ソフトとの間に電子データを連携させて作成している	2.91	4.00	4.32	3.60
営業部門の販売担当者は，各自の端末機から原価情報を入手することができる	3.12	2.48	4.31	2.59
製造現場管理者は，各自の端末機から利益情報を入手することができる	2.84	1.77	3.86	2.61
各業務プロセスのデータベースは，各業務プロセス間で統合化されている	2.50	3.80	3.81	2.90
データベースからデータをとりだして，現場の担当者が独自にデータ加工を行い，業務に役立てている	2.82	4.23	4.14	3.72
定型的管理報告書は，各現場よりも基幹システムによって産出し提供される	3.84	4.19	3.86	3.06

　　　　できる部門横断的データ利用の水準が低く，管理会計情報を基幹業務システムと表計算ソフトとの間に電子データを連携させて作成している水準も低い集団である．「不完全統合」型（37社：24.2％）

運用2：開発・運用に関する質問項目にほぼすべて高い水準で反応している企業が多い集団．各業務プロセスのデータベースが，各業務プロセス間で統合化されている水準が高く，部門横断的データ利用の水準も高く，基幹業務システムと表計算ソフトとの協調処理による管理会計情報の作成の水準も高い．ただし，営業部門における原価情報，製造部門における利益情報の入手可能性といった他部門に関連する会計情報の共有化の水準は，他の集団と同様に低い集団である．「統合DB統合（会計情報非共有）」型（32社：20.9％）

運用3：開発・運用に関する質問項目にすべて高い水準で反応している企業が多い集団．特に他の集団と比較して顕著な特徴は，他部門に関連する会計情報の共有化の水準が高いということである．「統合DB統合（会計情報共有）」型（29社：19.0％）

運用4：他の3つの集団と比較して，顕著な特徴は，基幹業務システムを自社開発する水準が低いという点である．これは，まったく自社開発していないということではなく，基幹業務システムごとに自社開発や外注開発とが混在していると推察される．その他の特徴は，統合データベースの活用水準が低く，結果として部門横断的データ利用の水準が低い集団である．「分散DB統合」型（55社：35.9％）

4．会計情報システム形態と組織文化要因との関連性

（1）会計情報システム形態の諸要素を総合した類型化

これまでに明らかにされた会計情報システム形態の外的要素と内的要素として位置づけられた諸要素の相関関係を，クロス集計の独立性検定（カイ二乗検定）を用いて分析した．図表6-6には，それらの要素間の相関が示されている．そこでは，ほぼすべての要素間に相関が認められたが，唯一経営戦略と情報システムの運用状況に関する要素間には相関が認められなかった．しかし，それらの関係性は，情報化目的を媒介として関係を認めることができ，経営戦略の策定が情報化目的に影響を及ぼし，情報化目的が会計情報システムの構築に影響を及ぼしていると解釈できる．

図表6-6　諸要素間の独立性検定の結果

	情報化目的	経営戦略	経営組織
運用状況	38.712**	14.827	25.408*
情報化目的		38.749**	28.856*
経営戦略			29.539*

注：数字はカイ二乗値，＊は5％水準で有意，＊＊は1％水準で有意

これまでの分析で明らかにされた会計情報システム形態の諸要素におけるクラスタを総合して会計情報システム形態を類型化する．ここでは，すべての経営戦略，経営組織，情報化目的，および情報システムの運用状況の諸要素に対して回答した企業（147社）を対象にして数量化Ⅲ類による主成分分析を行い，解釈可能な第2成分（累積寄与率44.9％）までを取り上げた上で，そのサンプルスコアに基づくクラスタ分析を実施した．分析の結果，会計情報システム形態は次のように特徴づけ4つの集団に類型化することができた．図表6-7は，会計情報システム形態のクラスタ別の度数とその割合を示している．

AIS形態1：この集団を特徴づける諸要素は，「戦略3・4」，「目的5」および「運用1」である．これらの要素により明らかなことは，経営戦略が明示化されているか否かに拘らず，どのような戦略が実行されているのかが不明確である．そのため経営戦略に基づいた情報化も行われておらず，結果として情報化目的も不明確である水準が非常に高い集団である．さらに会計情報システムの運用状況では，統合化の水準がもっとも低いことが特徴である．（28社：19.0％）

AIS形態2：この集団を特徴づける諸要素は，「戦略1・3」，「目的2・3」および「運用4」である．経営戦略が不明確な集団である「戦略3」の59％が存在し，情報化目的において会計基準の変更に伴うシステム再構築だけを行う「目的3」の78％がこの集団に位置している．しかし，一方で，経営戦略において競争戦略を展開しているとする「戦略1」が49社中16社を占め，また情報化目的においてビジネス・プロセスを効率化しながらそれに対応した会計情報を充実させることを重視する「目的2」が49社中35社を占めていることが特徴である．結局，この集団の特徴は，経営戦略が不明確でそれに対応して情報化目的の水準が低い集団と，経営戦略は明確でそれに対応した情報化目的が高い水準であるという集団が混在している点にある．いずれにし

図表6-7　会計情報システム形態の類型化資料（度数と割合）

	AIS形態1 社数（割合）	AIS形態2 社数（割合）	AIS形態3 社数（割合）	AIS形態4 社数（割合）
戦略1	5（17.9）	16（32.7）	26（53.1）	15（51.7）
戦略2	0（ 0.0）	3（ 6.1）	0（ 0.0）	9（31.0）
戦略3	7（25.0）	13（26.5）	2（ 4.9）	0（ 0.0）
戦略4	13（46.4）	9（18.4）	2（ 4.9）	0（ 0.0）
戦略5	3（10.7）	8（16.3）	11（26.9）	5（17.2）
組織1	0（ 0.0）	9（18.4）	3（ 7.3）	22（75.9）
組織2	7（25.0）	5（10.2）	17（41.5）	3（10.3）
組織3	10（35.7）	15（30.6）	7（17.3）	3（10.3）
組織4	1（ 3.6）	6（12.2）	8（19.5）	1（ 3.4）
組織5	10（35.7）	14（28.6）	6（14.6）	0（ 0.0）
目的1	0（ 0.0）	2（ 4.1）	2（ 4.9）	18（62.1）
目的2	10（35.7）	35（71.4）	18（43.9）	7（ 2.4）
目的3	3（10.7）	11（22.4）	0（ 0.0）	0（ 0.0）
目的4	3（10.7）	0（ 0.0）	21（51.2）	4（13.7）
目的5	12（42.9）	1（ 2.0）	0（ 0.0）	0（ 0.0）
運用1	22（78.6）	7（14.3）	8（19.5）	0（ 0.0）
運用2	1（ 3.6）	1（ 2.0）	24（58.5）	5（17.2）
運用3	0（ 0.0）	7（14.3）	5（12.2）	13（44.8）
運用4	5（17.9）	34（69.4）	4（ 9.8）	11（37.9）
	28社（19.0）	49社（33.3）	41社（27.9）	29社（19.7）

ても，実際の会計情報システムの運用状況である統合化の水準は決して高い水準にないという点が最大の特徴である．よって，経営戦略と情報化目的の水準が高い企業も多く存在するが，会計情報システムの運用状況においては，分散データベース環境であるがゆえに，ビジネス・プロセスに対応した業務データの活用や会計情報の活用は実現していないことになる．（49社：33.3％）

AIS形態3：この集団を特徴づける諸要素は，「戦略1・5」，「目的4」およ

び「運用2」である．これらの要素により明らかなことは，経営戦略においては，競争戦略を展開する企業が多く，それに対応して情報化目的においてはビジネス・プロセスの効率化を中心とした情報化を行っている点が特徴である．とくに，「目的4」の75％の企業がこの集団に位置する．会計情報システムの運用状況では，統合型のデータベースを構築し，部門横断的なデータ利用の水準が高いが，会計情報の共有化の水準が低い集団である「運用2」の77.4％がこの集団に位置する．「目的4」と「運用2」との関連から，この集団の特徴は会計情報システムの統合化の水準は相対的に高いが，会計情報の利用，共有化という水準が低いという集団である．（41社：27.9％）

AIS形態4：この集団を特徴づける諸要素は，「戦略2」，「組織1」，「目的1」および「運用3」である．これらの要素により明らかなことは，経営戦略において競争戦略と組織戦略や情報化戦略とを一体として展開している水準が高い点である．それに対応するように，経営組織においてはすべての機能を重視した組織設計が行われ，かつ機能横断的な組織運営がなされている．また，情報化目的においてはあらゆる情報化目的に対して高い水準にあり，情報化への積極的な企業の姿勢がうかがえる．そのような組織環境にあるこの集団で採用される会計情報システムの運用状況は，統合型データベース，部門横断的な業務データ利用，ビジネス・プロセスに対応した管理会計情報の処理，会計情報の全社的な共有化が実現されていて，会計情報システムの統合化の水準がもっとも高いことが特徴である．（29社：19.7％）

以上，明らかにされた会計情報システム形態を識別する視点は，基本的には今日的な情報技術の適用を前提とした会計情報システムの運用状況であった．会計情報システムの運用状況における特徴は，第1に基幹業務システムごとの

データベースが統合されていること，第2にビジネス・プロセスに対応した部門横断的な業務データの利用が可能なこと，第3にビジネス・プロセスに対応した管理会計情報の作成と，会計情報の全社的な共有化であった．これらの水準が高ければ高いほど会計情報システムの統合化は高度化することになる．高度な統合化を指向する会計情報システム形態の企業においては，相対的に経営戦略の策定およびその実行が明確で情報化目的も明確にされており，情報技術を戦略的に活用しようとする傾向が強いことが特徴である．さらに横断的な組織運営を重視している点も特徴である．一方で，統合化水準の低い会計情報システム形態の企業では，その技術的かつ構造的な特徴から業務データの活用，および会計情報の作成において，部門横断的な利用方法は不可能である．このような企業では傾向として，経営戦略が不明確で，なおかつ情報化目的も不明確か，あるいは会計基準への対応のみといった必要最小限度の情報化しか行っていない点が特徴である．

以上のように，企業における経営戦略の策定が，情報化目的に影響に及ぼし，情報化目的が会計情報システムの構築に影響を及ぼすことを明らかにすることができた．

(2) 会計情報システム形態と組織文化要因との関連性

Romney & Steinbart (2000) によれば，会計情報システムの構築において影響を与える要因として経営戦略の他に組織文化を指摘している．Schein (1985) によれば，組織文化とは「ある特定のグループが外部への適応や内部統合の問題に対処する際に学習した，グループ自身によって，創られ，発見され，または，発展させられた基本的仮定のパターン」と定義される (Schein, 1985, 訳書 p.12)．組織文化には，目に見える表層的な人工物としての行動様式，その下部に位置づけられる価値観や行動規範，および目に見えない深層的な基本的仮定という3つの水準が存在し，その本質は目に見えない深層的な水準であることが指摘されている (Schein, 1985)．その点で，深層的な組織文化の水準である基本的仮定や価値は，目に見えないものであるがゆえに観察が困難である．深

層的な組織文化の水準と，表層的な組織文化の水準として位置づけることができる経営戦略，経営組織，情報システムとは，相互に影響を及ぼし組織文化を形成していると考えることができ，組織における情報システムなどの観察をもって組織文化とすることも可能である．したがって，このような考え方にたてば，組織文化を「各個別企業の構成員が共有している全ての意思決定基準やそれを具現化した行動パターン，およびそれらによって具象化された創造物」（飯田，1993, p.80）として捉えて，会計情報システムそれ自体を目に見える表層的な人工物として認識して組織文化に含めることができる．

しかし，この考え方に基づけば観察を行うことは容易であるが，組織文化の対象範囲が広くなりすぎてしまうという問題点が指摘されている（飯田，1993, p.80）．そこで，組織文化を「各個別企業の構成員が共有している全ての潜在的および顕在的な意思決定基準」（飯田，1993, p.68）として組織構成員に共有された価値観や規範を捉える．ここでは，このような認識に基づく組織文化とその影響を何らかの形で受けたと考えられる会計情報システムとの関連性について考察する．ただし，現時点において筆者は会計情報システム形態と組織文化との関連性における仮説を持ち合わせていない．そこで，会計情報システム形態と組織文化との関連性について，先に明らかにされた会計情報システム形態の類型と組織文化を規定する要素として設定された質問【1】との相関関係を分析することにとどめる[7]．図表6-8は，会計情報システム形態と組織文化要因との関係を示している[8]．組織文化要因に関する質問項目は，たとえば，「挑戦的－現状維持的」のようにすべて対極的に設定されている．総じて，会計情報システム形態の統合化が高度化すればするほど（AIS形態1からAIS形態4に向かうにつれて），すべての質問項目に対して高い水準で反応している．図表6-8の質問番号の網掛けは，会計情報システム形態と組織文化要因との関連性を大雑把に捉えるために，対極に位置するAIS形態1とAIS形態4の平均値の差が0.7以上の質問項目に対してつけている．AIS形態1とAIS形態4の平均値の差が0.7以上ある質問項目のうち，対極的に設定されている組織文化要因の質問項目のどちらか一方に偏っているのは，「挑戦的」，「柔軟性」，「分権化」，

第6章 会計情報システム形態と組織文化要因との関連性 159

図表6-8 会計情報システム形態と組織文化要因との関連性（平均）

組織文化の諸要因	質問番号	AIS形態1 28社	AIS形態2 49社	AIS形態3 41社	AIS形態4 29社	Pearson 相関係数
理念・ビジョン重視	1－1	4.036	3.898	4.085	4.500	.238**
	1－19	3.643	3.857	4.110	4.431	.340**
	1－37	3.375	3.673	3.963	4.345	.390**
実務・利益重視	1－2	4.232	4.592	4.610	4.672	.203*
	1－20	3.589	3.806	4.110	4.241	.323**
	1－38	3.589	3.888	4.146	4.431	.343**
変化への適応	1－3	4.000	4.194	4.500	4.552	.307**
	1－21	3.232	3.255	3.585	3.914	.272**
	1－39	2.696	3.153	2.951	2.845	.008
安定成長	1－4	4.089	4.082	4.293	4.483	.205*
	1－22	3.036	2.918	3.220	3.517	.244**
	1－40	3.732	3.418	3.963	4.017	.247**
挑戦的	1－5	3.125	3.663	3.610	3.983	.290**
	1－23	3.054	3.367	3.415	3.948	.338**
現状維持的	1－6	3.804	3.708	4.012	4.466	.319**
	1－24	4.036	3.908	4.146	4.259	.190*
柔軟性	1－7	2.946	3.163	3.305	3.414	.188*
	1－25	3.036	3.276	3.512	3.931	.369**
	1－41	3.411	3.592	3.915	3.897	.219**
公式性	1－8	3.232	3.347	3.366	3.759	.183*
	1－26	3.750	3.908	3.963	4.379	.283**
	1－42	3.732	3.622	3.732	3.879	.089
分権化	1－9	2.786	3.082	3.012	3.603	.294**
	1－27	3.667	3.724	3.317	4.259	.092
	1－43	3.000	3.378	3.476	3.741	.300**
集権化	1－10	3.911	4.143	4.463	4.603	.394**
	1－28	3.125	3.102	3.463	3.310	.134
	1－44	2.893	3.051	2.939	3.810	.239**
競争重視	1－11	2.607	3.224	3.183	3.534	.281**
協調重視	1－29	3.196	3.184	3.463	3.810	.313**
戦略重視	1－12	3.804	3.888	4.146	4.414	.271**
	1－30	3.339	3.643	3.695	4.138	.358**
計画重視	1－13	3.607	3.459	3.683	4.121	.287**
	1－31	3.286	3.122	3.439	3.328	.072
弾力的な人材活用	1－14	2.286	2.653	2.598	3.172	.323**
	1－32	2.778	3.000	3.061	3.379	.262**
固定的な人材活用	1－15	2.518	2.694	2.780	3.379	.375**
	1－33	3.161	3.153	3.427	3.690	.231**
横断的なコミュニケーション	1－16	2.964	3.316	3.317	3.638	.253**
	1－34	2.518	2.806	2.841	3.431	.340**
垂直的なコミュニケーション	1－17	3.232	3.429	3.500	3.690	.190*
	1－35	3.446	3.347	3.793	4.138	.323**
職場の雰囲気	1－18	2.929	2.908	3.146	3.293	.188*
	1－36	3.500	3.459	3.622	3.862	.205*
	1－45	2.786	2.888	3.110	3.741	.378**
その他	1－46	3.482	3.459	3.768	4.103	.322**
	1－47	2.964	2.898	2.744	2.983	－.022

＊＊1％水準で有意，＊5％水準で有意

「競争重視」,「戦略重視」,および「横断的なコミュニケーション」である.これらの傾向から,会計情報システム形態が高度に統合化している企業ほど,理念やビジョンが重視されそれが表明されており,戦略を重視して強いリーダシップのもと新製品開発が行われており,環境への姿勢が挑戦的である.また,組織の分権化の程度が高く,組織構成員が創造的かつ挑戦的な雰囲気のもと,柔軟性の高い組織形態のなかで部門横断的に情報を共有化しながら自律的に行動する傾向がある.このように,会計情報システム形態が高度に統合化している企業ほど,環境に対して挑戦的でかつ他者との協調関係を重視したオープンな行動様式をとる傾向があり,逆に統合化が低位な企業ほど環境への姿勢が保守的でかつ内向的な行動様式をとる傾向があると解釈可能である.

5. おわりに

会計情報システム形態は,従来の形態分析において,そのシステムの構造的・技術的な要因によって規定されていた.本章では,そのような会計情報システム形態における内的要素に限定した分析から,企業における組織環境への適応に関わる外的要素をも分析の対象としてきた.会計情報システム形態を,単に構造的・技術的な要因から規定してきたこれまでの分析から,主として経営戦略との関連性を見出しえたことは,これからの会計情報システムの研究にとって1つの方向性を得たように思う.企業の環境への対応においてそれに積極的に経営戦略を打ち出し,さらに経営戦略に沿って情報化を進めようとする企業は,相対的に会計情報システム形態の統合化水準が高度化することが明らかになった.また,そのような統合化水準の高い会計情報システム形態の企業においては,企業環境に対して挑戦的でかつ行動様式が柔軟かつ外向的であった.一方で,会計情報システム形態の統合化水準が低い企業にあっては,その反対の組織文化要因を内在しているという傾向を見出すことができた.

会計情報システムと組織文化との関連性についての包括的かつ詳細な分析は,他の章で展開されているが,いずれにしても本実態調査分析では基本的な会計

情報システム形態と組織文化要因との関係分析にとどまっている．その点で，さらに会計情報システムと組織文化との関係を考察することが今後の課題となる．その課題の中には，たとえば企業の属する産業業種や市場の特性といった要因もふくめて組織文化を類型化し，それと会計情報システム形態との関連を分析していくことが含まれることになる．

注

1) 会計情報システム形態における内的要素とは，そのシステムの構造的かつ技術的な特徴を示すものであり，外的要素とは，その外的環境に位置づけられる企業規模，経営戦略，経営組織構造などの組織環境の特徴を示すものである．
2) 経理部門および情報システム部門の回答のみを分析対象としているのは，質問【4】は経理部門または情報システム部門への質問票のみに記載されたからである．
3) 実際の質問票では，組織文化に関する質問【1】は「経営全般についての質問」として問われている．
4) 実際の質問票では，会計情報システムに関する質問【4】は「情報システムについての質問」として問われている．
5) 実際の質問票では，財務諸表作成の産出を主要な機能とする総勘定元帳システムは，「会計システム（一般会計システム）」として問われている．
6) 分析においては，質問項目への回答状況から，基幹業務システムを自社開発する企業【4-2-1】，会計取引の分散入力を行う企業【4-2-2】，基幹システムおよび総勘定元帳システムを集中管理している企業【4-2-4】，および業務担当者が自らデータ取得し加工する企業【4-2-9】の割合は高いという前提を置いている．
7) 質問【1】は組織文化を規定する要因として設定されている．質問項目の設定に関しては，第2章を参照されたい．
8) 図表中の組織文化の諸要因の分類は，第2章で示されている組織文化の諸要因の分類に基づいている．

参 考 文 献

飯田史彦（1993）「企業文化論の史的研究（2）」『商学論集（福島大学）』第61巻第4号，61-87．
梅澤正（2003）『組織文化 経営文化 企業文化』同文舘．
梅澤正・上野征洋編（1995）『組織文化論を学ぶ人のために』世界思想社．
河合久（1993）「企業における情報システム環境の基本要素に関する研究―会計情報システムに関する実態調査の分析を中心にして―」『高千穂論叢』第28号第3号，117-144．

河合久（1999）「会計情報システムの構築形態に関する分析的考察」佐藤進編著『わが国の管理会計：実態調査研究』中央大学出版部，175-216.

河合久（2000）「会計情報システム形態と原価計算環境との関係―実態調査分析をつうじて―」『商学論纂』第41巻第5号，405-421.

河合久・櫻井康弘（2002）「企業の会計情報システムの現状：実態調査結果から」成田博・今井二郎他著『コンピュータを利用した会計教育の体系化』高千穂大学総合研究所，299-328.

櫻井康弘（2004）会計情報システム形態の現状：実態調査分析にもとづいて」『経理研究』第47号，310-322.

遠山暁（1998）『現代 経営情報システムの研究』日科技連出版社.

Porter, M.E.(1985), *Competitive advantage*, New York:The Free Press.（土岐坤・中辻萬治・小野寺武夫訳『競争優位の戦略』ダイヤモンド社，1985年）

Romney, Marshall. B., Steinbart & Paul. J.(2000), *ACCOUNTING INFORMATION SYSTEMS*, 8th ed, ADDISON-WESLEY.

Schein,E.H. (1985), Organizational Culture and Leadership, Jossey-Bass.（清水紀彦・浜田幸雄訳『組織文化とリーダシップ：リーダーは文化をどう変革するか』ダイヤモンド社，1989年）

第7章　会計情報システムの実証研究
――組織特性とパフォーマンスと関連づけて――

1. はじめに

　歴史を振り返れば，会計情報システムは財務データや会計取引を処理する取引処理システムとして理解され，財務データや会計取引に関するデータを収集し，財務諸表などの定型的な報告書や各種の管理報告書を提供することで各種意思決定者の情報要求に応えてきた．会計情報システムの役割期待としては，従来より意思決定の支援ということが求められている．しかしながら，関連する業務処理システムとのデータの連携が不十分なため多様な情報要求に対して柔軟に応えることは期待できない．

　ひとつの解決としては，ビジネス活動に関するデータを共通データとして扱う統合型の会計情報システムの構築が考えられる．こうした統合化概念は，あたらしい概念ではなく，理念的にはASOBAT以来の会計情報システムのひとつのあるべき姿として理解されてきている．David et al. (1999) においては，「会計情報システムは，組織を計画，モニタ，管理する上で意思決定者を支援するために組織の付加価値活動に関するデータを捕捉，貯蔵，操作，表示するもの」(p.7) とし，会計情報システムを広く捉えるべきであると主張している．

　Romney & Steinhart (1999) では，そうした会計情報システムとは「バリューチェーンの活動のパフォーマンスを支援する会社のインフラストラクチャの一部」(p.12) となり，適切に設計される場合には，「バリューシステムの効率性や効果を改善することで組織の利益への貢献も可能になる」(p.13) と主張されている．

しかしながら,たとえこのような会計情報システムが構築できたとしても,即パフォーマンスが向上するというような短絡的な理解はできないだろう.会計情報システム構築における直接的な目的はもちろんのこと,組織文化,組織プロセス,組織構造等々の組織特性およびその他の組織コンテキストとの関係性がそのパフォーマンスの向上に影響を与えることが推定される.

本研究においては,特に会計情報システムの特性,それらに影響を及ぼす組織特性とパフォーマンスとの関係について,いかなる関係が見られる場合によいパフォーマンスに結びつくのかという問題意識に基づいてアンケート調査の集計結果をもとに検討を試みる.

2.分析アプローチ

(1)分析対象

本研究の目的である会計情報システムの特性,それらに影響を及ぼす組織特性とパフォーマンスとの関係(図表7-1)を考察するために,東京証券取引所1部上場に対して実施した質問票調査(2003年10月1日)において,会計情報システムの目的,機能,組織特性に関する質問を作成している.会計情報システムの目的に関する質問は,オペレーショナル・コントロール,マネジメント・コントロール,および戦略計画への貢献という伝統的な目的から,顧客志向に関するものまでについて15問を設定した.会計情報システムの機能に関しては,

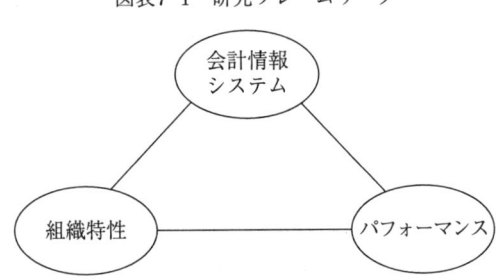

図表7-1 研究フレームワーク

ビジネス活動に関するデータの内容，形式，参照可能性，利用可能性を中心に10問を設定した．会計情報システムの目的設定やその活用能力に影響を与える組織特性に関して47問を設定した．

質問票は，2章での説明にあるように，1企業につき製造，営業・販売，企画，情報システム部門，および経理部門の5部門別に用意している．その中で，会計情報システムの目的と機能に関しては経理部門と情報システム部門の2部門に，また，組織特性に関しては製造，営業・販売，企画，情報システム部門，および経理部門の5部門別に回答を求めている．

しかしながら，質問票の回収状況については，回収部門にばらつきが見られた．たとえば，ある企業からは経理部門と情報システム部門の両方の部門から，ある企業からは経理部門のみ，またある企業からは情報システム部門のみ，というようにである．

そこで，本章では，本研究で関心を持つ全社的なビジネス活動に関するデータの管理・維持に責任を有すると思われる情報システム部門を対象に分析を進めている．つまり，会計情報システムの目的，機能，組織特性に関するすべての質問に回答した情報システム部門80社を分析対象としている．なお，上記の質問項目は，すべて5ポイントのリッカート尺度により評点化されている．

上記の質問項目を因子分析した結果，目的に関しては3つの因子，機能については2つの因子，組織特性については3つの因子に集約された．

① 会計情報システムの目的に関する因子抽出

会計情報システムの目的に関する15の質問項目について因子分析（主因子法，バリマックス回転）を行った．最初に，因子負荷が1つの因子について0.40以上で，かつ2因子にまたがって0.40以上の負荷を示さない11項目を選出した．その結果，次の4つの因子が抽出された（図表7-2）．

因子1は，会計情報提供の迅速化，新会計基準への対応，および管理会計機能の充実に関する質問項目の負荷量が高いので，「会計情報の充実」因子とする（$\alpha = 0.805$）．因子2は，顧客満足，ユーザ利用満足度の向上，自社および

166　第1部　展　開

図表7-2　会計情報システムの目的に関する因子分析結果

①因子負荷量

変数	内容	目的因子1 会計情報の充実	目的因子2 顧客満足・プロセス連携の充実	目的因子3 マネジメント対応の充実	目的因子4 —	Cronbach's alpha
目的2	新会計基準への対応	0.7721	0.1423	0.1354	-0.0675	
目的1	会計情報提供の迅速化	0.7220	0.0194	0.2444	0.1538	0.805
目的4	管理会計機能の充実	0.6475	0.0314	0.2820	0.1860	
目的9	顧客満足の充実	-0.0330	0.6984	0.2235	0.3800	
目的13	ユーザの利用満足度の向上	0.1284	0.6427	0.0114	0.0242	0.740
目的11	自社の業務プロセスの連携や調整の向上	0.0708	0.6237	0.1681	0.0200	
目的12	企業間の業務プロセスの連携や調整の向上	0.0165	0.5396	0.0490	0.1259	
目的7	予算編成支援の充実	0.2840	-0.1091	0.6184	0.0339	
目的8	業績評価の範囲やタイミングの充実	0.2126	0.1837	0.5867	0.2360	0.651
目的10	内部コントロールの充実	0.2631	0.2469	0.4525	0.0672	
目的6	戦略計画支援の充実	0.0793	0.3920	0.0439	0.6466	0.64
目的5	ビジネスの競争優位の実現	0.4508	0.0764	0.1261	0.6227	

②固有値

因子番号	因子のラベル	2乗和	寄与率 (%)	累積寄与率 (%)
目的因子1	会計情報の充実	2.23	14.86	14.86
目的因子2	顧客満足、プロセス連携の充実	1.99	13.32	28.18
目的因子3	マネジメント対応の充実	1.75	11.69	39.87
目的因子4	—	1.26	8.37	48.24

企業間の業務プロセスの連携・調整の向上に関する質問項目の負荷量が高いので,「顧客満足・プロセス連携の充実」因子とする ($\alpha = 0.740$). 因子3は,予算編支援,業績評価の範囲やタイミングの充実に関する項目の負荷量が高いので,「マネジメント対応の充実」因子とする ($\alpha = 0.651$). なお,因子4は,2つの質問項目から構成されており,かつクローンバックのアルファ係数が0.64と低いため今回は集合尺度として扱うことを控えた.

② 会計情報システムの機能に関する因子抽出

会計情報システムの機能に関する10の質問項目について,他の質問項目との相関関係がほとんど見られない質問項目（質問項目1, 4, 10）を3つ除いて因子分析（主因子法,バリマックス回転）を行った.因子負荷が1つの因子について0.40以上で,かつ2因子にまたがって0.40以上の負荷を示さない6項目を選出した.その結果,以下の2つの因子が抽出された（図表7-3）.

因子1は,各業務プロセス間のデータ連携ないし参照・利用可能性に関する質問項目なので,「業務データの部門間活用水準」因子とする ($\alpha = 0.714$). 因子2は,原価情報や利益情報の部門間を越えて入手することができることに関する質問項目なので,「会計情報の部門間活用水準」因子とする ($\alpha = 0.70$).

③ 組織特性に関する因子抽出

組織特性に関しては,第3章における因子分析の結果を用いる（図表7-4）. すなわち,因子1は「創造的・従業員志向的」因子であり ($\alpha = 0.89$),因子2は「規範主義的」因子であり ($\alpha = 0.83$),因子3は「保守的・閉鎖的」因子ある ($\alpha = 0.71$). なお,組織特性に関しては,因子4が抽出されたが,クローンバックのアルファ係数が0.58と低いため今回は集合尺度として扱うことを控えた.

④ パフォーマンスに関する指標

一般に,企業が生み出す価値はその業界特性によるものと企業努力によるも

図表 7-3　会計情報システムの機能に関する因子分析結果

①因子負荷量

変数	内　　容	機能因子1 業務データの 部門間活用水準	機能因子2 会計情報の 部門間活用水準	Cronbach's alpha
機能3	各業務部門では、他の業務部門のデータを、各部門に配置されている端末機から相互に利用できる	0.7674	0.0178	0.714
機能8	各業務プロセスのデータベースは、各業務プロセス間で統合されている	0.7232	0.2249	
機能9	データベースからデータをとりだして、現場の担当者が独自にデータを加工を行い、業務に役立てている	0.5716	0.1291	
機能2	各行で発生した会計取引は、仕訳以前の業務資料を、各業務担当部門で分散的に入力し、自動仕訳する	0.4100	−0.0051	
機能6	営業部門の販売担当者は、各自の端末機から原価情報を入手することができる	0.1556	0.8593	0.740
機能7	製造現場管理者は、各自の端末機から利益情報を入手することができる	0.3453	0.6391	

②固 有 値

因子番号	因子のラベル	2乗和	寄与率(%)	累積寄与率(%)
機能因子1	業務データの部門間活用水準	1.75	25.01	25.01
機能因子2	会計情報の部門間活用水準	1.22	17.52	42.53

のに大別される．そのため，例えば競争が厳しい業界や成長が望みにくい業界においては，業界平均を大きく上回る業績を示す企業であっても，絶対値としては低い利益しか確保できないこともありうる．反対に，競争商品や競争相手が少ない業界や参入障壁などによって競争相手の参入が阻まれている業界においては，平均的な企業であっても絶対値としては高い利益を確保できることもありうる．したがって，業界の異なる企業間のパフォーマンスを比較するためには，業界特性ではなく企業努力に依存するパフォーマンス指標による比較が必要になる．

本研究においては，分析対象となる 80 社に関して，2004 年度の業界平均の営業利益に対する各企業の営業利益の割合を計算[1]し，企業努力に依存するパフォーマンス指標として用いている．Besanko, D. et. al (2000, 訳本 p.425) によれば，「企業（あるいは多角化企業の 1 つの事業部）が同一市場の平均よりも高い経済利益率を得ている時，その企業は市場内において競争優位（competitive advantage）がある」ということになるので，業界平均との関係で捉える本研究のパフォーマンス指標は，競争優位の実現を判断する指標として用いることができる．

このパフォーマンス指標を計算するにあっては，日経新聞社が提供するデータベース「日経 Needs CD-ROM」のデータを用いている．業界区分は，「日経 Needs CD-ROM」の定める業界区分（33 区分）を用いている．80 社の業界の内訳は次のとおりである．建設（9 社），食品（4 社），パルプ（1 社），化学（2 社），医療品（1 社），石油（1 社），鉄鋼（1 社），非鉄金属（4 社），造船（1 社），機械（4 社），電気機器（13 社），自動車（4 社），精密機器（4 社），その他製造（4 社），倉庫運輸（2 社），海運（1 社），鉄道バス（1 社），その他輸送（1 社），サービス（1 社），電力ガス（3 社），金融（3 社），商社（5 社），小売（7 社），の合計 22 業界（80 社）である．括弧内の数値は，業界ごとの回答数である．

(2) 分析方法

分析方法は，まず，因子分析の結果により解釈された会計情報システムの目

170 第1部 展　開

図表7-4　情報システム部門の

質問項目	内　　容
23	新しいアイデアや試みが実行に移されている
45	職場での新しい試みが重視され，創造的・挑戦的な雰囲気で運営されている
32	個人のアイデアが採用され，事業プロセスに反映されている
43	現場からの発案が新製品や新技術の開発に反映されている
34	異質なメンバーが組み合わされて問題解決に取り組むケースが多い
9	全社的に大幅な権限委譲がなされている
11	個人的業績が重視され，業績に見合った報奨制度が整備されている
25	部門や階層をこえた多様な協力関係が存在する
5	新技術や新製品の開発に優先的な資源配分が行われている
30	経営戦略達成に向けて重点的な資源配分がなされている
7	公式の規定や権限関係にしばられず，自由に仕事ができる
12	長期的な経営戦略が表明され，重点的目標が提示されている
37	長期的な観点からのビジョンが表明されている
47	意思決定の際には個人的な直感や経験が重視されている
19	企業として果たすべき社会的使命が明確である
22	事業展開においては，厳格なリスク分析が優先されている
8	権限・責任関係や職務マニュアルが整備され，秩序を重視した管理が行われている
33	メンバーの業務は，明確に規定された職務分掌に沿って行われている
21	常に環境変化を予測して，新たなビジネスを模索している
46	客観的な事実やデータを重視した経営管理が行われている
1	全社的な経営理念をメンバー全員が共有している
13	着実な改善が重視され，実現性の高い計画が策定されている
6	無理な投資を避け，持続的な成長を目指している
24	安定した収益を確保することが優先されている
4	既存事業の競争力を維持することが重視されている
31	予算は前年度実績を前提にして，新規事業分を積み上げるかたちで編成されている
42	業務は部門単位に遂行され，部門間の調整は部門長が行う
17	情報は指示・報告のかたちで，主に階層関係を軸に交換されている
18	職場の規律が重視され，厳格な雰囲気で運営されている

寄与率

組織特性に関する因子分析結果

組織特性 因子1 創造的 従業員 志向的	組織特性 因子2 規範 主義的	組織特性 因子3 保守的 閉鎖的	Cronbach's alpha
0.80	0.00	−0.20	
0.76	0.03	−0.05	
0.76	−0.03	−0.06	
0.68	−0.30	0.02	
0.56	0.13	−0.02	0.89
0.53	0.24	−0.04	
0.46	0.28	0.03	
0.45	0.30	0.12	
0.44	0.16	0.06	
0.43	0.19	0.14	
0.42	0.02	−0.21	
0.04	0.77	−0.13	
0.13	0.66	−0.22	
0.45	−0.65	0.34	
0.09	0.62	0.03	
0.19	0.61	0.09	
0.08	0.56	0.26	0.83
0.04	0.56	0.17	
0.29	0.51	−0.30	
0.14	0.51	0.14	
0.32	0.43	−0.05	
0.07	0.41	0.29	
−0.01	−0.04	0.64	
−0.18	0.10	0.56	
−0.04	0.05	0.49	
0.01	−0.28	0.48	0.71
−0.23	0.10	0.43	
−0.08	−0.02	0.42	
0.13	0.28	0.39	
6.29	6.79	2.83	

図表7-5　記述統計量

	度数	最小値	最大値	平均値	標準偏差	歪度	尖度
創造的従業員志向	80	2.27	4.73	3.20	0.56	0.45	−0.35
規範主義的	80	2.00	4.73	3.53	0.57	−0.25	0.22
保守的閉鎖的	80	1.86	4.71	3.63	0.49	−0.63	1.44
会計情報	80	1.00	5.00	4.09	0.73	−1.22	3.02
顧客満足，プロセス連携	80	1.75	5.00	3.63	0.63	−0.55	0.95
マネジメント対応	80	0.75	3.75	2.45	0.53	−0.42	1.36
業務データの部門間活用	80	1.75	5.00	3.62	0.77	−0.20	−0.61
会計情報の部門間活用	80	1.00	5.00	2.83	1.21	−0.64	−1.09
パフォーマンス	80	−1.57	55.91	1.68	7.81	5.68	34.95

的，機能，および組織特性に関する各因子に対する企業ごとの数値を，その因子に属する質問項目の単純平均をもって測定する．これらの企業ごとの因子に関する数値と上述のパフォーマンスに関する9つの数値についての相関分析を通じて，各数値間の関係性を検討していく．以上の分析対象となる数値の基本統計量が図表7-5である．

3．分析結果

(1)会計情報システムの目的と組織特性の関係

会計情報ステムの目的から抽出された「会計情報の充実」，「顧客満足・プロセス連携の充実」，「マネジメント対応の充実」因子の企業ごとの数値と，組織特性から抽出された「創造的・従業員志向的」，「規範主義的」，「保守的・閉鎖的」因子の企業ごとの数値間の相関分析を行った．各数値間のスピアマンの相関係数を示したものが図表7-6である．

相関分析の結果と見ると，「創造的・従業員志向的」の組織特性の程度が高い企業は，「顧客満足・プロセス連携の充実」，「マネジメント対応の充実」を重視する程度が高いことが分かる．つまり，創造的・従業員志向的な企業ほど，

図表7-6　会計情報システムの目的と組織特性の関係

	創造的従業員志向	規範主義的	保守的閉鎖的
会計情報	0.13	0.34 (**)	0.27 (*)
顧客満足，プロセス連携	0.22 (*)	0.39 (**)	0.07
マネジメント対応	0.32 (**)	0.45 (**)	0.23 (*)

注1) **. 1% 水準で有意, *. 5% 水準で有意.

捕捉・貯蔵されたビジネス活動についてのデータを顧客指向の観点やマネジメント管理の向上のために積極的に活用しようとする程度が高いといえる．

第2に，「規範主義的」の組織特性の程度が高い企業は，すべての目的に関心が高いことが分かる．1つの解釈とすれば，次のように考えることができる．すなわち，企業の情報システム化は，歴史が長い企業ほど，既存システムとの調整や連携を考える必要があるので，長期的な観点から段階的に，情報システムの統合化をはかっていく必要があるといえる．そのような試みの一つとして，今日では全体最適，長期的な視点をスローガンに業務と情報システムの統合化を図っていくEA (Enterprise Architecture) フレームワークが注目されている (CIO Council, 2001, Appendix B; Schekkerman, 2004)．「規範主義的」の組織特性の程度が高い企業とは，そのようなEAの取組みや趣旨と呼応し長期的・戦略的な観点に立って，「会計情報の充実」，「顧客満足・プロセス連携の充実」，「マネジメント対応の充実」の目的を同時追求しようとしていると解釈できる．

第3に，「保守的」の組織特性の程度が高い企業は，伝統的な会計情報システムの目的である「会計情報の充実」，「マネジメント対応の充実」を重視することが分かる．

(2) 会計情報システムの機能と目的の関係

会計情報ステムの目的から抽出された「会計情報の充実」，「顧客満足・プロセス連携の充実」，「マネジメント対応の充実」因子の企業ごとの数値と，機能から抽出された「会計データの部門間活用」，「会計情報の部門間活用」因子の企業ごとの数値間の相関分析を行った．各数値間のスピアマンの相関係数を示

図表7-7　会計情報システムの機能と目的の関係

	会計情報	顧客満足, プロセス連携	マネジメント対応
業務データの部門間活用	0.15	0.17	0.12
会計情報の部門間活用	0.14	0.10	0.19

注1）**．1％水準で有意，*．5％水準で有意．

したものが図表7-7である．

相関分析の結果と見ると，これらの数値間には，相関関係は見られなかった．つまり，業務データや会計情報の部門間活用の水準，すなわち取引データの利用水準といかなる目的にしたがって再構築を進めるかについては関連が見られなかった．

（3）会計情報システムの機能と組織特性の関係

会計情報ステムの機能から抽出された「会計データの部門間活用」，「会計情報の部門間活用」因子の企業ごとの数値と，組織特性から抽出された「創造的・従業員志向的」，「規範主義的」，「保守的・閉鎖的」因子の企業ごとの数値間の相関分析を行った．各数値間のスピアマンの相関係数を示したものが図表7-8である．

相関分析の結果を見ると，「業務データの部門間活用」と「会計情報の部門間活用」を重視する程度が高い企業は，「規範主義的」の組織特性の程度が高いことがわかる．一つの解釈とすれば，業務データや会計情報の部門間活用とは，データ連携や共通データとして効率的に行える統合型の会計情報システムが前提となる．そのような統合型のシステムとは，それまでの特定項目や機能ごとに構築されてきた情報システムを，長期的な観点から漸進的に統合化させ

図表7-8　会計情報システムの機能と組織特性の関係

	創造的従業員志向	規範主義的	保守的閉鎖的
業務データの部門間活用	0.08	0.36　(**)	0.049
会計情報の部門間活用	0.12	0.24　(*)	-0.02

注1）**．1％水準で有意，*．5％水準で有意．

ることが必要になるので，長期的な戦略が表明され，秩序を重視した管理が行われ，客観的な事実やデータを重視する規範主義的な特性の程度が高くなるといえよう．

(4) 会計情報システムの目的とパフォーマンスの関係

会計情報ステムの目的から抽出された「会計情報の充実」，「顧客満足・プロセス連携の充実」，「マネジメント対応の充実」因子の企業ごとの数値と，業界平均の営業利益に対する企業の営業利益の水準との間の相関分析を行った．各数値間のスピアマンの相関係数を示したものが図表7-9（上部）である．

相関分析の結果を見ると，「顧客満足・プロセス連携の充実」，「マネジメント対応の充実」目的を重視する程度が高い企業においては，パフォーマンスと正の相関関係が見られた．目的とは，再構築を行うにあたっての出発点を示すにすぎないので，どのように目的が具体化されたのかについては今回の調査においては明らかにはならない．しかしながら，企業間および企業内のビジネス活動についてのデータの連携，効果的なマネジメント，顧客志向という観点から，再構築やデータの活用を展開していくならば，パフォーマンスが正になるということである．

顧客要求が多様化し，これまで以上に迅速な対応が求められる今日において

図表7-9 機能，目的，組織特性，パフォーマンスの関係

	業界平均に対する営業利益の水準
会計情報	0.04
顧客満足，プロセス連携	0.25 (*)
マネジメント対応	0.22 (*)
業務データの部門間活用	0.04
会計情報の部門間活用	−0.07
創造的従業員志向	0.13
規範主義的	0.19
保守的閉鎖的	0.06

注1) **．1％水準で有意，*．5％水準で有意．

は，提供側の立場による単なる効率化から，「顧客の立場」にたって「利用者側」と「提供者側」とが一体となって価値創造ないし「価値共創」できるかが重要になることが指摘されている（Plaralad & Ramaswamy, 2000；堀内・金, 2005）．まさに顧客志向・プロセス連携についての目的設定とはそうした「価値共創」を重視する姿勢のあらわれと解釈できよう．

(5) 会計情報システムの機能とパフォーマンスの関係

会計情報ステムの機能から抽出された「業務データの部門間活用」，「会計情報の部門間活用」因子の企業ごとの数値と，業界平均の営業利益に対する各企業の営業利益の水準との間の相関分析を行った．各数値間のスピアマンの相関係数を示したものが図表7-9（中部）である．

相関分析の結果と見ると，これらの変数間には，相関関係は見られなかった．つまり，パフォーマンスと業務データや会計情報の部門間活用の水準，すなわちデータの利用水準については関連が見られなかった．業務データや会計情報の部門間利用の程度が高いということが直接的には正のパフォーマンスに結びつかず，上記(4)で明らかなように，顧客志向や効果的なマネジメントという観点から再構築やデータ活用が展開されて始めて正のパフォーマンスに結びつくことになる．だとすると，今日的な会計情報システムの重要な課題とは，業務データや会計情報の部門間連携や統合をいかに図るのかということから，そのデータや情報をいかに顧客志向や効果的なマネジメントにむすびつけることができるかにシフトしてきているといえよう．

(6) 組織特性とパフォーマンスの関係

組織特性から抽出された「創造的・従業員志向的」，「規範主義的」，「保守的・閉鎖的」因子の企業ごとの数値と，業界平均の営業利益に対する企業の営業利益の水準との間の相関分析を行った．各数値間のスピアマンの相関係数を示したものが図表7-9（下部）である．

相関分析の結果と見ると，これらの数値間には相関関係は見られなかった．

つまり，組織特性とパフォーマンスとは関連が見られなかった．

4．総括的検討

前節の相関分析によって見出された統計的に有意な関係についてのみを，図示すると図表7-10となる．図表の右側から左側に向かって理解していくならば，正のパフォーマンスにむすびつく会計情報システムを構築するためには，顧客志向・プロセス連携やマネジメント対応を重視する目的が重要になるということがわかる．そして，この目的とは，創造的・従業員志向的組織特性や規範主義的組織特性に影響を受けるということである．

反対に，図表の左側から右側に向かって理解していくならば，会計情報システムの扱うビジネス活動に関するデータの部門間活用水準や会計情報の部門間活用水準は，直接的にはパフォーマンスとの関係性は見られないことになる．しかしながら，特に顧客志向・プロセス連携を重視する場合に，パフォーマンスとの正の関係が見られることになる．

以上より，会計情報システムの今日の重要な課題とは，ビジネス活動に関するデータの有機的な連携・連動性の向上から，顧客志向という目的を満足させるべくデータ活用を行っていくことに軸足がシフトしていると理解できる．

しかしながら，顧客志向の観点からのデータの活用が重要であるにしても，いかに活用すべきかは，会計情報システムの再構築に先立って事前にすべて特定化できるものではない．なぜなら，意思決定とは何か，その目的とは何か，いかに計画したらよいのかということは，実際に業務活動を行う過程のなかで徐々に明確になってきたり，顧客や情報利用者との対話を通じて明らかになったり，環境変化や時の経過等々，状況に依存するものである（Lave & Wenger, 1991；Suchman, 1987；上野，1999）．予測可能性に基づき「実行前の学習」によって理論整然と目的設定や計画を立てることは現実的には困難だからである．やはり「実行による学習」によって歩みを進めるしかなかろう．すなわち，目的設定や計画とは，あらかじめ明確であり，その明確な目的や計画のために，

178 第1部 展　開

図表7-10　会計情報システムの目的，機能，組織特性，およびパフォーマンスとの関係

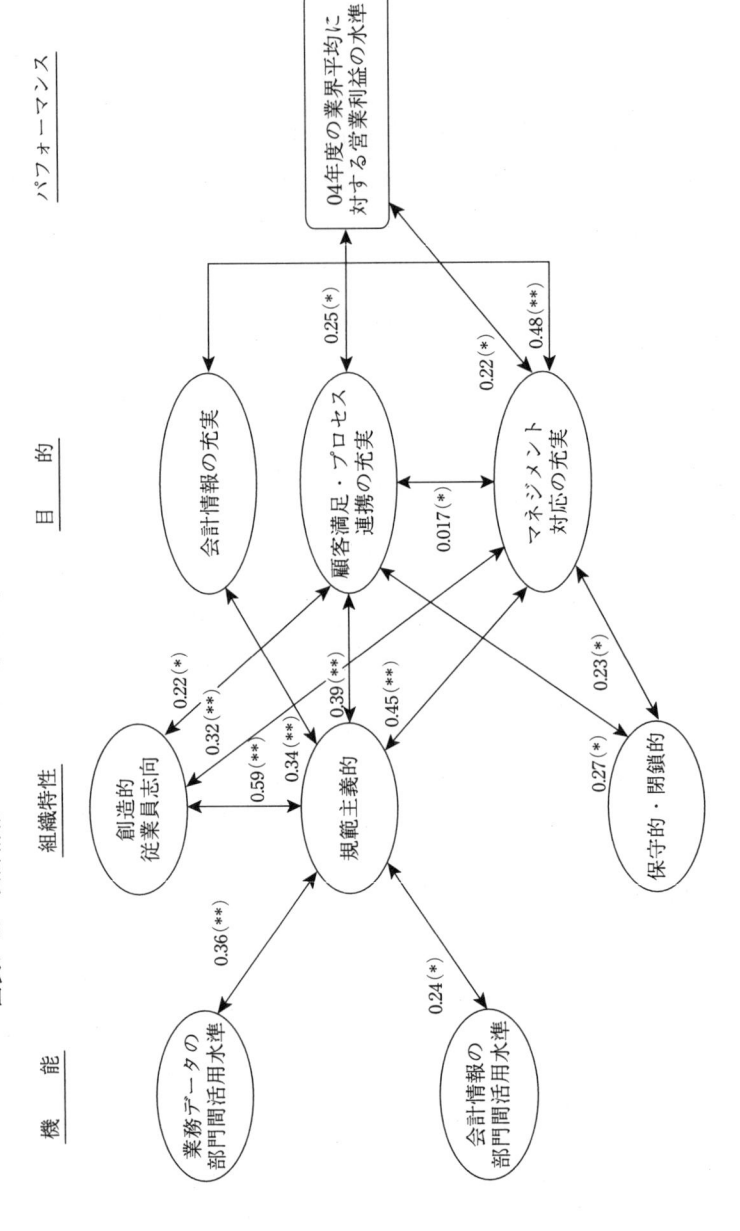

注1) **．1%水準で有意，*．5%水準で有意．
注2) 統計的に有意な関係のみについて図示．

さまざまな階層構造をなす下位課題や手続きが構想され，実行されるというのではない．そうではなく，歩みの中から効果的な取引データの活用や革新的・創発的レベルの活用が導びかれることになることが，Mintzberg (1987) の「創発型戦略 (emergent strategy)」でも明らかになっている．

したがって，このようなデータの有機的な連携・連動性を可能にする会計情報システムを効果的に利用したり最終的にパフォーマンスに結びつけるためには，その時々に生じる顧客要求や情報利用者の要求への対応を継続して行うことが重要となり，さらには継続的な対応を導く組織特性が重要になるといえよう．

5．むすびにかえて

本研究においては，会計情報システムの扱うビジネス活動に関するデータの統合化の程度が高まるということが，必ずしも効果的なデータ活用や企業のパフォーマンスの向上を約束するものではないだろう，という問題意識に基づいて，会計情報システムが扱うデータの運用・統合化の水準，再構築にむけての目的，それらに影響を及ぼす組織特性，およびパフォーマンスと関係性について，アンケート調査結果に基づいて検討してきた．

端的に結論をいえば，効果的な会計情報システムを再構築するためには，ビジネス活動に関するデータの統合化を図ることだけではなく，いかにそのデータを顧客志向を満足させるべく活用したり，マネジメント効率に結びつけることができるかが鍵となり，さらにそのための目的設定に影響を与える組織特性が重要になるということである．

しかしながら，目的とは，再構築を行うにあたっての出発点を示すにすぎない．それでは，その目的をいかに具体化させ価値あるものに結びつけるか，どのような体制で実施するのか，どのような手順で実施するのか，さらには環境変化に応じていかに組み替えていけばよいのだろうか．資源ベース理論の立場に立てば，ITベースの資源を構成するものには，物理的な「ITインフラストラ

クチャ」,技術的,管理的ITスキルからなる「人的IT資源」,およびITの利用からもたらされる「無形IT資源」であり,一体として機能するそれらの資源の組み合わせや,資源の組み換え能力をITケイパビリティとして捉えている(Bharadwaj, 2000; Grant, 1991；Ross et al, 1996；遠山, 2005；安積, 2004).

今後は,会計情報システムのケイパビリティとは何かについてより具体的な検討が必要になってくると思われる.すなわち,会計情報システムを構成する資源の組み合わせとは何か,また顧客志向の変化に気がつき,その変化に対応して資源を組み替えることに影響する要因とは何かということである.これらについては,今後の課題としたい.

注
1) 本章でのパフォーマンスの計算は次式.(個別企業の営業利益－業界平均の営業利益)÷業界平均の営業利益.

参考文献

安積淳(2004)「経営革新と情報化の実証研究―「関係性」という視点から―」『駿河台経済論集』Vol.13, No.2, 125-151.

Barney, J. B. (1991), "Firm resources and sustained competitive advantage," *Journal of management*, 17 (1), 99-120.

Barney, J. B. (2001), *Gaining & Sustaining Competitive Advantage*, 2nd ed., Prentice Hall.

Besanko, D., D. Dranove & M. Shanley (2000), *Economics of strategy*, 2nd ed, John Wiley & Sons. (奥村昭博・大林厚臣監訳『戦略の経済学』ダイヤモンド社, 2002年)

Bharadwaj, A. S. (2000), "A Resource-Based Perspective on Information Technology Capability and Firm Performance: An Empirical Investigation," *MIS Quarterly*, 24 (1), 169-96.

David, J. S., C. L. Dunn, W.E. McCarthy & R. S. Poston (1999), "The Research Pyramid: A Framework for Accounting Information Systems Research," *Journal of Information Systems*, 13 (1), 7-30.

Duncan, N. B. (1995), "Flexibility of IT Infrastructure," *Journal of Management of Information Systems*, 12 (2), 37-57.

Grant, R. M. (1991), "The Resource-Based Theory of Competitive Advantage: Implications

for Strategy Formulation," *California Management Review*, 33 (3), 114-135.
Hollander, A. S., E. L. Denna & J. O. Cherrington (1996), *Accounting Information Technology, and Business Solution*, Irwin.
堀内恵 (2004)「EA環境下における柔軟な e プロセス設計」『オフィス・オートメーション』Vol.25, No2, 41-48.
堀内恵・金載旻 (2005)「価値共創型ビジネス・プロセスの構築—特に韓国民願における行政情報化戦略の策定と実行から学ぶ—」『商学論纂』Vol.46, No.5, 357-400.
Lave, J. & E. Wenger (1991), *Situated learning: Legitimate peripheral participation*, Cambridge: Cambridge University Press.（佐伯胖訳『状況に埋め込まれた学習—正統的周辺参加』産業図書, 1993年）
Mintzberg, H. (1987), "Crafting Strategy," *Harvard Business Review*, 65 (4), 66-76.（ダイヤモンド社編集部「秩序ある計画化から工芸的に練りあげる戦略へ」,『ダイヤモンドハーバードビジネス』, 12(6), 4-17）
Porter, M. E. (2001), "Strategy and the Internet," *Harvard Business Review*, 79 (3), 62-79.（藤川佳則監訳,沢崎冬日訳「戦略の本質は変わらない」『ダイヤモンドハーバードビジネス』, 26 (5), 52-77）
Romney, M. B. & P. J. Steinbart (1999), *Accounting Information Systems*, 8th ed., Prentice-Hall.
Ross, J. W., C. M. Beath & D. L. Goodhue (1996), "Develop Long-Term Competitiveness through IT Assets," *Sloan management review*, 38 (1), 31-42.
Suchman, L. A (1987), *Plans and Situated Actions: The Problem of Human-Machine Communication*, Cambridge University Press.（佐伯胖監訳『プランと状況的行為』産業図書, 1999年）
遠山暁 (2005)「ダイナミック・ケイパビリティの進化と学習プロセス」『商学論纂』Vol.46, No.5, 263-303.
上野直樹 (1999)『仕事の中での学習—状況論的アプローチ—』東京大学出版会.
USA Federal CIO Council (1999), "Federal Enterprise Architecture Framework Version 1.1," http://www.cio.gov/documents/fedarch1.pdf.
Zachman, J. A. (1987), "A Framework for Information Systems Architecture," *IBM Systems*, 26 (3), 276-292.

第8章　原価意識の醸成における組織文化の影響

1．はじめに

「一般に，経済の高度成長期に急拡大した企業ほど高コスト体質になっていた」（日本経済新聞2005年9月26日号）といわれるように，わが国の，とくに製造業においては，高コスト体質であるがゆえに，原価管理は長年注目されてきた．原価管理の問題は，究極的には「人」の問題である．企業の経営活動での人の活動そのものを理解することが，コストを理解することに繋がる．また，原価低減活動も，人の活動の無駄を取り除くことによって達成しうるものである．

わが国の製造業における原価管理の活性化のためには，「人」の担い手である，企業の成員の活動，ひいてはその目標を達成するための共感こそ，重要であると思う．換言すれば，原価管理活動の条件として，原価管理活動の活性化には，成員の原価意識が高く高揚していることが必要である．それこそが，組織の成員の原価意識を醸成することであると思う．

しかしながら，原価意識がどのような過程で醸成されているのかは，企業によって異なると思う．トップダウン的に，何か政策的な意図を持って醸成されることもあるであろうし，企業の意識改革の一貫として目標に掲げられることもあるであろう．また逆に，現場での必要性から，ボトムアップ的に，自発的に，あるいは自然発生的に，醸成されることもあるであろう．その醸成過程は，それぞれの組織の土壌の違いに依拠すると思われる．堆肥が豊かな土壌であれば，容易に芽生えてくるであろうし，痩せた土地柄であるなら，なかなか芽吹かないであろう．

また，原価意識が確立されているとすると，それは，何らかの原価管理上の

効果が認められるから醸成されてきたと思う．また，成員がその原価管理上の効果について，認識しているからこそ，原価意識の重要性を認知しているともいえる．

本章では，原価意識の醸成に影響を与える「土壌」のひとつである「組織文化」が，原価意識の醸成にどのように影響しているのか，どのような組織文化が醸成を促進しているのかについて，わが国製造業に対する原価意識についてのアンケート調査に基づいて，考察するものである．

2．原価管理活動における原価意識の役割

Belkaoui（1978）によると，「会計は言語である．その語彙の特質と文法のルールは，利用者の言語的および非言語的行動に影響を及ぼす」「会計が企業の文化形成に影響を及ぼす」といわれている．原価意識もまた，現場作業者のモチベーションや，当該企業の文化形成にも影響を与えることもあるであろう．

原価管理活動における原価意識の醸成について，以下，3つの観点から検討したい．すなわち，①スキーマとしての原価意識の醸成について，②影響システムとしての原価意識の醸成，③エンパワメントとしての原価意識の醸成，である．

スキーマとは，世界を認知したり外界に働きかけたりする土台となる内的な枠組みをいう．人間はある情報に基づき行動し，その結果として認識が固定される．その固定化された認識の集合によって認識枠（スキーマ）が形成される．組織の場合での個人と同じように以上のような過程で組織内に共有されて認識枠を持ち，これをスキーマと呼ぶ（河田，1996，pp.211-212）．「世界を認知したり」，ということは，製造業の原価管理に置き換えれば，製造現場や全社レベルでの状況を意識的に認識しようとすること，まさに原価意識である．ここでの情報は，原価情報である．原価意識は，原価管理上のスキーマの機能を果たす上で，重要な要件であると位置づけられる．

次に，影響システムとは，特定の行動を促すことを意図して会計の仕組みを

利用するような場合，その会計システムは影響システムとして利用されていることになる．たとえば，コスト低減という目的達成のために，会計を影響システムとして利用することも可能である．影響システムとして会計を利用するということが，実体の正確な写像を目指す会計よりも優先される状況が存在することは確かである．原価意識もどの程度まで厳格に醸成してゆくのか，コスト偏重でありすぎると，原価管理という一連の活動そのものがかえって停滞してしまうおそれもある．また，一部では原価意識が高すぎ，また他では低すぎるということになることも，望ましくはない．

最後に，エンパワメントとの関係から述べたいと思う．Kaplan and Norton (1996) によると，学習と成長の視点における手段のひとつとして，従業員のモチベーションと組織環境について焦点をあてている．モチベーションされエンパワメントされている従業員の成果は，いくつかの業績評価指標で測定・評価することができる．その業績評価指標によって，企業の業績改善に前向きに取り組んでいる従業員を発見することができる．その業績指標のひとつとして，原価意識の醸成の程度も考慮すべきだと考える．原価意識の醸成が高度になされた成員は，原価管理への提案件数も当然増えて来るであろうし，自分の管轄外や，全社への意識の向け方が良い方向へ発展してくるからである．そこからの提案には，原価情報の共有化や，原価差異の原因分析への探求，さらには事後改善活動への具体的なアプローチが期待されるからである．

現実には，企業において，「原価意識（コスト意識）が足りない，原価意識を持て」という言葉はよく使われると思うが，もし，「今やった仕事では10,000円の費用がかかった」とはっきりコストを認識できれば原価意識は十分に高まるであろう．しかし，現実には，コストはそれほど眼でみるようには把握できない．しかし，より明確にコストを把握することが可能であれば，原価意識は自ずと高まってくると思われる．

もちろん，現場では，大まかなコストは掴んでいるはずである．職場で使用している物品であれば形状があるので，その形状を見て，過去の経験や知識に照らし，概ねいくらくらいの費用がかかるものかと，感覚的に捉えていること

が多いであろう．しかし，パソコンのランニングコストのように物品でない場合には，このように感覚でコストを掴むことは困難であろう．実際には，企業には後者のようなコストの方が多いのであるから，原価意識を高めることが重要になる．そこで，どのようにしたら，コストを捉えることができるのかが問題になるのである．そこで，原価管理目的における原価計算が必要になるが，その原価情報を，現場担当者が随時，逐次，目で見るようにコストを観察できる環境が必要である．

社内で発生するコストを金額で掴み，あたかも眼で見るかのようにすることは，コストを身近に感じることができるようになるので，原価意識が高まるようになる．すなわち，「原価意識を持て」という以前に，組織構成員の身近に原価情報があり，原価情報の共有化が図られている必要性がある（間舘，2003，pp.48-49）．

3．原価意識の醸成に必要な組織文化（モデルの構築）

管理者にとってメリットのある原価管理，すなわち「人」を動かす管理の手法があるとする．しかし，それが，現場に窮屈感をもたらすものであるとしたら，その効果には限界があるであろう．成員は、時として，嫌々でも指示に従うであろうが，効果は長続きしないであろう．しかし，その効果が，現場で認知されていて，現場にもメリットのあるものであり，よい雰囲気で働けるとすれば，どうであろうか．原価管理活動への取り組みが全社レベルに発展し，原価情報の共有化をもたらし，さらなる原価管理活動の活性化を促すことになる．

原価管理活動が活性化するためには，組織内における成員の原価意識の高揚が重要であると考える．では，原価意識の高揚には，どのような組織文化特性が最も望ましいであろうか．

業種による組織文化の違いも当然考えられる．梅澤（2003）よると，同じ組織でも，組織としての性格や種類は多様であるが，業種による違いは決定的で

ある,という(梅澤,2003,pp.114-117).業種ごとの特性は,企業活動のアウトプットの性質と,アウトプットを導くために投入される資源が,主として機械や道具といった装置であるか,知識やノウハウなどの情報であるか,という点である.これらの2つの視点から,業種は,①知識文化型,②商事文化型,③産業文化型,④奉仕文化型の4つの文化に類型化されている[1].

さらにこれら4つの文化の成果の値打ちは,①知価,②価格,③原価,④対価と提示されているが,製造業は③の産業文化型に類型化され,「原価」がまさにその成果と位置付けられいていることは注目に値する.製造業での「原価」の役割の重要性があらためて認識されるところである.

Hofsted (1991) によると,文化には強さと方向があり,第1には,企業文化の明瞭度・個性度・強度であり,第2には,企業文化の性質・性格・型・様式である.

また,以下3つの視角の全てを援用してゆく必要がある.すなわち,
①文化的諸要素の一貫性や共有性を強調する統合的視角,
②下位文化同士の対立・葛藤に着目する分化視角,
③文化的諸現象のはらむさまざまな曖昧さに焦点をあてる分裂視角,
である(佐藤・山田,2004,pp.75-76).

③の曖昧さを,管理者の立場からトップダウン式に一気にコントロールしようと試みても,期待通りの効果が上げられないばかりか,逆効果になることもある.現場の動きに通じた管理者であるほど,文化的な要素,すなわち組織文化の影響の重要性を認知しているであろう.原価意識の醸成にも,この曖昧さは関連している.組織の構成員が合意への圧力に屈して,規範的な要請に従っているだけなのかもしれないからである.

(1)モデルの構築

原価管理機能が効果的に発揮されるには,原価の責任区分を明確にし,原価の発生状況を逐次公開するなどして,従業員ひとりひとりが原価に対する意識すなわち原価意識を高めることが重要だと思われる.

よって，分析のテーマとして「組織文化が原価意識向上に与える影響」を掲げて，①原価意識の向上のための取り組みについて，②原価意識の向上によってもたらされる効果・原価管理への貢献について，アンケート調査によって分析を試みることとした．

ここでの組織文化とは，飯田（1991, 1993）の組織文化の階層の「第2」を意図し，具体的な組織文化の要素として，「実務・利潤」，「分権的」，「挑戦的」，「コミュニケーション重視」，「変化への適応」，「人間観」，「柔軟性」が，原価意識醸成を促進するポジティブな要素として仮定した[2]．

その仮定した組織文化のもとで，①企業の原価意識の高揚のための取り組みが活性化されているのか，さらに，②原価意識の高揚による効果として，原価管理の活性化が促進されているのか，について問うクエスチョニアを設定した．すなわち，①は7問，②は18問である．分析モデルとクエスチョニアとの関係を以下に示す．

＜分析モデルとクエスチョネアの関係＞

組 織 文 化
実務・利潤, 分権的, 挑戦的, コミュニケーション重視, 変化への適応, 人間観, 柔軟性

↓ ① 7問（5-1〜5-7）

原価意識の高揚（のための取り組み）

↓ ② 18問（5-8〜5-25）

原価管理の活性化（原価意識の高揚による効果）

(2) アンケート調査の質問一覧

原価意識の向上に関する取り組み，またその効果について，上場企業の製造業にアンケート調査を実施し，178社の製造部門から回答が得られた．スケールは，質問に対して「まったく思わない」1，「どちらともいえない」3，「まったくそう思う」5であり，1と3の中間を2，3と5の中間を4とした．

アンケート調査における原価意識に関する質問数は25であり，原価意識の向上に関する取り組みおよび原価意識高揚による効果について問うものである．

＜クエスチョニア一覧＞
5-1　原価意識を従業員に浸透させるべき改革を積極的に行っている．
5-2　従業員に原価意識を徹底させるための情報化投資を行った．
5-3　従業員の原価意識を醸成するための研究会・ミーティングを定期的に開催している．
5-4　工数管理システムを構築している．
5-5　原価発生の現状を把握のために，業務原価の総洗い出しを行った．
5-6　全従業員が原価意識を共有できる管理システムを構築している．
5-7　適正原価を求め，それと実際原価とを比較し，原価差異の分析を行っている．
5-8　予算管理による管理を徹底している．
5-9　業務改善が促進した．
5-10　コストダウンが促進した．
5-11　従業員の「やりがい」へとつながった．
5-12　コストダウンの勘所が明確に認識できるようになった．
5-13　的確な指示を出せるようになった．
5-14　効率の良い業務ができるようになった．
5-15　トータル的な発想や創造力が強化されてきた．
5-16　全従業員がいち早く原価情報を共有するようになった．
5-17　全社的な利益が増加した．
5-18　原価差異の分析によって，販売業務の効率性が高まった．
5-19　原価改善活動への意欲が高揚している．
5-20　現場作業の進捗に対して，原価の発生情報の参照が即座に可能になった．
5-21　他部門からの原価改善への示唆がもたらされた．
5-22　原価管理情報は，当事者・関係者のものとしてとどまる傾向が強い．

5-23 標準原価または目標原価の設定や改訂に対する従業員の協調性が高い．
5-24 現場当事者の問題の解決と是正行動への協調性が高まった．
5-25 全社的な原価管理システムを構築している．

4．製造業における原価意識醸成についての因子分析

(1) 製造部門の原価意識に関する分析

製造部門の原価意識に関する分析を行うにあたり，KMOおよびBartletの検定を行った．（図表8-1：KMOおよびBartlettの検定，参照のこと）

KMOは0.5より大きい場合，この観測変量を用いて因子分析を行う意味がある．Bartlettの球面性検定では，「仮説H0：分散共分散行列は単位行列の定数倍に等しい」を検定．有意確率が有意水準 $α=0.05$ より小さいために仮説H0は棄却できる．つまり，0ではない共分散が存在するので，観測変量間に何らかの関連があると推測できる．よって，原価意識の構成要素について，因子分析を以下，試行することとする．

前述の通り，原価意識に関するクエスチョニアは25問提示した．それらのクエスチョニアに対する回答のスケール (5, 4, 3, 2, 1) を集計し，SPSSを使用して因子分析を行い，構成要素（因子）を抽出する．

共通性の値が0に近い観測変量は，その因子分析に貢献していないので，取り除いた方が良い場合があるが，そのような変数は存在しない．（図表8-2：共通性，参照のこと）

因子抽出法としては，主因子法を採用した．クエスチョニアは25問であるので，観測変量は25ある．よって，形式的な因子数も25となるが，意味のある因子は初期の固有値が1より大きいもののみである．よって5つの因子が考えられる（図表8-3：説明された分散の合計，参照のこと）．なお，抽出された因子と観測変量との相関関係については，図表8-4：因子行列（a），図表8-5：回転後の因子行列（a），に示す．（図表8-4，図表8-5，参照のこと．）

図表 8-1　KMO および Bartlett の検定

Kaiser-Meyer-Olkin の標本妥当性の測度		.883
Bartlett の球面性検定	近似カイ2乗	1242.804
	自由度	300
	有意確率	.000

図表 8-2　共通性

	初　　期	因子抽出後
意識6.1	.657	.582
意識6.2	.633	.555
意識6.3	.594	.519
意識6.4	.560	.785
意識6.5	.635	.524
意識6.6	.717	.712
意識6.7	.513	.440
意識6.8	.381	.715
意識6.9	.616	.528
意識6.10	.643	.615
意識6.11	.638	.625
意識6.12	.697	.638
意識6.13	.677	.646
意識6.14	.622	.579
意識6.15	.592	.482
意識6.16	.685	.671
意識6.17	.606	.549
意識6.18	.551	.519
意識6.19	.710	.668
意識6.20	.599	.513
意識6.21	.490	.305
意識6.22	.274	.150
意識6.23	.701	.532
意識6.24	.678	.656
意識6.25	.650	.578

因子抽出法：主因子法

図表 8-3　説明された分散の合計

因子	初期の固有値 合計	初期の固有値 分散の%	初期の固有値 累積%	抽出後の負荷量平方和 合計	抽出後の負荷量平方和 分散の%	抽出後の負荷量平方和 累積%	回転後の負荷量平方和 合計	回転後の負荷量平方和 分散の%	回転後の負荷量平方和 累積%
1	10.893	43.572	43.572	10.472	41.888	41.888	4.256	17.025	17.025
2	1.471	5.885	49.457	1.096	4.386	46.274	3.633	14.532	31.556
3	1.328	5.310	54.768	.901	3.603	49.877	3.099	12.394	43.951
4	1.287	5.149	59.917	.871	3.482	53.359	1.667	6.670	50.621
5	1.106	4.425	64.342	.744	2.975	56.334	1.428	5.713	56.334
6	.994	3.976	68.317						
7	.843	3.370	71.688						
8	.781	3.124	74.811						
9	.712	2.849	77.660						
10	.656	2.623	80.283						
11	.571	2.283	82.566						
12	.513	2.051	84.617						
13	.481	1.923	86.540						
14	.459	1.835	88.375						
15	.417	1.666	90.041						
16	.392	1.568	91.610						
17	.349	1.396	93.006						
18	.301	1.205	94.211						
19	.285	1.140	95.351						
20	.269	1.075	96.426						
21	.250	1.000	97.427						
22	.205	.819	98.245						
23	.172	.690	98.935						
24	.164	.657	99.592						
25	.102	.408	100.000						

因子抽出法：主因子法

図表 8-4　因子行列（a）

	因子				
	1	2	3	4	5
意識6.19	.790	−.035	.087	−.033	.186
意識6.24	.746	.007	−.179	.243	−.090
意識6.12	.744	−.251	.019	.141	−.034
意識6.1	.716	−.224	.127	.035	−.036
意識6.14	.715	−.152	−.147	.117	−.095
意識6.5	.698	.129	−.140	.014	.015
意識6.6	.697	.265	.100	−.333	−.189
意識6.9	.689	−.174	−.020	−.084	.121
意識6.2	.685	.110	.043	−.198	−.180
意識6.10	.683	−.334	.001	.178	.072
意識6.3	.683	.064	−.048	−.180	−.116
意識6.13	.678	−.281	−.060	−.186	.262
意識6.23	.677	.105	.004	.249	−.009
意識6.16	.668	.100	−.084	−.234	−.392
意識6.15	.662	−.164	−.057	−.019	.116
意識6.20	.662	.096	−.215	−.136	−.032
意識6.17	.659	.046	−.129	.302	−.067
意識6.18	.651	.128	−.186	.153	−.143
意識6.11	.631	−.245	.063	−.289	.281
意識6.25	.621	.275	.087	−.277	.179
意識6.7	.572	.233	.179	.148	.067
意識6.21	.503	.054	.056	.197	−.080
意識6.4	.471	.593	.076	.190	.412
意識6.8	.362	−.046	.741	.103	−.150
意識6.22	−.221	.110	−.275	−.032	.109

因子抽出法：主因子法
a　5個の因子の抽出が試みらた．25回以上の反復が必要．
　（収束基準 =.002）．抽出が終了．

図表 8-5　回転後の因子行列（a）

	因子				
	1	2	3	4	5
意識6.24	.692	.269	.272	.159	.070
意識6.17	.655	.193	.191	.195	.092
意識6.14	.589	.380	.277	.019	.102
意識6.18	.583	.153	.353	.175	.022
意識6.23	.565	.214	.214	.296	.184
意識6.12	.557	.469	.193	.028	.264
意識6.10	.530	.529	.060	.015	.224
意識6.5	.460	.309	.381	.267	.014
意識6.21	.430	.127	.173	.173	.210
意識6.13	.249	.724	.217	.093	.057
意識6.11	.102	.720	.250	.126	.133
意識6.9	.340	.559	.264	.115	.130
意識6.19	.371	.550	.289	.311	.218
意識6.15	.381	.515	.219	.115	.099
意識6.1	.430	.471	.246	.044	.336
意識6.6	.185	.230	.722	.242	.213
意識6.16	.362	.168	.702	−.024	.132
意識6.2	.297	.271	.577	.141	.200
意識6.3	.327	.327	.526	.129	.111
意識6.25	.087	.365	.477	.448	.094
意識6.20	.378	.334	.475	.168	−.067
意識6.4	.236	.079	.118	.842	.003
意識6.7	.345	.157	.219	.423	.263
意識6.8	.070	.079	.093	.145	.821
意識6.22	−.093	−.100	−.072	.022	−.354

因子抽出法：主因子法　回転法：Kaiserの正規化を伴うバリマックス法
a　9回の反復で回転が収束した。（バリマックス回転して得られた因子負荷量）

以上の過程によって，原価意識に関する因子として，5つの因子を識別することができた（因子抽出法は主因子法，回転法は Kaiser の正規化を伴うバリマックス回転）．

また，識別した因子の信頼性分析（クロンバックの α）は，以下の通りである．すなわち，因子：α とすると，

　　因子1：$\alpha =$ .888
　　因子2：$\alpha =$ .873
　　因子3：$\alpha =$ .867

いずれも高い値なので信頼性があると認められる．ここでは，製造部門の組織文化の平均値を利用し，いずれの因子間でも相関関係がある（1％水準で有意）．

(2) 原価意識についての因子分析の結果

原価意識についての因子分析の結果，5つの因子が抽出された．質問番号は因子負荷量の多い順である．文字囲みされている質問番号は，とくに因子負荷量が多いもの（.655～）である．（クエスチョニアの番号は，「5-1」を「1」，と示している）

因子1：24, 17, 14, 18, 23, 12, 10, 5, 21（$\alpha =$ .888）
＜質問24＞現場当事者の問題解決と是正行動への協調性が高まった．
＜質問17＞全社的な利益が増加した．
＜質問14＞効率の良い業務ができるようになった．
＜質問18＞原価差異の分析によって，販売業務の効率性が高まった．
＜質問23＞標準原価または目標原価の設定や改訂に対する従業員の協調性が高まった．
＜質問12＞コストダウンの勘所が明確に認識できるようになった．
＜質問10＞コストダウンが促進した．
＜質問 5＞原価発生の現状を把握のために，業務原価の総洗い出しを行った．
＜質問21＞他部門からの原価改善への示唆がもたらされた．

因子2：13, 11, 9, 19, 15, 1 （$\alpha=.873$）
＜質問13＞的確な指示を出せるようになった．
＜質問11＞従業員の「やりがい」へとつながった．
＜質問 9＞業務改善が促進した．
＜質問19＞原価改善活動への意欲が高揚している．
＜質問15＞トータルな発想や創造力が強化されてきた．
＜質問 1＞原価意識を従業員に浸透させるべき改革を積極的に行っている．

因子3：6, 16, 2, 3, 25, 20 （$\alpha=.867$）
＜質問 6＞全従業員が原価意識を共有できる管理システムを構築している．
＜質問16＞全従業員がいち早く原価情報を共有できるようになった．
＜質問 2＞従業員に原価意識を徹底させるための情報化投資を行った．
＜質問 3＞従業員の原価意識を醸成するための研究会・ミーティングを定期的に開催している．
＜質問25＞全社的な原価管理システムを構築している．
＜質問20＞現場作業の進捗に対して，原価の発生情報の参照が即座に可能になった．

因子4：4, 7
＜質問 4＞工数管理システムを構築している．
＜質問 7＞適正原価を求め，それと実際原価とを比較し，原価差異の分析を行っている．

因子5：8
＜質問 8＞予算管理による管理を徹底している．

ただし，因子4と因子5は観測変量がそれぞれ，2個と1個と少ないので，因子とするのは不適当である．よって，本章での因子分析の結果得られる因子

は，因子1，因子2，因子3の3つとする．（以下，意識因子1，意識因子2，意識因子3，とする）

(3) 因子の構成概念

当初の分析モデルにおいて想定していた要素は，①企業の原価意識の高揚のための取り組みが活性化されているのか，②原価意識の高揚による効果として，原価管理の活性化が促進されているのか，であった（①は1〜7，②は8〜25）．因子分析の結果，①と②は相互に関連し合って，意識因子1，意識因子2，意識因子3として抽出されていることがわかった．以後，それぞれの因子の構成要素について，考察することとする．

意識因子1は，原価管理活動によって得られたポジティブな効果を認めるクエスチョニアが見受けられる（計9問）．「従業員の是正活動への協調性」「全社的な利益の増加」「業務の効率化」「コストダウンの認識や促進」などを認知していることがこの因子の特徴である．これらは，原価意識醸成によって高い効果が得られ，結果として，原価低減活動および原価改善活動に繋がっていることを示唆している．よって，意識因子1を，「原価意識醸成による効果の程度（略して「効果」）」とする．

意識因子2は，組織の成員の意欲を高揚させたり，促したりする，原価意識を高めるための雰囲気や気概にあふれた成員像を示すようなクエスチョニアが見受けられる（計6問）．「的確な指示が出せる」「やりがいがある」「業務改善の促進」「原価改善活動への意識の高揚」など，まさに成員の意識を克明に表しているのがこの因子の特徴である．これらは，原価意識醸成の程度を表すものであり，原価意識が高く醸成されているかどうかにかかわる要素である．よって，意識因子2を，「原価意識醸成の程度（略して「醸成の程度」）」とする．

意識因子3は，組織の成員の情報の共有化に関わる直接的なクエスチョニアが集結した（計6問）．「全社レベルでの原価意識の共有化」「全従業員よる原価情報の共有化」「全社的システム」「原価意識醸成のための研究会の開催」などがキーワードである．これらは，原価情報共有化の程度を示すものであり，共

有化が大いに進展しているかどうかにかかわる要素である．よって，意識因子3を，「原価情報共有化の程度（略して「共有化」）」とする．

以上，まとめると，因子分析の結果，以下の3つの因子が抽出されたことになる．すなわち，

　意識因子1：（効果）原価意識醸成による効果の程度
　意識因子2：（醸成の程度）原価意識醸成の程度
　意識因子3：（共有化）原価情報共有化の程度

である．これら抽出された因子をもとに，以下，組織文化との関連性を探索し，組織文化が原価意識の醸成ににどのような影響を与えているのか，分析していくこととする．

5．部門平均の組織文化と原価意識醸成についての関連性分析

次に，組織文化と原価意識の構成概念との相関関係について分析する．本章においてはまず，部門平均の組織文化との相関関係について言及する．

それに先立ち，まず，組織文化の因子分析の結果得られた，3つの構成要素，文化 (cul) 因子1，文化 (cul) 因子2，文化 (cul) 因子，を挙げる．すなわち，

　文化 (cul) 因子1：「創造的・従業員志向的」文化特性
　文化 (cul) 因子2：「規範主義的」文化特性
　文化 (cul) 因子3：「保守的・閉鎖的」文化特性

の3つの因子である．これらの3つの因子と，前章までに抽出した原価意識に関する因子

　意識因子1：（効果）原価意識醸成による効果の程度
　意識因子2：（醸成程度）原価意識醸成の程度
　意識因子3：（共有化）原価情報共有化の程度

との相関関係を，Pearsonの相関係数によって分析したものが以下の図表6：相関係数（部門平均）である．（図表8-6，参照のこと）

図表8-6 相関係数（部門平均）

		意識因子1	意識因子2	意識因子3
文化cul因子1	Pearsonの相関係数	.607 (**)	.552 (**)	.508 (**)
	有意確率（両側）	.000	.000	.000
	N	90	92	91
文化cul因子2	Pearsonの相関係数	.367 (**)	.366 (**)	.455 (**)
	有意確率（両側）	.000	.000	.000
	N	90	92	91
文化cul因子3	Pearsonの相関係数	.343 (**)	.505 (**)	.317 (**)
	有意確率（両側）	.001	.000	.002
	N	90	92	91

**相関係数は1％水準で有意（両側）．
*相関係数は5％水準で有意（両側）．

3つの文化因子と3つの意識因子は，それぞれ，相関係数1％水準で有意が認められた．以下，それぞれの相関関係について言及する．

文化因子1は，比較的どの因子にも強い相関関係が認められるが，意識因子1，意識因子2，意識因子3の順に相関関係が見いだせる．「創造的・従業員志向的」文化特性は，原価意識醸成による効果，原価意識醸成，原価情報共有化の順に強い影響を与えている．

文化因子2は，意識因子3に最も影響を与え，次いで，意識因子1および意識因子2との相関関係が見いだせる．「規範主義的」文化特性は，原価情報共有化に最も強い影響を与えており，原価意識醸成による効果の程度および原価意識醸成にも影響を及ぼしている．

文化因子3は，意識因子2に最も影響を与え，次いで，意識因子1および意識3との相関関係が見いだせる．「保守的・閉鎖的」文化特性は，原価意識醸成の程度に最も強い影響を与えており，原価意識醸成による効果の程度および原価情報共有化の程度にも影響を及ぼしている．

意識因子1は，文化因子1と最も強い相関関係が見いだせる．すなわち，原価意識醸成による効果の程度は，「創造的・従業員志向的」文化特性と関連性

が高い．

　意識因子2は，文化因子1と，次に文化因子3と強い関係が見いだせる．すなわち，原価意識醸成の程度は「創造的・従業員志向的」文化特性,「保守的・閉鎖的」文化特性と関連性が高い．

　意識因子3は，文化因子1，文化因子2，文化因子3という順で相関関係が見いだせる．よって，原価情報共有化の程度は,「創造的・従業員志向的」文化特性と最も関連性が高いが,「規範主義的」文化特性や「保守的・閉鎖的」文化特性にも関連性がある．

　以上の相関関係の分析から，以下の①から⑤の結果が得られた．
すなわち，

①創造的・従業員志向的特性は，原価意識醸成による効果を最も高め，原価意識醸成の程度も高く，原価情報共有化を進展させている．エンパワメントや権限の委譲が進んでいる組織においては，自ら進んで原価意識を醸成してゆこう，ゆくべきだ，と行動しうる文化がある．

②規範主義的文化特性は，原価情報共有化を最も進展させる．また，原価意識醸成による効果を高め，原価意識情報の程度を高める影響もある．

③保守的・閉鎖的文化特性は，原価意識醸成の程度を最も高める．また，原価意識醸成による効果や，原価情報共有化も進展させる影響もある．

④文化因子1と文化因子2を比較すると，文化因子1の方が原価意識の醸成に影響を多く与える．文化因子1と文化因子3を比較すると，文化因子1の方が原価意識の醸成に影響を多く与える．よって，原価意識醸成において最も影響をもたらす組織文化は，創造的・従業員志向的文化特性であるといえる．

⑤文化因子2と文化因子3を比較すると，原価意識醸成による効果には大差ないが，原価意識の醸成の程度においては文化因子3が強く影響し，原価情報の共有化においては文化因子2の方が強く影響している．すなわち，規範主義的文化特性は原価情報の共有化に影響を多くもたらす．しかし，原価情報の共有化は比較的進展しているとしても，原価意識醸成の程度や

その効果は高いとはいえない．また，保守的・閉鎖的文化特性は原価意識醸成の程度に影響を多くもたらすが，強制されて原価意識を植え付けることが可能であるとしても，原価意識醸成による効果は高いとはいえない．

以上の分析により，原価意識の醸成には，「創造的・従業員志向的」文化特性が最も望ましい組織文化の特性であることが判明した．「規範主義的」文化特性においても，「保守的・閉鎖的」文化特性においても，原価意識の醸成は，程度の差こそあれ，図られていることも判明した．原価意識は，自由闊達な雰囲気のなかでボトムアップ的に従業員自らが育んでいくことが望ましいものであるが，システマティックに導入すること，あるいは，トップダウン的に醸成してゆくこともまた可能である．

6. 製造部門の組織文化と原価意識醸成についての関連性分析

前節においては，部門平均の組織文化と原価意識の醸成との関連性を分析した．次に，組織文化と原価意識の構成概念との相関関係について，製造部門の組織文化との相関関係について言及する．

まず，製造部門の組織文化の因子分析の結果得られた，3つの構成要素，文化因子平均1，文化因子平均2，文化因子平均3，を挙げる．すなわち，

文化因子平均1：創造的文化特性

文化因子平均2：規範主義的文化特性

文化因子平均3：保守的・閉鎖的文化特性

の3つの因子である．これらの3つの因子と，抽出した原価意識に関する因子

意識因子1：（効果）原価意識醸成による効果の程度

意識因子2：（醸成程度）原価意識醸成の程度

意識因子3：（共有化）原価情報共有化の程度

との相関関係を，Pearsonの相関係数によって分析したものが以下の図表8-7：部門の平均を用いた組織文化の因子と原価意識の因子の相関関係，である．

（図表8-7，参照のこと）

図表8-7　相関係数（部門平均）

		意識因子1	意識因子2	意識因子3
文化因子平均1	Pearsonの相関係数	.443 (**)	.430 (**)	.400 (**)
	有意確率（両側）	.000	.000	.000
	N	89	91	90
文化因子平均2	Pearsonの相関係数	.456 (**)	.430 (**)	.303 (**)
	有意確率（両側）	.000	.000	.004
	N	89	91	90
文化因子平均3	Pearsonの相関係数	.034	.084	.255 (*)
	有意確率（両側）	.753	.431	.015
	N	89	91	90

＊＊相関係数は1％水準で有意（両側）．
＊相関係数は5％水準で有意（両側）．

　部門平均での組織文化特性の3つの文化因子と，3つの意識因子は，それぞれ，相関係数1％水準で有意が認められたのに対して，製造部門においては，全く異なる状況が把握できた．すなわち，文化因子平均3は，意識因子1と意識因子2とは，相関関係が認められない，という点が特徴的である．以下，それぞれの相関関係について言及する．

　文化因子平均1は，部門平均を用いた組織文化特性と同様に，原価意識醸成には強い相関関係が認められる．比較的どの因子にも強い相関関係が認められるが（1％水準で有意），意識因子1，意識因子2，意識因子3の順に相関関係が見いだせる．「創造的」文化特性は，原価意識醸成による効果，原価意識醸成，原価情報共有化の順に強い影響を与えている．

　文化因子平均2も相関関係が認められるが（1％水準で有意），部門平均を用いた組織文化特性とは影響の大きさの順位が異なる．意識因子1に最も影響を与え，次いで，意識因子2および意識因子3との相関関係が見いだせる．「規範主義的」文化特性もまた，「創造的」文化特性と同様に，原価意識醸成による効果，原価意識醸成，原価情報共有化の順に強い影響を与えている．

　文化因子平均3は，意識因子3に影響を与えるが（1％水準で有意），意識因

子1および意識2との相関関係は認められない．「保守的・閉鎖的」文化特性は，原価情報共有化の程度には影響を及ぼしているが，原価意識醸成による効果や，原価意識醸成には影響を及ぼしていないことが判明した．

　意識因子1は，文化因子平均2と最も強い相関関係が見いだせ，次いで文化因子平均1と相関関係が認められる．すなわち，原価意識醸成の程度は，「規範主義的」文化特性，と，「創造的」文化特性と関連性が高い．

　意識因子2は，文化因子平均1と文化因子平均2と同程度の強い関係が見いだせる．すなわち，原価意識醸成の程度は「創造的」文化特性，「規範主義的」文化特性と関連性が高い．しかし，「保守的・閉鎖的」文化特性は原価意識の程度とは相関が認められない．

　意識因子3は，文化因子1，文化因子2，文化因子3という順で相関関係が見いだせる．これは，部門平均を用いた組織文化特性とほぼ同様である．よって，原価情報共有化の程度は，「創造的」文化特性と最も関連性が高いが，「規範主義的」文化特性や「保守的・閉鎖的」文化特性にも関連性がある．

　以上の相関関係の分析から，以下の①から⑥の結果が得られた．
すなわち，

　①創造的文化特性は，原価意識醸成による効果を最も高め，原価意識醸成の程度も高く，原価情報共有化を進展させている．エンパワメントや権限の委譲が進んでいる組織においては，自ら進んで原価意識を醸成してゆこうという組織文化がある．

　②規範主義的文化特性もまた，原価意識醸成による効果を最も高め，原価意識醸成の程度も高く，原価情報共有化を進展させている．原価意識の醸成やその効果は，必ずしも，創造的で自由な現場でなくても，醸成を促進するようなシステムを導入することによって，促進されることが判明した．

　③保守的・閉鎖的文化特性は，原価意識醸成による効果や原価意識醸成の程度には影響が及ばない．原価意識は，保守的であったり，閉鎖的な組織文化においては醸成しえないし，また，それゆえ醸成の効果も認められないのである．ただし，原価情報共有化については，このような組織文化にお

いても進展する可能性がある．

④文化因子平均1と文化因子平均2を比較すると，原価意識の醸成には同程度影響を与える．よって，原価意識醸成において影響をもたらす組織文化は，創造的文化特性と規範主義的文化特性であるといえる．

⑤さらに，文化因子平均1と文化因子平均2を比較すると，原価意識醸成による効果には大差ないが，原価意識の醸成による効果は規範的・閉鎖的文化特性が強く影響し，次いで創造的文化特性が影響している．これは，原価意識が高まった結果としての効果は，従業員のやる気に任せるのみならず，原価管理システムを構築していくことがより高い効果をもたらすものであるとわかる．

⑥原価情報共有化の程度においては，文化因子平均1が強く影響し，次いで文化因子平均2の方が強く影響している．すなわち，創造的文化特性は，原価情報の共有化に影響を多くもたらす．また，保守的・閉鎖的文化特性は原価意識醸成の程度には影響を及ぼさないが，原価情報の共有化には関連性がある．

以上の分析により，製造部門においては，創造的文化特性と規範主義的文化特性が原価意識の醸成に関連し，保守的・閉鎖的文化特性は総じて影響が少ないといえる．特に，意識因子1や意識因子2のような，原価意識の醸成を直截的に表す因子については，とくにその傾向が強い．しかし，原価情報の共有化については，組織文化特性の違いにより影響の大小はあるものの，保守的・閉鎖的な文化特性とも相関が見いだせる．

製造業における原価意識の醸成には，従来型のシステマティックな原価管理システムの構築も効果的である．しかし，成員個々人の活躍を重要視するような組織文化においても，同様の効果を発揮することができる．原価管理活動の活性化には，成員に枠をはめることも大事であるし，成員の創造性も重視することも同等に重要である．それは，原価管理活動そのものが，たとえば原価標準のような目標や指標をたてて成員に提示し，その目標を達成するように働きかけることがその中心であるので，規範的な要素は元来保持されているもので

ある．その規範性のなかで，成員の創造性を高めてゆく文化造りは，原価管理活動の活性化に貢献しうると思われる．

　原価意識は土壌に植え付けられるものではなく，成員の積極的な関与によって，原価意識が成員に自発的に芽生えるような仕組み造りもまた重要であると考える．

　出口（2004, pp.150-152）によると，組織文化は表面的かつ具体的な行為とその背後にある概念（価値規範）から構成されるものであり，両者間のきわめて複雑な相互作用関係において理解するべきである，という．組織のメンバーに共有された価値規範の内容は必ずしも明確ではないし，その組織のメンバーの行為への影響もきわめて多様で一様なものではない．また価値規範もまた少なからず行為の影響を受ける．具体的な行為は，慣習的な行為と，価値規範に基づいて構築される臨機応変な行為である．創造的文化特性は，まさに，価値規範に基づいて構築される臨機応変的な行為を喚起するものではないか，と思う．

　価値規範は，さらに，①普遍的な価値規範と，②実践的な価値規範に分類することができる．①普遍的な価値規範とは，組織文化を緩やかに覆い，組織のメンバーの行為や組織におけるさまざまな制度やシステムを，理由や目的のレベルで根拠づける信念，価値観である．②実践的な価値規範とは，特定の立場や状況においてのみ適用される価値観とルールからなるものであり，直接的に具体的な行為につながっている．規範主義的文化特性は，まさに，ここでの実勢的な価値規範に通じるものではないかと思う．

　価値規範から行為への影響は，①価値規範が臨機応変な行為を構築するというもの（すなわち普遍的な価値規範），②価値規範が慣習的な行為を運用・制御するというもの（すなわち実践的な価値規範）がある．

　行為から価値規範への影響は，①臨機応変な行為およびそれがもたらした結果の解釈に基づいて，価値規範が再構築されるというプロセス，②慣習的な行為およびそれがもたらした結果の解釈に基づいて，価値規範が再構築されるというプロセスである．

　行為が望ましい結果をもたらしたならば従来の価値規範は強化され，望まし

い結果をもたらさないならば従来の価値規範が変化するかもしれない．両者は，このような連続的かつ循環的な関係にある．

　創造的文化特性でも，規範主義的文化特性でも，原価意識醸成に強い影響を与えているのは，製造部門のもの作りにおけるルール（規範）が現場に定着していることの1つの表れではないか，と解釈する．

7．まとめにかえて

　属人的アプローチとは，システム化するのではなく，トップを始めとする幹部が「何が大切か」を繰り返しメッセージとして伝達する人間依存のアプローチである．コストはかからない上に，時には強力な効果を発揮するアプローチである．システム的アプローチとは，ゴールに向けて確実に水が流れるように，システムで仕掛けを作って誘導することである．システムの硬直性という性格を利用して安定的・持続的効果が期待できるので，システム的アプローチをとることに越したことはない（河田，1996，pp.177-178）．

　この概念において，属人的アプローチは，創造的文化特性に表れており，システム的アプローチは、規範主義的文化特性に表れているといえる．部門平均においては，「人」が問題の中心であり，自律的な活動を支援することが専らの命題になると判明した．それに対して，製造部門においては，「人」の問題とともに，「システム」すなわち仕組み造りも重要であることがわかった．

　原価管理活動には，コスト基準を作成する，製品や部品のコストの見積と評価とする，コスト基準と実績値の差額を定量的に算定する，ことが基本である．さらに，原価管理活動を円滑化するためには，企業の利益を確保する上で，担当者や当該部門のみならず，原価情報の共有化が全社レベルで達成されることが重要である．また，一番重要なことは，全社員にコストの教育や啓蒙活動を進め，広く原価意識を，それぞれの土壌に植え付けていくことである．これらの一連の活動が相俟って，原価管理活動は，さらに活性化されると思われる．

注

1) 業種文化ごとの特性は，企業活動のアウトプットがどのような性格か，アウトプットを導くために投入される資源が主として機械や道具といった装置であるか，によって，以下4つ業種文化（①〜④）に区分される．
   ①知識文化型：放送・出版・公告，教育，調査，コンサルティング，証券・保険，他．
   ②商事文化型：百貨店，スーパー，専門店，商社，銀行，他．
   ③産業文化型：製造業，エネルギー産業，建設，鉱業，他．
   ④奉仕文化型：交通・通信，ホテル，警備保障，他．
2) それぞれの要素には対になる概念があるが，詳細は，組織文化の構成要素についての章に委ねることとする．

参 考 文 献

Belkaoui, A. (1978), *Behaviored Accounting: The Research and Practical issues*, Quorum Book.
出口将人（2004）『組織文化のマネジメント ―行為の共有と文化―』白桃書房．
Hofsted, G. (1991), *Cultures and Organizationd: software of mind interculturel cooperation and its inportance for survival*, McGraw-Hill.
飯田史彦（1991）「企業文化論の史的研究（1）」『商学論集』第60巻第1号，29-34．
飯田史彦（1993）「企業文化論の史的研究（2）」『商学論集』第61巻第4号，61-87．
加護野忠男（1988）『組織認識論』千倉書房．
Kaplan, R. S. & David P. Norton (1996), *Balanced Scorecard*, Harvard Business School Press.（吉川武男訳『バランス・スコア・カード』生産性出版，1997年）
加登豊（1993）『原価企画―戦略的コストマネジメント』日本経済新聞社．
河田信（1996）『プロダクト管理会計』中央経済社．
間舘正義（2003）『原価管理』日本実業出版社．
佐藤郁哉・山田真茂留（2004）『制度と文化―組織を動かす見えない力―』日本経済新聞社．
Shein, E. H. (1999), *The Corporate Culture Survival Guide*, Jossey-Bass Inc.（金子壽宏監訳『企業文化―生き残りの指針―』白桃書房，2004年）
梅澤正（2003）『組織文化・経営文化・企業文化』同文舘．
渡辺岳夫（2002）「管理会計情報と組織文化―情報の認知およびモチベーションとのインプリケーション―」『企業研究』第1号，127-156．

第9章 ミニ・プロフィットセンター制の効果に対する組織文化の影響

1. はじめに

ミニ・プロフィットセンター（以下，MPC）制とは，実際には売上げが生じない製造業の現場レベルの少人数の単位に，操作的に売上げを設定し，原価責任だけではなく利益責任をも課すシステムであり，利益意識の向上や企業家的な人材の育成が意図されている．近年，このMPCに関する研究が蓄積されつつある．その内容は多岐に亘るが，MPC制の導入効果を定量的に測定した研究，さらにはその効果に影響を及ぼす要因を特定し，影響メカニズムを定量的に明らかにした研究はごくわずかである[1]．しかし，実務におけるさらなるMPC制の発展・普及を考えれば，それらの研究の重要性は非常に高いといえるであろう．

そこで，本章では，MPC制を採用している39社をサンプルとして，当該制度の効果に対して組織文化が及ぼす影響を明らかにする．組織文化がMPC制の効果に対する影響要因の一つであるという指摘は，谷（1997）や谷・三矢（1998）などにおいて既になされており，渡辺（2005b）ではそれらの研究を発展させ，組織文化の次元をより明確化し，効果に対するその影響を定量的に分析している．しかし，渡辺（2005b）の分析対象は7つのサイトと少なく，しかもすべて住友電工㈱グループの関連会社である．したがって，得られた分析結果が住友電工グループにおける固有の文化現象である蓋然性も決して低くはなかった．したがって，本研究では，MPC制を採用する企業39社に分析対象を拡げ，組織文化をMPC制の効果に影響を及ぼす要因として指定することの妥当性と一般化可能性を高めることを意図しつつ，その影響メカニズムを検証することにする．

2．研究フレームワーク

(1) MPCの効果

本研究のフレームワークは図表9-1に示されている．最初に，MPC制に期待される効果とはいかなるものであるのかを明らかにしよう．

MPC制の主たる実施目的は，企業家的な人材の育成である（菅本，2003；三矢，2003）．育成の対象は組織階層の末端にいる現場のリーダーであり，彼らをたとえ擬似的ではあっても企業家として育成しようとする場合，自律性や経営者意識といったリアルな企業家が備えるべき特性を，いわば操作的に付与することが必要となる．特に自律性を育むためには，内発的動機づけを促進することが必要である[2]．なぜなら，内発的動機づけとは，その行動をすること自体が目的であるような行動（自己目的的行動）が生起し，維持されているプロセスであり，自律的行動のメカニズムの背後にあるエネルギーだと考えられているからである（McReynolds, 1971; Deci, 1975）[3]．つまり，MPC制に期待される効

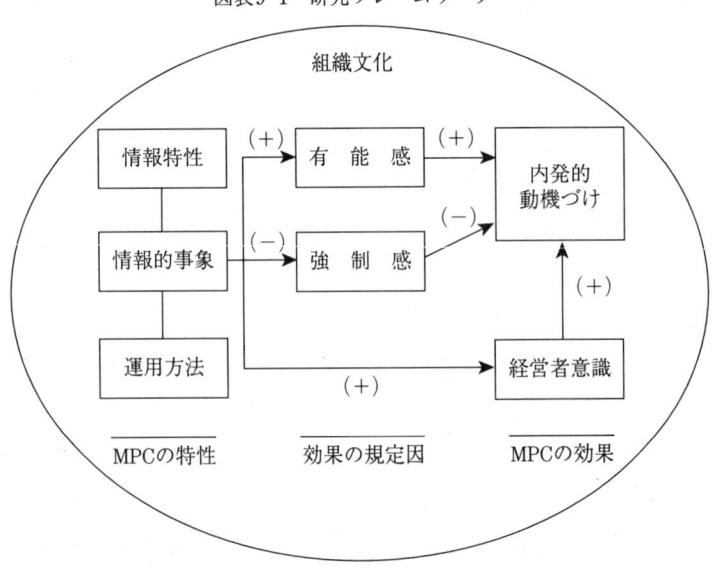

図表9-1 研究フレームワーク

果とは，内発的動機づけを促進し，かつ経営者意識を醸成することであると換言できるのである．

(2) 効果の規定因

効果を意図的に高めるためには，それに対する影響要因を特定し，有効に働きかける必要がある．内発的動機づけに対する影響要因としては，Deci & Ryan (1985) の認知的評価理論によれば，有能感と強制感をあげることができる．当該理論では，行為者の有能感が高まれば内発的動機づけは促進され，逆に強制感が高まれば内発的動機づけは抑制されるという仮説が提示されている．渡辺 (2004) では，MPC制の一種である住友電工(株)グループのラインカンパニー制を対象にしてその仮説を検証し，それを支持する結果を得ている．なお，渡辺 (2004) では，有能感を，自分は仕事が良くできる，仕事に関する問題はたいてい解決できる，などに対する認知程度で捉え，強制感を仕事中に緊張や不安を感知する程度で捉えている．

分析対象を拡げた本研究においても以下の仮説1-1と1-2を検証し，有能感と強制感の内発的動機づけ規定因としての妥当性を確認することにする．

仮説1-1「有能感が高まれば，内発的動機づけは促進される」

仮説1-2「強制感が高まれば，内発的動機づけは抑制される」

さらに，ここでは，経営者意識もまた内発的動機づけに対する影響要因の一つとして位置づけることにする．両者の間には強い正の相関関係があることは，渡辺 (2004) においても明らかにされている．上述したように，本研究では，経営者意識をMPC制の効果の1つとみなすが，同時にもう一方の効果 (内発的動機づけ) に対する規定因としても位置づけ，下記の仮説2を設けることにする．

仮説2「経営者意識が高まれば，内発的動機づけは促進される」

(3) MPC制の特性

ここでは，MPC制の特性を捉える切り口として，渡辺（2004）で用いられている「MPC制が提供する会計情報上の特性（以下，情報特性）」および「MPC制の運用上の特性（以下，運用方法）」という観点を援用することにする．それによれば，情報特性の側面は，目標の理解の容易さ，フィードバックの適時性，努力結果の反映度，およびモニタリング感の4つの変数から構成され，運用方法の側面は，参加の程度，自由裁量度，自己評価度，到達度評価度，および目標達成の強調度の5つの変数から構成されている．なお，各変数の意味は図表9-2に要約されている．

渡辺（2004）では，図表9-2の各変数の特性を鑑み，目標の理解の容易さ，フィードバックの適時性，努力結果の反映度，参加の程度，自由裁量度，自己評価度，および到達度評価度を「情報的事象」，モニタリング感と目標達成の強調度を「制御的事象」として位置づけている．Deci & Ryan（1985, pp.95-96）によれば，情報的事象とは「選択を認め（すなわち無益な圧力から自由であり），環境と効果的に相互作用する意図のある当人にとって有用な情報を提供するような事象であり，したがって，行動を制御する意図としてではなく，自律性を支援するものとして経験されるような」外的事象を指し，制御的事象とは「特定の方向で思考し，感じ，あるいは行動するように強いる圧力として経験され

図表9-2　MPC制の特性に関する変数

情報特性	目標の理解の容易さ	目標とすべき指標のわかりやすさ
	フィードバックの適時性	実績値のフィードバックのタイムリーネス
	努力結果の反映度	努力の結果が指標に反映されている程度
	モニタリング感	MPCを通じた測定行為に対して現場の人間が感じるモニタリング感の程度
運用方法	参加の程度	目標設定に際し，現場の意見を取り入れている程度
	自由裁量度	権限委譲の程度
	自己評価度	現場の人間に自ら実績を測定・チェックさせている程度
	到達度評価度	目標に対する到達度による評価を重視している程度
	目標達成の強調度	利益目標の達成を強調している程度

る」外的事象のことを意味する．

　認知的評価理論では，外的事象を情報的であると認知した場合，行為者は有能感を感知し，外的事象を制御的であると認知した場合，行為者は圧迫感や緊張などの強制感を感知する，と解釈されている．また，このことは換言すれば，情報的事象は強制感を低め，制御的事象は有能感を低めることを意味する．渡辺（2004）は，情報的事象に関する諸変数と有能感の間および制御的事象に関する諸変数と強制感の間に正の相関関係を，前者の諸変数と強制感の間および後者の諸変数と有能感の間に負の相関関係を見出している．

　このように情報的事象と制御的事象は有能感と強制感にそれぞれ対照的な影響を及ぼしていることから，本研究では便宜的に制御的事象に関する変数を情報的事象の逆転変数として処理し，下記のような仮説3-1と3-2を設けることにする．

仮説3-1「MPC制の情報特性・運用方法が情報的事象であるほど，有能感は高まる」

仮説3-2「MPC制の情報特性・運用方法が情報的事象であるほど，強制感は低まる」

　さらに，ここでは，情報的事象は経営者意識に対する影響要因でもあると位置づける．渡辺（2004）はその妥当性を確認している．そこで下記の仮説4を設けることにする．

仮説4「MPC制の情報特性・運用方法が情報的事象であるほど，経営者意識は高まる」

（4）MPC制の効果と組織文化

MPC制の効果と組織文化の関係を定量的に分析した先行研究は，渡辺

(2005b) のみである．そこでは，MPC制の利益責任単位のリーダーがその情報特性や運用方法をどのように「認知」しているかが測定されており，組織文化はそれらに対する認知前提として機能していると仮定されている．つまり，組織文化は直接的にはリーダーの認知に影響を及ぼすものであり，その認知を通じて有能感・強制感の高低が規定され，内発的動機づけに間接的に影響を及ぼしていると考えているのである．そして，そのような仮定を支持する結果を渡辺 (2005b) は得ている．

ところで，本研究における質問票調査の回答主体は，MPC制のリーダーの上司に当たる製造部長である．つまり，製造部長の目から見て，リーダーがMPC制の情報特性や運用方法をどのように感じているかが測定されているのである．したがって，渡辺 (2005b) で得られた組織文化とMPC制の関係に関する知見は，本研究では参考程度にしか扱うことができず，具体的な組織文化の次元とMPC制の効果との関係について明示的な仮説を設けることはできなかった．本研究では，両者の関係についての仮説発見を目指すことにする．

3．研究アプローチ

本研究の分析は2003年冬に行われた質問票調査，そのうち特に製造部門に対する調査に基づいている．本研究に関わり作成・利用された質問票は次のとおりである．組織文化に関する質問票（以下，OCQ），MPC制の特性に関する質問票（以下，MPCQ），およびMPC制の効果および規定因に関する質問票（以下，IMDQ）である．OCQについては第2章で詳述されているので，ここでは触れない．MPCQは，MPC制の情報特性および運用方法に対する現場の人間の反応を製造部長に問うものである．そして，IMDQは，現場の人間の内発的動機づけおよびその規定因（有能感，強制感および経営者意識）の状態について，製造部長に問うものである．

MPCQの質問項目は，同制度に関するケース・スタディ研究（例えば，菅本，2003；住友電気工業㈱生産技術部，2000）を参考にして作成された渡辺 (2004) の

質問項目を，製造部長に対する質問として再構築した．IMQの質問項目は心理学関連の文献（鹿毛, 1996；Harter, 1981, 1982；櫻井, 1990）に基づき作成された渡辺（2004）を参考にして開発された．

4．変数の測定

上記の質問票のすべての項目は，5ポイント・リッカート・スケールにより評点化された（「1」はまったくそのようなことはない，「5」はまったくそのとおり）．なお，複数の質問項目から構成される変数については，構成する全項目の単純平均値をもって測定している．

最初に，MPCの特性（情報特性と運用方法）が，どの程度情報的事象としてMPCの構成員間で認知されているのかを表す変数について言及する．第1に，情報特性の情報的事象度（以下，情報的情報度）を表す変数は，図表9-2の目標の理解の容易さ，努力結果の反映度，フィードバックの適時性，およびモニタリング感の4つの質問項目に対する回答結果を合成し作成した[4]．第2に，運用方法の情報的事象度（以下，情報的運用度）を表す変数は，図表9-2の参加の程度，自由裁量度，自己評価度，および到達度評価度の4つの質問項目に対する回答結果を合成し作成した[5]．

次いで，内発的動機づけ規定因についてであるが，有能感は巻末の質問項目3-10，強制感は同じく3-11の単一の項目によって測定し，経営者意識は3-16から3-19までの4つの項目を合成し作成した．

内発的動機づけは渡辺（2004）に従い，自律性，挑戦感，好奇心，達成感および面白さの5つの変数から構成されるものとした．「自律性」は仕事や改善に自律的に取り組む度合い（巻末の質問項目3-5），「挑戦感」は困難な目標に対する選好度（同3-6），「好奇心」は知識に対する欲求度（同3-7），「達成感」は目標達成時に達成感・充実感を感知する程度（同3-8）で測定された．なお，「面白さ」は，内発的動機づけ状態にある場合に典型的に感知されるとされる情緒的側面に関する変数であり，巻末の質問項目3-9によって測定された．

216 第1部 展　開

図表9-3　変数の基本統計量

変　数		度数	平均値	標準偏差	Cronbach's alpha	質問項目数
MPC特性の情報的事象度	情報的情報度	38	3.49	0.488	0.68	4
	情報的運用度	39	3.87	0.564	0.72	4
内発的動機づけ規定因	有能感	38	3.23	0.611	—	1
	強制感	38	3.16	0.75	—	1
	経営者意識	38	3.88	0.522	0.81	4
内発的動機づけ	自律性	38	3.76	0.675	—	1
	挑戦感	38	3.66	0.669	—	1
	好奇心	38	3.61	0.638	—	1
	達成感	38	3.42	0.793	—	1
	面白さ	38	3.21	0.704	—	1
組織文化特性	創造的文化	39	3.67	0.486	0.87	13
	保守的閉鎖的文化	39	3.91	0.460	0.84	9
	従業員志向的文化	39	3.33	0.440	0.74	7

図表9-4　仮説の構造

最後に，組織文化に関する変数についてであるが，第3章で抽出された製造部門に関する組織文化特性である，保守的閉鎖的文化特性，創造的文化特性，および従業員志向的文化特性の3つの変数を用いることにする[6]．

以上の変数の基本統計量は，図表9-3に示されている．また，変数の測定結果を取り入れると，図表9-1の研究フレームワークを図表9-4のように整理することができる．

5．分析結果

MPC制の効果に対する組織文化の影響メカニズムを検証するために，モデル1からモデル10まで合計10パターンの重回帰分析を行った（図表9-6参照）．なお，図表9-5には，各変数間のピアソン積率相関係数とスピアマンの順位相関係数を示している．

各重回帰モデルの概要は次のとおりである．なお，いずれのモデルにおいても，組織文化の影響メカニズムを探索するために，保守的閉鎖的文化特性，創造的文化特性，および従業員志向的文化特性の3つの組織文化特性を独立変数に含めている．

モデル1と2は，MPC制の情報特性および運用方法がそれぞれ情報的事象として認知される程度（情報的情報度および情報的運用度）に組織文化特性が及ぼす影響を検証するためのモデルである．モデル3から5は，組織文化特性の影響を考慮しつつ，情報的情報度と情報的運用度のそれぞれが，3つの内発的動機づけ規定因に及ぼす影響を検証するモデルである．最後に，モデル6から10は，同じく組織文化特性の影響を考慮しつつ，有能感，強制感，および経営者意識のそれぞれが，5つの内発的動機づけ変数に及ぼす影響を検証するモデルである．以上の重回帰モデルの分析結果に基づき，本研究の各仮説を検証することにする．

図表9-6のモデル6から10までの5パターンの重回帰分析の結果に基づき，仮説1-1，1-2，および2を検証する．最初に，有能感は自律性，挑戦感，好

218　第1部　展　開

図表 9-5　相関係数

	1	2	3	4	5	6	7	8	9	10	11	12	13
1　創造的文化		0.52**	0.46**	0.39*	0.27	0.25	0.13	0.37	0.27	0.33*	0.27	0.17	0.23
2　保守的閉鎖的文化	0.47**		0.24*	0.39**	0.30	0.10	0.13	0.38*	−0.06	0.02	0.04	−0.14	−0.10
3　従業員志向的文化	0.56**	0.30**		0.32	0.22	0.17	−0.03	0.23	0.46**	0.36*	0.37*	0.04	0.01
4　情報的情報度	0.22	0.37*	0.28		0.41*	0.57**	0.15	0.48**	0.55**	0.55**	0.53**	0.46**	0.48**
5　情報的運用度	0.12	0.21	0.19	0.38**		0.37*	0.38*	0.43**	0.47**	0.54**	0.39*	0.31	0.24
6　有能感	0.07	0.05	0.15	0.47**	0.27		0.25	0.41*	0.56**	0.58**	0.58**	0.47**	0.73**
7　強制感	0.03	0.05	−0.08	−0.01	0.36*	0.16		0.32*	0.23	0.32*	0.30	0.25	0.14
8　経営者意識	0.21	0.33**	0.30	0.42**	0.41*	0.35*	0.29		0.44**	0.44**	0.32*	0.25	0.33*
9　自律性	0.18	−0.07	0.46**	0.53**	0.40*	0.54**	0.21	0.42**		0.83**	0.72**	0.49**	0.56**
10　挑戦感	0.26	−0.02	0.37*	0.52**	0.41*	0.57**	0.25	0.39*	0.85**		0.69**	0.48**	0.50**
11　好奇心	0.12	−0.03	0.37*	0.49**	0.27	0.53**	0.22	0.32	0.75**	0.71**		0.66**	0.61**
12　達成感	0.16	−0.20	0.04	0.36*	0.26	0.37*	0.17	0.17	0.48**	0.47**	0.59**		0.71**
13　面白さ	0.10	−0.17	0.06	0.39*	0.21	0.66**	0.05	0.30	0.55**	0.51**	0.60**	0.65**	

注1）右上段がピアソンの積率相関係数、左下段がスピアマンの順位相関係数である。
注2）** 1％水準で有意（両側），* 5％水準で有意（両側）．

第9章 ミニ・プロフィットセンター制の効果に対する組織文化の影響 219

図表9-6 重回帰分析の結果

	Model 1	Model 2	Model 3	Model 4	Model 5	Model 6	Model 7	Model 8	Model 9	Model 10
従属変数:	情報的情報度	情報的運用度	有能感	強制感	経営者意識	自律性	挑戦感	好奇心	達成感	面白さ
β, ( )内t値:										
独立変数:										
創造的文化	0.23 (1.08)	0.14 (0.64)	0.11 (0.61)	0.13 (0.61)	0.15 (0.81)	0.00 (0.02)	0.12 (0.72)	0.02 (0.12)	0.20 (1.03)	0.22 (1.59)
保守的閉鎖的文化	0.20 (1.02)	0.21 (1.00)	−0.21 (−1.25)	0.01 (0.07)	0.13 (0.78)	−0.35** (−2.51)	−0.26* (−1.79)	−0.16 (−0.99)	−0.31* (−1.82)	−0.26* (−1.99)
従業員志向的文化	0.16 (0.80)	0.09 (0.44)	−0.04 (−0.24)	−0.18 (−0.94)	−0.02 (−0.13)	0.43*** (3.16)	0.27* (1.81)	0.33** (2.09)	−0.06 (−0.32)	−0.18 (−1.37)
情報的情報度			0.55*** (3.28)	−0.01 (−0.04)	0.28 (1.62)					
情報的運用度			0.19 (1.20)	0.38** (2.13)	0.24 (1.49)					
有能感						0.39*** (2.97)	0.40*** (2.85)	0.47*** (3.16)	0.38** (2.27)	0.70*** (5.67)
強制感						0.11 (0.88)	0.18 (1.37)	0.20 (1.40)	0.13 (0.81)	−0.08 (−0.64)
経営者意識						0.27 (1.90)*	0.22 (1.40)	0.04 (0.27)	0.12 (0.66)	0.12 (0.90)
調整済み決定係数:	0.14	0.01	0.28	0.04	0.23	0.50	0.42	0.36	0.18	0.55
F値:	2.36*	1.01	3.93***	1.29	3.24**	7.17***	5.51***	4.46***	2.39*	8.47***

注: *** 1％水準で有意 (両側), ** 5％水準で有意 (両側), * 10％水準で有意 (両側).

奇心，達成感，および面白さという内発的動機づけの5つの構成変数すべてに統計的に有意な正の影響を及ぼしており，「有能感が高まれば，内発的動機づけは促進される」という仮説1-1は完全に支持されたといえよう．次に，強制感は内発的動機づけに関するいずれの変数に対しても有意な負の影響を及ぼしていない．「強制感が高まれば，内発的動機づけは抑制される」という仮説1-2は完全に棄却された．最後に，経営者意識は自律性との間に有意な正の相関関係が見出されただけであり，「経営者意識が高まれば，内発的動機づけは促進される」という仮説2は部分的にのみ支持されたといえよう．

次いで，図表9-6のモデル3から5までの3パターンの結果に基づき，仮説3-1，3-2，および4を検証しよう．最初に，「MPC制の情報特性・運用方法が情報的事象であるほど，有能感は高まる」という仮説3-1についてであるが，モデル3によれば情報的情報度が有能感に統計的に有意な強い正の影響を及ぼしており，同仮説は支持された．他方で，「MPC制の情報特性・運用方法が情報的事象であるほど，強制感は低まる」という両者の間に負の関係を予測した仮説3-2は，情報的運用度が強制感に統計的に有意な仮説の予測とは逆の正の影響を及ぼしており，棄却されたといえよう．また，「MPC制の情報特性・運用方法が情報的事象であるほど，経営者意識は高まる」という仮説4についても，統計的に有意な正の関係を見出すことができず，棄却された．

最後に，仮説の発見を意図した組織文化と諸変数の関係についての分析結果をみてみる．情報的情報度および情報的運用度に対する組織文化の影響を検証するモデル1と2において，さらには内発的動機づけ規定因に対する組織文化の影響を検証するモデル3，4，および5においても，3つの組織文化変数は従属変数に統計的に有意な影響を及ぼしていなかった．他方で，内発的動機づけ関連の諸変数に対しては，保守的閉鎖的文化特性が，自律性，挑戦感，達成感，および面白さに対して有意な負の影響を及ぼしており（モデル6，7，9，および10参照），従業員志向的文化特性が，自律性，挑戦感，および好奇心に対して有意な正の影響を及ぼしていた（モデル6，7，および8参照）．

6．分析結果の考察

前節の重回帰分析によって見出された統計的に有意な関係についてのみを，図表9-7に明示した．それによれば，内発的動機づけに対するMPC制の影響メカニズムは次のとおりである．内発的動機づけは，有能感および限定的ではあるが経営者意識が高ければ促進される傾向にある．そして，情報的情度度が高いほど，有能感は高い傾向にある．つまり，内発的動機づけを促進するためには，より根本的には，現場の人間にMPC制の情報特性が情報的事象としてみなされるようにすることが大事であるということである．この分析結果は，概ね渡辺（2004）の結果と整合する．

それでは，どのようにすればMPC制の情報特性が情報的事象として認知されうるのか，という問いに対する答えを用意することが，MPC制のマネジメント

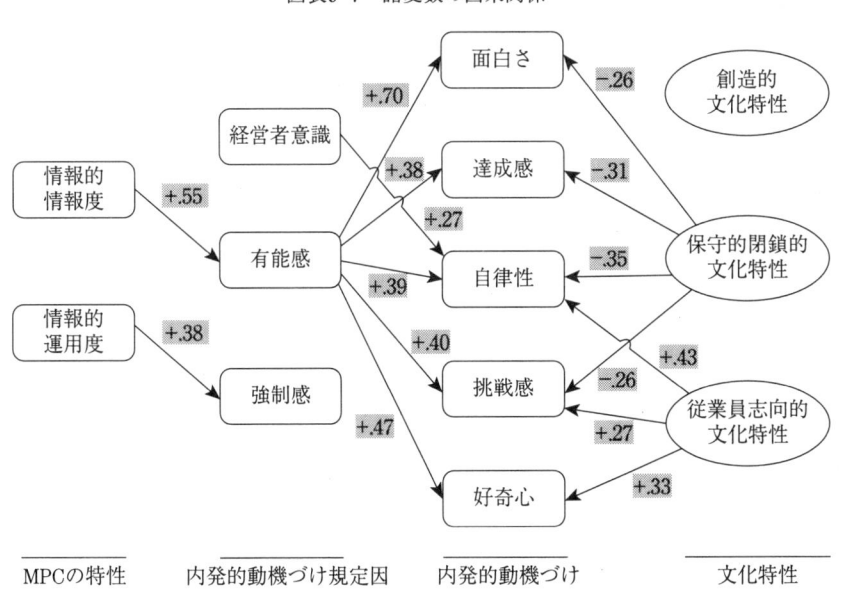

図表9-7　諸変数の因果関係

注1）数値は β である．
注2）統計的に有意な関係のみにつき図示している．

のためには重要であろう．渡辺（2005b）は，組織文化を組織成員の認知の前提（規定因）として措定することの妥当性を理論的に検証し，さらに組織文化とMPC制の特性の情報的事象度との間に有意な相関関係を実際に発見することによって，上記の問いに対して組織文化を効果的に変革あるいは維持することが重要であると主張している．

しかし，本研究では，組織文化とMPC制の特性との間には有意な相関関係を見出すことができなかった．その理由として次の2つを考えることができる．

第1に，前述したように本研究の質問票調査の回答主体が，MPC制の情報を実際に利用する現場のリーダーではなく，そのリーダーを管理監督する製造部長であった，ということをあげることができよう．つまり，現場のリーダーの行動や言動に対する製造部長の観察を通じて，そのリーダーがMPC制の特性をどのように認知しているのかが間接的に測定されたため，測定結果に歪みが生じた可能性があるのである．たとえば，MPC制を導入した結果，努力結果が指標により反映されるようになったという現場の声を製造部長が直接的・間接的にでも聴取しなければ，努力結果の反映度に関する質問項目には高いポイントは付さないであろう．しかし，その場合であっても実際には現場のリーダー自身は努力結果の反映度が高まったと認知しているかもしれないのである．

第2に，組織文化の測定の困難性をあげることできよう．第2章ですでに指摘されているように，組織文化の概念は論者によって非常に多義的である．しかし，多くの主要な文献において共通している属性がある．それは，組織文化をある特定の組織の構成員が共有している「何か」であり，いかなる組織においても存在しているもの，としている点である．これは組織文化の一般概念といってもよいであろう．この一般概念から多くの概念が派生するのは，組織成員が共有している「何か」をいかなるレベルで捉えるかによる[7]．たとえば，Davis（1984，訳書p.4）によれば，組織文化とは「組織の構成員に意味を与え，組織体の中での行動ルールを提供する共有された理念や価値のパターン」であるとされるが，これは組織文化の本質を価値観レベルで捉えている．他方で，Hofstede（1991, p.182）は，組織文化の本質を慣行（行動パターン）レベルで捉

えており，それを「日々の慣行に対する共有された認知」と定義している．前者の定義中にも表現されているように，価値観レベルの組織文化は，外部からの刺激（例えば情報など）に対して意味を付与し，行動のあり様を規制するものであるとされている．このことは，価値観レベルの組織文化は，組織成員の認知処理の前提として機能するものであることを意味すると同時に，行動パターンレベルのそれの上位概念であることを意味する．したがって，価値観レベルの組織文化は，MPC制の特性に対する認知に大きな影響を及ぼすものと考えることができるのである．

　第2章で言明されているように，本研究では組織文化の本質を価値観レベルで捉えている．しかし，同レベルの組織文化は組織成員の行動パターンに反映されるという予定調和を前提とし，実際の測定にあたっては行動パターンがその対象とされた．しかし，その測定結果とMPC制の特性に対する認知（製造部長の観察を通じた間接的な認知であるが）との間に有意な相関関係が観察されなかったという事実は，価値観と行動パターンの予定調和的関係が崩れている，あるいは崩れかかっている企業が，調査対象企業の中に複数含まれていた可能性があることを示唆している．換言すれば，価値観レベルの組織文化を体現しない過渡期の行動パターンが測定されてしまった可能性があるのである．

　とはいえ，本研究において測定された組織文化尺度とMPC制の効果が無相関なわけではない．前節で明らかにされたように，保守的閉鎖的文化特性が負の影響を，従業員志向的文化特性が正の影響を，直接的に内発的動機づけに及ぼしている．

　第3章の因子分析の結果によれば，保守的閉鎖的文化とは，企業外部の環境との適応において現状維持が重視され，企業内部の統合において公式性や厳格な雰囲気による管理が重視される文化である．他方で，従業員志向的文化とは，特に内的統合に関する特性を示しており，柔軟性や和やかな雰囲気による分権的な管理が重視される文化である．教育現場における教室風土と内発的動機づけの関係を研究したdeCharms (1976) は，自己の行動を自己により統制できるようにすること，他者との多様な協力関係の存在，および暖かい雰囲気の醸成

などによって，児童の内発的動機づけがより促進されると指摘している．明確に既定された職務分掌や規律が重視され，厳格な雰囲気で運営される保守的閉鎖的文化の下では，内発的動機づけが抑制される傾向にあり，公式の規定などにしばられず自由に仕事ができ，和やかな雰囲気で運営される従業員志向的文化の下では，内発的動機づけが促進される傾向があるという本研究の分析結果は，deCharms (1976) の指摘とほぼ整合することがわかる．

以上のことから，価値観を反映しているか否かには拘らず，行動パターンレベルで捉えた組織文化は，内発的動機づけそのものに対して大きな影響を及ぼすものである可能性が指摘されるのである．

7. おわりに

以上の考察から，MPC制に期待される効果の1つである内発的動機づけの促進のためには，次の点に留意することが必要であることがわかる．第1に，MPC制が提供する情報を現場の人間に情報的事象として認知されるような努力が必要である．これにより有能感が促進され，結果として内発的動機づけが促進される可能性が高い．第2に，以上の努力と同時に，組織内の慣行を「保守的閉鎖的」なものではなく，「従業員志向的」なものに維持あるいは変革する必要がある．すなわち，行動パターンレベルの組織文化の変革である．

価値観レベルの組織文化に対する働きかけを通じてMPC制の特性に対する認知に影響を与え，最終的にMPC制の効果に影響を及ぼすという渡辺 (2005b) の主張を取り入れれば，価値観レベルおよび行動パターンレベルの各組織文化次元に対する適切なマネジメントによって，組織成員の認知さらには内発的動機づけそのものにも直接的に効果的な影響を及ぼしうるということになる．

今後は，価値観レベルと行動パターンレベルの両組織文化次元の関係を究明し，MPC制の効果に対して，同時にいかなる影響を及ぼしているのかを総合的に実証する必要があろう．また，本研究では，MPC制のもう1つの期待される効果である経営者意識の醸成がカルチャーフリーであるとの結果がえられたが，

この点についても今後実証結果の積み重ねが必要であろう．

注
1）例外として，前者に該当するものとして三矢（2003），後者に該当するものとして渡辺（2004，2005b）を挙げることができる．
2）内発的動機づけとは，鹿毛（1996）によれば，自己目的的な学習（行動）の生起・維持過程であり，熟達指向性と自律性という2つの性質をあわせ持つものであるとされる．これとMPC制の関係の詳細については，渡辺（2004）を参照されたい．
3）内発的動機づけに基づく行動は，課題が拡散的思考を伴うような質的で発見的な場合には，創造性に優れた成果を生み出すとされる（鹿毛，1996）．MPC制では，企業家的な人材の育成が求められているが，企業家的な人材とは，発見的な課題に取り組み，創造的な成果をあげることのできる人材であろう．ここに，内発的動機づけを促進し，それに基づく自律的行動を生起せしめることの必要性が求められるのである．
4）モニタリング感は制御的事象に該当する項目なので，回答結果を反転して合成変数に含めた．
5）情報的運用度という合成変数に，反転後の目標達成の強調度（制御的事象に該当する項目であるからこの合成変数に含める場合は反転が必要）という質問項目を含めると，クロンバックのアルファ係数が著しく低減することから，除外することとした．
6）調査対象企業の製造部門からの回答総数は92社であり，そのうちMPC制採用企業は39社であり，不採用企業は53社であった．各組織文化特性変数の採用企業群における平均値と不採用企業群のそれを比較したところ，下図に示したとおり，いずれの文化変数についても統計的に有意な差は認められなかった．

		度数	平均値	標準偏差	t値	有意確立（両側）
創造的文化特性	MPC採用企業	39	3.67	0.486	0.464	0.644
	MPC不採用企業	53	3.61	0.570		
保守的閉鎖的文化特性	MPC採用企業	39	3.91	0.460	1.482	0.142
	MPC不採用企業	53	3.75	0.552		
従業員志向的文化特性	MPC採用企業	39	3.33	0.440	0.864	0.390
	MPC不採用企業	53	3.24	0.547		

7）組織文化の定義を体系的に整理した労作として，飯田（1993）をあげることができる．

参考文献

Davis, S.M. (1984), *Managing Corporate Culture*, Harper & Row. (河野豊弘・浜田幸雄訳『企業文化の変革』ダイヤモンド社, 1985年)

deCharms, R. (1976), *Enhancing Motivation: Change in the Classroom*, Irvington Publishers.

Deci, E. L. (1975), *Intrinsic Motivation*, Plenum Press.

Deci, E. L. & R. M. Ryan (1985), *Intrinsic Motivation and Self-Determination in Human Behavior*, Plenum Press.

Harter, S. (1981), "A New Self-Report Scale of Intrinsic Versus Extrinsic Orientation in the Classroom: Motivational and Informational Components," *Developmental Psychology*, 17, 300-312.

Harter, S. (1982), "The Perceived Competence Scale for Children," *Children Development*, 53, 87-97.

Hofstede, G. (1991), *Cultures and Organizations: Software of the Mind*, McGraw-Hill.

飯田史彦 (1993)「企業文化論の史的研究 (2)」『商学論集』, 第61巻第4号, 61-87.

鹿毛雅治 (1996)『内発的動機づけと教育評価』風間書房.

McReynolds, P. (1971), "The Nature and Assessment of Intrinsic Motivation," in P. McReynolds (Eds.), *Advances in Psychological Assessment*, 2, Science and Behavior Books.

三矢裕 (2003)『アメーバ経営論:ミニ・プロフィットセンターのメカニズムと導入』東洋経済新報社.

櫻井茂雄 (1990)『内発的動機づけのメカニズム―自己評価的動機づけモデルの実証的研究』風間書房.

菅本栄造 (2003)「わが国製造企業の業績管理会計」『会計学研究』第29号, 1-33.

住友電気工業㈱生産技術部 (2000)「ヒトと現場をぐんぐん伸ばすライン・カンパニー制―住友電工の自律ラインづくり―」『工場管理』第46巻第11号, 9-77.

谷武幸 (1997)「エンパワメントの管理会計:ミニ・プロフィットセンター」『ビジネスインサイト』第20号, 28-35.

谷武幸・三矢裕 (1998)「NEC埼玉におけるラインカンパニー制:ミニ・プロフィットセンターの管理会計の構築に向けて」『国民経済雑誌』第177巻第3号, 17-34.

渡辺岳夫 (2004)「ラインカンパニー制がカンパニー・リーダーの内発的動機づけに及ぼす効果―住友電工(株)グループにおけるラインカンパニー制の実証的研究―」『原価計算研究』第28巻第2号, 12-26.

渡辺岳夫 (2005a)「ラインカンパニー制の特性に対する組織的認知およびその効果の組織間比較」『経理研究』第48号, 298-314.

渡辺岳夫 (2005b)「ラインカンパニー制の効果に対する組織文化の影響―住友電工(株)

グループのラインカンパニー制に関する実証的研究─」『会計』第167巻第3号,367-381.

第10章 原価計算システムの変更に伴う動機づけの質的変化と組織文化の関係

1. 問題意識と研究目的

近年の経営環境における伝統的な原価計算・管理会計の有用性の喪失が問題視されて以来（Johnson & Kaplan, 1987），経営環境の変化やそれに伴う情報要求の変化に即応するためのさまざまな新技法が提唱され，それらの有効性の検証が行われている．原価計算研究に目を向けてみると，例えば，Activity-Based Costing（以下，ABC）のように，間接費測定の精緻化を高度に追求する技法が生成し，またActivity-Based Management（以下，ABM）のように，ABC情報を活用する原価改善手法も形成され，ABC/ABMの体系化が図られている（Cooper & Kaplan, 1999；Kaplan & Cooper, 1998; Turney, 1996）．

かかるABCの計算合理性やABMの有効性については，研究上，現段階においても賛否両論が存在するが，各国の一部の企業では，自らが認識した経営課題を解決するために，既にABCを採用し，それを実際に運用している（Cagwin & Bouwman, 2002；Foster & Swenson, 1997；Gosselin, 1997；Innes & Mitchell, 1995；Innes et al., 2000; Krumwiede, 1998；Malmi, 1999；Shields, 1995；Swenson, 1995；渡辺, 2000）．その一方で，ABC導入を実施していない大部分の企業においても，必要に応じて，既存システムの部分的な改良，大幅な変更，あるいは他の新規システムの導入に着手していることであろう．

もっとも，ABC導入に関する先行研究からも明らかにされているように，各企業は原価計算システムの変更を必ずしも成功裏に実施しうるわけではない．原価計算システム変更の成否はいかなる要因から影響を受けるのであろうか．

またそれはどのようなメカニズムで決定されるのであろうか．これが本研究の課題である．

原価計算システム変更の成否はさまざまな観点から評価されうるが[1]，本研究では，原価改善活動の変化，特に当該活動の背後にある動機づけの質的変化に着目したい．心理学領域の先行研究によると，人間行動の背後にある動機づけの質は行動とその成果の質を規定する（Deci, 1975；Deci & Flaste, 1995；Deci & Ryan, 1985, 1987, 2002；鹿毛, 1994, 1996）．またそれは学習行動のあり方と密接な関係にある（Deci & Ryan, 1985；鹿毛, 1994, 1996）．原価改善活動は，原価および収益性の改善を図るために，組織成員によって遂行される日常的な学習行動であり，その背後にある動機づけの質は当該活動の財務的および非財務的な成果の質を規定するであろう．

次に，動機づけの質的変化に対する影響要因として以下の2つを取り上げる．1つは，原価計算システムの特徴の変化である．各企業は効果的な原価改善活動を遂行するための手段の1つとして原価情報を用いる．原価計算システムの変更は原価情報やそれに関連のある各種の情報を変化させうるので，原価改善活動のあり方に少なからず影響を与えるであろう．なお，システムの変化について抱いている組織成員の認識が彼ら自身の行動に影響を及ぼしうるので，ここでは，原価集計単位の設定数や配賦基準タイプの変更など，客観的事実としての変化ではなく，組織成員によって認知された変化を想定する．いま1つの影響要因は組織文化である．第2章で考察されたように，組織文化は組織成員の認知・解釈様式を規定しうる．またそれは組織変革プログラムや改善プログラムの成否を規定する不可視的な要因とされている（Detert et al., 2000）．

本研究の目的は，これら2つの要因が原価改善活動の背後にある動機づけの質に与える影響のメカニズムを解明することである．この目的を達成するために，心理学領域の自己決定理論（Self-Determination Theory）で定式化されている，動機づけの心理学的メカニズムに関連づけて理論仮説を導出し，日本企業を調査対象にした質問票のデータを用いて当該仮説を統計的に検証する．これらの分析を通して，質的に優れた原価改善活動を促進するための条件が部分的

に明らかにされるであろう.

　本章の構成は以下の通りである．次節では，原価計算・管理会計システムの変更と組織文化の関係を扱っている先行研究をレビューする（第2節）．次いで，本研究の中核的要素である動機づけの概念と組織文化の概念を考察し，本章で検証すべき理論仮説を設定する（第3節）．続いて，研究の方法を提示し（第4節），回収された質問票のデータに基づき理論仮説の検定を行う（第5節）．これを受けて検定結果の解釈と検討を行い，研究上の限界と将来研究の方向性を提示して本章を締め括ることにする（第6節）．

2．先行研究のレビュー

　過去の研究において，組織文化は原価計算・管理会計システムの変更や原価管理・利益管理行動の成果を規定する要因として捉えられている[2]．たとえば，Shields & Young (1989) は，原価管理システムの実施に関する行動モデルについて検討するなかで，強い機能的な文化は継続的改善を促進し長期的に優れた業績をもたらし (p.18)，そのような文化は作業者の関与と参加，長期雇用，管理者・従業員間の目標一致，およびチームワークによって醸成される (p.21)，と主張している．谷・三矢 (1998) では，ミニ・プロフィットセンターを成功裡に運用するための組織整備の要件として，現場のイニシアティブの発揮を促進する組織文化が必要であること，そのような文化を築き上げるためには組織成員の発想を転換させる仕組みが必要であること，成功体験の蓄積が重要であることを提示している (p.20)．また，渡辺 (2002) は，ミニ・プロフィットセンターと当該システムに適した組織文化との調和が組織成員の内発的動機づけを促進しうることを主張している．

　ABC導入の成功要因を検証したShields (1995) は，原価管理システムの採用や成果に対する組織文化の影響について更に調査すべきことを指摘している．Henning & Lindahl (1995) は，既存の組織文化にABCの導入方法を適合させることが重要であることを主張している(p.58)．また，Markus & Pfeffer (1983)

の事例の分析によると,組織文化は新規システムの導入方略を無効化しうる構造的な要因であり,新規システム導入の失敗はシステムの特徴と導入組織の文化(部門文化)との不調和に起因する(pp.212-216).さらに,組織文化を明示的に扱った事例研究から以下のことが明らかにされている.例えば,Scapens & Roberts (1993) の調査によると,所属する組織の文化(下位文化)ごとに,管理者が要求する情報の選好や優先される情報は異なっており,上述のMarkus & Pfeffer (1983) の主張を支持して,下位文化と新規システムの特徴の不一致が新規システムの運用に対する抵抗を生じさせている(pp.28-29).また,Malmi (1997) は,ABC導入事例の分析から,情報利用者の抵抗はABC導入の失敗をもたらし,組織文化は導入に対する抵抗や導入の失敗を説明しうる要因の1つである,という結論を下している(pp.473-474).

　米国の自動車製造企業を対象に質問票調査を実施したAnderson & Young (1999) は,組織文化に相当する「共有された組織の価値(shared organizational values)」を,「私の価値とこの会社の価値はまったく同じである」,「私の価値とこの工場の価値はまったく同じである」という2つの質問項目によって測定し,統計的解析を実施している(p.541).その結果,当該変数は「ABCの全体的な価値」に対して有意に影響しない,ということが明らかにされている.かかる結果から,組織文化はABC導入の成否には影響しない,という結論を導き出すことができる.しかしながら,TQM等の改善プログラムの有効性と組織文化の関係を検討したDetert et al. (2000) によると,システムの導入や運用の成否には,組織成員間で共有されている特定の価値観つまり特定の組織文化次元が影響を及ぼす.それゆえに,Anderson & Young (1999) は実際にはABC導入の成否に対する組織文化の影響の有無を検証していないといえよう.

　これとは異なり,Siemens社のPBTC (Process-Based Target Costing) 導入プロジェクトを対象にしたBhimani (2003) の調査研究では,Quinn & Kimberly (1984) における組織文化の競合価値モデル (competing values model of organizational culture) を援用し,文化タイプごとに導入組織を分類している.そして,質問票のデータに基づき統計的解析を実施した結果,PBTCの特徴に適合的で

ある開発志向的文化が高度に存在する組織の利用者は,低度の開発志向的文化を有する組織の利用者に比して,当該システムの導入の成功度に対して有意に高い評価を与えている.

以上の先行研究が提示しているように,組織文化は原価計算システム変更の成果に対して促進的あるいは阻害的な影響を及ぼしうる.

3. 理論展開と仮説

(1) 自己決定理論における動機づけの概念

動機づけの質は学習行動に対する能動性や行動主体の認知構造の再体制化の程度に影響を及ぼす(鹿毛,1994, p.353, 1996, p.41).原価計算システムの変更を契機に原価改善活動に対する動機づけが質的に変化するならば,組織成員の学習行動もまた質的に変化するであろう.ここでは,動機づけ理論の1つである自己決定理論における動機づけの心理学的メカニズムを提示する.特に,当該理論を構成する認知的評価理論(Cognitive Evaluation Theory)と有機的統合理論(Organismic Integration Theory)を取り上げる.認知的評価理論の主たる考察対象は,内発的動機づけの抑制,維持,促進のメカニズムである.有機的統合理論の主たる考察対象は,内在化・統合化(外発的動機づけの質的な変化)のメカニズムである.これら2つの理論によると,行動主体を取り巻く社会的環境と彼らの心理的欲求との相互作用のあり方が動機づけの質を規定する.

① 動機づけの質的分類と行動および成果の質

認知的評価理論では,動機づけを内発的動機づけと外発的動機づけの2つのタイプに分類する(Deci, 1975 ; Deci & Flaste, 1995 ; Deci & Ryan, 1985, 2002).内発的動機づけとは,行動主体が,行動に対する興味や関心に基づき,行動それ自体に内在する固有の満足感を得るために,行動の遂行を目的化している場合,その行動の背後にある動機づけの状態を指す.外発的動機づけとは,行動主体が,行動それ自体への興味や関心からではなく,報酬の獲得や処罰からの

回避のように，行動それ自体とは異なる他の目的を達成するための手段として行動を遂行している場合，その行動の背後にある動機づけの状態を指す．一方，有機的統合理論では，上述の目的性・手段性の観点からの二分法的な分類とは異なり，動機づけを連続体的に分類する（Deci & Flaste, 1995 ; Deci & Ryan, 1985, 1987, 2002）．そこでは，図表10-1のように，行動主体が，行動の規則や規範およびその根底にある価値を内在化し自己の価値観と統合している程度，これにより興味・関心に基づかない行動（内発的に動機づけられていない行動）の遂行を自己決定している程度に応じて，すなわち行動への動機づけを自己調整している程度に応じて，両動機づけの中間に位置する動機づけの状態が存在することを想定している．また，行動を全く動機づけられてない状態を非動機づけ（amotivation）と概念化している．

　こうした動機づけの質的な相違に応じて行動と成果の質は異なる．例えば，鹿毛（1994, 1996）によると，内発的に動機づけられた行動は熟達指向的かつ自律的である．また，先行研究の調査結果を検討したDeci & Ryan（1987）によると，内発的動機づけを促進するような条件の下にある行動主体は，行動の遂行をより楽しみ，興味・関心を抱き，認知的に弾力的であり，優れた概念的学習を行い，優れた問題解決を導き，創造的であり，行動が持続的であり，ポジティブな感情を抱き，他者に対して好意的である．しかし，内発的動機づけを抑制するような条件の下にある行動主体は，上述のような行動と成果の質は抑制され，ネガティブな感情を抱き，他者に対して好意的でなくなる．さらに，Grolnick & Ryan（1987）によると，外的調整は不十分な概念的学習を伴い，Ryan & Grolnick（1986）によると，取り入れ的調整は消極的で不適応的な対処行動と関係があるが，同一化的調整はそれらと相関することなく，積極的で健全な対処行動と相関している．このように，行動主体の動機づけの状態が内発的動機づけに接近するほど，行動と成果は質的に優れたものになる．

② 動機づけの心理学的メカニズム

　それでは，行動と成果の質を規定する動機づけの質は，いかなる要因から影

第10章 原価計算システムの変更に伴う動機づけの質的変化と組織文化の関係　235

図表10-1　動機づけの連続体的分類

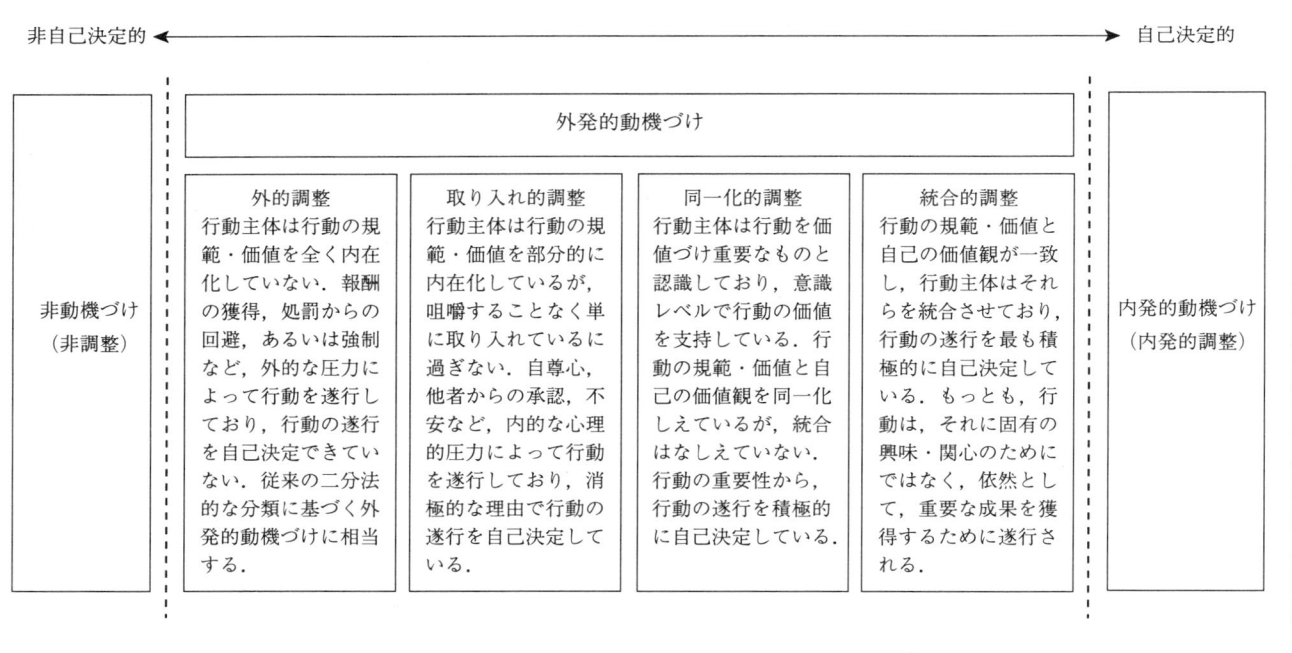

	外発的動機づけ			
非自己決定的 ←　　　　　　　　　　　　　　　　　　　　　　　　　　　　　　　　　　　　→ 自己決定的				
非動機づけ（非調整）	外的調整	取り入れ的調整	同一化的調整	統合的調整	内発的動機づけ（内発的調整）
	行動主体は行動の規範・価値を全く内在化していない。報酬の獲得、処罰からの回避、あるいは強制など、外的な圧力によって行動を遂行しており、行動の遂行を自己決定できていない。従来の二分類的な分類に基づく外発的動機づけに相当する。	行動主体は行動の規範・価値を部分的に内在化しているが、咀嚼することなく単に取り入れているに過ぎない。自尊心、他者からの承認、不安など、内的な心理的圧力によって行動を遂行しており、消極的な理由で行動の遂行を自己決定している。	行動主体は行動を価値づけ重要なものと認識しており、意識レベルで行動の価値を支持している。行動の規範・価値と自己の価値観を同一化しているが、統合はしていない。行動の重要性から、行動の遂行を積極的に自己決定している。	行動の規範・価値と自己の価値観が一致し、行動主体はそれらを統合させており、行動の遂行を最も積極的に自己決定している。もっとも、それに固有の行動は、依然として、興味・関心のためではなく、重要な成果を獲得するために遂行される。	

出所：Deci & Flaste (1995, 邦訳pp.124-128), Deci & Ryan (1985, ch.5, 2002, pp.14-20) に基づき、筆者がDeci & Ryan (1985, p.139, 2002, p.16) を大幅に修正.

響を受け，またどのようなメカニズムで決定されるのであろうか．上述のように，認知的評価理論と有機的統合理論が主として扱う動機づけのタイプは異なる．しかし，これら2つの理論においては，行動主体を取り巻く社会的環境は，同様のメカニズムで，内発的動機づけに対して，そして内在化・統合化に対して影響する (Deci & Ryan, 1985, p.143)．それを図示すると，図表10-2のように表わすことができる．

社会的環境を構成する外的事象 (external events) とは，行動の開始や調整に関わる特定可能な出来事や状況である (Deci & Ryan, 1987, p.1027)．たとえば，報酬，脅威，期限，評価，監視，選択機会，フィードバックである．対人関係コンテクスト (interpersonal contexts) とは，企業における上司と部下の関係のように，対人関係から形成される環境の風土である (Deci & Ryan, 1987, p.1028)．自己決定理論によると，これらは直接的には動機づけの質に影響しない．動機づけの質に影響を及ぼすのは，行動主体が認知した機能的意味 (functional significance) である．機能的意味とは，行動主体が社会的環境に付与する心理的意味である (Deci & Ryan, 1985, pp.94-95, 1987, p.1025, 2002, p.12)．その意味は，社会的環境が，人間に普遍的である3つの基本的心理的欲求 (basic psychological needs)，すなわち自律性 (autonomy)，有能性 (competence)，および関係性 (relatedness) への欲求を支援するものなのか，あるいは阻害するものなのか，という観点から分類される (Deci & Ryan, 2002, p.6)．

自律性への欲求は，外的な要因によって行動を強制されるのではなく，自己の選択に基づき行動を開始し調整しているという感覚（自己決定感）を，行動主体が認知し経験しているときに充足される (Deci & Flaste, 1995, 邦訳p.40)．行動主体が，社会的環境を，選択機会を提供するもの，選択に要する十分な情報を提供するもの（自律性支援的）と解釈しているとき，自己決定感を認知しうる (Deci & Flaste, 1995, 邦訳pp.43-47 ; Deci & Ryan, 1985, p.96, 1987, p.1025, 2002, p.12)．しかし，行動の遂行に制限を与えるもの，特定の成果を上げるように圧力をかけるもの（制御的・強制的）と解釈しているとき，自己決定感は喪失し (Deci & Flaste ; 1995, 邦訳pp.40-43 ; Deci & Ryan, 1985, p.95, 1987, p.1025, 2002,

第10章 原価計算システムの変更に伴う動機づけの質的変化と組織文化の関係 237

図表10-2 自己決定理論に基づく動機づけの心理学的メカニズム

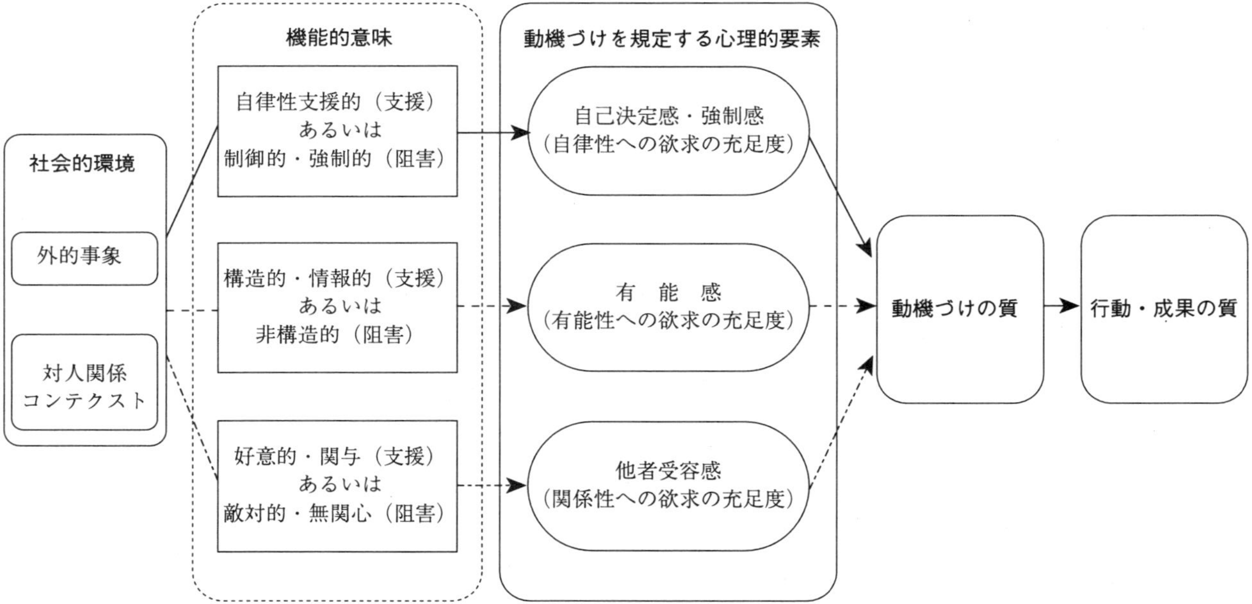

出所：Deci & Flaste (1995, 邦訳), 第3章, 第5章), Deci & Ryan (1985, ch.3-5, 1987, pp.1025-1030, 2002, pp.10-20), 鹿毛 (1996, pp.74-80), 桜井 (1997, pp.18-21), Skinner & Edge (2002, pp.299-305) を整理して筆者が作成。

p.12），強制感を認知しうる（鹿毛，1996, p.79）[3]．

　また，有能性への欲求は，環境と効果的に相互交渉し，希望する結果を達成するための活動を十分に成し遂げることができるという感覚（有能感）を，行動主体が認知し経験しているときに充足される（Deci & Flaste, 1995, 邦訳pp.86-88）．行動主体が，社会的環境を，自己の行動と望まれる結果を結び付ける仕組みや構造を提供するもの，遂行中の行動に関するフィードバックを提供するもの（構造的・情報的）と解釈しているとき，有能感を認知しうる（Deci & Flaste, 1995, 邦訳pp.79-80；Deci & Ryan, 2002, pp.11-12）．

　そして，関係性への欲求は，信頼をもって他者と結び付いているという感覚（他者受容感）を，行動主体が認知し経験しているときに充足される（Deci & Flaste, 1995, 邦訳pp.119-121）．行動主体が，社会的環境を，信頼に基づく親密な依存的関係を促すもの（好意的・関与）と解釈しているとき，他者受容感を認知しうる（Deci & Flaste, 1995, 邦訳pp.167-168）[4]．

　このように，社会的環境がこれら3つの基本的心理的欲求を支援するものと認知されているとき，内発的動機づけが維持・促進される，あるいは行動の規範や価値の内在化・統合化が促進される[5]．

（2）原価計算システム変更と組織文化概念

　組織文化については第2章において詳細な考察が行われている．ここでは，Schein (1985) と飯田 (1993) による組織文化概念の分類および概念規定に基づき，本研究に適した組織文化概念を明らかにする．

　Schein (1985) によると，組織文化は，基本的仮定，価値観，および人工物・創造物の3つの構成要素・レベルに分類される．基本的仮定とは，人間の潜在意識の水準にあり，環境に対する関係，現実・時間・空間の本質，人間性の本質，人間行動の本質，ならびに人間関係の本質について「当然のこと」として組織成員間で共有されている一連の信念・仮定群である（邦訳pp.108-137）．これを組織文化の本質としている．また，組織成員が自覚可能な顕在意識の水準を価値観としている．この価値観には2つのタイプがある．1つは，基本的

仮定を反映し，組織成員の日常的な行動を規定し，彼らが実際に採る行動を予見しうる価値観，すなわち「仮定と一致する価値」である（邦訳p.23）。いま1つは，基本的仮定を反映せず，単なる組織成員の願望であり，彼らの実際の行動を予見するのには役立たない価値観，すなわち「未来に対する正当化ないし希望である価値」である（邦訳p.23）。そして，人工物・創造物とは，基本的仮定と価値観に基づき具象化・具現化された視聴可能な水準であり，これには物理的・社会的環境と組織成員の行動パターンが含まれるとしている（邦訳pp.19-20）。

また，飯田（1993）は，上述のSchein（1985）において示されているような，組織文化の構成要素・レベル，価値観の性質などの組み合わせに基づき，以下のように，組織文化を9種類の概念に整理している（飯田，1993, p.85）。

第1概念　各個別企業の構成員が共有している全ての潜在的意思決定基準
第2概念　各個別企業の構成員が共有している全ての潜在的および顕在的な意思決定基準
第3概念　各個別企業の構成員が共有している，当該企業に特有で優れているいくつかの意思決定基準
第4概念　各個別企業の構成員が共有している全ての意思決定基準，およびそれを具現化した行動パターン
第5概念　各個別企業の構成員が共有している全ての意思決定基準やそれを具現化した行動パターン，およびそれらを構成員に浸透させる媒体や手段
第6概念　各個別企業の構成員が共有している，当該企業に特有で優れているいくつかの意思決定基準や行動パターン
第7概念　各個別企業の構成員が共有している全ての意思決定基準やそれを具現化した行動パターン，およびそれらによって具象化された創造物
第8概念　あらゆる企業の構成員が共有すべき，普遍的かつ絶対的な意思決定基準

第9概念　企業による文化振興活動や社会的貢献

　このように多様な概念規定が存在するなかで，原価計算システム変更の局面を調査対象にしている本研究にとっては，いかなる組織文化概念を適用することが望ましいであろうか．以下，飯田（1993）の概念規定に基づき検討を行う．
　まず，第9概念は他の概念と内容的に異なり本研究には関係がない．第3概念，第6概念，および第8概念は，「優れている」や「共有すべき」という「望ましさ」の価値判断が含まれているため，「望ましいもの」のみが組織文化として定義されることになる（飯田，1997, p.29）．これらは規範的研究を進めていくうえでは有用である（佐野，2001, p.2）．しかし，本研究のように現実のメカニズムの解明を志向する実証的研究には適切ではない．第5概念と第7概念は，媒体，手段，創造物を組織文化に含めているため，原価計算システムと組織文化の関係の分析が困難になるとともに（佐野，2001, p.2），同語反復的な分析に陥る危険性がある（Detert et al., 2000, p.853）．第4概念，第5概念，第6概念，ならびに第7概念は行動パターンを含めているが，Schein（1985）が指摘するように，行動パターンは文化的要因だけではなく，外部環境で生じるさまざまな偶然性によっても規定されるため，行動パターンが文化的要因から規定されているか否かを判断することは容易でない（邦訳pp.12-13）．また，本研究では，原価改善活動のあり方と組織文化の関係を分析の対象にしていることから，行動パターンが組織文化に含まれている場合，第5概念と第7概念と同様，同語反復的な分析に陥る危険性がある．
　残るは第1概念と第2概念である．これらは，組織の認知スキーマやパラダイム（加護野，1988），あるいは組織における間主観的な意味体系（坂下，2002, p.25）とされているように，組織成員が原価計算システムの特徴の変化を認知・解釈する過程で，彼らの認知・解釈の仕方を制限する認知的フィルターや解釈図式として作用するであろう．もっとも，第1概念は価値観よりもさらに深層にある基本的仮定のみを組織文化として捉えるため，きわめて抽象的であり，組織成員自身でさえ正確に自覚しえないことから，客観的な測定・把握が

困難であり,操作性の観点から問題がある(飯田,1997, p.30;佐野,2001, p.2).本研究のように,質問票による組織文化の測定可能性に鑑みると,より具体的であり顕在意識の水準である価値観を包含している第2概念を最も適切な組織文化概念として捉えるべきであろう(飯田,1997, p.30).

第3章の因子分析により,価値観レベルの組織文化次元つまり組織成員によって共有されている特定の価値観が析出されている.たとえば,創造的・従業員志向的文化,規範主義的文化,および保守的・閉鎖的文である.共有されている個々の価値観の方向性と強度に応じて,組織の文化的特徴は異なる.

(3)理論仮説の設定

以上の動機づけの心理学的メカニズムと組織文化の考察を受けて,本研究の分析モデルを提示すると,図表10-3のようになる.このモデルでは,原価計算システムを,動機づけの先行要因たる社会的環境(外的事象)と想定している.原価計算システムの変更によりシステムの特徴が変化するとき,組織成員はその変化を認知する.彼らは,変更後のシステムを利用する過程で,認知的フィルターや解釈図式として機能する組織文化からの制約を受けつつ,そのシステムに何らかの意味を付与するが,付与される機能的意味の変化(より支援的になる,あるいはより阻害的になる)に応じて,彼らの心理的欲求の充足度は変化し,これにより原価改善活動に対する動機づけの質もまた変化するであろう.モデルの各変数とそれらの関係の詳細は以下の通りである.

図表10-3 分析モデル

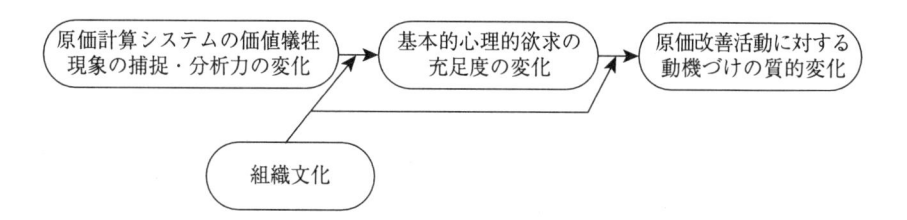

周知のように,原価計算には,標準原価計算や直接原価計算など,個々の利用目的に適したさまざまな形態が存在する.また,測定システムのデザインや運用の仕方など,さまざまな観点から原価計算システムの特徴を捉えることができる.ここでは,近年のABC/ABM研究の展開を踏まえて,正確なアウトプット原価の算定,的確な原価発生原因の把握,原価の発生状況の詳細な把握,組織横断的な業務活動原価の算定など,原価計算システムに備わる価値犠牲現象の捕捉・分析力の側面に焦点を合わせる.かかる側面の変化を原価計算システムの特徴の変化として捉えることにする.

ABCはアクティビティ(細分化された原価集計単位)とコスト・ドライバー(原価作用因)を主たる構成要素とし,原価の発生状況や原価発生の因果関係に関する精緻な情報を組織成員に提供しうる(Kaplan & Cooper, 1998, ch.6).ABCのように,価値犠牲現象を高度に可視化しうる原価計算システムは,価値犠牲現象の精緻な把握と理解を容易にするとされている(Bhimani & Pigott, 1992 ; Kaplan & Cooper, 1998 ; 小林, 1996 ; Soin et al., 2001).したがって,システム変更の際に,組織成員が価値犠牲現象の捕捉・分析力の向上を認知しているならば,たとえば,原価情報は効果的な改善代替案の探索を支援しうる,改善活動の有効性について適切なフィードバックを提供しうる,などの意味(構造的・情報的)を,変更後のシステムに付与するであろう.このとき,組織成員は有能感を認知・経験し,彼らの有能性への欲求は支援されるであろう.

また,ABCから提供される各種の情報は,その理解の容易さから,組織成員間における共通の言語体系として共有化されうる(谷・宮脇, 1996, p.133).あるいは,ABC導入の過程で新たな部門間の対話モードが生成するとされている(Bhimani & Pigott, 1992, pp.128-129).さらに,ABCは部門横断的なビジネス・プロセスに対応した情報を提供しうるのであるが(Kaplan & Cooper, 1998, p.79),かかるABCはプロセス・ベースの管理への適用に適しており,相互依存関係の有効な管理に役立つとされている(小林, 2001, p.7).ABC情報のように,理解容易で組織成員間の共通言語として機能しうる原価情報は,組織成員間の対話を活性化し,業務活動の連繋のあり方や組織間の関係の改善を促すであろう.

したがって，システム変更の際に，組織成員が価値犠牲現象の捕捉・分析力の向上を認知しているならば，たとえば，原価情報を介して組織成員間の対話が容易になる，組織間の相互依存関係の認識が容易になる，などの意味（好意的・関与）を，変更後のシステムに付与するであろう．このとき，組織成員は他者受容感を認知・経験し，彼らの関係性への欲求は支援されるであろう．

システム変更前に組織成員が原価改善活動の遂行を内発的に動機づけられているならば，彼らは当該活動の遂行をより内発的に動機づけられるであろう（内発的動機づけの促進）．また，システム変更前に原価改善活動の遂行を内発的には動機づけられていない場合は，当該活動を遂行することについての価値の内在化・統合化が促進されるであろう（内在化・統合化の促進）．以上より，下記の仮説が導出される．

H1：組織成員が原価計算システムの価値犠牲現象の捕捉・分析力の向上を高度に認知しているほど，彼らの基本的心理的欲求は支援され，これにより原価改善活動に対する動機づけは質的に向上する．

一方で，組織階層の上位者は，ABCのような測定システムを利用することで，下位者の行動に関する詳細な情報を収集することが容易になり，下位者に対するアカウンタビリティを強化しうる（Malmi, 1997, pp.472-473），あるいは下位者に新たなアカウンタビリティを課すことが容易になる（Armstrong, 2002, pp.101-102）．また，ABCはパノプチコン的（一望監視施設的）なコントロール装置と特徴づけられているように（Kennedy & Affleck-Graves, 2001, p.22），常に監視されているという意識を組織成員に植え付けることを容易にする．ABCのように，精緻な原価計算システムは，組織成員の行動を高度に可視化し，彼らの行動に対する監視や統制を強化するであろう（Armstrong, 2002；岩淵, 1997；Malmi, 1997；Soin et al., 2002）．したがって，システム変更の際に，組織成員が価値犠牲現象の捕捉・分析力の向上を認知しているならば，たとえば，原価情報を介して自己の行動や業績あるいは現場の状況を上位者や会計担当者によ

って監視ないし統制される，などの意味（制御的・強制的）を，変更後のシステムに付与するであろう．このとき，組織成員は強制感を認知・経験し，彼らの自律性への欲求は阻害されるであろう．

システム変更前に組織成員が原価改善活動の遂行を内発的に動機づけられているならば，彼らは当該活動の遂行をより外発的に動機づけられるであろう（内発的動機づけの抑制）．また，システム変更前に原価改善活動の遂行を内発的には動機づけられていない場合は，当該活動を遂行することについての価値の内在化・統合化が抑制されるであろう（内在化・統合化の抑制）．以上より，下記の仮説が導出される．

H2：組織成員が原価計算システムの価値犠牲現象の捕捉・分析力の向上を高度に認知しているほど，彼らの基本的心理的欲求は阻害され，これにより原価改善活動に対する動機づけは質的に低下する．

さらに，既述の先行研究によると，特定の組織文化次元がシステムの有効性を左右しうる(Detert et al., 2000)．また，新規システムの特徴とそれに適合的な組織文化が存在するとき，新規システム導入の成功度は高く評価される(Bhimani, 2003)．しかしその一方で，新規システムの特徴と組織文化が調和しないとき，新規システムの導入は失敗に帰する(Malmi, 1997 ; Markus & Pfeffer, 1983 ; Scapens & Roberts, 1993)．組織文化がシステム変更の成否を規定しうること，組織成員の認知・解釈プロセスに対する組織文化の調整変数的な影響から推察すると，下記の仮説が導出される．

H3：認知された価値犠牲現象の捕捉・分析力の変化が欲求充実度の変化に及ぼす影響，そして欲求充足度の変化が動機づけの質的変化に及ぼす影響は，組織文化に応じて異なる．

4．研究の方法

(1) 変数と測定尺度

本研究では，仮説検定に関わる変数を測定するために，関連のある先行研究を参考にして質問票を作成した．スケールには5ポイント・リッカート・タイプ・スケールを使用し，得点範囲は1から5である．回答者には，原価計算システムの変更前と変更後を比較して，各質問項目に関する認識がどのように変化しているかを問うている（1＝まったくその反対に変化している，3＝変化していない，5＝まったくその通りに変化している）．

① 原価計算システムの価値犠牲現象の捕捉・分析力の変化

これに関する変数を測定するために下記の1～9の質問項目を作成した．これらは，原価計算システムの特徴や情報特性に関わる項目であり，Anderson & Young (1999), McGowan (1998), McGowan & Klammer (1997) など，既存のABC導入研究を参考に作成した．

1　部門内で生じる原価や製品・サービスの原価を正確に測定している．
2　原価を発生させる原因を追求し，それに関する情報を提供している．
3　原価の発生状況をきめ細かく把握できるように，原価集計単位を細分化している．
4　部門間を横断する業務活動の連鎖に対応した原価情報を提供している．
5　原価情報の意味内容を理解することが容易になっている．
6　原価計算システムから提供される情報を信頼している．
7　原価情報を活用したいとき，原価データベースにアクセスすることが技術的に可能である．
8　原価情報は必要なときに適時に提供されている．
9　自部門の原価情報のみでなく，他部門の原価情報を保有することが技術的に可能である．

② 基本的心理的欲求の充足度の変化

これに関する変数を測定するために下記の1～13の質問項目を作成した．これらは，原価改善活動が遂行される現場の状況や，そこでの原価情報・原価計算システムの役割に関わる項目であり，自律性への欲求[6]，有能性への欲求，および関係性への欲求を支援するものか，あるいは阻害するものか，という観点から作成している．

1 原価数値などの会計情報を介して，自己の行動が上司により統制されている．
2 部門間の双方向的な対話が活性化している．
3 原価や収益性の観点から，業務改善案の効果・有効性を測定することが容易になっている．
4 上司や部下とのコミュニケーションが頻繁に行われている．
5 現状を変えるための意思決定や改善活動を促すような情報が提供されている．
6 自部門の業務活動が他部門に及ぼす影響を評価することが容易になっている．
7 現状を改善するためのアイデアの生成に役立つ情報が提供されている．
8 原価や収益性の実績に基づき，自己の業績が評価されている．
9 業務上の問題点の発見が容易になっている．
10 自部門の業務のみでなく関係部門の業務を改善するためのアイデアを提供している．
11 関係部門との友好関係は改善され，お互いに協力的になっている．
12 原価情報を通じて，自己の行動が上司や会計担当者により監視されている．
13 所与の標準的な業務手続の遵守を促すような情報が提供されている．

③ 原価改善活動に対する動機づけの質的変化

これに関わる変数を測定するために下記の1～6の質問項目を作成した．これらは，原価改善活動への取り組みの姿勢や態度に関わる項目であり，Harter (1981)，桜井・高野（1985）など，内発的動機づけと外発的動機づけの測定尺度の開発に関する先行研究を参考に作成した．

1　上司やエンジニアからの指示を受けてから，改善活動に取り組むようにしている．
2　収益性や原価の改善に要する知識・技能の習得を試みている．
3　金銭的な報酬や上司・同僚からの承認を得るために，業務の改善に専念している．
4　業務の改善を進めていくことが楽しくなっている．
5　自らが積極的に製品・サービスの改良や業務の改善に着手している．
6　解決が困難な業務上の問題に直面しても，可能な限り解決しようと努力している．

④ 組織文化

第3章では，各部門のデータに基づく組織文化変数と全部門平均データに基づく組織文化変数が析出されている．本研究では，全部門平均データから析出された変数を使用する[7]．因子分析の結果は以下の通りである（質問項目は因子得点順）．

創造的・従業員志向的文化（Cronbach's alpha = 0.90）
32　個人のアイデアが採用され，事業プロセスに反映している（+）．
7　公式の規定や権限関係にしばられず，自由に仕事ができる（+）．
9　全社的に大幅な権限委譲がなされている（+）．
23　新しいアイデアや試みが実行に移されている（+）．
34　異質なメンバーが組み合わされて問題解決に取り組むケースが多い（+）．

45 職場での新しい試みが重視され，創造的・挑戦的な雰囲気で運営されている（+）.
16 部門や階層にこだわらず，必要な情報にアクセスし活用することができる（+）.
15 メンバーは早期に適性を評価され，専門的能力を育成されている（+）.
21 常に環境変化を予測して，新たなビジネスを模索している（+）.
11 個人的業績が重視され，業績に見合った報奨制度が整備されている（+）.
5 新技術や新製品の開発に優先的な資源配分が行われている（+）.
43 現場からの発案が新製品や新技術の開発に反映されている（+）.
25 部門や階層をこえた多様な協力関係が存在する（+）.

規範主義的文化（Cronbach's alpha = 0.79）
37 長期的な観点からのビジョンが表明されている（+）.
12 長期的な経営戦略が表明され，重点的目標が提示されている（+）.
19 企業として果たすべき社会的使命が明確である（+）.
47 意思決定の際には個人的な直感や経験が重視されている（−）.
46 客観的な事実やデータを重視した経営管理が行われている（+）.

保守的・閉鎖的文化（Cronbach's alpha = 0.65）
6 無理な投資を避け，持続的な成長を目指している（+）.
4 既存事業の競争力を維持することが重視されている（+）.
17 情報は指示・報告のかたちで，主に階層関係を軸に交換されている（+）.
24 安定した収益を確保することが優先されている（+）.
42 業務は部門単位に遂行され，部門間の調整は部門長が行う（+）.

(2) データ解析の方法
本研究では，収集したデータを解析するために，SPSS統計パッケージ

(SPSS 11.0J) を使用する．分析の手順として，まず，変数ごとに設定された質問項目について因子分析を行い，集合尺度を抽出する．加えて，集合尺度の信頼性を検定するために，クロンバック・アルファ値（Cronbach's alpha）を求める．これらの集合尺度は仮説を検定するために使用される．

次に，それぞれの仮説に適した方法で解析を行う．H1とH2を検定する際には，図表10-3で描かれているような因果関係の存在の有無を明らかにしなければならない．よって，これら2つの仮説については階層的重回帰分析という方法を用いる．H3を検定する際には，調査対象を組織文化に基づき複数のグループに分類し，グループごとに解析を行う必要がある．そこで，まず，組織の文化的特徴という観点から回答者をグループ化するために，3つの組織文化変数を用いたクラスター分析を行う．また，個々の組織文化変数の影響について分析するために，文化次元ごとに回答者をグループ化する．解析方法の詳細については該当する箇所で述べる．

(3) データの収集

本研究の調査対象は，2003年10月1日現在で東京証券取引所第1部に上場している企業の製造部門および営業・販売部門である．質問票は2003年12月6日に東証1部上場企業の代表取締役宛に送付し，該当部門への送付を依頼した（回答者は1部門につき1名）．

質問票送付企業数，回答企業数，および回収率は図表10-4の通りである．製造部門の回収率は6.0％（送付企業数1,535社，回答企業数は93社），営業・販売部門の回収率は5.6％（送付企業数1,535社，回答企業数87社）と全体的に低い．その原因として，たとえば，本調査における質問項目数の多さ（第2部を参照）

図表10-4　郵送質問票の回収率

	製造部門	営業・販売部門	合　計
質問票送付企業数	1,535	1,535	3,070
回答企業数	93	87	180
回収率（％）	6.0	5.6	5.8

250　第1部　展　開

図表10-5　原価計算システム変更企業数と割合

	製造部門	営業・販売部門	合　計
回答企業数	93	87	180
原価計算システム変更企業数	58	48	106
原価計算システム変更企業の割合(%)	62.3	55.1	58.8

図表10-6　原価計算システム変更企業における回答者の職位

	全　体		製造部門		営業・販売部門	
	企業数	(%)	企業数	(%)	企業数	(%)
役員・経営幹部	17	(17.9)	5	(10.0)	12	(26.7)
本部長・事業部長	5	(5.2)	3	(6.0)	2	(4.4)
部長・部門長	50	(52.6)	30	(60.0)	20	(44.4)
課長・プロジェクトリーダー	22	(23.2)	11	(22.0)	11	(24.4)
係長・チームリーダー	1	(1.1)	1	(2.0)	0	(0.0)
職位不明者	11		8		3	
合　計	106	(100)	58	(100)	48	(100)

注：職位不明者（未記入者）は百分率から除外．

や，送付先部門が特に原価計算・管理会計を専門としている部門ではないことなどが挙げられるであろう．図表10-5では，回答が寄せられた企業のうち，最近5年の間に原価計算システムの変更（部分的改良ないし大幅な変更）を経験した企業数とその割合が示されている．回答企業の半数以上（製造部門62.3％，営業・販売部門55.1％）が，近年，原価計算システムに何らかの変更を加えていることがわかる．図表10-6では，変更企業の回答者の職位が示されている．原価情報を利用し，かつ原価改善活動に従事していることが推測される，部門・部門長および課長・プロジェクトリーダーからの回答が大部分を占めている（全体75.8％，製造部門82.0％，営業・販売部門68.8％）．したがって，収集されたデータは本研究に適したものといえる．以下，原価計算システムの変更を経験した回答者（N＝106）から得られたデータを用いて分析を行う．

5．分析の結果

(1)因子分析と信頼性の検定

　仮説検定のための集合尺度を構築するために，質問票の回答結果に基づき因子分析を行い，集合尺度ごとに信頼性を検定した（図表10-7から図表10-9）．

　「原価計算システムの価値犠牲現象の捕捉・分析力の変化」に関わる質問項目の集合においては，因子抽出法として重み付けのない最小二乗法を，因子回転法としてプロマックス回転を使用している．因子数の決定は固有値1以上とし，質問項目の削除基準は複数の因子に0.3以上の負荷量を示す項目としている．図表10-7に示されるように，2つの因子が析出された．第1因子には，原価情報の正確さの向上(1)，詳細さの向上(3)，因果関係の追求度の向上(2)，原価情報の理解の容易化(5)，部門横断的な原価情報の提供(4)など，原価計算システムのデザインをより精緻にすることで実現される項目が負荷されている．よって，第1因子には「測定システムの精緻化」という名称を付した．第2因子には，タイムリーな情報の提供(8)，他部門の原価情報の保有(9)，データベースへのアクセスの可能性(7)など，原価情報を活用するうえでの技術的な利便さの向上に関わる項目が負荷されているので，「システム活用の利便化」という名称を付した．

　「基本的心理的欲求の充足度の変化」に関わる質問項目の集合においては，因子抽出法として主因子法を，因子回転法としてプロマックス回転を使用している．因子数の決定は固有値1以上とし，質問項目の削除基準は複数の因子に0.3以上の負荷量を示す項目としている．図表10-8に示されるように，2つの因子が析出された．第1因子には，現状の変革に資する情報の提供(5)，他部門への影響力認識の容易化(6)，問題発見の容易化(9)，改善案の有効性の測定の容易化(3)，アイデア生成に役立つ情報の提供(7)など，有能感の認知，有能性への欲求の支援に関わる項目と，上位者・下位者間のコミュニケーションの活性化(4)，他部門へのアイデアの提供(10)，部門間の双方向の対話の活性化(2)，関係部門との関係改善(11)など，他者受容感の認知，関係性への欲求の

図表 10-7　因子分析の結果

	質問項目
3	原価の発生状況をきめ細かく把握できるように，原価集計単位を細分化している．
1	部門内で生じる原価や製品・サービスの原価を正確に測定している．
2	原価を発生させる原因を追求し，それに関する情報を提供している．
5	原価情報の意味内容を理解することが容易になっている．
4	部門間を横断する業務活動の連鎖に対応した原価情報を提供している．
8	原価情報は必要なときに適時に提供されている．
9	自部門の原価情報のみでなく，他部門の原価情報を保有することが技術的に可能である．
7	原価情報を活用したいとき，原価データベースにアクセスすることが技術的に可能である．

因子寄与

図表 10-8　因子分析の結果

	質問項目
4	上司や部下とのコミュニケーションが頻繁に行われている．
10	自部門の業務のみでなく関係部門の業務を改善するためのアイデアを提供している．
5	現状を変えるための意思決定や改善活動を促すような情報が提供されている．
6	自部門の業務活動が他部門に及ぼす影響を評価することが容易になっている．
2	部門間の双方向的な対話が活性化している．
9	業務上の問題点の発見が容易になっている．
3	原価や収益性の観点から，業務改善案の効果・有効性を測定することが容易になっている．
7	現状を改善するためのアイデアの生成に役立つ情報が提供されている．
11	関係部門との友好関係は改善され，お互いに協力的になっている．
12	原価情報を通じて，自己の行動が上司や会計担当者により監視されている．
1	原価数値などの会計情報を介して，自己の行動が上司により統制されている．

因子寄与

(価値犠牲現象の捕捉・分析力の変化)

因子1 測定システムの精緻化	因子2 システム活用の利便化	Cronbach's alpha
.759	−.061	
.756	.036	
.750	.009	0.86
.705	.086	
.692	.049	
.028	.838	
.037	.625	0.72
−.016	.583	
3.53	2.87	

(基本的心理的欲求の充足度の変化)

因子1 欲求充足の促進化	因子2 欲求充足の阻害化	Cronbach's alpha
.912	−.147	
.842	−.117	
.797	.035	
.778	.073	
.755	.074	0.92
.709	.057	
.619	.136	
.605	.110	
.587	.091	
−.083	.912	0.67
.222	.480	
5.58	2.97	

254　第1部　展　開

図表 10-9　因子分析の結果

	質問項目
5	自らが積極的に製品・サービスの改良や業務の改善に着手している．
6	解決が困難な業務上の問題に直面しても，可能な限り解決しようと努力している．
4	業務の改善を進めていくことが楽しくなっている．
2	収益性や原価の改善に要する知識・技能の習得を試みている．
1	上司やエンジニアからの指示を受けてから，改善活動に取り組むようにしている．
3	金銭的な報酬や上司・同僚からの承認を得るために，業務の改善に専念している．

因子寄与

支援に関わる項目が負荷されている．よって，第1因子には「欲求充足の促進化」という名称を付した．第2因子には，原価情報を介した他者による監視の強化 (12)，統制の強化 (1) など，強制感の認知，自律性への欲求の阻害に関わる項目が負荷されているので，「欲求充足の阻害化」という名称を付した．

「原価改善活動に対する動機づけの質的変化」に関わる質問項目の集合においては，因子抽出法として重み付けのない最小二乗法を，因子回転法としてプロマックス回転を使用している．因子数の決定は固有値1以上とし，質問項目の削除基準は複数の因子に0.3以上の負荷量を示す項目としている．図表10-9に示されるように，2つの因子が析出された．第1因子には，積極的なアウトプットの改良や業務改善への着手 (5)，困難な課題への挑戦 (6)，業務改善の楽しさの増大 (4)，知識・技能の習得 (2) など，内発的に動機づけられた行動への変化に関わる項目が負荷されているので，「内発的動機づけ化」という名称を付した．第2因子には，他者の指示に基づく受動的な改善活動への取り組み (1)，報酬や承認を獲得する手段としての改善活動への専念 (3) など，外発的に動機づけられた行動への変化に関わる項目が負荷されているので，「外発的動機づけ化」という名称を付した．

次に，因子分析から得られた集合尺度の内的整合性を吟味する．図表10-7から図表10-9では集合尺度ごとのクロンバック・アルファ値が示されている．

(原価改善活動に対する動機づけの質的変化)

因子1 内発的動機づけ化	因子2 外発的動機づけ化	Cronbach's alpha
.942	−.114	
.828	−.101	0.86
.707	.085	
.628	.228	
−.130	.715	0.58
.155	.599	
3.53	2.87	

図表10-10 各変数の記述統計量

変数	度数	最小値	最大値	平均値	標準偏差
測定システムの精緻化	106	1.40	5.00	3.69	.659
システム活用の利便化	106	1.67	5.00	3.58	.713
欲求充足の促進化	105	1.00	5.00	3.24	.672
欲求充足の阻害化	105	1.56	5.00	3.51	.587
内発的動機づけ化	105	1.50	5.00	3.62	.613
外発的動機づけ化	104	1.00	5.00	3.21	.674
創造的・従業員志向的文化	106	2.00	4.62	3.41	.444
規範主義的文化	106	2.80	4.80	3.82	.439
保守的・閉鎖的文化	106	3.00	5.00	3.95	.371

「欲求充足の阻害化」(0.67) と「外発的動機づけ化」(0.58) のクロンバック・アルファ値は若干低い．またこれら2つの尺度に関連のある質問項目はそれぞれ僅か2つである．こうした問題を抱えているが，異なる方向への動機づけの質的変化について分析を行うために，本研究では敢えて当該尺度を使用することにする．

以上の6変数のスコアリングの結果と3つの組織文化変数のスコアは図表10-10に示されている．変数のスコアは項目平均値つまり各変数に含まれる質問項

目の点数の合計値を項目数で除した値である．これらの変数を用いて仮説の検定を行う．

(2) 階層的重回帰分析—仮説の検定

H1 と H2 を検定するために階層的重回帰分析（ステップ・ワイズ法）を実施した．この方法は，重回帰分析を繰り返し行うことで，図表10-3で提示した因果関係の存在の検証を可能にする．その手順として，まず，因子分析から得られた，「測定システムの精緻化」，「システム活用の利便化」を独立変数，「欲求充足の促進化」，「欲求充足の阻害化」のそれぞれを従属変数とした重回帰分析を行う．次いで，「測定システムの精緻化」，「システム活用の利便化」，「欲求充足の促進化」，「欲求充足の阻害化」を独立変数，「内発的動機づけ化」，「外発的動機づけ化」のそれぞれを従属変数とした重回帰分析を行う．その結果は図表10-11と図表10-12に示されている．

図表10-11ではすべてのパスを表示している．そこで示されているように，「価値犠牲現象の捕捉・分析力」を構成する「システム活用の利便化」は，すべての従属変数に対して有意に影響していない．また，「測定システムの精緻化」は「内発的動機づけ化」および「外発的動機づけ化」に対して直接的には有意に影響していない．さらに，「欲求充足の促進化」は「外発的動機づけ化」に対して，「欲求充足の阻害化」は「内発的動機づけ化」に対してそれぞれ有意に影響していない．図表10-12では，「システム活用の利便化」変数と有意でないパスを取り除き，有意なパスのみを表示している．

① H1 の検定

H1 は，認知された価値犠牲現象の捕捉・分析力の向上が，心理的欲求の充足度を高め，それにより動機づけが促進される，ということを推測する．H1 に関わるパスは実線で示している．標準偏回帰係数（β）は，他の変数からの影響を取り除いたときの，従属変数に対する独立変数の影響の向きと大きさを表す．また，重決定係数（R^2）は独立変数全体が従属変数を予測・説明する程度を表

第10章 原価計算システムの変更に伴う動機づけの質的変化と組織文化の関係 257

図表10-11 すべてのパスを表示した階層的重回帰分析のパス図

測定システムの精緻化 →(β＝.721***) 欲求充足の促進化
測定システムの精緻化 →(β＝.420***) 欲求充足の阻害化
システム活用の利便化 →(β＝.130n.s.) 欲求充足の促進化
システム活用の利便化 →(β＝.009n.s.) 欲求充足の阻害化

欲求充足の促進化 →(β＝.018n.s.) 内発的動機づけ化
欲求充足の促進化 →(β＝.009n.s.) 外発的動機づけ化
欲求充足の阻害化 →(β＝−.047n.s.) 内発的動機づけ化
欲求充足の阻害化 →(β＝.043n.s.) 外発的動機づけ化

測定システムの精緻化 →(β＝.753***) 内発的動機づけ化
測定システムの精緻化 →(β＝.293**) 外発的動機づけ化
システム活用の利便化 →(β＝−.072n.s.) 内発的動機づけ化
システム活用の利便化 →(β＝−.097n.s.) 外発的動機づけ化

注：*p＜.05, **p＜.01, ***p＜.001

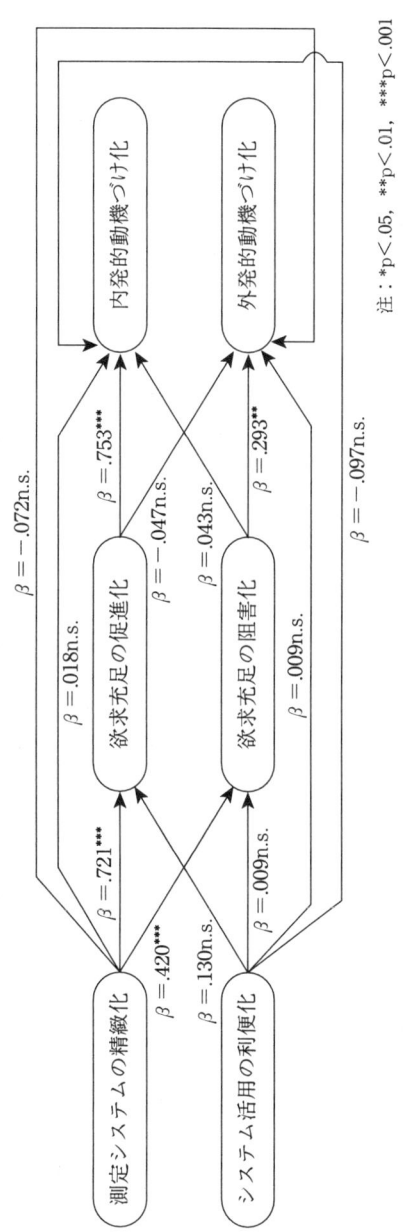

図表10-12 有意なパスのみを表示した階層的重回帰分析のパス図

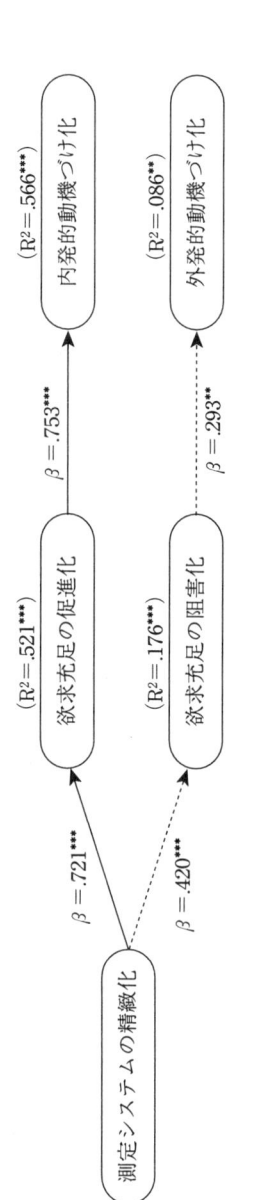

測定システムの精緻化 →(β＝.721***) 欲求充足の促進化 (R²＝.521***)
測定システムの精緻化 →(β＝.420***) 欲求充足の阻害化 (R²＝.176***)

欲求充足の促進化 →(β＝.753***) 内発的動機づけ化 (R²＝.566***)
欲求充足の阻害化 →(β＝.293**) 外発的動機づけ化 (R²＝.086**)

注：*p＜.05, **p＜.01, ***p＜.001

す.パス図からわかるように,「測定システムの精緻化」は「欲求充足の促進化」に対して予測した方向で有意に影響している($\beta = .721$, $p < .001$, $R^2 = .521$, $p < .001$).また,「欲求充足の促進化」は「内発的動機づけ化」に対して予測した方向で有意に影響している($\beta = .753$, $p < .001$, $R^2 = .566$, $p < .001$).これらの結果はH1の予測に一致している.

② H2の検定

H2は,認知された価値犠牲現象の捕捉・分析力の向上が,心理的欲求の充足度を低め,それにより動機づけが抑制される,ということを推測する.H2に関わるパスは破線で示している.「測定システムの精緻化」は「欲求充足の阻害化」に対して予測した方向で有意に影響している($\beta = .420$, $p < .001$, $R^2 = .176$, $p < .001$).また,「欲求充足の阻害化」は「外発的動機づけ化」に対して予測した方向で有意に影響している($\beta = .293$, $p < .01$, $R^2 = .086$, $p < .01$).これらの結果はH2の予測に一致している.

③ H3の検定

H3は,因果モデルを構成する各独立変数が各従属変数に及ぼす影響は組織文化に応じて異なる,ということを推測する.この仮説を検定するために,次のように分析を進めた.まず,組織の文化的特徴の観点から回答者を分類するために,組織文化変数のデータを用いて,大規模ファイルのクラスタ分析を実施した[8].その後に,各クラスタにおいて,再度,階層的重回帰分析を実施した.クラスタ分析の結果,2つのクラスタに分類された.クラスタ1のケース数は48,クラスタ2のケース数は58である.クラスタ中心間のユークリッド距離は0.916である.個々の組織文化変数について示すと,創造的・従業員志向的文化の平均値は,クラスタ1で3.75,クラスタ2で3.14であり,クラスタ間に有意な差がある($F(1, 104) = 93.01$, $p < .001$).規範主義的文化の平均値は,クラスタ1で4.19,クラスタ2で3.52であり,クラスタ間に有意な差がある($F(1, 104) = 148.18$, $p < .001$).保守的・閉鎖的文化の平均値は,クラスタ1で4.02,

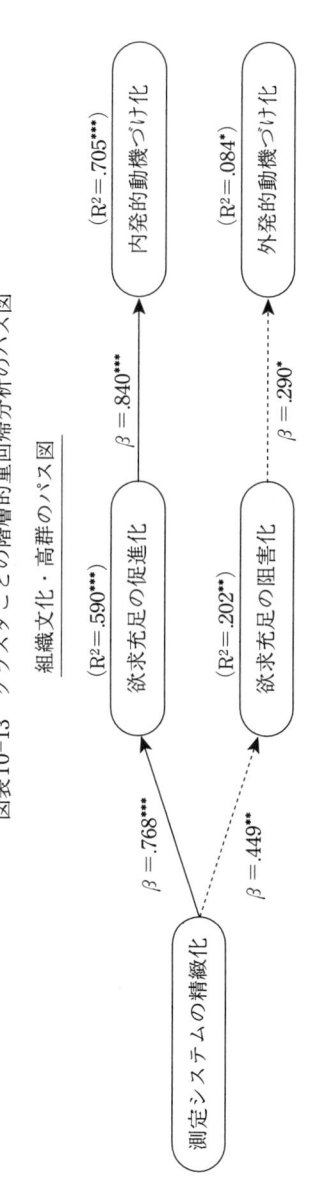

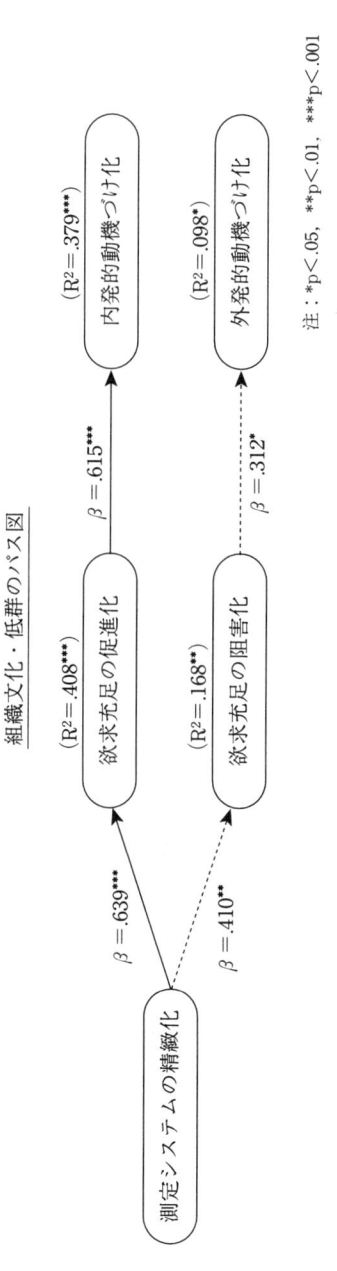

第10章 原価計算システムの変更に伴う動機づけの質的変化と組織文化の関係　259

図表10-13　クラスタごとの階層的重回帰分析のパス図

組織文化・高群のパス図

測定システムの精緻化 →(β=.768***)→ 欲求充足の促進化 (R²=.590***) →(β=.840***)→ 内発的動機づけ化 (R²=.705***)

測定システムの精緻化 --(β=.449**)--> 欲求充足の阻害化 (R²=.202**) --(β=.290*)--> 外発的動機づけ化 (R²=.084*)

注：*p＜.05, **p＜.01, ***p＜.001

組織文化・低群のパス図

測定システムの精緻化 →(β=.639***)→ 欲求充足の促進化 (R²=.408***) →(β=.615***)→ 内発的動機づけ化 (R²=.379***)

測定システムの精緻化 --(β=.410**)--> 欲求充足の阻害化 (R²=.168**) --(β=.312*)--> 外発的動機づけ化 (R²=.098*)

注：*p＜.05, **p＜.01, ***p＜.001

260 第1部 展　開

図表10-14　組織文化次元ごとの階層的重回帰分析のパス図

創造的・従業員志向的文化・高群のパス図

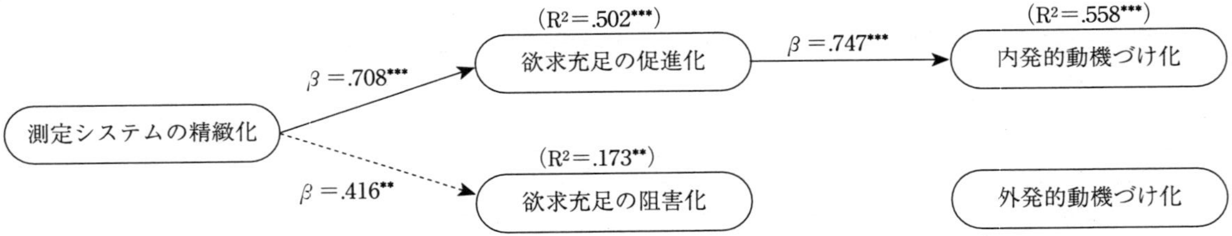

測定システムの精緻化 →（β=.708***）→ 欲求充足の促進化（R²=.502***）→（β=.747***）→ 内発的動機づけ化（R²=.558***）

測定システムの精緻化 ⇢（β=.416**）⇢ 欲求充足の阻害化（R²=.173**）

外発的動機づけ化

創造的・従業員志向的文化・低群のパス図

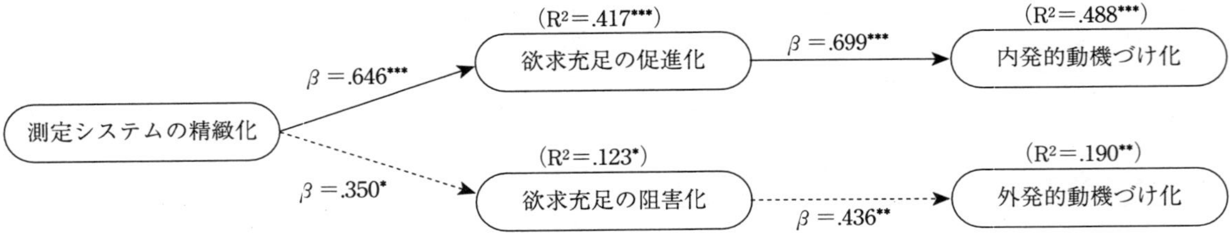

測定システムの精緻化 →（β=.646***）→ 欲求充足の促進化（R²=.417***）→（β=.699***）→ 内発的動機づけ化（R²=.488***）

測定システムの精緻化 ⇢（β=.350*）⇢ 欲求充足の阻害化（R²=.123*）⇢（β=.436**）⇢ 外発的動機づけ化（R²=.190**）

注：*p＜.05，**p＜.01，***p＜.001

第10章 原価計算システムの変更に伴う動機づけの質的変化と組織文化の関係　261

規範主義的文化・高群のパス図

測定システムの精緻化 —β＝.728***→ 欲求充足の促進化 (R²＝.529***) —β＝.826***→ 内発的動機づけ (R²＝.682***)

測定システムの精緻化 ⋯β＝.383**⋯→ 欲求不足の阻害化 (R²＝.147**) ⋯β＝.322*⋯→ 外発的動機づけ (R²＝.103*)

規範主義的文化・低群のパス図

測定システムの精緻化 —β＝.677***→ 欲求充足の促進化 (R²＝.458***) —β＝.636***→ 内発的動機づけ (R²＝.405***)

測定システムの精緻化 ⋯β＝.506***⋯→ 欲求不足の阻害化 (R²＝.256***) 　　外発的動機づけ

注：*p＜.05, **p＜.01, ***p＜.001

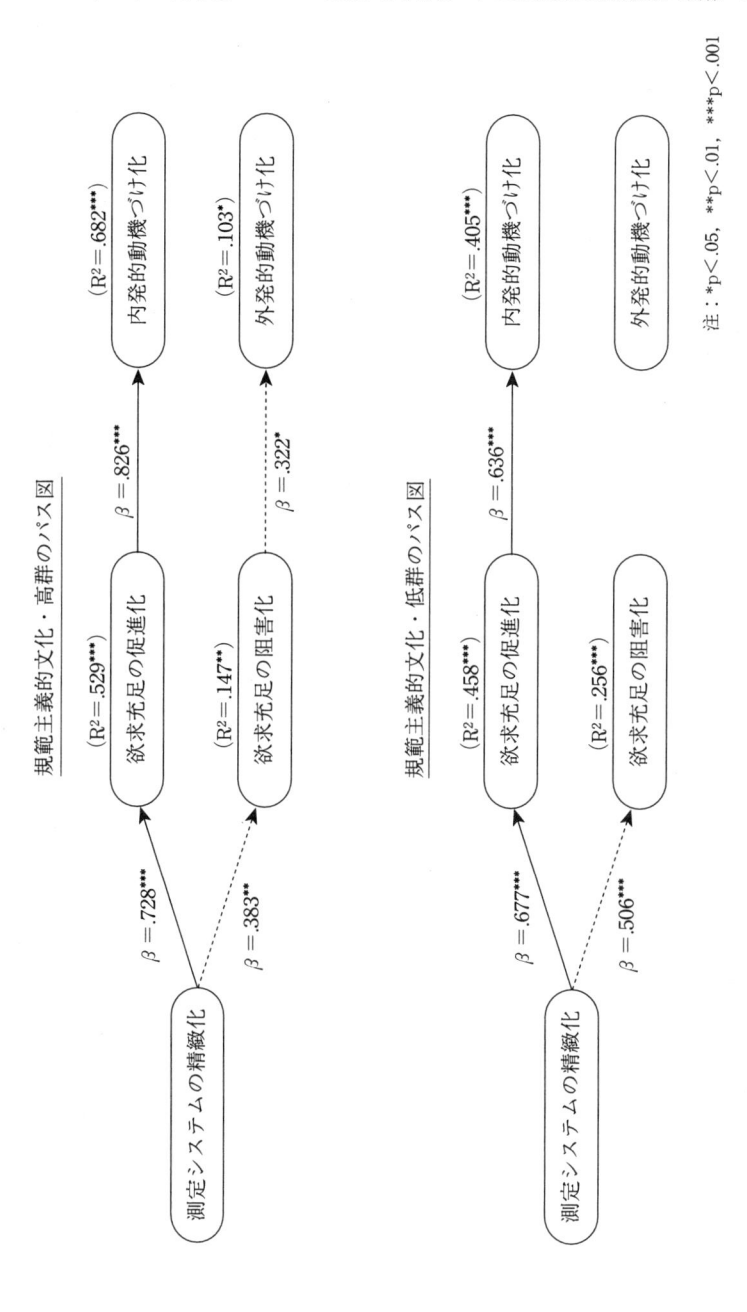

クラスタ2で3.90であるが，クラスタ間に有意な差はない（$F(1, 104) = 2.55$, n. s.）．ここでは，クラスタ1（創造的・従業員志向的文化3.75，規範主義的文化4.19）には組織文化・高群という名称を，クラスタ2（創造的・従業員志向的文化3.14，規範主義的文化3.52）に組織文化・低群という名称を付した．クラスタごとに実施した階層的重回帰分析の結果は図表10-13に示されている．図表の標準偏回帰係数の大きさ（β）から，組織文化・高群に属する回答者は，組織文化・低群に属する回答者に比べて，有能感・他者受容感の認知・経験を促進されるとともに（高群=.768，低群=.639），動機づけの質的な向上を促進され（高群=.840，低群=.615），それと同時に，強制感の認知・経験を促進されつつも（高群=.449，低群=.410），動機づけの質的な低下を抑制される（高群=.290，低群=.312）ということが見て取れる．

　もっとも，このような分析では，クラスタ間における各変数間の影響の大きさの違いに統計的な意味があるのか，またいかなる文化次元が影響しているのかを明らかにしえない．そこで，クラスタ間で統計的に有意な差のあった創造的・従業員志向的文化と規範主義的文化の程度を，得点の平均値に基づき，それぞれ高群と低群に分類し（創造的・従業員志向的文化・高群n = 53，低群n = 53，規範主義的文化・高群n = 50，低群n = 56），文化次元ごとに階層的重回帰分析を実施した．図表10-14に示されるように，創造的・従業員志向的文化・高群と規範主義的文化・低群において，「欲求充足の阻害化」は「外発的動機づけ化」に対して有意に影響していない．さらに，これ以外の変数間の影響の大きさが各文化次元の群間で統計的に有意に異なるか否かを分析するために，二元配置の分散分析を実施したところ，創造的・従業員志向的文化・高群における，「測定システムの精緻化」から「欲求充足の促進化」への影響（$F(1, 101) = 6.788$ $p < .05$），「欲求充足の促進化」から「内発的動機づけ化」への影響（$F(1, 100) = 4.702$, $p < .05$）は，創造的・従業員志向的文化・低群におけるそれらの影響に比して有意に大きい，という結果が得られた[9]．以上より，H3は支持されているといえよう．

6．結果の解釈と検討

（1）H1 と H2 について

H1 の検定結果によると，組織成員が原価計算システムの精緻さの向上を認知しているほど，彼らの心理的欲求の充足度は向上し，これにより原価改善活動に対する動機づけは質的に向上している．このことは，認知された原価情報の正確性と ABC 導入の成功度との正の相関性を発見した Anderson & Young (1999) の調査結果を補強する．しかし，原価計算システムを活用する際の技術的な利便さの向上は，心理的欲求と動機づけの質に影響していない．このような結果は，技術変数は新規システム導入の成否には影響しない，ということを明らかにした Shields (1995) の調査結果と一致する．次に，H2 の検定結果によると，システムの技術的な利便さについては H1 と同様の結果が得られている．また，システムの精緻さの向上が認知されているほど，心理的欲求の充足度は低下し，これにより原価改善活動に対する動機づけは質的に低下している．本研究で予想した通り，H1 とは異なる影響のメカニズムが同時に存在することが確認された．つまり，同一の要因（システムの精緻化）が心理的欲求に対して同時に異なる影響（促進化，阻害化）を与える，という予想を支持する証拠が得られた．さらに，「測定システムの精緻化」が「欲求充足の促進化」に及ぼす影響（$\beta = .721$）は，「測定システムの精緻化」が「欲求充足の阻害化」に及ぼす影響（$\beta = .420$）に比して大きく，また「欲求充足の促進化」が「内規的動機づけ化」に及ぼす影響（$\beta = .753$）は，「欲求充足の阻害化」が「外発的動機づけ化」に及ぼす影響（$\beta = .293$）に比して大きい，ということも明らかにされた．かかる現象は自己決定理論のフレームワークのもとで以下のように解釈することができる．

外的事象に相当する原価計算システムの精緻化は価値犠牲現象の可視化をもたらしうる．組織成員が可視化の向上を認知しているとき，彼らは効果的な改善案の探索や改善活動の成果の把握などを通じて（構造的・情報的），有能感の認知を促される（有能性への欲求充足の促進）．また，システムの精緻化により原

価情報の理解の容易さが向上するとき，当該情報を介した対話の活性化，それに伴う他者との繋がりの認識を通じて（好意的・関与），彼らは他者受容感の認知を促される（関係性への欲求充足の促進）．さらに，原価計算システムの精緻化は組織成員の行動の可視化をもたらしうる．組織成員が可視化の向上を認知しているとき，彼らは他者からの監視や統制の強化を認識し（制御的・強制的），強制感の認知を促される（自律性への欲求充足の阻害）．このようにして，同一の外的事象の変化（測定システムの精緻化）は，異なる経路すなわち異なる感覚の認知（欲求充足の促進化および欲求充足の阻害化）を通じて，異なる動機づけの質的な変化（内発的動機づけ化および外発的動機づけ化）を同時にもたらすのであろう．標準偏回帰係数（β）の大きさを考慮すると，このことは，システムの精緻化を認知している組織成員ほど，心理的な制約を課せられ，手段的で受動的な改善活動へと方向づけられるようになりつつも，かかる制約の下で，自らの有能さの向上と他者との繋がりの緊密化をいっそう認知し，これらの認知・経験を活力にして原価改善活動をいっそう創造的に熟達指向的に遂行するようになる，ということを示唆している．

H1とH2に関する統計的解析の結果はこのような解釈を支持しており，本研究は原価計算システム変更に際しての組織成員の複雑な心理的側面を明らかにし，自己決定理論の精緻化および一般性の向上に一定の貢献をしているといえよう．また，原価情報の機能という観点から解析結果を捉えるならば，原価情報には，組織成員の有能感・他者受容感・強制感の認知を促進する機能，原価改善活動に対する動機づけを質的に向上させる機能・低下させる機能が同時に備わっている，と解釈することも可能である．

（2）H3について

H3の検定結果から，認知された原価計算システムの精緻化が欲求充足度の変化に及ぼす影響，欲求充足度の変化が動機づけの質的変化に及ぼす影響は組織文化に応じて異なる，ということが確認された．統計的に有意な関係にあったものは，①「測定システムの精緻化」から「欲求充足の促進化」への影響と創

造的・従業員志向的文化，②「欲求充足の促進化」から「内発的動機づけ化」への影響と創造的・従業員志向的文化，③「欲求充足の阻害化」から「外発的動機づけ化」への影響と創造的・従業員志向的文化および規範主義的文化である．

まず，①と②における関係であるが，これは比較的単純である．分析の結果によれば，回答者間で「測定システムの精緻化」が同程度である場合であっても，より高度の創造的・従業員志向的文化に属する回答者は，より低度の当該文化に属する回答者に比べて，より高度の「欲求充足の促進化」をもたらされている．また，「欲求充足の促進化」が同程度である場合であっても，より高度の創造的・従業員志向的文化に属する回答者は，より低度の当該文化に属する回答者に比べて，より高度の「内発的動機づけ化」をもたらされている．かかる現象は次のように解釈しうる．すなわち，変化を志向し，自律的・創造的・挑戦的な行動や成員間の協働を重視する創造的・従業員志向的文化は，組織成員がシステムの精緻化に対して支援的な機能的意味（情報的・構造的，好意的・関与）を付与することを促進する，つまり彼らが認知したシステムの精緻化を有能感・他者受容感の認知・経験へといっそう結び付けるように作用し，また認知された有能感・他者受容感を内発的に動機づけられた原価改善活動の遂行へといっそう結びつけるように作用するのであろう[10]．

次に，③における関係であるが，これは若干複雑である．分析の結果によれば，より高度の創造的・従業員志向的文化のもとでは，「欲求充足の阻害化」は「外発的動機づけ化」に影響していないが，より低度の当該文化のもとでは影響を与えている．また，より高度の規範主義的文化のもとでは，「欲求充足度の阻害化」は「外発的動機づけ化」に影響しているが，より低度の当該文化のもとでは影響していない．かかる現象は次のように解釈しうる．すなわち，より高度に変化を志向し，自律的・創造的・挑戦的な行動や成員間の協働を重視する創造的・従業員志向的文化は，組織成員が認知した強制感を外発的に動機づけられた原価改善活動の遂行へと結び付けないように作用するのであろう．対照的に，ビジョン・使命・戦略・目標を明示し，かつデータに基づく管理を徹底する規範主義的文化は，認知された強制感を外発的に動機づけられた原価

266 第1部 展　開

図表10-15　原価計算システムの変更に伴う動機づけの質的変化と組織文化の関係図

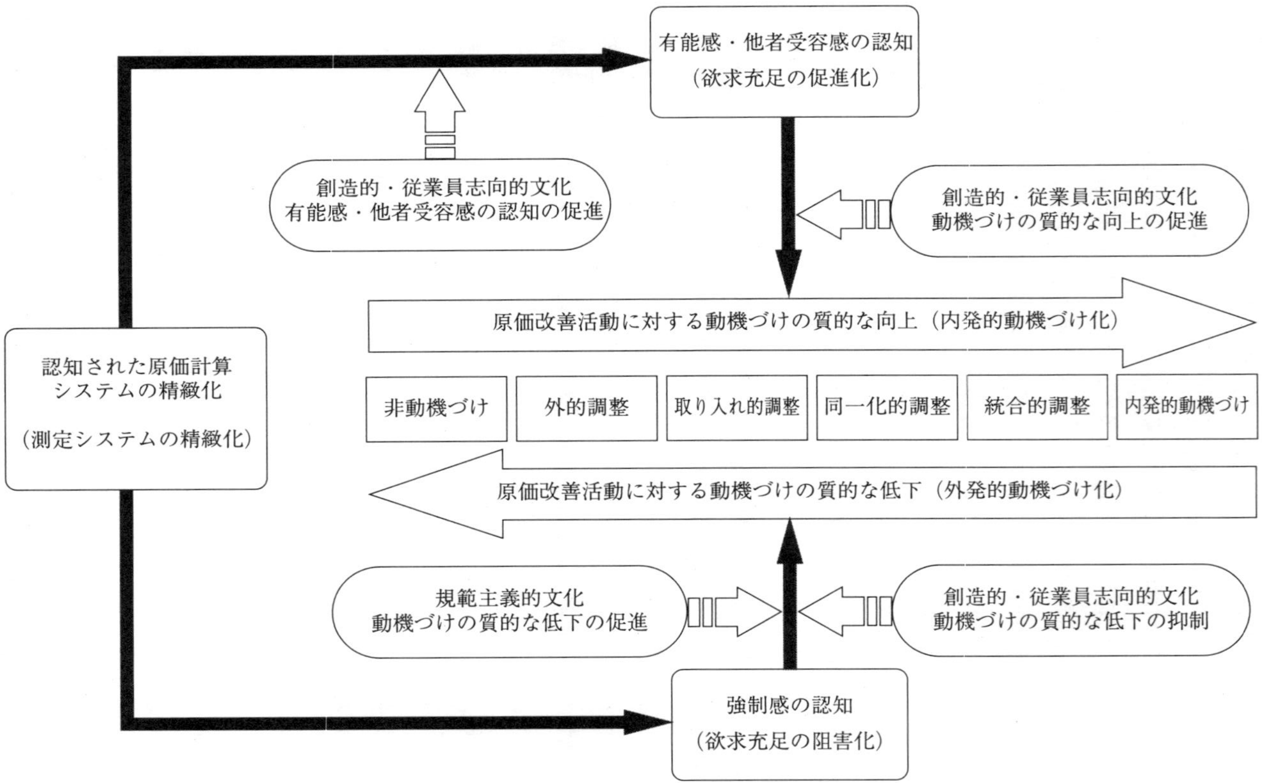

改善活動の遂行へと結び付けるように作用するのであろう.

以上より，原価計算システムの変更に際して，創造的・従業員志向的文化は，組織成員の動機づけの質的向上を促進するとともに質的低下を抑制するように作用する，すなわち創造的で熟達指向的な原価改善活動を促進するように作用し，規範主義的文化は，原価情報のもつ統制的な機能を増幅させて原価改善活動を一定の枠組みにはめ込むように作用する，すなわち組織のビジョン・使命・戦略から導き出された原価改善目標の達成へと組織成員を仕向けるように作用するのであろう（図表10-15を参照）.

そして，各組織文化がこのような影響を及ぼすことから，より高度の創造的・従業員志向的文化と規範主義的文化が存在するグループ（組織文化・高群）と，より低度のそれらの文化が存在するグループ（組織文化・低群）では，図表10-13のように，因果モデルにおける各変数関の影響の大きさが異なっているのであろう.

H3の検定結果の解釈から得られた知見は，新規システムの特徴と組織文化の調和の重要性を主張している先行研究の成果を補強する（Bhimani, 2003 ; Malmi, 1997 ; Markus & Pfeffer, 1983 ; Scapens & Roberts, 1993 ; 谷・三矢, 1998 ; 渡辺, 2002）. また，組織文化は原価計算システムの変更時に調整変数（モデレータ）として作用しうるとともに，個々の組織文化次元は動機づけの心理学的メカニズムにおいてそれぞれ異なる影響を及ぼしうる，ということを明らかにしている. さらに，先述の原価情報の心理学的機能が発現する程度は組織文化に応じて異なる，ということを示唆している.

(3) 研究上の限界

本研究は，原価計算・管理会計システムの変更，動機づけ，および組織文化に関わる研究領域に新たな知見を提供する. しかしながら，以下のような研究上の限界も抱えている.

まず，理論仮説を検定するための質問票調査において，回答者には各質問項目に対する彼ら自身の認識を問うている. この方法によれば，回答者がシステ

ムの精緻化をどのように認知しているとき，彼らは心理的欲求の充足度の変化をどのように認知しているのか，また動機づけの質的な変化をどのように認知しているのか，という観点からの動機づけのメカニズムが明らかにされる．このことは，本研究の仮説は回答者自身の認知という次元においてのみ支持される，ということを示している．それゆえに，内発的動機づけ化に関する質問項目に高いスコアが与えられている場合であっても，内発的に動機づけられた行動への変化が常に客観的に観察されるわけではない．このような問題を回避するためには，たとえば，回答者の上司や同僚に対しても回答を求める必要がある．

また，本研究では動機づけの質的な変化を扱っているが，動機づけの状態を特定していない．つまり，原価計算システムの変更により，組織成員の動機づけが，6つの動機づけの状態のうち，いかなる状態に位置しているかを明らかにしていない．そのため，回答者が動機づけの質的な向上を高度に認知している場合であっても，内発的動機づけや統合的調整など，質的に優れた動機づけの状態であるとは限らない．原価改善活動の良否を分析する際には，動機づけの質的な変化のみをもって判定することなく，同時に動機づけの状態を明らかにしなければならない．

さらに，組織文化の測定上の問題がある．本研究では，ある特定の一時点つまり調査時点における組織文化を測定しており，原価計算システム変更過程における組織文化の変容の有無を考慮することなく，仮説の検証を行っている．組織文化の変容を含めた厳密な分析を行うためには，原価計算システム変更，動機づけの質的変化，および組織文化変容の相互影響関係を組み入れた経時的な調査研究を実施する必要がある[11]．

（4）将来研究の方向性

本研究はいくつかの方向に拡張されうる．まず，ここでは価値犠牲現象の捕捉・分析力という観点から原価計算システムの特徴の変化を捉えているが，特定の原価計算技法について調査を実施しているわけではない．個々の技法の有効性を検証するためには，原価計算・管理会計システムを特定して調査を行う

必要がある．たとえば，原価計算・管理会計イノベーションとして捉えられているABC/ABMやBSC (Balanced Scorecard) などの戦略支援型の原価計算・管理会計システムの導入と，組織戦略の修正・変更・実施プロセスにおける組織成員の動機づけ，および組織文化の関係について調査を実施することは有意義である[12]．

また，いかなるシステム変更プロセスが動機づけの質的な向上に効果的であるかを明らかにすることは重要である．本研究の調査結果によると，システムの精緻化がより高度に認知されているほど，動機づけの質はより高度に向上している．Anderson & Young (1999) の調査結果によると，システム開発に投入される資源が充分であると組織成員が認知しているほど，原価情報の正確性に関する認知が向上している．このことから，認知された投入資源の充分さは，システムの精緻化の認知に対して，そして動機づけの質的な向上に対して影響する，ということが推測される．このように，動機づけを質的に向上させうる条件を明らかにするためには，変更プロセスに関わる重要な要因についても併せて探索しなければならない．その際には，動機づけの質的な向上を促進しうる創造的・従業員志向的な組織文化の形成に資するインプリメンテーション戦略のモデル化に注力することが肝要である．

さらに，本研究は各部門1名を調査対象に選定していることから，原価計算システムの精緻化に伴う個人レベルの動機づけの質的変化のメカニズム，したがって個人レベルの学習の活性化のメカニズムについて検証しているといえよう．しかし，個人レベルの学習の活性化がどのように組織レベルの学習の活性化へと繋がるのかについては触れられていない．個々人の学習は組織業績の源泉であるが，それらが組織に点在しているならば，組織業績の向上は十分にもたらされないであろう．たとえば，同一組織内の複数の構成員を調査対象に選定するなどして，今後，原価計算・管理会計システムの変更と組織学習の活性化との関係についても調査する必要がある．

270 第1部 展　開

注

1) 既存のABC導入に関する質問票調査では，ABC導入の評価尺度として，たとえば，「全体的成功度」(Cagwin & Bouwman, 2002; Shields, 1995; Foster & Swenson, 1997; Innes et al., 2000)，「全体的価値」(Anderson & Young, 1999)，「財務的便益の有無」(Shields, 1995; Foster & Swenson, 1997)，「満足度」(Swenson, 1995; McGowan & Klammer, 1997)，「実施の価値の有無」(Krumwiede, 1998)，「有用性」(McGowan, 1998)，「組織変化」(McGowan, 1998)，「意思決定の変化」(Foster & Swenson, 1997)，「利用度」(Anderson & Young, 1999; Foster & Swenson, 1997; Swenson, 1995)，「原価情報の正確性」(Anderson & Young, 1999)，「ROIの変化」(Cagwin & Bouwman, 2002) など，回答者によって認知された多様な主観的尺度が用いられている．また，これらの質問票調査から，導入プロセスや導入組織のコンテクストに関わる特定の要因が導入の評価に影響することも明らかにされている．

2) その他の文化的要因として国民文化を挙げることができる．国民文化が原価計算・管理会計システム変更の成否に与える影響については，たとえば，Brewer (1998) の研究が参考になる．そこでは，ABC導入プロセス，ABC導入の成功度，および国民文化の関係が検証されている．これについては拙稿 (2003, pp.130-132) を参照されたい．

3) 鹿毛 (1996) によると，初期の認知的評価理論 (Deci, 1975) においては，外的事象の制御的側面は，自己決定感を規定するものとして捉えられていたが，より精緻化された認知的評価理論 (Deci & Ryan, 1985) においては，圧迫感や緊張を感知させるものとして捉えられている (pp.75-76)．したがって，鹿毛 (1996) では，自己決定感の代わりに「強制感」という概念を用いて考察を行っている (p.79)．これに倣って，本研究では，圧迫感や外的な因果律の所在の認知に関わる感覚を表す概念として「強制感」を使用する．

4) 桜井 (1997) は関係性についての感覚を表わす概念として「他者受容感」という用語を使用している (pp.20-21)．これに倣って，本研究では，関係性についての感覚を「他者受容感」と表記する．

5) なお，動機づけのタイプに応じて，3つの基本的心理的欲求の重要度は異なりうる．例えば，内発的動機づけの維持には，自律性と有能性のみでなく関係性も重要であるが，内発的動機づけの促進には，自律性と有能性が決定的に重要であり，関係性はそれらに比して末端的な役割を果たすに過ぎない (Deci & Ryan, 2002, pp.13-14)．これに対して，内在化・統合化のプロセスでは，有能性への支援が存在するときに外的調整が生じ，それに加えて関係性への支援が存在するときに規範・価値の取り入れが行われ，さらに自律性への支援が存在するときに，部分的に内在化されていた規範・価値が統合する可能性が高くなるように，内在化・統合化には，自律性のみでなく関係性も重要になる (Deci & Ryan, 2002, pp.19-20)．

6）注3の記述を踏まえて，自律性への欲求に関する質問項目は「強制感」に関連づけて作成されている．
7）なお，以下の理由から，全部門平均データに基づく変数を使用する．本研究では，組織文化に関する質問票調査を実施する際，回答者に対して「わが社は」または「わが社では」という観点から質問に回答するように求めている．また，質問項目のなかには全社的事柄に関わる項目も含まれている（第2章と第2部を参照）．この場合，例えば，製造部門のデータから析出された変数は，必ずしも製造部門の文化（つまり部門文化ないし下位組織文化）を反映しているわけではない．むしろそれは製造部門の回答者によって捉えられた全社文化と解釈することができる．部門文化・下位組織文化を測定しているのではなく，実際には全社文化を測定している，ということに鑑みると，各部門から得られたデータの平均値によって測定された組織文化変数を統計的解析に用いることが望ましいといえよう．
8）既述のように，本研究では，全部門平均データから析出された組織文化変数を使用する．したがって，製造部門のデータから析出された組織文化変数に基づき製造部門の回答者を分類する，また営業・販売部門のデータから析出された組織文化変数に基づき営業・販売部門の回答者を分類する，という方法を採っていない．ここでは，部門ごとに回答者を分類するのではなく，全社文化としての組織文化の特徴に基づき回答者全体（N = 106）を分類した．
9）なお，本研究の因果モデルを検証する際には共分散構造分析を実施し，モデルの適合度や，各文化次元の群間（高群，低群）における変数間の影響の大きさ（パス係数）の違いに統計的な意味があるか否かを明らかにすることが望ましいが，これを実施しうる研究環境にはないので代替的方法として二元配置の分散分析を用いた．ここでは，因果モデルにおいて独立変数となる各変数の程度を平均値に基づき高群と低群に分け，従属変数となる各変数には実際スコアを用い，2群に分けられた各変数と各組織文化変数（それぞれ高群・低群）を独立変数とした分散分析を実施した．その結果，「測定システムの精緻化」と「創造的・従業員志向的文化」を独立変数（それぞれ高群・低群），「欲求充足の促進化」を従属変数（実際スコア）とした分散分析，「欲求充足の促進化」と「創造的・従業員志向的文化」を独立変数（それぞれ高群・低群），「内発的動機づけ化」を従属変数（実際のスコア）とした分散分析において，創造的・従業員志向的文化の主効果が確認された．結果詳細を示すと，「測定システムの精緻化」を低度に認知している回答者（低群）のうち，創造的・従業員志向的文化・高群に属する回答者は，当該文化・低群に属する回答者に比して，「欲求充足の促進化」に対して有意に高いスコアを与えており（高群の平均値＝3.35，低群の平均値＝3.09），「測定システムの精緻化」を高度に認知している回答者（高群）のうち，創造的・従業員志向的文化高群に属する回答者は，当該文化・低群に属する回答者に比して，「欲求充足の促進化」に対して有意に高いス

コアを与えていた（高群の平均値＝3.92, 低群の平均値＝3.67).また,「欲求充足の促進化」を低度に認知している回答者（低群）のうち,創造的・従業員志向的文化・高群に属する回答者は,当該文化・低群に属する回答者に比して,「内発的動機づけ化」に対して有意に高いスコアを与えており（高群の平均値＝3.78, 低群の平均値＝3.11),「欲求充足の促進化」を高度に認知している回答者（高群）のうち,創造的・従業員志向的文化・高群に属する回答者は,当該文化・低群に属する回答者に比して,「内発的動機づけ化」に対して有意に高いスコアを与えていた（高群の平均値＝4.04, 低群の平均値＝3.41).

10) コンテクストと人間行動の関係に関する先行研究を検討したDeci & Ryan (1987)によると,外的事象に付与される機能的意味はコンテクストから影響を受ける (p.1028).そして,コンテクスト要因が制御的というよりも自律性支援的に作用しているとき,人間は,他者をより信頼し,より高度に有能感を認知し,より内発的に動機づけられる (p.1030).これに関連して,たとえば,Ryan (1982) の調査では,自律性支援的なコンテクストで肯定的なフィードバックを受ける被験者の内発的動機づけは,制御的なコンテクストで受ける被験者のそれに比べて有意に大きい,という結果が得られている.

11) これについては,たとえば,Bhimani (2003) のトライアンギュレーションによる経時的な調査研究が参考になる.そこでは,新管理会計システム導入の前後すなわち異なる2つの時点における組織文化を測定して分析を行っている.

12) たとえば,拙稿 (2004), (2006) では,動機づけの心理学的メカニズムに関連づけて,「ABCの特徴」,「組織文化」,および「ABC情報の活用に対する動機づけの質」の関係について検討している.また,Kaplan & Norton (2004) は,BSCと組織資本に関する議論を展開する中で,組織文化の重要性を指摘している.そこでは,組織文化は,従来,心理学文献からの影響を受けており,継続的な改善プログラムや品質プログラム,組織成員の動機づけと関係があるとしたうえで,組織戦略に関連のあるさまざまな組織文化次元を測定する手段を開発するためにはいっそうの研究が必要であることを主張している (pp.288-289).

参考文献

Anderson, S. W. & S. M. Young (1999), "The impact of contextual and process factors on the evaluation of activity-based costing systems," *Accounting, Organizations and Society*, 24, 525-559.

Armstrong, P. (2002), "The costs of activity-based management," *Accounting, Organizations and Society*, 27, 99-120.

Bhimani, A. (2003), "A study of the emergence of management accounting system ethos and its influence on perceived system success," *Accounting, Organizations*

and Society," 28, 523-548.
Bhimani, A. & D. Pigott (1992), "Implementing ABC: a case study of organizational and behavioural consequences," *Management Accounting Research*, 3, 119-132.
Brewer, P. C. (1998), "National culture and activity-based costing systems: a note," *Management Accounting Research*, 9, 241-260.
Cagwin, D. & M. J. Bouwman (2002), "The association between activity-based costing and improvement in financial performance," *Management Accounting Research*, 13, 1-39.
Cooper, R. & R. S. Kaplan (1999), *The Design of Cost Management Systems: Text and Case* (2nd ed), Upper Saddle River, New Jersey: Prentice Hall.
Deci, E. L. (1975), *Intrinsic motivation*, New York: Plenum. (安藤延男・石田梅男訳『内発的動機づけ』誠信書房, 1980年)
Deci, E. L. & R. Flaste (1995), *Why We Do What We Do*, G. T. Putnam's Sons. (桜井茂男監訳『人を伸ばす力』新曜社, 1999年)
Deci, E. L. & R. M. Ryan (1985), *Intrinsic motivation and self-determination in human behavior*, New York: Plenum.
Deci, E. L. & R. M. Ryan (1987), "The Support of Autonomy and the Control of Behavior," *Journal of Personality and Social Psychology*, 53 (6), 1024-1037.
Deci, E. L. & R. M. Ryan (2002), "Overview of Self-Determination Theory: An Organismic Dialectical Perspective," in Deci, E. L. & R. M. Ryan (eds.), *Handbook of self-determination research*, the University of Rochester Press, 3-33.
Detert, J. R., G. S. Roger & J. J. Mauriel (2000), "A Framework for Linking Culture and Improvement Initiatives in Organizations," *Academy of Management Review*, 25 (4), 850-863.
Foster, J. & D. W. Swenson (1997), "Measuring the Success of Activity-Based Cost Management and Its Determinants," *Journal of Management Accounting Research*, 9, 109-141.
Gosselin, M. (1997), "The Effect of Strategy and Organizational Structure on the Adoption and Implementation of Activity-Based Costing," *Accounting, Organizations and Society*, 22 (2), 105-122.
Grolnick, W. S. & R. M. Ryan (1987), "Autonomy in children's learning: An experimental and individual difference investigation," *Journal of Personality and Social Psychology*, 52, 890-898.
Harter, S. (1981), "A new self-report scale of intrinsic versus extrinsic orientation in the classroom: Motivational and Informational components," *Developmental Psychology*, 17, 300-312.

Henning, K. & F. W. Lindahl (1995), "Implementing Activity Costing: The Link between Individual Motivation and System Design," *Advances in Management Accounting*, 4, 45-62.

Hofstede, G, B. Neuijen, D. D. Ohayv & G. Sunders (1990), "Measuring organizational culture: A qualitative and quantitative study across twenty cases," *Administrative Science Quarterly*, 35, 286-316.

飯田史彦 (1993)「企業文化論の史的研究 (2)」『商学論集』第61巻第4号, 61-87.

飯田史彦 (1997)「組織文化の変革メカニズムに関する測定論的考察」『商学論集』第65巻第3号, 27-45.

Innes, J. & F. Mitchell (1995), "A survey of activity-based costing in the U.K.'s largest companies," *Management Accounting Research*, 6, 137-153.

Innes, J., F. Mitchell & D. Sinclair (2000), "Activity-based costing in the U.K.'s largest companies: a comparison of 1994 and 1999 survey results," *Management Accounting Research*, 11, 349-362.

岩淵吉秀 (1997)「適用事例にみる ABM の可能性と問題点」『国民経済雑誌』第175巻第2号, 55-69.

Johnson, H. T. & R. S. Kaplan (1987), *Relevance Lost: The Rise and Fall of Management Accounting*, Boston Massachusetts: Harvard Business School Press. (鳥居宏史訳『レレバンス・ロスト』白桃書房, 1992年)

鹿毛雅治 (1994)「内発的動機づけ研究の展望」『教育心理学研究』Vol.42, 345-359.

鹿毛雅治 (1996)『内発的動機づけと教育評価』風間書房.

加護野忠男 (1988)『組織認識論』千倉書房.

Kaplan, R. S. & R. Cooper (1998), *Cost and Effect: Using Integrated Cost Systems to Drive Profitability and Performance*, Boston, Massachusetts: Harvard Business School Press. (櫻井通晴監訳『コスト戦略と業績管理の統合システム』ダイヤモンド社, 1998年)

Kaplan, R. S. & D. P. Norton (2004), *Strategy Maps: Converting Intangible Assets into Tangible Outcomes*, Boston, Massachusetts: Harvard Business School Press. (櫻井通晴・伊藤和憲・長谷川恵一監訳『戦略マップ:バランスト・スコアカードの新・戦略実行フレームワーク』ランダムハウス講談社, 2005年)

Kennedy, T. & J. Affleck-Graves (2001), "The Impact of Activity-Based Costing Techniques on Firm Performance," *Journal of Management Accounting Research*, 13, 19-45.

Klumwiede, K. R. (1998), "The Implementation Stages of Activity-Based Costing and the Impact of Contextual and Organizational Factors," *Journal of Management Accounting Research*, 10, 239-277.

小林哲夫(1996)「管理会計情報による可視化」『産業経理』Vol.56, No.3, 22-30.
小林哲夫(2001)「相互依存関係のマネジメントと管理会計の変革」『企業会計』Vol.53, No.3, 4-11.
McGowan, A. S. (1998), "Perceived Benefits of ABCM Implementation," *Accounting Horizons*, March, 31-50.
McGowan, A. S. & T. P. Klammer (1997), "Satisfaction with Activity-Based Cost Management Implementation," *Journal of Management Accounting Research*, 9, 217-237.
Malmi, T. (1997), "Towards explaining activity-based costing failure: accounting and control in a decentralized organization," *Management Accounting Research*, 8, 459-480.
Malmi, T. (1999), "Activity-based costing diffusion across organizations: an exploratory of empirical analysis of Finnish firms," *Accounting, Organizations and Society*, 24, 649-672.
真部典久(2003)「Activity-Based Costing研究の射程と課題—原価計算の有用性向上に対する状況的要因を中心に」『商学論纂』第44巻第5号, 89-140.
真部典久(2004)「ABC情報の活用動機づけに対する組織文化の影響メカニズム」『原価計算研究』Vol.28, No.1, 54-63.
真部典久(2006)「新原価計算システムの活用動機づけと組織文化—Activity-Based Costingの導入局面における概念モデルの構築」『企業研究』第8号, 89-126.
Markus, M. L. & J. Pfeffer (1983), "Power and the Design and Implementation of Accounting and Control Systems," *Accounting, Organizations and Society*, 8(2/3), 205-218.
Quinn, R. E. & J. R. Kimberly (1984), "Paradox planning and perseverance: guidelines for managerial practice," in Quinn, R. E. & J. R. Kimberly (eds.), *Managing organizational transitions*, Homewood, IL: Dow-Jones-Irwin, 295-313.
Ryan, R. M. (1982), "Control and Information in the intrapersonal sphere; An extension of cognitive evaluation theory," *Journal of Personality and Social Psychology*, 43, 450-461.
Ryan, R. M. & Grolnik, W. S. (1986), "Origins and pawns in the classroom: Self-report and projective assessments of children's perceptions," *Journal of Personality and Social Psychology*, 50, 550-558.
坂下昭宣(2002)「二つの組織文化論:機能主義と解釈主義」『国民経済雑誌』第184巻第6号, 15-31.
桜井茂男(1997)『学習意欲の心理学』誠信書房.
桜井茂男・高野清純(1985)「内発的—外発的動機づけ測定尺度の開発」『筑波大学心

理学研究』Vol.7, 43-54.
佐野雄一郎 (2001)「組織文化の分類に関する検討」中央大学企業研究所「組織文化と会計システム」研究会報告資料.
Scapens, R. W. & J. Roberts (1993), "Accounting and control: a case study of resistance to accounting change," *Management Accounting Research*, 4, 1-32.
Schein, E. H. (1985), *Organizational Culture and Leadership*, Jossey-Bass. (清水紀彦・浜田幸雄訳『組織文化とリーダーシップ』ダイヤモンド社, 1989年)
Shields, M. D. (1995), "An Empirical Analysis of Firms' Implementation Experiences with Activity-Based Costing," *Journal of Management Accounting Research*, 7, Fall, 148-166.
Shields, M. D. & S. M. Young (1989), "A Behavioral Model for Implementing Cost Management Systems," *Journal of Cost Management*, Winter, 17-27.
Skinner, E. & K. Edge (2002), "Self-Determination, Coping, and Development," in Deci, E. L. & R. M. Ryan (eds.), *Handbook of self-determination research*, the University of Rochester Press, 297-337.
Soin, K., W. Seal & J. Cullen (2002), "ABC and organizational change: an institutional perspective," *Management Accounting Research*, 13, 249-271.
Swenson, W. (1995), "The Benefits of Activity-Based Cost Management to the Manufacturing Industry," *Journal of Management Accounting Research*, 7, 167-180.
谷 武幸・三矢 裕 (1998)「NECのラインカンパニー制:ミニ・プロフィットセンターの管理会計の構築に向けて」『国民経済雑誌』第177巻第3号, 17-34.
谷 武幸・宮脇秀貴 (1996)「会計情報によるエンパワメント」『企業会計』Vol.48, No.12, 128-133.
Turney, P. B. B. (1996), *Activity-Based Costing: The Performance Breakthrough*, London, Kogan Page.
渡辺岳夫 (2000)「Activity-Based Costingの採用に対する影響要因分析」『商学論纂』第42巻第1・2号, 45-72.
渡辺岳夫 (2002)「管理会計情報と組織文化:情報の認知とモチベーションとのインプリケーション」『企業研究』第1号, 127-156.

第11章　戦略的管理会計情報利用度に対する組織文化の影響

1. はじめに

　日本企業は，一般的な傾向として，現実の経済活動をモデル化し，さまざまな仮定をおいた上で将来の状況を分析する技法の利用について消極的な態度をとるといわれている。たとえば，設備投資の意思決定において，回収期間法の採用が日本企業の多数派を占め，内部利益率法や正味現在価値法といった，より分析的な技法は採用率が著しく低い(櫻井, 1997, p.290；紺野, 1999, pp.21-29)．これらの分析的技法の採用率が低い原因として，計算方法にさまざまな仮定が含まれ，また現実の経済活動を過度に捨象し，単純化しているため，算出された結果に対して，信頼が置けないということ挙げられる．一方で，米国企業では，分析的な技法が頻繁に利用されていることが報告されている(Graham and Harvey, 2001)．

　このような差異はいかなる要因によって引き起こされているのであろうか．直接的には，情報を利用する個々の組織成員がどのような情報に信頼を置くかということに関わってくるのであろうが，日本と米国で明らかに傾向の違いが見て取れる以上，個々人の価値観に影響を与える社会的な要因の存在を推測せざるをえない．

　このような個人的な価値観に影響を与える要因としては，それぞれの国家の固有の文化が考えられる．文化は通時的には，さまざまな要因によって変化していくものであるが，共時的にみれば，当該文化に浴する構成員の価値観をある程度，統一し，構成員同士のコミュニケーションを円滑にする役割を持つ．

同一の文化圏に属するもの同士であれば，たとえ初対面であったとしても，相互に言動を理解しあうことは容易であるが，文化圏が大きく異なる場合には，たとえば，握手という動作であっても，その意味する内容が異なり，相互理解に困難が生ずることがある．以上のようなことは経験的にも明らかである．

日本と米国の文化が相当程度異なるものであることは，誰もが首肯することであろう．日本の文化のもとで成長した個人は，成長していく段階で日本の文化に独特の価値観を身につけ，米国の文化のもとで成長した個人は，米国の価値観を身につけていく．そして，異なる価値観を持つ個々人は，ある情報に対して，異なる態度を示す．すなわち分析的情報に対して，日本人であればネガティブな価値観を持っているため，ほとんど利用せず，米国人であれば，ポジティブな価値観を持っているため，積極的に利用するのではないかと考えられるのである．

情報の利用と文化との間に以上のような関係があるという仮定をおいた上で，本章では，戦略的管理会計情報の利用度に対する組織文化の影響について考察する．組織文化は国民文化と異なり，当該組織に入った時点から刷り込まれていくものであるが，個々人の価値観に対して，影響を与えていると考えられる．

本稿で扱う戦略的管理会計情報は多分に分析的な技法である．日本においても，利用している企業は存在すると考えられるが，戦略的管理会計情報を積極的に利用する企業と，ほとんど，あるいは全く利用しないという企業に，文化的な違いが見られるのかという点について，アンケート調査をもとに分析する．

2．研究目的

戦略的管理会計はさまざまな技法が提唱されており，その概念には不明確な部分があるが，戦略的管理会計技法と呼ばれる技法を概観してみれば，それぞれに共通な要素を指摘することができる．たとえば，まず指摘できる共通点としては，企業の戦略選択および戦略実行に関わる技法であるということである．すなわち，戦略的意思決定において情報を提供することによって意思決定者を

支援し，意思決定がなされた後はその実行をモニターするのである．

戦略的管理会計情報システムを構築するためには，一定のコストと時間が必要である．意思決定支援システムは企業経営上，原価計算システムとは違い，絶対に必要不可欠なものではない．もし，コストと時間をかけた上で，情報システムを構築したにも拘らず，当該システムから産出される情報を利用する組織成員がいないというのであれば，投資は全くの無駄に終わる．その意味で情報システムへの投資はリスクを含んでおり，リスクに見合った十分なリターンが期待できるか否かを事前に確認する必要がある．

本研究では，分析的情報を利用するか否かは組織文化によって影響を受けるという仮説を確かめるべく，アンケート調査をもとに実証的に検証する．

また，戦略的管理会計情報の特性に関して，次節で詳述するが，戦略的管理会計情報の利用度に対しては，その企業が採用している戦略と，企業を取り巻く環境に対する不確実性を管理者がどのように認識しているか (perceived environmental uncertainty：以下 PEU)[1] という2つの要因が影響を与えている可能性が多分に考えられる．したがって，組織文化に加えて，戦略およびPEUについても測定し，組織文化との交互作用を探索し，戦略的管理会計情報利用度に対してどのような影響を与えているのかを検証する．

以上の分析を行うことによって，戦略的管理会計情報がいかなる組織の成員に受容され，利用されうるのかを明白にすることができる．実際に意思決定支援目的の情報システムの導入を検討しているのであれば，自社の現在の状況を見極めることによって，産出される情報が組織成員に受容され，積極的に利用されるのか否かについて，事前の検証が可能となり，無駄な投資を避けることにも繋がり，また，既に導入したものの，利用状況が芳しくないという場合では，それがどのような要因によるものなのかということの1つの検証の方法ともなりうると思われる．

本章の構成は以下の通りである．第3節で戦略的管理会計情報の特性を詳述する．戦略的管理会計の概念は依然として明確な定義は存在しないが，これまでに提唱されている戦略的管理会計技法の中から共通点を抽出し，その情報特

性を明らかにする．また，先行文献より，戦略的管理会計情報に対するPEUと戦略の影響について考察する．第4節では，組織文化と戦略的管理会計情報との影響関係について考察する．第5節では，第3節と第4節の結果を受け，本研究の仮説の展開を行う．第6節では，変数の測定方法および分析方法について述べ，第5節で展開した仮説に対する分析結果を提示し，分析結果から得られたインプリケーションを述べる．第7節では，本研究における問題点を指摘した上で，今後の研究課題を述べる．

3．戦略的管理会計の情報特性

(1)戦略的管理会計の史的展開

戦略的管理会計 (strategic management accounting) はSimmons (1981) が提唱した概念である．Simmonsの戦略的管理会計は競争相手の原価構造や製品の市場シェア等を分析することによって，自社が採るべき最適な行動を選択するための競争相手分析 (competitor accounting) であった．それ以後，さまざまな論者が戦略的管理会計という用語を使いながら，さまざまな技法を展開している．

Bromwich (1990) は競争相手分析を経済学的な観点から分析し直した．Ward (1992) は競争相手分析に加えて，顧客収益性分析 (customer profitability analysis / customer accounting)，あるいは製品別収益性分析 (product profitability analysis) から戦略的インプリケーションを得るための技法について詳述している．

Shank & Govindarajan (1993) は価値連鎖分析を利用した戦略的コスト・マネジメントを提唱している．Shank & Govindarajanは戦略的コスト・マネジメントを戦略的管理会計技法であるとは称していないが，多くの論文の中で，戦略的管理会計技法として提示されてきている (Hoque, 2003；清水孝, 2001；安酸, 1998, 小菅, 1994).

Kaplan & Norton (1992) が提唱したバランス・スコアカード (balanced scorecard) は，戦略を分かりやすい評価指標にブレークダウンすることで，組織成員に好ましい行動をとらせる業績管理技法である．バランス・スコアカードに

ついても，戦略的管理会計技法として提示する研究が多くなってきている（安酸，1998；浅田，2001；清水，2001；Hoque，2003）．

（2）戦略的管理会計の情報特性

戦略的管理会計は以上のようなさまざまな技法の集合的概念として捉えられる．したがって，戦略的管理会計という用語は厳密な定義がなされておらず，なんらかの共通特性を有する技法が戦略的管理会計として分類されている．それでは，これらの技法が戦略的管理会計として分類されるのはどのような共通特性を有してるからなのか．戦略的管理会計技法を概観してみれば，以下のような3つの特性を挙げることができる．

① **外部志向情報**

まず第1に考えられる共通特性としては，外部志向である．

競争相手分析，顧客収益性分析などは企業外部の組織や個人に焦点を絞った技法であり，明らかに外部志向情報を提供している．また，戦略的コスト・マネジメントにおける価値連鎖は自社のみではなく，産業レベルにまで拡大した価値連鎖であり，やはり自社を超えて，企業外部に対して焦点を当てている．

このような視点は，企業内部の効率性を重視する従来の管理会計情報では省みられているとは言い難い．

② **戦略・未来志向情報**

戦略的管理会計という名称から明らかなように，戦略的管理会計技法は戦略と密接な関係を持つ．競争相手分析，顧客収益性分析，製品収益性分析は分析を行うことで，どの領域に意思決定をなすべき戦略的課題があるか，また，どのような代替案があり得るかといったインプリケーションを得るための技法である．

戦略的コスト・マネジメントもやはり，産業レベルでの価値連鎖分析を行い，自社のみでは達成できないコスト・マネジメントを行うためのツールであり，戦略的課題の発見および代替案の案出を行い，その結果を評価するための技法である．

バランス・スコアカードは戦略を適切に実行するために，戦略からブレークダウンした目標を割り当てる業績管理の手法である．さらに，業績管理を行う中で，戦略の見直しを行うこともある．

このように，戦略的管理会計をすべての技法で戦略が関係している．

また，戦略と結びつき，代替案策定支援および代替案の評価という機能も担っているという点で，過去だけでなく，未来に関する情報をも包含していなければならない．すなわち，競争相手分析や顧客収益性分析であれば，代替案を実行した結果，どのように原価や収益が変化し，最終的に利益に関わってくるのかについての情報が必要となる．そのような情報を提供することによって，意思決定者は代替案を策定し，よりよい代替案を選択することができるようになるのである．

いわば，従来の管理会計が「どのように行うか」という問いに対する解答だったのに対して，戦略的管理会計は「何を行うか」というという問いに対する解答であるといえる．

③ 非財務的情報

戦略的管理会計技法の多くは非財務的情報を積極的に利用する．競争相手分析では，製品の市場シェアや相手企業の過去の動向なども含めて代替案を策定する．また，バランス・スコアカードは非財務的指標を積極的に利用し，従業員にとって分かりやすい業績指標体系をつくり出す．

ただし，戦略的管理会計においては，最終的に非財務的情報はコスト・ドライバーあるいはレベニュー・ドライバーとして，原価や収益という会計的情報に還元される．少なくとも，原価や収益がどのような反応を示すのかを明らかにすることが求められる．その意味では，非財務的情報は，外部志向，未来志向の従属的な特性として考える方が適切であると思われる．

戦略的管理会計は以上3の特性をすべて併せ持つというわけではなく，2つ程度の特性を持っているということでも，戦略的管理会計情報であると認識されているようである．また，非財務的情報を利用するとはいえ，会計である以

上，最終的には会計数値に置き換えられて，分析されることも，戦略的管理会計として認識されるのに必要なことであろう．たとえば，バランス・スコアカードなどは，非財務的指標を多く使い，厳密な意味で管理会計技法とは言い難いが，最終的にそれらの非財務的指標が財務的指標に還元されていくという点で，戦略的管理会計技法として認識されているのではないかと考えられる．

（3）戦略的管理会計情報と広範囲情報

戦略的管理会計情報と類似した特性を持つ情報として，広範囲情報（broad scope information）がある．広範囲情報とは①外部情報，②未来情報，③非財務的情報といった情報を包括する概念である．広範囲情報は従来の管理会計において，あまり利用されてこなかった情報をまとめたものであるといえる．

先行文献において，広範囲情報とPEU，戦略，組織構造などのコンテクスト要因との関連性が実証的研究がなされており（Gordon, L. A. & V. K. Narayanan, 1984; Chenhall, R. H. & D. Morris, 1986; Mia, L. & R. Chenhall, 1993, Gul, F. A. & Y. M. Chia, 1994; Chong, V. K, & K. M. Chong, 1997），本研究において，そのインプリケーションは非常に有用であると考えられる．

広範囲情報とコンテクスト要因の関連性についての実証研究から得られるインプリケーションは以下の通りである．

① PEUと広範囲情報

PEUはあくまでも認知であるため，客観的な状況とは乖離が出ることも報告されている．しかし，管理者の行動は認知からもたらされるのであり，実際の環境がいかなるものかという第三者的な視点からは，管理者の行動を説明できない．したがって，管理者の認知を測定するPEUは管理者の行動を説明するために適切である．

PEUが高いということは，自らを取り巻く環境が不安定であると認識しているということになる．したがって，内部的な管理だけでは，十分に対応できず，外部環境に目を向けることが必要であると感じるようになる．そのため，PEUが高くなればなるほど，広範囲情報に対する有用性認知が高くなり，したがっ

図表11-1 ディフェンダー型戦略とプロスペクター型戦略の対比

組織特性	ディフェンダー	プロスペクター
製品市場戦略	限定的,安定的な製品ライン 規模の経済性によるコスト効率 市場浸透	広く変化していく製品ライン 製品のイノベーションと市場への敏感な反応 新市場への素早い参入
研究開発	プロセス技術,製品の改善	製品設計,市場調査
製造	大量生産,低コスト 専門のプロセス	フレキシブルで適応的な設備とプロセス
組織構造	職能別	事業部
コントロール・プロセス	集権的で計画による管理	分権的,業績による管理
プランニング・プロセス	計画→行動→評価	行動→評価→計画

出所:Miles & Snow (1994, p. 13)

て,その利用度が高くなる(Gordon & Narayanan, 1984; Chenhall & Morris, 1986).

逆にPEUが低い場合には,内部的な管理が重要であるため,広範囲情報の有用性認知は低く,利用度も低い.

② 戦略と広範囲情報

ここでいう戦略とはMiles & Snow (1994) のプロスペクター型戦略とディフェンダー型戦略の類型である.プロスペクター型戦略では,製品ドメインが広く,効率性よりもイノベーション重視であり,市場の変化に柔軟に対応しようとする.逆にディフェンダー型戦略では,製品のドメインは狭く,効率重視である.その特徴は図表11-1の通りである.

プロスペクター型戦略をとる場合,広範囲情報の利用度が高くなり,逆にディフェンダー型戦略を採る場合,広範囲情報の利用度が低くなることが明らかにされている (Chong & Chong, 1997).

③ 組織構造と広範囲情報

組織構造は分権化の程度についてである.外見的には分権化が進んでいる企

業ほど広範囲情報の有用性認知が高くなり，集権的な企業ほど広範囲情報の有用性認知が低くなる．しかし，実際にはPEUの増大によって，分権化を進める必要が生じ，同時に広範囲情報が必要となるというパラレルな現象であることが報告されている．

ただし，分権化が進んでいない企業が，広範囲情報を積極的に利用すると，意思決定の精度が低下するということも報告されている (Gul & Chia, 1994)．これは，集権的な企業では，意思決定を行う人数が少ないため，広範囲情報のような膨大な情報を処理することができなくなってしまうためであると考えられる．

以上のインプリケーションは，戦略的管理会計に十分に適用可能であると考えられる[2]．しかし，戦略的管理会計情報と広範囲情報には異なる点もあり，その点も考慮することが必要である．

戦略的管理会計と広範囲情報で異なる点は以下の2点である．

第1に，広範囲情報は比較的コストを費やさずに利用可能なものも含まれているのに対して，戦略的管理会計ではシステムを構築することが必要であり，したがって，利用するためには，一定のコストを費やす必要があるということである．

第2に，広範囲情報は全く加工のなされないローデータ (raw data) も含まれるのに対し，戦略的管理会計では，加工された情報のみが提供される．

すなわち，戦略的管理会計は広範囲情報の部分集合であるといえる．このような相違がもたらす結果についても考察する必要があろう．

先行研究において，広範囲情報はPEUによって，その有用性認知および利用度に直接的な関係があることが示されている．すなわち，PEUが高まれば，管理者の広範囲情報に対する有用性認知が高まり，それにつれて広範囲情報利用度も増加する．逆にPEUが低い状態であれば，広範囲情報の利用度は低い．

しかし，戦略的管理会計情報は広範囲情報の部分集合であるので，広範囲情報で示された知見をそのまま戦略的管理会計情報に利用することは危険である．すなわち，PEUが高いからといって，それがそのまま戦略的管理会計情報の利

用度が高くなることを意味するとは限らないのである．この点において組織文化の介入する余地があるのではないかと推測する．組織文化は組織成員の価値観に影響を与え，組織成員はその価値観のもとで行動を行うと仮定し，戦略的管理会計情報の利用度に対して，次節では組織文化の影響を考慮することとする．

4．組織文化と戦略的管理会計との関連性

　PEUは広範囲情報の利用度にポジティブな影響を与える．しかし，PEUと戦略的管理会計の間にそのような単純な関係が成立するであろうか．というのも，前節で述べたように，広範囲情報と戦略的管理会計情報には2つの点で相違が見られ，それがPEUと情報利用度との関係に大きな差異をもたらすのではないかと考えられるからである．

　特に重要なのが，広範囲情報と違い，加工がなされた分析的情報だけが含まれているという事実である．組織成員が分析的情報に対してどのような価値観を持っているかによって，その利用度は大きく影響を受けざるをえない．分析的情報に対する組織成員の価値観によっては，PEUが高くとも，戦略的管理会計情報の利用度が高くなるとは限らないのである．したがって，PEUと戦略的管理会計情報利用度との関係には組織文化を考慮する必要があると推測される．

　広範囲情報の利用度はPEUが高まるにしたがい，利用度が増加することになるが，これは広範囲情報が分析的情報だけでなく，より分析水準の低い情報をも包含している概念であることが関係していると思われる．すなわち，分析的情報にネガティブな態度をとっている場合には，分析度の低い広範囲情報を利用することになる．もちろん，分析的情報にポジティブな態度をとっている組織であれば，より分析的な広範囲情報を利用することになろう．したがって，広範囲情報であれば，組織の分析的情報に対する態度に関わりなく，PEUが高くなれば，利用すると考えられる．

　しかし，戦略的管理会計情報はそのすべてが分析的情報である．したがって，分析的情報に対して，ネガティブな態度をとる組織では，いかにPEUが高くな

ろうとも，戦略的管理会計情報の利用に対しては，ネガティブな態度をとることになる．しかし，分析的情報に対してポジティブな態度をとる組織においては，PEUが高まるにつれ，戦略的管理会計情報を利用するようになるであろう．

このように，分析的情報への態度によって，PEUの変化によって，戦略的管理会計情報を利用するか否かが異なってくると考えられる．戦略的管理会計情報の利用度に対するPEUの影響に関しては，この点を考慮する必要があろう．

5．仮説の展開

以上の諸点を考慮した上で，仮説を展開する．
まず，第1に，戦略的管理会計情報の利用度に対する戦略の影響である．

> 仮説1　企業の採る戦略は組織成員の戦略的管理会計情報利用度に影響を及ぼす

戦略の相違による情報利用度の変化である．ディフェンダー型の戦略を採る企業では，安定的な狭いドメインで経営を行っており，したがって，イノベーションよりも，自社内の効率性を重視している．そのため，企業外部の情報に対する必要性は高くなく，また，効率性を高めるために，自社の業務に関する過去のデータを必要とする．よって，戦略的管理会計システムが産出するような情報は基本的には必要としておらず，その利用度は低いものとなる．逆にプロスペクター型の戦略を採る企業では，製品ドメインは広く，市場の機会を継続的に探索し続けている．したがって，企業の外部環境に対する感度は高く，新たな機会を発見すれば，その市場の将来的な見込みを調査し，参入するか否かの選択に迫られる．そのような意思決定を行う上で，会計的に意思決定の優劣を計ることができる戦略的管理会計情報は必要であろう．したがって，プロスペクター型戦略を採る企業では，戦略的管理会計情報利用度は高くなると見込むことができる．

第2に，戦略的管理会計情報利用度に対するPEUに影響である．

仮説2　分析的情報に対してネガティブな価値観を持つ企業では，PEUに関係なく戦略的管理会計情報の利用度は低く，分析的情報に対してポジティブな価値観を持つ企業では，PEUが高まるにつれて，戦略的管理会計情報の利用度が高まる．

広範囲情報では，PEUが高まるにつれ，利用度が増すという関係が検証されているが，広範囲情報と戦略的管理会計情報の相違を考慮すると，そのような単純な関係を想定することはできない．ここに組織文化の影響を考慮する必要があろう．すなわち，分析情報に対して，いかなる価値観を持っているかということである．分析的情報にネガティブな価値観を持つ企業では，PEUが高まったとしても，分析的情報である戦略的管理会計情報を利用することはないであろう．したがって，PEUに関係なく，戦略的管理会計情報利用度は低い状態にとどまると考えられる．逆に，分析的情報にポジティブな価値観を持つ企業であれば，PEUが高まるにつれ，戦略的管理会計情報に対する有用性認知が高まり，したがって，利用度が高くなると考えられる．

6．分析方法と分析結果

(1)分析方法

戦略的管理会計に関するアンケートは企画部門に対して行った．その結果，110社から回答があり，うち有効票本数は107社であった[3]．

本質問票で測定した変数は，戦略，PEU，戦略的管理会計情報利用度である．それぞれの変数の記述統計量は図表11-2の通りである．各変数について，戦略およびPEUは5点リッカート・スケールを用い，1が「まったくそのようなことはない」5が「まったくそのとおり」とした．戦略的管理会計情報利用度については，1を「ほとんど利用しない」，5が「頻繁に利用する」とし，さ

図表 11-2　記述統計量（情報利用度，戦略，PEU）

	度　数	平　均　値	標準偏差	クロンバックの α
情報利用度	107	3.03	0.94	0.81
戦略	107	3.24	0.73	0.76
PEU	107	3.42	0.47	0.42

らにその情報が利用できない場合には0を選択するものとした．

戦略は4つの質問から構成されており，得点が高ければ高いほど，プロスペクター型戦略に近く，得点が低ければ低いほどディフェンダー型戦略に近くなるよう設定した．

PEUについては，「供給業者との関係」，「競合企業との競争環境」，「経済的環境の不確実性」，「顧客嗜好の予測可能性」，「制約の増加」という5つの質問を行った．得点が高ければ高いほど，自らのおかれている環境に対して，不確実性を感じているということになる．当該5項目について，クロンバックの α を測定したところ0.36と内的整合性が低く，そのままでは集合尺度として採用するのは困難であると判断し，「制約の増加」を削除した上で単純平均を行い，尺度化を行った[4]．「制約の増加」を削除することによって，クロンバックの α は0.42に上昇したが，それでも十分な内的整合性を保っているとはいえず，解釈には注意を要する．

戦略的管理会計情報利用度は7つの質問項目から成り立っており，製品戦略策定時に，それらの情報をどの程度利用するかを尋ねている．得点が高いほど，戦略的管理会計情報を頻繁に利用しているということを表している．

次に組織文化についての尺度であるが，第3章で抽出された3つの因子について，本稿のサンプルの基本統計量は図表11-3の通りである．本研究においては，前述したように，分析的情報に対する組織成員の価値観が特に重要である．分析的情報に対する価値観をそのまま表した因子はないが，「規範主義的」因子はその内容から，分析的情報に対する価値観を間接的に表すものもであると考えられる[5]．

290　第1部　展　開

図表11-3　記述統計量（文化因子）

	度　数	平均値	標準偏差
「挑戦的従業員志向的」因子	107	3.35	0.47
「規範主義的」因子	107	3.75	0.51
「保守的閉鎖的」因子	107	3.93	0.34

　本研究は戦略的管理会計情報に対する戦略，PEU，組織文化の影響を見るものである．したがって，戦略，PEU，組織文化について，適切な分類を行った上で，戦略的管理会計情報利用度との分散分析を行う．

　戦略については，尺度の得点に基づき，2.5以下の企業をディフェンダー型，3.5以上の企業をプロスペクター型として分類した．PEUについては，3以下を低PEU，4以上を高PEUとした．「規範主義的」因子については，3.25以下を低，4.25以上を高，その間を中とした．また，「挑戦的従業員志向的」因子および「保守的閉鎖的」因子についても，高，中，低に分類した．「挑戦的従業員志向的」因子は2.85以下を低，3.85以上を高，その中間を中とし，「保守的閉鎖的」因子は3.5以下を低，4以上を高，その中間を中とした．

　以上の分類に基づき，戦略が戦略的管理会計情報利用度に与える影響を検証するために，t検定を行った．次にPEUと「規範主義的」因子が戦略的管理会計情報利用度に与える影響を検証するために分散分析を行い，PEUと「規範主義的」因子が戦略的管理会計情報利用度に対して与える交互作用の検証を行った．

　また，「挑戦的従業員志向的」因子および「保守的閉鎖的」因子が戦略的管理会計情報利用度に対する影響を探索的に検証するために，「挑戦的従業員志向的」因子および「保守的閉鎖的」因子と戦略的管理会計情報利用度について，それぞれ分散分析を行った．

(2) 分析結果

　図表11-4はプロスペクター型戦略群とディフェンダー戦略群について，群別に戦略的管理会計情報利用度の記述統計量を表したものである．群の効果を

図表11-4 記述統計量（戦略群別情報利用度）

	度　数	平　均　値	標準偏差
ディフェンダー型	21	2.55	0.86
プロスペクター型	45	3.17	0.95
合　計	66	2.97	0.96

図表11-5 記述統計量（PEU×「規範主義的」因子の情報利用度）

平均値 標準偏差 度　数		「規範主義的」因子		
		低	中	高
P E U	低	2.07 1.21 4	2.87 0.61 14	3.50 1.26 6
	中	2.66 0.88 11	2.93 0.95 49	3.77 0.49 7
	高	3.29 1.08 3	3.37 0.70 9	3.96 0.54 4

検証するために，t検定を行った結果，群の効果は有意であった（$t_{(64)}=2.53$, $p<.05$）．したがって，仮説1は支持された．

図表11-5はPEU（3水準）×「規範主義的」因子（3水準）について，戦略的管理会計情報利用度の記述統計を表したものである．また，図表11-6は平均値をグラフ化したものである．3×3の分散分析を行った結果，PEUの主効果が有意傾向（$F_{(2,98)}=2.55$, $p<.1$），「規範主義的」因子の主効果が有意であった（$F_{(2,98)}=5.81$, $p<.01$）が，交互作用は有意ではなかった．したがって，仮説2は棄却された．

PEUおよび「規範主義的」因子の主効果について，Tukey HSD法によって多重比較を行った結果，PEUについては，低＜高が有意傾向で（$p<.1$），「規範主義的」因子については，低・中＜高が有意であった（$p<.01$）．図表11-7

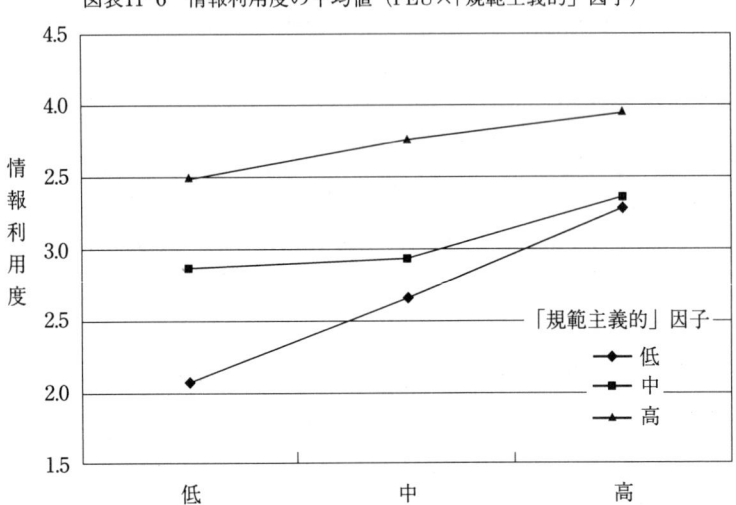

図表11-6 情報利用度の平均値（PEU×「規範主義的」因子）

図表 11-7 記述統計（PEU群別情報利用度）

	度　数	平　均　値	標準偏差
低	24	2.89	0.98
中	67	2.97	0.94
高	16	3.50	0.75
合計	107	3.03	0.94

および図表11-8でPEU，図表11-9および図表11-10で「規範主義的」因子の群別の平均を表している．

最後に，「挑戦的従業員志向的」因子および「保守的閉鎖的」因子についても，探索的に戦略的管理会計情報利用度との分散分析を行ったが，双方とも有意ではなかった．

第11章　戦略的管理会計情報利用度に対する組織文化の影響　293

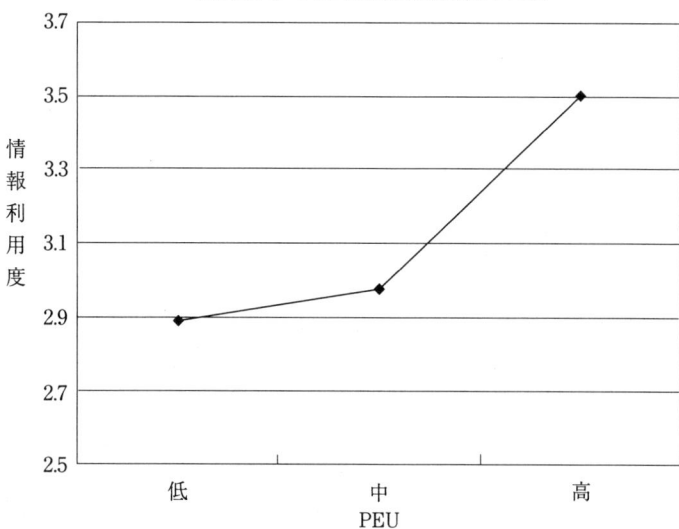

図表11-8　PEU群別情報利用度平均値

図表11-9　記述統計(「規範主義的」因子群別情報利用度)

	度　数	平　均　値	標準偏差
低	18	2.63	1.00
中	72	2.97	0.87
高	17	3.72	0.82
合計	107	3.03	0.94

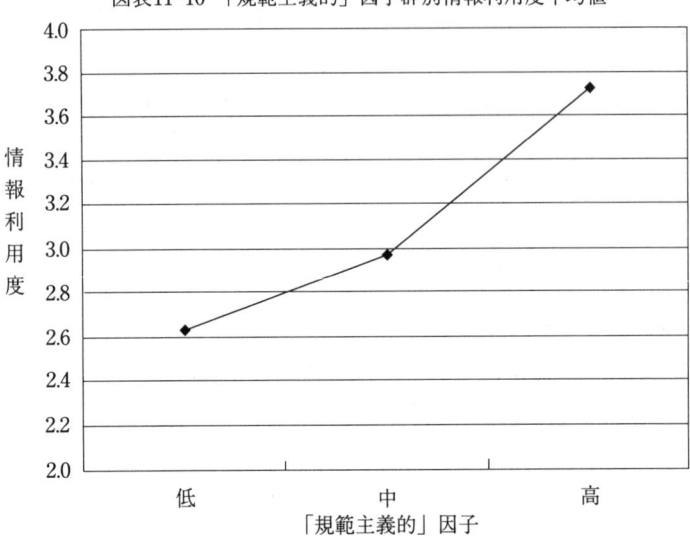

図表11-10 「規範主義的」因子群別情報利用度平均値

7．結果の解釈

　仮説1は検証の結果，支持された．すなわち，製品戦略策定時において，プロスペクター型であれば，戦略的管理会計情報を頻繁に利用し，逆にディフェンダー型であれば，戦略的管理会計情報はあまり利用しないということである．製品のドメインが狭く，イノベーションよりも内部の効率性を重視するという定義からして，ディフェンダー型では，戦略的管理会計のような外部に焦点を置いた情報を利用しても意味がないばかりでなく，意思決定者を混乱させるだけであり，利用しないという選択は妥当である．逆にプロスペクター型は外部環境を常にモニターする必要もあり，また，意思決定を行う際には，将来どのような展開が考えられるかについて考察することが不可欠である．したがって，そのような情報ニーズに戦略的管理会計情報が合致したものと考えられる．

　仮説2は検証の結果，棄却された．「規範主義的」因子とPEUの交互作用は見られず，それぞれの単純主効果が有意，あるいは有意傾向という結果となっ

た．すなわち，「規範主義的」因子が低い状態であっても，PEUの増加と共に，戦略的管理会計情報の利用度は増加していったのである．

「規範主義的」因子の単純主効果が有意になった結果は，合理的に理解することが可能である．「規範主義的」因子の高い組織では，分析的な情報に対してポジティブな態度をとるので，分析的情報である戦略的管理会計情報をより多く利用することは予測できる．

それに対して，PEUの単純主効果が有意傾向とはいえ，認められたことは予想外であった．確かに，PEUが増加することによって，戦略的管理会計情報がより頻繁に利用されることは当然であるが，そこに分析的情報への態度が影響してくると予測していた．このような結果となった理由として，今回の質問項目について，回答者がそれぞれの情報について，分析的な情報であるとは感じなかったという可能性が指摘できる．すなわち，広範囲情報と同様の特性を持つ情報であると誤解されたのではないかということである．たとえば，「供給業者の製造システムや原価構造についての情報」であれば，供給業者の製造システムがどのようなものであるかを知っており，それを意思決定に役立てていると感じていれば，高い得点を与えることも考えられる．もちろん，そうではなく，単純にPEUが増加すると，戦略的管理会計情報をより多く利用するということも考えられ，この点について，さらに今後の検討が必要であろう．

最後に，「挑戦的従業員志向的」因子および「保守的閉鎖的」因子についてであるが，予測通り，戦略的管理会計情報利用度への影響は有意ではなかった．「挑戦的従業員志向的」因子はその特性から，戦略の形成に影響を与え，それによって戦略的管理会計情報利用度に影響を与えると考えるのが妥当であろう[6]．

以上のような結果から，戦略的管理会計情報の利用に対して，次のようなインプリケーションが導き出される．

まず，第1に戦略との適合性である．自社が採っている戦略タイプがプロスペクター型でなければ，戦略的管理会計情報は意味があるとはいえない．ディフェンダー型戦略を採っている場合には，むしろ情報のオーバーフローがおき，業績を低める結果にもなりかねない．戦略が意図せず形成された無意識の産物

で，自社がどのような戦略を採っているか把握していない場合には，注意が必要であろう．Minzberg (1987) は意図していないが，結果として企業が暗黙的にとって来たパターンが戦略になることを示唆している．したがって，自社の戦略を明確には理解していない状況も十分にあり得るのである．特に，プロスペクター型戦略とディフェンダー型戦略の選択については，無意識のうちに行っている可能性は高いといえる．自社がどのような戦略を採っているか，見極めた上での導入をしなければ，全く意味がないだけでなく，害をもたらす存在にもなりかねない．

第2に環境不確実性についての組織成員の意識である．PEUはあくまでも組織成員の認知であり，客観的な環境不確実性ではない (Tosi et al., 1973; Downey et al., 1975)．しかし，人間の行動は，客観的な事実ではなく，自らが事実をどのように認知しているかによって変化する．組織成員がどのように環境不確実性について，認知をしているか把握することが必要である．たとえ，トップ・マネジメントが危機感を持っていたとしても，そのような危機感を組織成員が共有していないということはよくあることである．トップ・マネジメントと組織成員との間にこのような意識のズレがある場合には，環境不確実性を強く認知しているトップ主導でシステムを導入したところで，組織成員はそこからアウトプットされる情報を全く利用しないということも十分に考えられる．

第3に組織文化の影響である．今回の調査では，「規範主義的」因子のみが戦略的管理会計情報利用度に影響を与えていた．戦略的管理会計との関係で考えれば，「規範主義的」因子は分析的情報へのポジティブな態度を示していると考えられる．組織内に分析的情報へのポジティブな価値観が醸成されていなければ，戦略的管理会計情報を利用するという動機付けは起こらない．

分析的情報への価値観が醸成されるにはいろいろな方法が考えられるが，やはり，トップ・マネジメントの価値観が大きく影響を与えるであろう．無論，トップ・マネジメントが分析的情報にポジティブな態度をとっていたとしても，その価値観が組織文化として組織成員に共有されているかは別問題である．自社の組織文化がいかなるものであるかを把握することも必要であるといえる．

8. 今後の展望

まず，今回の調査における問題点がいくつか考えられる．

第1に，4つのPEUを1つの尺度としてまとめて，今回の分析を行ったが，その内的整合性は低く，今回の分析の信頼性は高いとはいえない．PEUについてより高い内的整合性が得られるような形で質問を再構築する必要があろう．

第2に戦略的管理会計情報についての回答者の認識である．戦略的管理会計情報は広範囲情報よりも狭い意味で使っているが，今回の回答者が質問項目について，広範囲情報のような情報であると認知しているとすれば，結果は大きく歪んでしまう．実際に企業でインタビュー調査をするなどして，回答者側と筆者の認識の間にギャップがないか確かめることも必要であろう．

次に，今回の研究結果を受けての今後の展望である．今回のアンケート調査では，組織文化とPEUの交互作用の影響は否定された．すなわち，分析的情報に対してネガティブである組織文化を持つ企業においても，PEUが高ければ，戦略的管理会計情報利用度が高くなったのである．なぜこのような結果になったのかは興味深い点である．

可能性の1つとして，上述した戦略的管理会計情報についての質問を，回答者が広範囲情報のような認識を持ってしまったということが考えられる．そうであるとすれば，今回のような結果になったことには首肯できる．しかし，今回のアンケート調査からだけではそれを読みとることは不可能である．

大規模調査であるが故の上述のような疑問を解決するためには，やはり企業へのインタビュー調査は欠かせないであろう．また，理論的な展開に比べて，戦略的管理会計の実務における適用事例の研究蓄積は少なく，どのような形態で戦略的管理会計情報を利用しているのかも興味深い点である．大規模調査ではなかなか読みとることが難しい点について，個別の企業の事例を調査することによって理解を深めていくことも，今後の課題としたい．

注

1) PEUとは「産業,経済,技術,競争相手,顧客の環境に関する予測可能性と安定性についての回答者の認知」(Gordon & Narayanan, 1984, p.38) である.
2) 戦略的管理会計の情報特性と広範囲情報の特性の比較については岸田 (2003) を参照のこと.
3) 戦略, PEU, 戦略的管理会計情報利用度の質問項目について, 2つ以上の無回答があった場合には, 採用しなかった.
4) 供給業者との取引関係についての質問項目を尺度から外すことによってクロンバックの α が0.43に向上させることができるが, その差は僅少であり, 削除する意味がないため, 供給業者との取引関係についても含めて尺度化している.
5)「規範主義的」因子には「意思決定の際には個人的な直感や経験が重視されている」がマイナスの負荷, 「客観的な事実やデータを重視した経営管理が行われている」がプラスの負荷を示しており, この点で分析的情報に対する態度と読み替えることが可能であると考えられる.
6) 試行的に戦略を従属変数として組織文化因子との分散分析を行った結果, 「挑戦的従業員志向的」因子は有意 ($F_{(2, 104)} = 19.33$, $p < .01$), 「規範主義的」因子は有意 ($F_{(2, 104)} = 13.42$, $p < .01$), 「保守的閉鎖的」因子は有意ではなかった.

参考文献

浅田孝幸 (2002)『戦略的管理会計-キャッシュフロート価値創造の経営』有斐閣.
Bromwich, M. (1990), "The Case for Strategic Management Accounting: The Role of Accounting Information for Strategy in Competitive Markets" *Accounting, Organizations and Society*, 27-46.
Chenhall, R. H. & D. Morris (1986), "The Impact of Structure, Environment, and Interdependence on the Perceived Usefulness of Management Accounting Systems", *The Accounting Review*, 61 (1), 16-35.
Chong, V. K, & K.M. Chong (1997), "Strategic Choices, Environmental Uncertainty and SBU Performance: A Note on the Intervening Role of Management Accounting Systems" *Accounting and Business Research*, 27 (4), 268-276.
Duncan R.B. (1972), "Characteristics of Organizational Environments and Perceived Environmental Uncertainty," *Administrative Science Quarterly*, 17, 313-27.
Downey, K., D. Hellriegel, & J. Slocum Jr. (1975), "Environmental Uncertainty : The Construct and Its Applications," *Administrative Science Quarterly*, 20, 613-629.
Hoque A. (2003), *Strategic Management Accounting - Concepts, Processes and Issues*, Second Edition, London: Spiro Press.

Gordon, L. A. & V.K.Narayanan (1984), "Management Accounting Systems, Percieved Environmental Uncertainty and Organization Structure: An Empirical Investigation" *Accounting, Organizations and Society*, 9(1), 33-47.

Graham J. R. & C. R. Harvey (2001), "The Theory and Practice of Corporate Finance: Evidence from the Field," *Journal of Financial Economics*, 60 (2-3), May, 187-243.

Gul, F. A. & Y. M. Chia (1994), "The Effects of Management Accounting Systems, Perceived Environmental Uncertainty and Decentralization on Managerial Performance: A Test of Three-Way Interaction", *Accounting, Organizations and Society*, 19 (4/5), 413-426.

加護野忠夫 (1988)『組織認識論』千倉書房.

Kaplan, R.S. & D.P. Norton (1992), "The Balanced Scorecard - measures that drive performance," *Harvard Business Review*, January-February, 71-79.

岸田隆行 (2003)「戦略的管理会計システムの情報特性とコンテクスト要因」『企業研究』第3号, 207-230.

岸田隆行 (2004)「組織文化がPEUと戦略的管理会計情報利用度に与える影響」『経理研究』第47号, 287-298.

紺野剛 (1999)「利益・設備投資計画に関する日本企業の実体と分析」佐藤進編著『わが国の管理会計―実体調査研究―』中央大学出版部, 3-33.

小菅正伸 (1994)「戦略管理会計論の課題」,『企業会計』Vol.46, No.6, 71-76.

Mia, L. & R.Chenhall (1993), "The Usefulness of Management Accounting Systems, Functional Differentiatin and Managerial Effectiveness" *Accounting, Organizations and Society*, 19 (1), 1-13.

Miles E. & C. Snow (1994), *Fit, Failure & The Hall of Fame: How Companies Succeed or ail*, New York, The Free Press.

Mintzberg, H. (1987), "The Strategy Concept Ⅰ: Five P's for Strategy," *California Management Review*, Fall, 11-23.

Shank, J. K. & Govindarajan, V. (1993), *Strategic Cost Management: The New Tool for Competitive Advantage*, New York, The Free Press. (種本廣之訳『戦略的コストマネジメント』日本経済新聞社, 1995年)

Simmonds, K. (1981), "Strategic Management Accounting" *Management Accounting* (CIMA), 59(4), 26-29.

Tosi H., R. Aldag, & R. Storey (1973), "On the Measurement of the Environment: An Assessment of the Lawrence and Lorsch Environmental Uncertainty Subscale," *Administrative Science Quarterly* 18, 27-36.

Ward K. (1992), *Strategic Management Accounting*, Oxford, Butterworth Heinemann.

清水孝（2001）『戦略管理会計』中央経済社.
渡辺岳夫（2002）「管理会計情報と組織文化—情報の認知およびモチベーションとのインプリケーション—」『企業研究』第1号，127-156.
安酸健二（1998）「戦略的管理会計の現状と研究課題—文献レビューを通じて—」，『流通科学大学論集—流通・経営編—』，第11巻第1号，59-78.

第 2 部　質問票調査結果の報告

1. 調査目的と調査概要

　中央大学企業研究所に設置された「組織文化と会計システム」をテーマとするわれわれの研究チームは，会計とくに管理会計・原価計算がいかなる組織文化と連動して設定されているかを学問的に究明することを目的として，2001年度より先行研究文献を中心に研究活動を進めてきた．管理会計・原価計算システムおよびその遂行ツールとしての会計情報システムは，企業の現場を母体として醸成されてきている．しかも，そのシステムは，当該企業もしくは企業内各部署の文化と密接に関係しながら展開されているものと考えられる．しかるに，これらの因果関係の解明は，わが国では例がない．本研究チームは，管理会計システムと組織文化との関連性を広くわが国企業の実践から学ぶ立場に立って，以下に示すカテゴリーからなる質問票を構成し，わが国企業の実態を究明するとともに，得られた回答データを研究員各自が設定した個別テーマの実証的研究に活用したいと考えた次第である．

(1) 経営全般（組織文化）についての質問
(2) 経営戦略についての質問
(3) 経営組織についての質問
(4) 情報システムについての質問
(5) 原価意識についての質問
(6) 利益管理システムについての質問
(7) 原価計算システムと原価改善活動についての質問
(8) 経営環境および会計的情報の利用についての質問

　質問票調査は，2003年10月1日現在で東京証券取引所第1部に上場されているすべての企業1,535社を対象に実施された．各社の組織文化をより客観的に把握するために，質問票は1社につき製造部門，営業・販売部門，IT・情報部門，経理部門，企画部門の5部門（部長）に宛てて，2003年12月6日に同時に郵送された．回収は2週間後に設定し，正味回答企業数は234社（回収率15.2％）であった．下表には，各部門に求めた質問カテゴリーを○で示し，部

門別の回答企業数を示す．

	製造部門	営業部門	情報部門	経理部門	企画部門
経営全般（組織文化）	○	○	○	○	○
経営戦略	○	○	○	○	○
経営組織	○	○	○	○	○
情報システム			○	○	
原価意識	○	○			
利益管理システム	○	○			
原価計算システムと原価改善活動	○	○			
経営環境および会計的情報の利用					○
部門別回答企業数	92社	87社	95社	118社	110社

2．基本事項のデータ

(1) 資本金の度数分布

	度　数
200億円未満	158社
200億円以上1,000億円未満	50社
1,000億円以上	25社
合　計*	233社

＊会社名記載の不備から資本金が判明しない企業が1社あった．

(2) 業種別度数分布

業　種	会社数	業　種	会社数	業　種	会社数
鉱業	1社	非鉄金属	5社	証券・商品先物	4社
建設	16社	金属製品	8社	保険	5社
食料品	13社	機械	18社	不動産	3社
繊維製品	4社	電気機器	24社	陸運	1社
パルプ・紙	1社	輸送用機器	24社	海運	1社
化学	18社	精密機器	8社	倉庫・運輸	4社
医薬品	5社	その他製品	10社	通信	1社
石油・石炭	3社	卸売業	15社	電気・ガス	4社
ゴム製品	4社	小売業	15社	サービス	4社
ガラス・土石製品	3社	銀行	2社	合計*	233社
鉄鋼	4社	その他金融	5社		

*会社名記載の不備から業種が判明しない企業が1社あった．

(3) 回答者のプロフィール

回答者の現職平均経過年数	5.8年
回答者の入社後平均経過年数	23.0年
回答者の平均年齢	48.4歳

3．質問項目別の回答数とコメント

　質問票では，すべての質問項目について，5点法リッカートスケールが採用された．以下に全質問項目の度数分布を示す．また，度数分布の限りで考えられる傾向をコメントとして論じている．ただし，経営全般（組織文化）についての質問項目は第1部（論文編）の第2章において詳細に論じられているため，ここでは省略する．

(1) 経営全般(組織文化)についての質問

　以下の質問文に「わが社は」または「わが社では」の観点から，そのとおりと思う場合は右側のスケールの5を，まったくそうではないと思う場合には1を，その中間の場合には程度に応じて2〜4のどれかを選んで，○で囲んで下さい．なお，回答は「そうあるべきだ」とか「そうありたい」という理想ではなく，現実の貴社の状況を客観的にご判断ください．

【1-1】 全社的な経営理念をメンバー全員が共有している．

	度　数	割　合
まったくそうではない	1	0.2%
あまりそうではない	21	4.2%
どちらともいえない	39	7.8%
ある程度そうである	261	52.2%
まったくそのとおりである	178	35.6%
計	500	100%

【1-2】 毎期の利益目標が明示され，予算達成が強調されている．

	度　数	割　合
まったくそうではない	2	0.4%
あまりそうではない	10	2.0%
どちらともいえない	17	3.4%
ある程度そうである	164	32.7%
まったくそのとおりである	308	61.5%
計	501	100%

【1-3】 環境が変化するのは当然のことだと考えられている.

	度数	割合
まったくそうではない	0	0.0％
あまりそうではない	9	1.8％
どちらともいえない	44	8.8％
ある程度そうである	191	38.2％
まったくそのとおりである	256	51.2％
計	500	100％

【1-4】 既存事業の競争力を維持することが重視されている.

	度数	割合
まったくそうではない	1	0.2％
あまりそうではない	10	2.0％
どちらともいえない	53	10.6％
ある程度そうである	251	50.4％
まったくそのとおりである	183	36.7％
計	498	100％

【1-5】 新技術や新製品の開発に優先的な資源配分が行われている.

	度数	割合
まったくそうではない	1	0.2％
あまりそうではない	49	9.8％
どちらともいえない	137	27.4％
ある程度そうである	220	44.0％
まったくそのとおりである	93	18.6％
計	500	100％

【1-6】 無理な投資を避け，持続的な成長を目指している．

	度数	割合
まったくそうではない	0	0.0％
あまりそうではない	19	3.8％
どちらともいえない	83	16.6％
ある程度そうである	260	52.0％
まったくそのとおりである	137	27.4％
計	500	100％

【1-7】 公式の規定や権限関係にしばられず，自由に仕事ができる．

	度数	割合
まったくそうではない	4	0.8％
あまりそうではない	90	18.0％
どちらともいえない	174	34.7％
ある程度そうである	212	42.3％
まったくそのとおりである	21	4.2％
計	501	100％

【1-8】 権限・責任関係や職務マニュアルが整備され，秩序を重視した管理が行われている．

	度数	割合
まったくそうではない	1	0.2％
あまりそうではない	73	14.6％
どちらともいえない	112	22.4％
ある程度そうである	257	51.3％
まったくそのとおりである	58	11.6％
計	501	100％

【1-9】 全社的に大幅な権限委譲がなされている．

	度　数	割　合
まったくそうではない	5	1.0％
あまりそうではない	99	19.8％
どちらともいえない	194	38.8％
ある程度そうである	183	36.6％
まったくそのとおりである	19	3.8％
計	500	100％

【1-10】 事業活動は基本的にトップの意思決定に基づいて進められている．

	度　数	割　合
まったくそうではない	1	0.2％
あまりそうではない	5	1.0％
どちらともいえない	50	10.0％
ある程度そうである	237	47.4％
まったくそのとおりである	207	41.4％
計	500	100％

【1-11】 個人的業績が重視され，業績に見合った報奨制度が整備されている．

	度　数	割　合
まったくそうではない	22	4.4％
あまりそうではない	97	19.4％
どちらともいえない	128	25.6％
ある程度そうである	231	46.2％
まったくそのとおりである	22	4.4％
計	500	100％

【1-12】 長期的な経営戦略が表明され，重点的目標が提示されている．

	度数	割合
まったくそうではない	3	0.6％
あまりそうではない	27	5.4％
どちらともいえない	65	13.0％
ある程度そうである	242	48.3％
まったくそのとおりである	164	32.7％
計	501	100％

【1-13】 着実な改善が重視され，実現性の高い計画が策定されている．

	度数	割合
まったくそうではない	2	0.4％
あまりそうではない	34	6.8％
どちらともいえない	131	26.1％
ある程度そうである	273	54.5％
まったくそのとおりである	61	12.2％
計	501	100％

【1-14】 異なる業務への人事異動が頻繁に行われている．

	度数	割合
まったくそうではない	13	2.6％
あまりそうではない	212	42.5％
どちらともいえない	151	30.3％
ある程度そうである	112	22.4％
まったくそのとおりである	11	2.2％
計	499	100％

【1-15】 メンバーは早期に適性を評価され，専門的能力を育成されている．

	度　数	割　合
まったくそうではない	7	1.4％
あまりそうではない	158	31.7％
どちらともいえない	217	43.5％
ある程度そうである	108	21.6％
まったくそのとおりである	9	1.8％
計	499	100％

【1-16】 部門や階層にこだわらず，必要な情報にアクセスし活用することができる．

	度　数	割　合
まったくそうではない	2	0.4％
あまりそうではない	82	16.5％
どちらともいえない	141	28.4％
ある程度そうである	246	49.5％
まったくそのとおりである	26	5.2％
計	497	100％

【1-17】 情報は指示・報告のかたちで，主に階層関係を軸に交換されている．

	度　数	割　合
まったくそうではない	2	0.4％
あまりそうではない	51	10.2％
どちらともいえない	152	30.5％
ある程度そうである	266	53.3％
まったくそのとおりである	28	5.6％
計	499	100％

【1-18】 職場の規律が重視され，厳格な雰囲気で運営されている．

	度　数	割　合
まったくそうではない	7	1.4％
あまりそうではない	110	22.1％
どちらともいえない	206	41.4％
ある程度そうである	153	30.8％
まったくそのとおりである	21	4.2％
計	497	100％

【1-19】 企業として果たすべき社会的使命が明確である．

	度　数	割　合
まったくそうではない	1	0.2％
あまりそうではない	21	4.2％
どちらともいえない	75	15.1％
ある程度そうである	246	49.4％
まったくそのとおりである	155	31.1％
計	498	100％

【1-20】 競合他社の動向を敏感に意識した事業展開がなされている．

	度　数	割　合
まったくそうではない	0	0.0％
あまりそうではない	20	4.0％
どちらともいえない	81	16.3％
ある程度そうである	287	57.6％
まったくそのとおりである	110	22.1％
計	498	100％

【1-21】 常に環境変化を予測して，新たなビジネスを模索している．

	度　数	割　合
まったくそうではない	5	1.0％
あまりそうではない	73	14.6％
どちらともいえない	123	24.6％
ある程度そうである	229	45.9％
まったくそのとおりである	69	13.8％
計	499	100％

【1-22】 事業展開においては，厳格なリスク分析が優先されている．

	度　数	割　合
まったくそうではない	6	1.2％
あまりそうではない	92	18.5％
どちらともいえない	180	36.1％
ある程度そうである	186	37.3％
まったくそのとおりである	34	6.8％
計	498	100％

【1-23】 新しいアイデアや試みが実行に移されている．

	度　数	割　合
まったくそうではない	1	0.2％
あまりそうではない	55	11.0％
どちらともいえない	143	28.7％
ある程度そうである	258	51.7％
まったくそのとおりである	42	8.4％
計	499	100％

【1-24】 安定した収益を確保することが優先されている．

	度 数	割 合
まったくそうではない	0	0.0％
あまりそうではない	4	0.8％
どちらともいえない	59	11.8％
ある程度そうである	298	59.8％
まったくそのとおりである	137	27.5％
計	498	100％

【1-25】 部門や階層をこえた多様な協力関係が存在する．

	度 数	割 合
まったくそうではない	4	0.8％
あまりそうではない	48	9.6％
どちらともいえない	150	30.1％
ある程度そうである	245	49.1％
まったくそのとおりである	52	10.4％
計	499	100％

【1-26】 部門単位の目標が明確に設定され，その達成が優先されている．

	度 数	割 合
まったくそうではない	1	0.2％
あまりそうではない	11	2.2％
どちらともいえない	72	14.4％
ある程度そうである	259	51.9％
まったくそのとおりである	156	31.3％
計	499	100％

【1-27】 事業部制ないし事業本部制がとられ，各事業単位に利益責任が課されている．

	度　数	割　合
まったくそうではない	47	9.4％
あまりそうではない	46	9.2％
どちらともいえない	54	10.8％
ある程度そうである	146	29.3％
まったくそのとおりである	206	41.3％
計	499	100％

【1-28】 ライン部門が強い発言力をもち，ライン主導で業務が展開されている．

	度　数	割　合
まったくそうではない	9	1.8％
あまりそうではない	62	12.4％
どちらともいえない	221	44.4％
ある程度そうである	177	35.5％
まったくそのとおりである	29	5.8％
計	498	100％

【1-29】 個人プレイよりもチームプレイが尊重され，チームによる業績が高く評価されている．

	度　数	割　合
まったくそうではない	0	0.0％
あまりそうではない	45	9.0％
どちらともいえない	234	47.0％
ある程度そうである	185	37.1％
まったくそのとおりである	34	6.8％
計	498	100％

【1-30】 経営戦略達成に向けて重点的な資源配分がなされている．

	度　数	割　合
まったくそうではない	0	0.0%
あまりそうではない	25	5.0%
どちらともいえない	128	25.7%
ある程度そうである	283	56.7%
まったくそのとおりである	63	12.6%
計	499	100%

【1-31】 予算は前年度実績を前提にして，新規事業分を積み上げるかたちで編成されている．

	度　数	割　合
まったくそうではない	12	2.4%
あまりそうではない	79	15.9%
どちらともいえない	124	25.0%
ある程度そうである	255	51.4%
まったくそのとおりである	26	5.2%
計	496	100%

【1-32】 個人のアイデアが採用され，事業プロセスに反映されている．

	度　数	割　合
まったくそうではない	2	0.4%
あまりそうではない	99	19.9%
どちらともいえない	217	43.7%
ある程度そうである	169	34.0%
まったくそのとおりである	10	2.0%
計	497	100%

【1-33】 メンバーの業務は，明確に規定された職務分掌に沿って行われている．

	度数	割合
まったくそうではない	4	0.8%
あまりそうではない	90	18.1%
どちらともいえない	136	27.3%
ある程度そうである	227	45.6%
まったくそのとおりである	41	8.2%
計	498	100%

【1-34】 異質なメンバーが組み合わされて問題解決に取り組むケースが多い．

	度数	割合
まったくそうではない	11	2.2%
あまりそうではない	141	28.3%
どちらともいえない	195	39.2%
ある程度そうである	134	26.9%
まったくそのとおりである	17	3.4%
計	498	100%

【1-35】 情報は機密保持の観点から厳格に管理されている．

	度数	割合
まったくそうではない	4	0.8%
あまりそうではない	48	9.6%
どちらともいえない	125	25.1%
ある程度そうである	233	46.8%
まったくそのとおりである	88	17.7%
計	498	100%

【1-36】 職場での和やかな人間関係が重視され，友好的な雰囲気で運営されている．

	度　数	割　合
まったくそうではない	1	0.2％
あまりそうではない	33	6.6％
どちらともいえない	171	34.3％
ある程度そうである	257	51.5％
まったくそのとおりである	37	7.4％
計	499	100％

【1-37】 長期的な観点からのビジョンが表明されている．

	度　数	割　合
まったくそうではない	0	0.0％
あまりそうではない	38	7.6％
どちらともいえない	103	20.7％
ある程度そうである	234	47.1％
まったくそのとおりである	122	24.5％
計	497	100％

【1-38】 半期ないし四半期ごとの目標達成や収益管理が厳しく要求されている．

	度　数	割　合
まったくそうではない	1	0.2％
あまりそうではない	35	7.0％
どちらともいえない	62	12.4％
ある程度そうである	228	45.8％
まったくそのとおりである	172	34.5％
計	498	100％

【1-39】 既存事業の競争力はいずれ衰退すると考えられている．

	度　数	割　合
まったくそうではない	36	7.2％
あまりそうではない	94	18.8％
どちらともいえない	168	33.7％
ある程度そうである	160	32.1％
まったくそのとおりである	41	8.2％
計	499	100％

【1-40】 現実的で実現可能な目標や計画が設定されている．

	度　数	割　合
まったくそうではない	0	0.0％
あまりそうではない	31	6.2％
どちらともいえない	112	22.5％
ある程度そうである	299	60.0％
まったくそのとおりである	56	11.2％
計	498	100％

【1-41】 プロジェクトチームやタスクフォースなどの臨時的組織が多用されている．

	度　数	割　合
まったくそうではない	1	0.2％
あまりそうではない	42	8.5％
どちらともいえない	121	24.3％
ある程度そうである	241	48.5％
まったくそのとおりである	92	18.5％
計	497	100％

【1-42】 業務は部門単位に遂行され，部門間の調整は部門長が行う．

	度　数	割　合
まったくそうではない	4	0.8％
あまりそうではない	35	7.0％
どちらともいえない	104	20.9％
ある程度そうである	298	59.8％
まったくそのとおりである	57	11.4％
計	498	100％

【1-43】 現場からの発案が新製品や新技術の開発に反映されている．

	度　数	割　合
まったくそうではない	5	1.0％
あまりそうではない	61	12.3％
どちらともいえない	181	36.6％
ある程度そうである	219	44.2％
まったくそのとおりである	29	5.9％
計	495	100％

【1-44】 研究や開発はトップに直属した研究所やセンターを中心に行われている．

	度　数	割　合
まったくそうではない	43	8.7％
あまりそうではない	99	20.0％
どちらともいえない	135	27.3％
ある程度そうである	156	31.6％
まったくそのとおりである	61	12.3％
計	494	100％

【1-45】 職場での新しい試みが重視され，創造的・挑戦的な雰囲気で運営されている．

	度　数	割　合
まったくそうではない	3	0.6％
あまりそうではない	101	20.3％
どちらともいえない	203	40.8％
ある程度そうである	160	32.1％
まったくそのとおりである	31	6.2％
計	498	100％

【1-46】 客観的な事実やデータを重視した経営管理が行われている．

	度　数	割　合
まったくそうではない	2	0.4％
あまりそうではない	33	6.6％
どちらともいえない	105	21.1％
ある程度そうである	292	58.8％
まったくそのとおりである	65	13.1％
計	497	100％

【1-47】 意思決定の際には個人的な直感や経験が重視されている．

	度　数	割　合
まったくそうではない	17	3.4％
あまりそうではない	128	25.9％
どちらともいえない	240	48.5％
ある程度そうである	108	21.8％
まったくそのとおりである	2	0.4％
計	495	100％

(2) 経営戦略についての質問

以下の質問文に「わが社の経営戦略は」という観点から，そのとおりと思う場合は右側のスケールの5を，まったくそうではないと思う場合には1を，その中間の場合には程度に応じて2～4のどれかを選んで，○で囲んで下さい．なお，回答は「そうあるべきだ」とか「そうありたい」という理想ではなく，現実の貴社の状況を客観的にご判断ください．

【2-1】（経営戦略は）長期的なビジョンや目標として提示されている．

	度数	割合
まったくそうではない	3	0.6％
あまりそうではない	30	6.0％
どちらともいえない	54	10.8％
ある程度そうである	219	44.0％
まったくそのとおりである	192	38.6％
計	498	100％

【2-2】（経営戦略は）具体的なプログラムやアクションプランとして提示されている．

	度数	割合
まったくそうではない	0	0.0％
あまりそうではない	51	10.2％
どちらともいえない	86	17.3％
ある程度そうである	247	49.6％
まったくそのとおりである	114	22.9％
計	498	100％

【2-3】（経営戦略は）事業の多角化を目指すかたちで展開されている．

	度　数	割　合
まったくそうではない	28	5.7%
あまりそうではない	152	30.7%
どちらともいえない	171	34.5%
ある程度そうである	115	23.2%
まったくそのとおりである	29	5.9%
計	495	100%

【2-4】（経営戦略は）得意分野に特化するかたちで展開されている．

	度　数	割　合
まったくそうではない	1	0.2%
あまりそうではない	33	6.6%
どちらともいえない	95	19.1%
ある程度そうである	282	56.7%
まったくそのとおりである	86	17.3%
計	497	100%

【2-5】（経営戦略は）事業や製品を軸に構想されている．

	度　数	割　合
まったくそうではない	0	0.0%
あまりそうではない	20	4.0%
どちらともいえない	61	12.2%
ある程度そうである	308	61.8%
まったくそのとおりである	109	21.9%
計	498	100%

【2-6】(経営戦略は) 市場や地域特性を軸に構想されている.

	度数	割合
まったくそうではない	2	0.4％
あまりそうではない	59	11.8％
どちらともいえない	115	23.1％
ある程度そうである	274	55.0％
まったくそのとおりである	48	9.6％
計	498	100％

【2-7】(経営戦略は) 顧客や消費者を軸に構想されている.

	度数	割合
まったくそうではない	0	0.0％
あまりそうではない	34	6.8％
どちらともいえない	101	20.3％
ある程度そうである	258	51.9％
まったくそのとおりである	104	20.9％
計	497	100％

【2-8】(経営戦略は) 新技術や新製品の開発を軸に構想されている.

	度数	割合
まったくそうではない	9	1.8％
あまりそうではない	96	19.3％
どちらともいえない	155	31.2％
ある程度そうである	192	38.6％
まったくそのとおりである	45	9.1％
計	497	100％

【2-9】(経営戦略は)組織・諸制度・人事の改革を軸に構想されている.

	度数	割合
まったくそうではない	16	3.2%
あまりそうではない	126	25.6%
どちらともいえない	170	34.5%
ある程度そうである	159	32.3%
まったくそのとおりである	22	4.5%
計	493	100%

【2-10】(経営戦略は)情報化・ネット化を軸に構想されている.

	度数	割合
まったくそうではない	18	3.6%
あまりそうではない	123	24.8%
どちらともいえない	193	39.0%
ある程度そうである	146	29.5%
まったくそのとおりである	15	3.0%
計	495	100%

【2-11】(経営戦略は)競合他社に対する差別化を志向している.

	度数	割合
まったくそうではない	4	0.8%
あまりそうではない	26	5.2%
どちらともいえない	116	23.3%
ある程度そうである	256	51.4%
まったくそのとおりである	96	19.3%
計	498	100%

【2-12】（経営戦略は）競合他社に対するコスト優位性を志向している．

	度　数	割　合
まったくそうではない	2	0.4％
あまりそうではない	26	5.2％
どちらともいえない	131	26.4％
ある程度そうである	244	49.1％
まったくそのとおりである	94	18.9％
計	497	100％

【コメント】

　元来，マネジメント研究者が組織文化の重要性を意識し始めたのは，経営戦略論の分野からである．たとえば，ピータース＝ウォーターマン（1982）は優良企業を実証的に研究することで，それまで戦略論の主流であった分析的アプローチ（PPMを典型とする）とは異なる方法で，当時の優良企業に共通する「8大経営原則」を提示することで注目を浴びた．

　経営戦略は環境変化への適応を前提として長期的な成長を目指すための基本的意思決定を意図するものであり，多かれ少なかれ，既存の思考や行動パターンに変革の圧力を加える．それは結果として組織の構成員が無意識に共有する組織文化のあり方にも直接・間接に影響を及ぼすことになる．その意味で組織文化と経営戦略に関する組織構成員の意識を知ることは，有意義なものと思われる．

　この調査は企業の経営戦略を直接の研究対象にするものではない．一般的な組織文化に対する質問と，具体的な経営行動，諸制度，システムに対する質問との相互関係を解析することによって，両者の因果関係を照射することを意図している．経営戦略の分野もきわめて多様な研究が展開されており，これらを詳細に問うことはできないし，われわれの調査目的からもその必要は認められない．したがって，経営戦略に関する質問も必要最低限の簡素な構造に過ぎない．

　単純集計そのものから，多くの情報を得ることは難しいが，いくつかの特徴

点を指摘できる．

【2-1】と【2-2】は，経営戦略のレベルを聞いている．全社的戦略（企業戦略）の構築に当って，企業の社会的使命や責任，経営理念，長期的ビジョン・目標といった理念的な側面を重視する場合と，具体的なプログラムやアクションプランとして実務的な側面を重視する場合とがある．本調査の単純集計では前者のケースが若干上回っている．

【2-3】と【2-4】は多角化を志向しているか，専業化を志向しているかを聞いている．初期の経営戦略論は「多角化戦略」の研究に大きな比重が置かれていた．多くの日本企業も多角化に邁進した時代があった．今回の調査では，多角化に対する肯定的な回答は相対的に低いことが分かる．逆に得意分野に特化する（専業化）を志向する回答が非常に高い割合を示している．

【2-5】から【2-10】はいわゆる事業戦略，機能別戦略の観点から，経営戦略がどの領域を重視してデザインされているかを聞いている．これらの質問は回答者が属している企業の業種や所属部門，階層，職種などによって，大きなバイアスがかかっていることが想定される．これらを無視して一般化して言えば，「事業・製品」，「顧客・消費者」，「市場・地域」などを重視した戦略が主流であり，「研究開発」，「組織・制度・人事」，「情報化・ネット化」を重視した戦略は傍流であるといえる．

【2-11】と【2-12】は，差別化戦略とコスト優位の戦略について聞いているが，両者の間にはほとんど差異は認められない．これらは二元論的に存在する概念ではないのかもしれない．（佐野雄一郎）

(3) 経営組織についての質問

以下の質問文に「わが社の組織は」という観点から，そのとおりと思う場合は右側のスケールの5を，まったくそうではないと思う場合には1を，その中間の場合には程度に応じて2～4のどれかを選んで，○で囲んで下さい．なお，回答は「そうあるべきだ」とか「そうありたい」という理想ではなく，現実の貴社の状況を客観的にご判断ください．

【3-1】（わが社の組織は）工場・製造部門を重視してデザインされている．

	度　数	割　合
まったくそうではない	57	11.5％
あまりそうではない	92	18.6％
どちらともいえない	153	30.9％
ある程度そうである	155	31.3％
まったくそのとおりである	38	7.7％
計	495	100％

【3-2】（わが社の組織は）営業・販売部門を重視してデザインされている．

	度　数	割　合
まったくそうではない	8	1.6％
あまりそうではない	50	10.0％
どちらともいえない	145	29.0％
ある程度そうである	217	43.4％
まったくそのとおりである	80	16.0％
計	500	100％

【3-3】（わが社の組織は）研究・開発部門を重視してデザインされている．

	度　数	割　合
まったくそうではない	41	8.3％
あまりそうではない	120	24.2％
どちらともいえない	169	34.1％
ある程度そうである	137	27.7％
まったくそのとおりである	28	5.7％
計	495	100％

【3-4】(わが社の組織は) プロジェクトやタスクを重視してデザインされている.

	度　数	割　合
まったくそうではない	31	6.3％
あまりそうではない	179	36.1％
どちらともいえない	197	39.7％
ある程度そうである	82	16.5％
まったくそのとおりである	7	1.4％
計	496	100％

【3-5】(わが社の組織は) 職能部門別組織を主要な構造としている.

	度　数	割　合
まったくそうではない	29	5.8％
あまりそうではない	88	17.7％
どちらともいえない	181	36.4％
ある程度そうである	158	31.8％
まったくそのとおりである	41	8.2％
計	497	100％

【3-6】(わが社の組織は) 事業部制または事業本部制を主要な構造としている.

	度　数	割　合
まったくそうではない	46	9.2％
あまりそうではない	52	10.4％
どちらともいえない	75	15.0％
ある程度そうである	187	37.5％
まったくそのとおりである	139	27.9％
計	499	100％

【3-7】(わが社の組織は) マトリックス組織（事業・市場・機能の複合管理）を主要な構造としている．

	度 数	割 合
まったくそうではない	69	13.9%
あまりそうではない	122	24.5%
どちらともいえない	179	35.9%
ある程度そうである	101	20.3%
まったくそのとおりである	27	5.4%
計	498	100%

【3-8】(わが社の組織は) プロジェクト組織を主要な構造としている．

	度 数	割 合
まったくそうではない	98	19.6%
あまりそうではない	205	41.1%
どちらともいえない	144	28.9%
ある程度そうである	51	10.2%
まったくそのとおりである	1	0.2%
計	499	100%

【3-9】(わが社の組織は) カンパニー制を主要な構造としている．

	度 数	割 合
まったくそうではない	237	47.6%
あまりそうではない	90	18.1%
どちらともいえない	77	15.5%
ある程度そうである	47	9.4%
まったくそのとおりである	47	9.4%
計	498	100%

【3-10】（わが社の組織は）持株会社による分社経営を主要な構造としている．

	度　数	割　合
まったくそうではない	307	61.6％
あまりそうではない	97	19.5％
どちらともいえない	46	9.2％
ある程度そうである	37	7.4％
まったくそのとおりである	11	2.2％
計	498	100％

【コメント】

　組織文化と組織の関係を考察する場合，研究の視点は，①人々の集合体としての組織に自然発生する文化の生成プロセスの研究，②経営意思の反映としてデザインされる組織構造に含意される文化の様相の研究，③さらに特定の組織構造にそって展開される人々の組織行動およびそれらが生み出すさまざまな範例が既存の文化に及ぼす影響のプロセスに関する研究などの次元に分類される．本調査では主として，上記②と③の次元に焦点を当てている．

　Barnardは公式組織を「二人以上の人々の意識的に調整された活動や諸力のシステム」と定義したが，ここでいう「意識的な調整」とは組織の目的や行動，構造，制度などをいかに規定し，デザインし，運営するかに関する経営者または組織自体の経営意思と理解できる．いうまでもなく，経営意思には信念，価値，道徳，倫理，規範といった文化の本質を構成する諸要因が顕著に反映される．

　一方，Mayoらによって確立された人間関係論で主張されるインフォーマル組織は，フォーマル組織の中に自然発生する人々の特殊な感情様式であり，フォーマル組織を支配する経営意思とは無関係に成立する内部文化である．フォーマル組織とインフォーマル組織の二極構造は，文化の視点からすれば，信念・価値といった「理念としての文化」と，人々の日常的相互関係に由来する「感覚としての文化」の並立と見ることができる．仮にフォーマル組織とインフォーマル組織の間に矛盾があるとすれば，それは両者に内在する文化の衝突

を意味するといえる．

　本調査では上記を意識しながら，組織文化と具象物としての組織構造との関わりに焦点をおいて，組織構造に関するシンプルな質問を設定した．

　企業は個々の業種特性に応じて，製造業であれば工場・製造部門を，商業であれば営業・販売部門を組織構造の中軸に据える．ときには業種分類上は製造業であっても戦略的にマーケティングに軸足を移すようなケースや，階層や部門の障害を排除するために機能横断的なプロジェクト中心の組織構造を重視するケースも見られる．製造機能を中軸とする組織文化と営業機能を中軸とする組織文化にはおのずから差異が発生するものと推測される．

　【3-1】から【3-4】はそのような視点から設定された．単純集計からみるかぎり，「営業・販売型」が主流といえる．「工場・製造型」と「研究・開発型」は近似している．「研究・開発型」と「プロジェクト・タスク型」を少ないとみるか，予想以上に多いとみるかについては，こうした組織構造が発想されてからの時間経過を考えると評価が分かれると思われる．

　コンティンジェンシー・アプローチによれば，企業がいかなる組織構造を選択するかは環境適応行動における重要な条件変数として認識される．Lawrence and Lorsch (1967) は，安定的な環境に適応している組織はそのために必要な分化と統合を官僚的な組織構造によって達成し，不確実な環境に適応している組織は分化と統合を非常に高い水準で統合する有機的組織で達成すると指摘した．これを具体的な組織構造に当てはめれば，環境の不確実性や流動性が高まるほど，古典的な職能部門別組織から事業部制やマトリックス組織などの，より高度な組織構造を選択することになる．

　ところで，どのような組織構造を選択（デザイン）するかという意思決定は，単に環境に適合した管理システムを選択するにとどまらず，いかなる管理思想（管理基準）を選択するかという問題でもある．官僚制をモデルとする職能別部門組織には組織の秩序化と安定化，権限関係の明確化を重視する管理思想が，事業部制組織には分権化や市場性を重視する管理思想が，マトリックス組織には組織の管理構造を複合化し，より高度な統合を目指そうとする管理思想が存

在する．たとえば従来の職能部門別組織から事業部制組織に切り替えようとする意思決定は，集権的な管理思想から分権的な管理思想への移行を意味するが，それを可能にするためには，組織を構成する諸部門や個々人は合理的な意思決定能力を有しており，意思決定権限を組織的に移譲できるのだという確信が不可欠である．いわば人間観の転換が要求されることになる．さらには，マトリックス組織を採用するというのであれば，組織運営の鉄則ともいえる命令系統の一元化という原則を捨て去る必要がある．いずれにしても従来の管理思想を支えていた特定の価値や規範，すなわち組織文化の一角を自ら覆す意思決定を意味する．

【3-5】から【3-10】は，こうした問題を意識して設定された．質問自体はいかなる組織構造を採用しているかを聞いているだけで，単純集計そのものから読み取れる情報は少ない．

経営理論においては伝統的・古典的組織構造と決めつけられやすい職能部門別組織は経営組織のプロトタイプであり，現実には十分に機能しているものと思われる．事業部制・事業本部制は採用割合が最も高く，現代企業組織のプロトタイプといえるかもしれない．マトリックス組織，カンパニー制は相当に普及しているといえる．プロジェクト組織，持株会社・分社経営は前段のコメントのように，発想されてからの時間が若く，多寡の評価は分かれる．（佐野雄一郎）

(4) 情報システムについての質問

【4-1】最近5年,どのような目的を掲げて業務処理システムや会計システムを再構築しましたか? 貴社に最もあてはまりそうな程度の番号に○印をつけてください.

【4-1-1】 会計情報提供の迅速化

		度　数	割　合
まったく考慮しない	1	2	0.9%
	2	3	1.4%
どちらともいえない	3	13	6.1%
	4	85	40.1%
非常に重視する	5	109	51.4%
計		212	100%

【コメント】

会計情報提供の迅速化をシステム化の目的と評価する企業の割合は,91.5%である.これは,システム化の目的に関する11問の質問項目の中で最も高い値である.会計処理にコンピュータが導入されて以来のこの迅速化目的が,今日においても目的として掲げられていることをどう評価すべきか.一つの理解としては,情報提供の迅速化に対する試みとは,一回限りの問題としてではなく,企業組織の再編や業務活動の刷新,新システム導入に伴う業務や会計処理の調整などに伴い継続的に考えていかなければならない問題として評価されていると推察できる.(堀内恵)

【4-1-2】 新会計基準への対応

		度　数	割　合
まったく考慮しない	1	1	0.5％
	2	10	4.7％
どちらともいえない	3	32	15.2％
	4	80	37.9％
非常に重視する	5	88	41.7％
計		211	100％

【コメント】

　新会計基準への対応を目的とする企業の割合は，79.6％である．これは，システム化の目的に関する11問の質問項目の中で2番目に高い値である．企業の個別事情を反映して，さまざまな理由が考えられようが，近年の税効果会計，退職給付会計，時価会計・減損会計などのいわゆる会計ビックバンへの対応が，評価が高い原因として考えられる．（堀内恵）

【4-1-3】 会計情報の部門間の共有化

		度　数	割　合
まったく考慮しない	1	4	1.9％
	2	19	9.0％
どちらともいえない	3	55	25.9％
	4	96	45.6％
非常に重視する	5	38	17.9％
計		212	100％

【コメント】

　会計情報を部門間で共有化するとは，各部門の利用者が，自身の端末機から他部門の会計情報を参照したり，必要となる会計情報をダウンロードして利用するような利用形態を意味する．たとえば，営業部門の担当者がPDA（Personal Data Assistant）などの携帯端末機からネットワークを経由して，自社

の製造部門のデータベースにアクセスし，製造スケジュールや納期，在庫量，払出単価などのデータを参照するといった利用形態である．

アンケート結果を見ると，63.2％の企業がシステム化の目的として高く評価していることが分かる．（堀内恵）

【4-1-4】 管理会計機能の充実

		度 数	割 合
まったく考慮しない	1	2	0.9％
	2	10	4.7％
どちらともいえない	3	44	20.8％
	4	107	50.5％
非常に重視する	5	49	23.1％
計		212	100％

【コメント】

管理会計機能の充実を目的として評価する企業の割合は，73.6％である．これは，システム化の目的に関する11問の質問項目の中で3番目に高い値である．管理会計機能とは何かについては企業によりその位置づけが異なるであろうが，その機能の充実を実現するためには，少なくとも，基礎となるデータが欠かせない．

今日では，自社開発であれ，またERPなどパッケージの購入であれ，いわゆる統合型の会計システムの導入が進みつつある．統合型の会計システムは，購買，製造，販売，出荷，支払，回収などの企業の業務に関わる取引データを収集，貯蔵する．貯蔵されたデータは，多元的な意思決定のための基礎データないし情報となる．そのようなデータや情報の入手の容易性と相まって，管理会計機能の充実が今日的な課題として高く評価されていると推察される．（堀内恵）

【4-1-5】 戦略計画支援の充実

		度　数	割　合
まったく考慮しない	1	4	1.9％
	2	29	13.7％
どちらともいえない	3	82	38.9％
	4	75	35.5％
非常に重視する	5	21	10.0％
計		211	100％

【コメント】
　戦略計画支援の充実を目的として評価する企業の割合は45.5％と少ない傾向にあることが分かる．この理由は一概には評価できないが，次のように理解することができる．すなわち，戦略計画の局面においては，企業内部の取引情報のみならず市場，顧客，競争相手などの企業外部の情報の重要性が増してくる．そのため，企業内部の取引データや情報のみでは，十分な貢献が期待できないことになる．つまり，少ない傾向の理由とは，企業内部の取引データや情報を中心に扱う会計システムのみでは十分な貢献が期待できないと企業が評価するあらわれと推察できる．（堀内恵）

【4-1-6】 ビジネスの競争優位の実現

		度　数	割　合
まったく考慮しない	1	4	1.9％
	2	22	10.4％
どちらともいえない	3	94	44.3％
	4	62	29.2％
非常に重視する	5	30	14.2％
計		212	100％

【コメント】
　ビジネスの競争優位の実現を目的として評価する企業の割合は，43.4％であ

る．これは，情報システム化の目的に関する11問の質問項目の中で3番目に低い値である．一方，目的としていない企業は，12.3％にとどまり，また，どちらともいえないと評価する回答が44.3％と高い値である．どちらともいえないと回答する企業の割合が高い理由は，一概には指摘できないが，ビジネスの競争優位の実現と業務・会計システムとが，必ずしも直接的な関係があるとはいえない，と企業が評価することのあらわれと理解できる．つまり，同一の統合型会計システムを利用すれば，すべての企業が業界平均を上回るパフォーマンスを期待できるかといえば，必ずしもそうとはいえないのである．以上より，少ない傾向の理由とは，ビジネスの競争優位の実現のためには，会計システムは必要であるものの，このシステムがあるからといって必ずしも競争優位が実現されることにはならない，と企業が評価することのあらわれと推察できる．
（堀内恵）

【4-1-7】 予算編成支援の充実

		度数	割合
まったく考慮しない	1	3	1.4％
	2	28	13.3％
どちらともいえない	3	70	33.3％
	4	86	41.0％
非常に重視する	5	23	11.0％
計		210	100％

【コメント】
　予算編成においては，経営活動における計画情報としての会計情報が用いられる．この計画情報としての会計情報は，一般に，過年度までの取引実績をベースに各種政策変数を加味して試行錯誤を繰り返しつつ決定されることになる．決定された計画情報は，予算統制局面において，取引実績と比較され，統制情報としての差異情報の産出にむすびつく．このように，計画情報→実績情報→差異情報とはサイクル関係をなしている．そのため，試行錯誤を伴う予算編成

は，基本的な手順や流れはルーチンになっているものの，そのプロセスを完全に自動化することはできない．一方，予算統制のプロセスでは，予算編成で明らかになる計画情報としての会計情報と取引実績としての会計情報とを対応づける．この統制プロセスでは，予算編成システムと実績情報を扱う取引処理システムとの連携や調整が適切に取れているならば，計画情報と実績情報との比較は自動化ないしはプログラム化しやすいのである．

アンケート結果を見ると，予算編成支援の充実を目的として評価する企業の割合は52％である．一方，そうではない企業の割合が14.7％，どちらともいえない企業の割合は33.3％であり，回答が一定していない．この回答結果をどう解釈するか．一つの理解としては，企業ごとに計画情報→実績情報→差異情報を取り扱う予算編成システムと取引処理システムとの連携状況や調整能力が異なり，そのため目的としての位置づけも企業ごとに異ってくることのあらわれと推察できる．（堀内恵）

【4-1-8】 業績評価の範囲やタイミングの充実

		度　数	割　合
まったく考慮しない	1	5	2.4％
	2	31	14.6％
どちらともいえない	3	96	45.3％
	4	60	28.3％
非常に重視する	5	20	9.4％
計		212	100％

【コメント】

業績評価の範囲やタイミングを目的とする企業の割合は，37.7％である．これは，システム化の目的に関する11問の質問項目の中で最も低い値である．低い理由は，次のように理解できる．すなわち，業績評価の範囲やタイミングとは，計画情報と実績情報とを比較・検討する，いわゆる統制局面に相当することになる．そして，この統制プロセスとは，コンピュータ化の早い段階からプ

ログラム化,自動化対応されてきている.そのため,あらためて積極的に目標として位置づける企業の割合が低くなっていると推察できる.

しかしながら,評価の範囲やタイミングとは,情報の提供者側が一方的に決めるのではなく,情報の利用者側が,差異情報の原因追求プロセスとの関係性の中で,試行錯誤を繰り返しつつ決定すべきであるという解釈もできる.このように考えるならば,業績評価の範囲やタイミングの充実とは,今後のシステム化の重要な目的ないし課題になり得るのである.(堀内恵)

【4-1-9】 顧客満足の充実

		度数	割合
まったく考慮しない	1	6	2.8%
	2	23	10.8%
どちらともいえない	3	77	36.3%
	4	73	34.4%
非常に重視する	5	33	15.6%
計		212	100%

【コメント】

顧客満足の充実を目的とする企業の割合は50%である.これは,価値観の多様化が進むにつれて,企業は以前にもまして利用者を中心に据える動態的な対応が必要となり,そのために業務・会計システムに対してもこれまで以上の貢献が期待されていることのあらわれと推察できる.一方,目的としない企業の割合は,13.6%であり,どちらともいえないとする企業の割合は36.3%である.どちらともいえない企業の割合が比較的高い理由は,一つには業務・会計システムがあるからといって,そのことが顧客満足の充実に直接的に結びつくとは言い難いと企業が評価していることのあらわれと推察できる.(堀内恵)

【4-1-10】 内部コントロールの充実

		度数	割合
まったく考慮しない	1	2	0.9％
	2	18	8.5％
どちらともいえない	3	92	43.4％
	4	82	38.7％
非常に重視する	5	18	8.5％
計		212	100％

【コメント】

　内部コントロールとは，一般に，会計記録の不正・誤謬を発見する内部牽制と，それを補完する業務に関わるコントロールの内部監査からなる．内部コントロールが適切に機能することにより，不正や誤謬などのリスクが一定範囲に抑えられるとともに，信頼しうる情報利用が期待できるのである．つまり，内部コントロールとは，情報の信頼性と安全性を保証するとともに，企業活動を効率的に運営していくために不可欠なものであるといえる．

　アンケート結果を見ると，内部コントロールの充実を目的とする企業の割合は，47.2％と比較的低い値である．この理由は，一概には指摘できないが，内部コントロールの整備が着実に進んできたため，あらためて目的として設定する必要が高くないことや，内部コントロールの問題を情報システムの問題として個別に考えるよりも，広く経営の問題として捉えていくべき課題として捉えていることのあらわれと推察できる．(堀内恵)

【4-1-11】 自社の業務プロセスの連携や調整の向上

		度　数	割　合
まったく考慮しない	1	1	0.5％
	2	14	6.6％
どちらともいえない	3	50	23.6％
	4	114	53.8％
非常に重視する	5	33	15.6％
計		212	100％

【コメント】

　自社の業務プロセスの連携や調整の向上を目的とする企業の割合は，69.4％である．これは，情報システム化の目的に関する11問の質問項目の中で4番目に高い値である．一方，目的としていない企業は，7.1％にとどまり，また，どちらともいえないと評価する回答が23.6％と比較的少ない．これは，効率的・効果的な業務プロセスの連携や調整を志向する統合型の会計システムの構築を目指していることを端的に示していると評価できる．（堀内恵）

【4-1-12】 企業間の業務プロセスの連携や調整の向上

		度　数	割　合
まったく考慮しない	1	10	4.7％
	2	39	18.5％
どちらともいえない	3	74	35.1％
	4	72	34.1％
非常に重視する	5	16	7.6％
計		211	100％

【コメント】

　企業間の業務プロセスの連携や調整の向上を目的とする企業の割合は，41.7％である．これは，情報システム化の目的に関する11問の質問項目の中で2番目に低い値である．一方，目的としない企業は，13.2％であり，またどち

らともいえないと評価する企業の割合が35.1％となる．どちらともいえないと評価する企業の割合が高いことは，次のように解釈できる．すなわち，設問項目【4-1-11】から明らかなように，今日の業務プロセスの連携や調整の対象とは自社プロセス間であり，企業間の業務プロセスの連携や調整は今後の課題となることを示唆しているといる．（堀内恵）

【4-1-13】 ユーザの利用満足度の向上

		度　数	割　合
まったく考慮しない	1	4	1.9％
	2	20	9.4％
どちらともいえない	3	68	32.1％
	4	98	46.2％
非常に重視する	5	22	10.4％
計		212	100％

【コメント】

ユーザの利用満足度の向上を目的とする企業の割合は，56.6％である．この割合を高いと見ると低いと見るかは，評価が分かれるところである．一つの理解としては，コンピュータ化が導入されて以来，対応されてきたこのユーザの利用満足の向上が，今日においても約6割近い企業が目的としているということは，満足度の向上の実現とは継続的な試みであると企業が評価していることのあらわれと推察できる．（堀内恵）

【4-1-14】 売上高や利益率などの業績の向上

		度　数	割　合
まったく考慮しない	1	0	0.0％
	2	13	6.2％
どちらともいえない	3	60	28.7％
	4	82	39.2％
非常に重視する	5	54	25.8％
計		209	100％

【コメント】

売上高や利益率などの業績の向上を目的とする企業は，65％である．一方，目的としない企業は6.2％にとどまる．目的としない企業の割合は，情報システム化の目的に関する11問の質問項目の中で最も低い値である．この割合をどう見るかについては，一概には評価できないが，少なくとも，システム再構築の目的として，情報の精度やタイミング，管理会計機能の充実，業務プロセスの間の効率的な連携に加えて，売上高や利益率などの業績の向上を明確に意識していることが窺える．（堀内恵）

【4-1-15】 情報システム化投資の改善

		度　数	割　合
まったく考慮しない	1	1	0.5％
	2	17	8.1％
どちらともいえない	3	77	36.7％
	4	88	41.9％
非常に重視する	5	27	12.9％
計		210	100％

【コメント】

情報システム投資の改善を目的とする企業は，54.8％である．この割合を高いと見るか，低いと見るかについては評価が分かれるところである．ただし，歴史が長い企業ほど，コンピュータ化の歴史も長いといえるため，一気にシステムを全面的に刷新させることができないという状況があることや，新システムを購入すれば必ず既存システムとの調整や保守が必要になることから判断して，段階的にシステムの基盤を整備したり，機能アップさせるための方法論や投資効果を評価するフレームワークを駆使しつつ，長期的な観点に立った投資改善が期待されよう．（堀内恵）

【4-2】業務処理システムや会計システムの開発および運用環境に関して，貴社に最も当てはまりそうな程度の番号に〇印をつけてください．

【4-2-1】 各業務処理を担う基幹システムは，自社開発している程度が高い．

		度　数	割　合
まったく違う	1	12	5.7％
どちらともいえない	2	26	12.4％
	3	33	15.8％
	4	65	31.1％
まったくその通り	5	73	34.9％
計		209	100％

【コメント】

わが国企業は，従来から基幹システムを自社開発する企業が多いと言われている．しかし，近年では，基幹システムの自社開発を行わずに外部企業の知識やノウハウが蓄積された基幹システムを時間とコストを掛けずに導入する企業のケースが増えていると言われている．たとえば，ERPパッケージ・ソフトのようなパッケージ・ソフトを導入する企業のケースや，情報システム開発機能をアウトソーシングして基幹システムを外注開発する企業のケースなどである．

基幹システムの開発に関して66.0％の企業が自社開発している程度が高いと回答している．一方，基幹システムを自社開発している程度が低いと回答している企業は18.2％にとどまっている．したがって，近年浸透していると言われているパッケージ・ソフトの利用や外部開発は，基幹システムの開発においては必ずしも当てはまらず，依然として基幹システムが自社開発される傾向が認められる．この傾向は，企業において蓄積されてきた情報システム開発や基幹業務に関する知識やノウハウが，外部へ流出することを懸念する企業が多いことが要因の一つであると考えられる．（櫻井康弘）

【4-2-2】各業務で発生した会計取引は,仕訳以前の業務資料を,各業務担当部門で分散的に入力し,自動仕訳する.

		度　数	割　合
まったく違う	1	14	6.7％
	2	11	5.2％
どちらともいえない	3	18	8.6％
	4	70	33.3％
まったくその通り	5	97	46.2％
計		210	100％

【コメント】

　各業務で発生する会計取引の入力方法は,集中入力と分散入力の二つの方法に大別できる.前者は経理部門や情報システム部門において仕訳済みのデータを会計システムへ集中的に入力する方法であり,後者は各業務担当部門において仕訳以前の業務データを分散的に入力して会計システムで自動仕訳する方法である.

　現在では,データベース技術やネットワーク技術の進展によって,各業務処理システムと会計システムとを連携した統合型会計情報システム形態の浸透がますます進んでいると推察できる.このシステム形態における会計取引の入力方法では,会計取引を分散的に入力し自動仕訳を行う方法が採用されているのが特徴である.各業務で発生した会計取引を分散入力し自動仕訳する程度が高いと回答した企業の割合は79.5％であり,低いと回答した企業の11.9％を大きく上回っている.この傾向は,多くの企業が統合型会計情報システム形態であることを明らかにしている.

　統合型会計情報システム形態の浸透の一方においては,各業務処理システムと会計システムとがデータ連携の関係から分断されていて,会計システムが単独で機能するような独立型会計情報システム形態の企業は非常に少なくなっていると推察できる.このシステム形態における会計取引の入力方法では,仕訳済みの会計取引を経理部門などで集中的に入力する方法が採用されているのが

特徴である.「まったくそうではない」と回答している6.7％の企業では,集中入力の方法を依然として採用していて,独立型会計情報システム形態であることが認められる.(櫻井康弘)

【4-2-3】各業務部門では,他の業務部門のデータを,各部門に配置されている端末機から相互に利用できる.

		度　数	割　合
まったく違う	1	13	6.2％
	2	40	19.0％
どちらともいえない	3	52	24.8％
	4	67	31.9％
まったくその通り	5	38	18.1％
計		210	100％

【コメント】

　統合型会計情報システム形態と規定することができる特徴の一つとして,各業務部門間で端末機による部門横断的データ利用が可能であることが挙げられる.部門横断的データ利用には,データベースやネットワークなどの情報技術の適用を前提として,各業務部門で発生したデータを一元的に格納し,なおかつ業務処理システム同士を連結することによって,初めて統合的に共有化されたデータを各部門で分散的に利用できることになる.近年の情報技術の進展とともに,部門横断的データ利用を可能とする企業の割合は進んでいると推察されるが,部門横断的データ利用を可能とする企業の割合は50.0％であり,不可能とする企業の25.2％を大きく上回っている.

　【4-2-2】で会計取引の分散入力から約80％近い企業が統合型会計情報システム形態であると認められたが,その結果と比較すると,会計取引の分散入力の企業の割合と部門横断的データ利用を可能とする企業の割合とは一致せずに,後者の割合は低く,代わりに「どちらともいえない」と回答した企業の割合が24.8％になっている.これは統合型のシステム形態ではあるものの,統合的に

データを共有化していないことによって相互にデータを利用できていないのか，あるいはそれが一部分で可能であるのか，さらにはそもそも部門横断的データ利用を必要としていないといったことが原因と考えられる．ただし，部門横断的データ利用の質問項目に「まったくそうではない」とする企業の割合は6.2％であり，【4-2-2】で会計取引を集中入力する企業の割合と符合するようである．すなわちこの企業の割合は，独立型会計情報システム形態の企業の割合であると推察できる．（櫻井康弘）

【4-2-4】会計システム（一般会計システム）は，情報システム部門や経理部門などで集中管理されている．

		度　数	割　合
まったく違う	1	4	1.9％
	2	5	2.4％
どちらともいえない	3	11	5.2％
	4	47	22.4％
まったくその通り	5	143	68.1％
計		210	100％

【コメント】

　会計システムを情報システム部門や経理部門などにおいて集中管理している企業の割合は90.5％である．これは，会計システムが伝統的なメインフレーム環境下で運用されていようが，近年のクライアント/サーバ環境下で運用されていようが，ハードウェアに関係なく集中管理されていることを示すものである．このことは，会計情報システム形態にとってその運用環境は無関係であり，さらに言えば，統合型会計情報システムに期待される業務処理システムと会計システムとの統合には，会計システムの運用環境の相違はないと認められる．（櫻井康弘）

【4-2-5】管理会計情報は,基幹システムと表計算ソフトとの間に電子データを連携させて作成している.

		度　数	割　合
まったく違う	1	15	7.2%
どちらともいえない	2	21	10.1%
	3	39	18.8%
	4	82	39.4%
まったくその通り	5	51	24.5%
計		208	100%

【コメント】

　会計情報システムにおける統合化の視点には,業務処理システムと会計システムとの統合化に加えて,財務会計情報と管理会計情報の提供機能との統合化が考慮される.この統合化においては,ネットワーク技術やデータベース技術の適用によって,経営管理意思決定を支援する管理会計情報の提供機能に貢献する.近年では,情報技術の発展によって,ビジネス・プロセスを反映した詳細データを格納し,各種管理会計情報を統合された基幹システムに蓄積されたデータから作成することが可能となっている.

　管理会計情報を基幹システムと表計算ソフトとを協調させて処理する企業の割合は63.9％であり,一方でそうではないとする企業の割合は17.3％である.管理会計情報を基幹システムと表計算ソフトとを協調させて処理しないとする企業は,必ずしも管理会計情報が不十分というわけではない.しかし,この処理方法を可能にするためには,ネットワーク技術やデータベース技術などの環境整備が不可欠である.そのような情報技術の適用環境を考慮すると,「まったくそうでない」とする7.2％の企業の割合は,【4-2-2】の会計取引の分散入力と【4-2-3】の部門横断的データ利用の質問項目において「まったくそうではない」と回答する企業の割合と符合するようである.（櫻井康弘）

【4-2-6】営業部門の販売担当者は，各自の端末機から原価情報を入手することができる．

		度　数	割　合
まったく違う	1	51	24.6％
	2	32	15.5％
どちらともいえない	3	29	14.0％
	4	54	26.1％
まったくその通り	5	41	19.8％
計		207	100％

【4-2-7】製造現場管理者は，各自の端末機から利益情報を入手することができる．

		度　数	割　合
まったく違う	1	50	24.8％
	2	42	20.8％
どちらともいえない	3	47	23.3％
	4	48	23.8％
まったくその通り	5	15	7.4％
計		202	100％

【コメント】

　統合型会計情報システムは，部門を横断した会計情報を相互に利用できる環境を実現できる．たとえば，営業部門の販売担当者が，業務を遂行するうえで原価情報を適宜参照できたり，製造部門が販売部門の受注状況を確認できたりする．

　営業部門の販売担当者が，業務を遂行するうえで各自の端末機から原価情報を入手して活用できる企業の割合は45.9％であり，入手できないとする企業の割合は40.1％である．製造現場管理者が，業務を遂行するうえで，各自の端末機から利益情報を入手して活用できる企業の割合は31.2％であり，入手できないとする企業の割合は45.5％である．営業部門に比べて製造部門において会計

情報の入手が可能だとする企業の割合は低い．これは，営業部門の販売担当者は，日常的に原価情報を活用して商談等における意思決定に役立てることがあるであろうが，製造現場管理者が日常的に業務を遂行するうえで利益情報を活用する場合は少ないと推測できる．（櫻井康弘）

【4-2-8】各業務プロセスのデータベースは，各業務プロセス間で統合化されている．

		度　数	割　合
まったく違う	1	17	8.1％
	2	37	17.6％
どちらともいえない	3	69	32.9％
	4	68	32.4％
まったくその通り	5	19	9.0％
計		210	100％

【コメント】
ビジネス・プロセスを反映した部門横断的データ利用を可能とするためには，各業務プロセスのデータベースを統合化していることが前提となる．そのような企業の割合は，41.4％であり，データベースを統合化していないとする企業の25.7％を上回る．これは【4-2-3】の部門横断的データ利用を可能とする企業の割合と，ほぼ符合するようである．しかし，各業務プロセスのデータベースを統合化している企業の割合の中で「まったくそのとおりである」と回答している企業の割合は9.0％に過ぎず，全ての業務プロセス間でデータベースが統合化されたうえで部門横断的データ利用を可能としている企業は少ないと認められる．（櫻井康弘）

【4-2-9】データベースからデータを取り出して，現場の担当者が独自にデータ加工を行い，業務に役立てている．

		度数	割合
まったく違う	1	7	3.3%
	2	20	9.5%
どちらともいえない	3	33	15.7%
	4	119	56.7%
まったくその通り	5	31	14.8%
計		210	100%

【コメント】

現場担当者が，データベースからデータを取り出して，独自にデータ加工を行い業務の遂行に役立てていると回答する企業の割合は71.4％に達しており，そうではないとする企業の12.9％を大きく上回る．多くの企業の情報システム環境がクライアント／サーバ環境にあり，エンドユーザ・コンピューティングが浸透していることが窺える．エンドユーザ・コンピューティングは，意思決定者である現場の担当者が自らデータ加工を行うことであるから，それらの情報活用能力の向上が不可欠である．その点で，「まったくそのとおりである」と回答した企業の割合は14.8％であり，エンドユーザ・コンピューティングが十分に浸透している企業はまだ多くはないと認められる．（櫻井康弘）

【4-2-10】定型的管理報告書は，各現場よりも基幹システムによって産出し提供される．

		度数	割合
まったく違う	1	4	1.9%
	2	25	11.9%
どちらともいえない	3	60	28.6%
	4	76	36.2%
まったくその通り	5	45	21.4%
計		210	100%

【コメント】
　定型的な管理報告書が基幹システムによって産出し提供される企業の割合は57.6％であり，そうではないとする企業の13.8％を大きく上回る．これは，多くの企業において定型的な管理報告書は基幹システムから自動的に産出され提供されると認められる．（櫻井康弘）

(5) 原価意識についての質問
　原価管理機能が効果的に発揮されるには，原価の責任区分を明確化し，原価の発生状況を逐次公開するなどして，従業員ひとりひとりが原価に対する意識（原価意識）を高めることが重要と思われます．そこで，原価意識の向上に関する貴社の取り組み，およびその効果についてお尋ねします．
　以下のスケールにより，該当する数字1つに○をおつけ下さい．

【5-1】原価意識を従業員に浸透させるべき改革を積極的に行っている．

		度数	割合
まったく思わない	1	0	0.0％
どちらともいえない	2	11	6.2％
	3	36	20.3％
	4	89	50.3％
まったくそう思う	5	41	23.2％
計		177	100％

【コメント】
（原価意識醸成への取り組み①）
　原価意識を浸透させる改革を積極的に行っている，ある程度行っている企業は73.5％であり，行っていない企業の6.3％を大いに凌駕している．ほとんどの企業において，成員の原価意識の醸成が重要であるという認識である．（田代景子）

【5-2】 従業員に原価意識を徹底させるための情報化投資を行った.

		度 数	割 合
まったく思わない	1	3	1.7%
	2	36	20.2%
どちらともいえない	3	63	35.4%
	4	59	33.1%
まったくそう思う	5	17	9.6%
計		178	100%

【コメント】

（原価意識醸成への取り組み②）

　原価意識を定着させるための情報化投資は，42.7％の企業で行われているが，行っていないとする企業も21.9％である．どちらともいえないという企業は35.4％であり，今後，原価意識醸成のための情報化投資が進展する可能性も窺えるが，現在のところは，まだその途上にあると思われる．（田代景子）

【5-3】 従業員の原価意識を醸成するための研究会・ミーティングを定期的に開催している.

		度 数	割 合
まったく思わない	1	7	3.9%
	2	31	17.4%
どちらともいえない	3	57	32.0%
	4	68	38.2%
まったくそう思う	5	15	8.4%
計		178	100%

【コメント】

（原価意識醸成への取り組み③）

　原価意識を醸成するためには，成員に原価意識を確立するための組織的な取り組みが必要である．その取り組みのひとつとして，組織内での原価管理につ

いての研究会や勉強会などの会合が挙げられる．このような会合を定期的に開催している企業は46.6％あり，約半数の企業において行われている．どちらともいえないと回答した32.0％の企業は，定期的ではないがある程度の頻度で開催していると推測される．全く行っていないか，滅多に行わないという企業は21.3％で，約80％の企業は，原価意識の醸成に対して積極的である．（田代景子）

【5-4】 工数管理システムを構築している．

		度　数	割　合
まったく思わない	1	11	6.2％
	2	21	11.8％
どちらともいえない	3	46	25.8％
	4	75	42.1％
まったくそう思う	5	25	14.0％
計		178	100％

【コメント】
（管理会計システムの整備状況①）

　原価管理の成否は，金額ベースのコストと，物量ベースの工数の管理に大いに関わっている．ここでの工数管理システムは，コストと工数が有機的に結び付いているシステムであり，原価管理活動に積極的な企業は，工数管理システムの導入に積極的であると予想される．工数管理システムを構築している企業は56.1％であり，過半数を超えている．どちらともいえないと回答した企業も4社に1社あるが（25.8％），工数管理は行っているがシステム化まではなされていないと解すると，80％以上の企業が工数管理を徹底しているといえる．
（田代景子）

【5-5】 原価発生の現状を把握のために，業務原価の総洗い出しを行った．

		度 数	割 合
まったく思わない	1	10	5.6 %
	2	31	17.5 %
どちらともいえない	3	57	32.2 %
	4	67	37.9 %
まったくそう思う	5	12	6.8 %
計		177	100 %

【コメント】

(管理会計システムの整備状況②)

　原価改善についての取り組みの一貫として，原価発生の現状を正確に認知する必要がある．実際に，業務原価の洗い出しを行った企業は，44.7％である．しかし，どちらともいえないと回答した企業は約3社に1社あり（32.2％）比較的多いが，業務原価の洗い出しは行ったが，必ずしも原価改善のために原価発生の状況を把握したのではなく，何らかの別の理由で実施した，という理由が考えられる．（田代景子）

【5-6】 全従業員が原価意識を共有できる管理システムを構築している．

		度 数	割 合
まったく思わない	1	9	5.1 %
	2	42	23.6 %
どちらともいえない	3	57	32.0 %
	4	55	30.9 %
まったくそう思う	5	15	8.4 %
計		178	100 %

【コメント】

(管理会計システムの整備状況③)

　成員間における原価意識の醸成は，究極的には，全社員が原価意識を共有で

きる管理システムが構築されていることが最も効果的であると考えられる．現状では，構築している企業39.3％が最も多い．次いで，どちらともいえない企業（構築する途上段階である）32.0％，構築していない企業28.7％（今後構築する可能性のある企業も含む），の順に序列がつけられるが，三者間に大差はない．原価意識の醸成のために，現在よりも多くの企業において，このようなシステムの構築が進むことが望ましいが，今後の動向については，推移を見守る必要がある．（田代景子）

【5-7】 適正原価を求め，それと実際原価とを比較し，原価差異の分析を行っている．

		度数	割合
まったく思わない	1	3	1.7％
	2	19	10.7％
どちらともいえない	3	33	18.6％
	4	87	49.2％
まったくそう思う	5	35	19.8％
計		177	100％

【コメント】
（管理会計システムの整備状況④）

　適正原価（標準原価など）を設定し，その原価と実際原価との比較において原価差異を抽出し，その原価差異発生の原因別に差異分析を行うことは，原価管理の基本的なプロセスである．よって，ほとんどの企業において実施されていると予想された．実際，実施している企業は69.0％であり，約7割の企業が実施している．どちらともいえない企業が18.6％あるが，社内に原価差異分析を行っている部署と行っていない部署が存在する可能性がある．（田代景子）

【5-8】 予算管理による管理を徹底している．

		度数	割合
まったく思わない	1	0	0.0％
	2	1	0.6％
どちらともいえない	3	18	10.1％
	4	92	51.7％
まったくそう思う	5	67	37.6％
計		178	100％

【コメント】

（管理会計システムの整備状況⑤）

　予算管理は管理会計の最も基本的なアプローチであり，大多数の企業において実施されていると予想された．仮に，原価管理活動に積極的でないとしても，予算管理は徹底していると思われる．実際，まったく実施していない企業は存在しなかった（あまりそうではない，という企業も1社にとどまる）．実施している企業は89.3％であり，多くの企業が予算管理の実施に傾注していることが判明した．予算管理に積極的である企業が，原価管理にも積極的であるかどうかについては，分析が必要である．（田代景子）

【5-9】 業務改善が促進した．

		度数	割合
まったく思わない	1	1	0.6％
	2	8	4.5％
どちらともいえない	3	53	29.8％
	4	97	54.5％
まったくそう思う	5	19	10.7％
計		178	100％

【コメント】

（原価管理活動の効果①）

成員の原価意識が醸成されることによって，結果として実際の業務改善は促進され，原価管理活動が活性化される，という効果が期待できる．よって，促進した企業が多ければ，原価意識が高度に醸成されている可能性が認められる．65.2％の企業は促進したと回答しており，逆に促進していないという企業は5.1％にとどまる．（田代景子）

【5-10】 コストダウンが促進した．

		度　数	割　合
まったく思わない	1	1	0.6％
	2	5	2.8％
どちらともいえない	3	37	20.8％
	4	107	60.1％
まったくそう思う	5	28	15.7％
計		178	100％

【コメント】
（原価管理活動の効果②）

コストダウンは，原価管理上，最も期待されることである．成員の原価意識が醸成されることによって，原価管理活動が活性化され，結果としてコストダウンが促進される，という効果が期待できる．よって，促進した企業が多ければ，原価意識が高度に醸成されている可能性が認められる．75.8％の企業は促進したと回答しており，逆に促進していないという企業は3.4％にとどまる．（田代景子）

【5-11】 従業員の「やりがい」へとつながった．

		度　数	割　合
まったく思わない	1	2	1.1%
	2	29	16.3%
どちらともいえない	3	90	50.6%
	4	49	27.5%
まったくそう思う	5	8	4.5%
計		178	100%

【コメント】

（原価管理活動の効果③）

　成員に原価意識を醸成することは，原価管理の効果を高めるために重要な要素であるが，原価管理活動に参加しているという実感が成員に定着していなければ，本来の効果は半減する．すなわち，原価意識の醸成は，従業員の「やりがい」感のひとつとなり，原価管理活動への参加が「やりがい」であることが望ましい．しかし，どちらでもないという回答の企業が過半数（50.6％）で，やりがいにつながっている企業32.0％より多かった．成員の原価意識の醸成が，「やりがい」にはなっていないという現状が浮き彫りになった．（田代景子）

【5-12】 コストダウンの勘所が明確に認識できるようになった．

		度　数	割　合
まったく思わない	1	2	1.1%
	2	12	6.7%
どちらともいえない	3	73	41.0%
	4	82	46.1%
まったくそう思う	5	9	5.1%
計		178	100%

【コメント】

（原価管理活動の効果④）

先にも述べたが，コストダウンは，原価管理で最も期待されることである．成員の原価意識が醸成されることによって，原価管理活動が活性化され，結果としてコストダウンが促進される．さらに，原価意識が高い現場であれば，成員間の意思の疎通によって，コストダウンの勘所について互いの発見や蓄積が共有されると思われる．よって，コストダウンの勘所が明確に認識されていれば，原価意識が高度に醸成されている可能性が認められる．51.2％の企業は明確に認識できると回答しており，逆に認識していないという企業は7.8％にとどまる．しかしながら，どちらともいえない，という企業も多く（41.0％），必ずしも明確ではない企業も多いことも判明した．（田代景子）

【5-13】 的確な指示を出せるようになった．

		度 数	割 合
まったく思わない	1	2	1.1％
	2	12	6.7％
どちらともいえない	3	78	43.8％
	4	80	44.9％
まったくそう思う	5	6	3.4％
計		178	100％

【コメント】
（原価管理活動の効果⑤）

成員の原価意識が高い場合，事後活動の改善について，的確な指示が出せることになり，指示を受ける側もその指示内容を的確かつ迅速に対応できる環境が整いやすい．的確な指示を出せるようになった企業は48.3％で約半数である．しかし，どちらともいえないという企業も43.8％と高い比率を示している．原価意識の醸成にかかわらず，すでに，的確に指示が出せる環境にある可能性がある．（田代景子）

【5-14】 効率の良い業務推進ができるようになった.

		度数	割合
まったく思わない	1	1	0.6%
	2	16	9.0%
どちらともいえない	3	86	48.3%
	4	69	38.8%
まったくそう思う	5	6	3.4%
計		178	100%

【コメント】

(原価管理活動の効果⑥)

　効率の良い業務推進ができるようになった企業は42.2％，しかし，どちらともいえないという企業は48.3％で最も多い．原価意識の醸成以前に，あるいは無関係に，業務の効率的推進が図られている可能性がある．（田代景子）

【5-15】 トータル的な発想や創造力が強化されてきた.

		度数	割合
まったく思わない	1	2	1.1%
	2	25	14.0%
どちらともいえない	3	87	48.9%
	4	59	33.1%
まったくそう思う	5	5	2.8%
計		178	100%

【コメント】

(原価管理活動の効果⑦)

　成員間において，トータル的な発想や創造力が強化されてきた企業は35.9％，しかし，どちらでもないという企業は48.9％で最も多い．原価意識の醸成以前に，あるいは無関係に，成員間にトータル的な発想や創造力がすでに強化されている可能性がある．（田代景子）

【5-16】 全従業員がいち早く原価情報を共有するようになった．

		度　数	割　合
まったく思わない	1	7	3.9％
	2	44	24.7％
どちらともいえない	3	69	38.8％
	4	51	28.7％
まったくそう思う	5	7	3.9％
計		178	100％

【コメント】

(原価管理活動の効果⑧)

全従業員がいち早く原価情報を共有するようになった企業は，32.6％，しかし，どちらでもないという企業は38.8％で最も多い．原価意識の醸成以前に，あるいは無関係に，原価情報の共有化が進展している可能性がある．(田代景子)

【5-17】 全社的な利益が増加した．

		度　数	割　合
まったく思わない	1	6	3.4％
	2	25	14.1％
どちらともいえない	3	61	34.5％
	4	66	37.3％
まったくそう思う	5	19	10.7％
計		177	100％

【コメント】

(原価管理活動の効果⑨)

全社的な利益が増加した企業は約半数(48.0％)であり，全社レベルでの効果が多くの企業で認められている．どちらともいえない企業は34.5％，増加していない企業は17.5％．(田代景子)

【5-18】 原価差異の分析によって，販売業務の効率性が高まった．

		度数	割合
まったく思わない	1	7	3.9%
	2	42	23.6%
どちらともいえない	3	90	50.6%
	4	34	19.1%
まったくそう思う	5	5	2.8%
計		178	100%

【コメント】

(原価管理活動の効果⑩)

製造現場のみならず，営業担当者も原価情報を共有化することによって原価意識の醸成が販売担当者にも及ぶことになる．実際には，原価差異の分析によって，販売業務の効率性が高まった企業は21.9％，どちらともいえない企業は過半数の50.6％，効率性が高まらない企業は27.5％であり，営業担当者の原価意識の醸成の程度はあまり高くはなく，今後の課題として残されると思われる．
(田代景子)

【5-19】 原価改善活動への意欲が高揚している．

		度数	割合
まったく思わない	1	0	0.0%
	2	16	9.0%
どちらともいえない	3	50	28.1%
	4	96	53.9%
まったくそう思う	5	16	9.0%
計		178	100%

【コメント】

(原価管理活動の効果⑪)

原価管改善活動は，成員の高い原価意識のもと，効果が大いに期待される．

さらには，成員の原価改善活動の意欲も高揚してくる．究極的には，全社レベルでの意欲の高揚が期待される．原価改善活動への意欲が高揚している企業は62.9％であり，多くの企業において，原価改善活動が活性化していることが認められた．どちらともいえないという企業は28.1％，高揚していない企業は9.0％にとどまる．（田代景子）

【5-20】 現場作業の進捗に対して，原価の発生情報の参照が即座に可能になった．

		度 数	割 合
まったく思わない	1	10	5.6％
	2	41	23.0％
どちらともいえない	3	71	39.9％
	4	48	27.0％
まったくそう思う	5	8	4.5％
計		178	100％

【コメント】
（原価情報共有化の状況①）

原価情報が部門間にとどまる傾向があると，他部門からの示唆を得ることが困難になる．逆に，情報の共有化が進んでいると，他部門から有益な原価改善へのヒントを得ることも可能になる．現場作業の進捗に対して，原価の発生情報の参照が即座に可能になったとする企業は31.5％であるが，どちらでもない企業は39.9％と最も多い．参照可能ではない企業も28.6％である．（田代景子）

【5-21】 他部門からの原価改善への示唆がもたらされた.

		度　数	割　合
まったく思わない	1	8	4.5％
	2	31	17.5％
どちらともいえない	3	64	36.2％
	4	66	37.3％
まったくそう思う	5	8	4.5％
計		177	100％

【コメント】
（原価情報共有化の状況②）
　他部門からの原価改善への示唆がもたらされた企業は41.8％と最も多く，次いでどちらでもない企業が36.2％，もたらされていない企業は22.0％である．
（田代景子）

【5-22】 原価管理情報は，当事者・関係者のものとしてとどまる傾向が強い．

		度　数	割　合
まったく思わない	1	3	1.7％
	2	33	18.6％
どちらともいえない	3	65	36.7％
	4	67	37.9％
まったくそう思う	5	9	5.1％
計		176	100％

【コメント】
（原価情報共有化の状況③）
　原価管理情報は，組織成員間で共有化されている方が，原価意識醸成には望ましい．しかし，原価管理情報は，当事者・関係者のものとしてとどまる傾向が強いという企業は43.0％と最も多く，原価管理情報の共有化は進展していないことが判明した．原価情報が関係者にとどまらず共有されているという企業

は，20.3％と少ない．（田代景子）

【5-23】 標準原価または目標原価の設定や改訂に対する従業員の協調性が高い．

		度数	割合
まったく思わない	1	3	1.7％
	2	25	14.0％
どちらともいえない	3	81	45.5％
	4	64	36.0％
まったくそう思う	5	5	2.8％
計		178	100％

【コメント】

（原価情報共有化の状況④）

情報の共有化が進展していると，標準原価や目標原価についての成員の認知度も高まり，現場作業の目標として周知され，協同してその目標を達成しようという雰囲気が発生しやすい．さらに，標準原価や目標原価の設定，改訂に対しても，弾力的に対応できる．標準原価または目標原価の設定や改訂に対する従業員の協調性が高いという企業は43.0％，次いでどちらともいえない企業が36.7％である．全般的に強調性は高い傾向がある．（田代景子）

【5-24】 現場当事者の問題の解決と是正行動への協調性が高まった．

		度数	割合
まったく思わない	1	3	1.7％
	2	17	9.6％
どちらともいえない	3	59	33.3％
	4	90	50.8％
まったくそう思う	5	8	4.5％
計		177	100％

【コメント】

（原価情報の共有化による効果）

部門間を超えて成員同士が協同していくためには，情報の共有化が必要である．現場当事者の問題の解決と是正行動への協調性が高まった企業は55.3％と過半数を占める．どちらともいえない企業は33.3％，高まっていないという企業は11.3％にとどまる．（田代景子）

【5-25】 全社的な原価管理システムを構築している．

		度 数	割 合
まったく思わない	1	2	1.1％
	2	19	10.7％
どちらともいえない	3	44	24.9％
	4	78	44.1％
まったくそう思う	5	34	19.2％
計		177	100％

【コメント】

（管理会計システムの整備状況⑥）

全社的な原価管理システムを構築している企業は66.3％と多い．予算管理の徹底化【5-8】と関連していると思われる．（田代景子）

(6) 利益管理システムについての質問

【6-1】貴部門では，掛（係），課，支店などの比較的少人数の現場のグループを単位として，それらを利益指標によって総合的に管理するシステム※を採用していますか．該当する番号に〇をおつけください．

※ 通常，このようなシステムをミニ・プロフィットセンター（MPC）といいますので，ここでは以下，そのように呼称させていただきます．MPCは，実際には売上が生じない製造業の現場レベルの単位にも，操作的に売上を設定し，それらの単位に原価責任だけではなく利益責任をも課し，現場の少人数の単位の人間（特にリーダー）に利益の向上を強く意識させることを意図したシステムです．

	製造部門		販売部門		計	
	度数	割合	度数	割合	度数	割合
はい	39	42.4%	42	48.8%	81	45.5%
いいえ	53	57.6%	44	51.2%	97	54.5%
計	92	100%	86	100%	178	100%

【6-2】MPCに関する下記の事項について，該当する番号に○をおつけください．

【6-2-1】 利益責任を有する単位の総数

	製造部門		販売部門		計	
	度数	割合	度数	割合	度数	割合
100以上	9	25.0%	10	25.0%	19	25.0%
50以上100未満	3	8.3%	9	22.5%	12	15.8%
30以上50未満	7	19.4%	10	25.0%	17	22.4%
10以上30未満	5	13.9%	7	17.5%	12	15.8%
10未満	12	33.3%	4	10.0%	16	21.1%
計	36	100%	40	100%	76	100%

【6-2-2】 利益責任を有する1つの単位の平均構成人数

	製造部門		販売部門		計	
	度数	割合	度数	割合	度数	割合
100人以上	8	22.9%	4	9.8%	12	15.8%
50人以上100人未満	5	14.3%	3	7.3%	8	10.5%
30人以上50人未満	3	8.6%	3	7.3%	6	7.9%
10人以上30人未満	15	42.9%	15	36.6%	30	39.5%
10人未満	4	11.4%	16	39.0%	20	26.3%
計	35	100%	41	100%	76	100%

【6-2-3】 当該システムの導入後経過年数

	製造部門 度数	割合	販売部門 度数	割合	計 度数	割合
10年以上	21	55.3%	21	52.5%	42	53.8%
5年以上10年未満	4	10.5%	8	20.0%	12	15.4%
3年以上5年未満	4	10.5%	5	12.5%	9	11.5%
1年以上3年未満	6	15.8%	4	10.0%	10	12.8%
1年未満	3	7.9%	2	5.0%	5	6.4%
計	38	100%	40	100%	78	100%

【6-2-4】 当該システムの利用範囲

	製造部門 度数	割合	販売部門 度数	割合	計 度数	割合
全社的	24	63.2%	33	78.6%	57	71.3%
全工場（支店）	7	18.4%	4	9.5%	11	13.8%
特定の工場（支店）	2	5.3%	0	0.0%	2	2.5%
特定の部門	4	10.5%	2	4.8%	6	7.5%
特定の事業分野	1	2.6%	1	2.4%	2	2.5%
その他	0	0.0%	2	4.8%	2	2.5%
計	38	100%	42	100%	80	100%

【6-3】MPC の導入後の「効果」についてお尋ねします．以下のスケールにより該当する数字1つに○印をおつけください．

【6-3-1】 現場レベルの組織が活性化してきている．

		製造部門		販売部門		計	
		度数	割合	度数	割合	度数	割合
まったくそのようなことはない	1	0	0.0 %	0	0.0 %	0	0.0 %
	2	1	2.6 %	1	2.4 %	2	2.5 %
どちらともいえない	3	12	31.6 %	19	46.3 %	31	39.2 %
	4	22	57.9 %	15	36.6 %	37	46.8 %
まったくそのとおり	5	3	7.9 %	6	14.6 %	9	11.4 %
計		38	100 %	41	100 %	79	100 %

【6-3-2】 リーダーの育成（人材育成）が進んできている．

		製造部門		販売部門		計	
		度数	割合	度数	割合	度数	割合
まったくそのようなことはない	1	0	0.0 %	0	0.0 %	0	0.0 %
	2	0	0.0 %	0	0.0 %	0	0.0 %
どちらともいえない	3	17	44.7 %	19	45.2 %	36	45.0 %
	4	16	42.1 %	18	42.9 %	34	42.5 %
まったくそのとおり	5	5	13.2 %	5	11.9 %	10	12.5 %
計		38	100 %	42	100 %	80	100 %

【6-3-3】 コストダウンが促進されてきている．

		製造部門		販売部門		計	
		度数	割合	度数	割合	度数	割合
まったくそのようなことはない	1	0	0.0 %	0	0.0 %	0	0.0 %
	2	0	0.0 %	2	4.8 %	2	2.5 %
どちらともいえない	3	12	31.6 %	10	23.8 %	22	27.5 %
	4	20	52.6 %	21	50.0 %	41	51.3 %
まったくそのとおり	5	6	15.8 %	9	21.4 %	15	18.8 %
計		38	100 %	42	100 %	80	100 %

【6-3-4】 利益向上につながってきている．

		製造部門		販売部門		計	
		度数	割合	度数	割合	度数	割合
まったくそのようなことはない	1	0	0.0％	0	0.0％	0	0.0％
	2	2	5.3％	1	4.8％	3	3.8％
どちらともいえない	3	8	21.1％	9	21.4％	17	21.3％
	4	21	55.3％	26	61.9％	47	58.8％
まったくそのとおり	5	7	18.4％	6	14.3％	13	16.3％
計		38	100％	42	100％	80	100％

【コメント】

【6-3-1】から【6-3-4】はMPCの総合的な効果をたずねている．【6-3-1】と【6-3-2】は組織・人に対する効果，【6-3-3】と【6-3-4】は財務的な効果に対する回答結果を示している．リッカートスケールの4と5に対するレスポンスはMPCの総合的な効果について肯定的であることを示すが，その4と5を合計した割合は，【6-3-1】の「組織活性化」効果については製造部門65.8％・営業部門51.2％，【6-3-2】の「人材育成」効果については製造部門55.3％・営業部門54.8％，【6-3-3】の「コストダウン」効果については製造部門68.4％・営業部門71.4％，【6-3-4】の「利益向上」効果については製造部門73.7％・営業部門71.4％である．過半数以上の製造部長・営業部長が，MPCの総合的な効果に対して，概ね肯定的な認識をしていることが分かる．特に，定量的な効果測定が「組織活性化」や「人材育成」などより容易な「コストダウン」と「利益向上」について，その効果に肯定的な部長の割合の高さが顕著である．（渡辺岳夫）

【6-3-5】現場の人間が，自律的に仕事や改善活動に取り組むようになってきた．

		製造部門		販売部門		計	
		度数	割合	度数	割合	度数	割合
まったくそのようなことはない	1	0	0.0%	0	0.0%	0	0.0%
	2	0	0.0%	1	2.4%	1	1.3%
どちらともいえない	3	14	36.8%	15	35.7%	29	36.3%
	4	19	50.0%	20	47.6%	39	48.8%
まったくそのとおり	5	5	13.2%	6	14.3%	11	13.8%
計		38	100%	42	100%	80	100%

【6-3-6】現場の人間が，多少のリスクはあっても，挑戦的な課題に取り組むようになってきた．

		製造部門		販売部門		計	
		度数	割合	度数	割合	度数	割合
まったくそのようなことはない	1	0	0.0%	0	0.0%	0	0.0%
	2	0	0.0%	4	9.5%	4	5.0%
どちらともいえない	3	17	44.7%	21	50.0%	38	47.5%
	4	17	44.7%	11	26.2%	28	35.0%
まったくそのとおり	5	4	10.5%	6	14.3%	10	12.5%
計		38	100%	42	100%	80	100%

【6-3-7】現場の人間に，進んで仕事に関する知識を取得しようとする姿勢が見られるようになってきた．

		製造部門		販売部門		計	
		度数	割合	度数	割合	度数	割合
まったくそのようなことはない	1	0	0.0%	0	0.0%	0	0.0%
	2	0	0.0%	1	2.4%	1	1.3%
どちらともいえない	3	18	47.4%	17	40.5%	35	43.8%
	4	17	44.7%	18	42.9%	35	43.8%
まったくそのとおり	5	3	7.9%	6	14.3%	9	11.3%
計		38	100%	42	100%	80	100%

【6-3-8】 現場の人間から，目標達成の際に充実感や達成感が感じられる，という発言が聞かれるようになってきた．

		製造部門		販売部門		計	
		度数	割合	度数	割合	度数	割合
まったくそのようなことはない	1	0	0.0%	1	2.4%	1	1.3%
	2	3	7.9%	4	9.5%	7	8.8%
どちらともいえない	3	20	52.6%	16	38.1%	36	45.0%
	4	11	28.9%	16	38.1%	27	33.8%
まったくそのとおり	5	4	10.5%	5	11.9%	9	11.3%
計		38	100%	42	100%	80	100%

【6-3-9】 現場の人間から，仕事が面白くなった，という発言が聞かれるようになってきた．

		製造部門		販売部門		計	
		度数	割合	度数	割合	度数	割合
まったくそのようなことはない	1	1	2.6%	1	2.4%	2	2.5%
	2	2	5.3%	4	9.5%	6	7.5%
どちらともいえない	3	24	63.2%	25	59.5%	49	61.3%
	4	10	26.3%	8	19.0%	18	22.5%
まったくそのとおり	5	1	2.6%	4	9.5%	5	6.3%
計		38	100%	42	100%	80	100%

【コメント】

　【6-3-5】から【6-3-9】はMPCの構成員の内発的動機づけ状態に対する製造部長・営業部長の認知を問うている．内発的動機づけとは，その行動をすること自体が目的であるような行動（自己目的的行動）が生起し，維持されているプロセスであり，知識を深めたり，技能を高めたりする方向への行動を指向し，自ら進んで行動に取り組むという側面を持つ．ここでは，内発的動機づけを，自律性【6-3-5】，挑戦【6-3-6】，好奇心【6-3-7】，達成感【6-3-8】，および仕事に対する面白さ【6-3-9】の5つの概念によって捉え，それらがMPC導入後に組織成員に現象しているかを製造部長・営業部長にたずねている．

　製造部門では，自律性【6-3-5】，挑戦【6-3-6】，および好奇心【6-3-7】

についてはポジティブな現象を看取している製造部長は多い（スケール4と5に対するレスポンスの合計が50％以上）が，特に面白さ【6-3-9】についてはその数は少ないといえよう．営業部門についてもほぼ同様のことがいえる．（渡辺岳夫）

【6-3-10】 現場の人間から，自分は仕事ができるんだ，というような自信が感じられるようになってきた．

		製造部門		販売部門		計	
		度数	割合	度数	割合	度数	割合
まったくそのようなことはない	1	0	0.0％	1	2.4％	1	1.3％
	2	2	5.3％	4	9.5％	6	7.5％
どちらともいえない	3	24	63.2％	22	52.4％	46	57.5％
	4	11	28.9％	12	28.6％	23	28.8％
まったくそのとおり	5	1	2.6％	3	7.1％	4	5.0％
計		38	100％	42	100％	80	100％

【6-3-11】 現場の人間から，仕事に対して不安や緊張を感じている様子が，みられるようになってきた．

		製造部門		販売部門		計	
		度数	割合	度数	割合	度数	割合
まったくそのようなことはない	1	0	0.0％	0	0.0％	0	0.0％
	2	7	18.4％	8	19.0％	15	18.8％
どちらともいえない	3	19	50.0％	21	50.0％	40	50.0％
	4	11	28.9％	11	26.2％	22	27.5％
まったくそのとおり	5	1	2.6％	2	4.8％	3	3.8％
計		38	100％	42	100％	80	100％

【コメント】
　内発的動機づけは，有能感【6-3-10】が高まれば促進され，強制感【6-3-11】が高まれば抑制されるとされている．【6-3-10】と【6-3-11】は，それらの内発的動機づけ規定因がMPCの構成員間でどの程度看取されるかを製造部長・営業部長に問うている．いずれの設問においても度数の分布に顕著な傾向はみられない．（渡辺岳夫）

【6-3-12】 現場の人間から，自分たちが目標とすべき指標がより分かりやすくなった，という発言が聞かれるようになってきた．

		製造部門		販売部門		計	
		度数	割合	度数	割合	度数	割合
まったくそのようなことはない	1	0	0.0%	0	0.0%	0	0.0%
	2	1	2.6%	3	7.1%	4	5.0%
どちらともいえない	3	14	36.8%	18	42.9%	32	40.0%
	4	21	55.3%	17	40.5%	38	47.5%
まったくそのとおり	5	2	5.3%	4	9.5%	6	7.5%
計		38	100%	42	100%	80	100%

【6-3-13】 現場の人間から，自分たちの努力の結果が指標により反映されるようになった，という発言が聞かれるようになってきた．

		製造部門		販売部門		計	
		度数	割合	度数	割合	度数	割合
まったくそのようなことはない	1	0	0.0%	0	0.0%	0	0.0%
	2	2	5.3%	4	9.8%	6	7.6%
どちらともいえない	3	16	42.1%	20	48.8%	36	45.6%
	4	19	50.0%	15	36.6%	34	43.0%
まったくそのとおり	5	1	2.6%	2	4.9%	3	3.8%
計		38	100%	41	100%	79	100%

【6-3-14】 現場の人間から，自分たちの努力の結果（実績値）がタイムリーに分かるようになった，という発言が聞かれるようになってきた．

		製造部門		販売部門		計	
		度数	割合	度数	割合	度数	割合
まったくそのようなことはない	1	0	0.0%	0	0.0%	0	0.0%
	2	1	2.6%	4	9.8%	5	6.3%
どちらともいえない	3	20	52.6%	16	39.0%	36	45.6%
	4	16	42.1%	19	46.3%	35	44.3%
まったくそのとおり	5	1	2.6%	2	4.9%	3	3.8%
計		38	100%	41	100%	79	100%

【6-3-15】 現場の人間から,自分たちに対する監視が強まった,という不満が聞かれるようになってきた.

		製造部門		販売部門		計	
		度数	割合	度数	割合	度数	割合
まったくそのようなことはない	1	3	7.9%	2	4.9%	5	6.3%
	2	14	36.8%	13	31.7%	27	34.2%
どちらともいえない	3	16	42.1%	20	48.8%	36	45.6%
	4	5	13.2%	5	12.2%	10	12.7%
まったくそのとおり	5	0	0.0%	1	2.4%	1	1.3%
計		38	100%	41	100%	79	100%

【コメント】

有能感および強制感は,組織成員の「情報的事象」に対する認知が高まれば,前者については促進され,後者については抑制されるとされる.逆に「制御的事象」に対する認知が高まれば,前者については抑制され,後者については促進されるとされている.

ここで,情報的事象とは自律性を支援するものとして経験されるような外的事象を意味し,制御的事象とは特定の方向で思考し,感じ,あるいは行動するように強いる圧力として経験されるような外的事象を意味する.

【6-3-12】,【6-3-13】,および【6-3-14】は,情報的事象に対する認知を問う設問である.製造部長・営業部長に,MPCシステムが提供する情報上の特性が,その提供先である組織成員にどの程度有効と認知されているのかを問うている.営業部門と比して,製造部門において目標の理解の容易さ【6-3-12】および努力結果の反映度【6-3-13】が高まったと認知されている程度が高いことが分かる.利益指標を製造部門へ導入することの効果の一端をここに看取することができる.

【6-3-15】は,制御的事象に関する設問である.MPCの情報上の特性から組織成員が過度のモニタリングを受けていると認知しているかを問うている.回答結果から,製造・営業の両部門ともモニタリング感に対する不満は少ないことが分かる.(渡辺岳夫)

【6-3-16】 現場の人間，特にリーダーが，自分たちの活動が経営にいかに結びついているか意識するようになってきた．

		製造部門		販売部門		計	
		度数	割合	度数	割合	度数	割合
まったくそのようなことはない	1	0	0.0%	0	0.0%	0	0.0%
	2	0	0.0%	0	0.0%	0	0.0%
どちらともいえない	3	11	28.9%	16	39.0%	27	34.2%
	4	21	55.3%	20	48.8%	41	51.9%
まったくそのとおり	5	6	15.8%	5	12.2%	11	13.9%
計		38	100%	41	100%	79	100%

【6-3-17】 現場の人間，特にリーダーが，部材や商品等のマーケットを意識するようになってきた．

		製造部門		販売部門		計	
		度数	割合	度数	割合	度数	割合
まったくそのようなことはない	1	0	0.0%	0	0.0%	0	0.0%
	2	1	2.6%	2	4.9%	3	3.8%
どちらともいえない	3	15	39.5%	13	31.7%	28	35.4%
	4	20	52.6%	21	51.2%	41	51.9%
まったくそのとおり	5	2	5.3%	5	12.2%	7	8.9%
計		38	100%	41	100%	79	100%

【6-3-18】 現場の人間，特にリーダーのコスト意識が高まってきた．

		製造部門		販売部門		計	
		度数	割合	度数	割合	度数	割合
まったくそのようなことはない	1	0	0.0%	0	0.0%	0	0.0%
	2	0	0.0%	1	2.4%	1	1.3%
どちらともいえない	3	7	18.4%	10	24.4%	17	21.5%
	4	22	57.9%	21	51.2%	43	54.4%
まったくそのとおり	5	9	23.7%	9	22.0%	18	22.8%
計		38	100%	41	100%	79	100%

【6-3-19】 現場の人間,特にリーダーに,売上や利益を増大させようとの意識が高まってきた.

		製造部門		販売部門		計	
		度数	割合	度数	割合	度数	割合
まったくそのようなことはない	1	0	0.0%	0	0.0%	0	0.0%
	2	0	0.0%	0	0.0%	0	0.0%
どちらともいえない	3	8	21.1%	8	19.5%	16	20.3%
	4	22	57.9%	18	43.9%	40	50.6%
まったくそのとおり	5	8	21.1%	15	36.6%	23	29.1%
計		38	100%	41	100%	79	100%

【コメント】

【6-3-16】から【6-3-19】はMPCのリーダーに経営意識がどの程度醸成されてきているかを問うている.リッカートスケールの4と5に対するレスポンスが,経営意識【6-3-16】については製造部門71.1%・営業部門61.0%,マーケットに対する意識【6-3-17】については製造部門55.9%・営業部門63.4%,コスト意識【6-3-18】については製造部門81.6%,営業部門73.2%,利益意識【6-3-19】については製造部門79.0%・営業部門80.5%である.ほとんどの製造・営業部長が,MPCが経営意識の醸成に効果的であると認識していることが分かる.(渡辺岳夫)

【6-3-20】 現場の人間と,スタッフ部門や管理職とのコミュニケーションが促進されてきた.

		製造部門		販売部門		計	
		度数	割合	度数	割合	度数	割合
まったくそのようなことはない	1	0	0.0%	0	0.0%	0	0.0%
	2	0	0.0%	2	4.9%	2	2.5%
どちらともいえない	3	21	55.3%	19	46.3%	40	50.6%
	4	15	39.5%	17	41.5%	32	40.5%
まったくそのとおり	5	2	5.3%	3	7.3%	5	6.3%
計		38	100%	41	100%	79	100%

【6-3-21】 現場の人間の間，および現場と管理職との間に一体感が醸成されるようになってきた．

		製造部門		販売部門		計	
		度数	割合	度数	割合	度数	割合
まったくそのようなことはない	1	0	0.0%	0	0.0%	0	0.0%
	2	1	2.6%	2	4.9%	3	3.8%
どちらともいえない	3	22	57.9%	25	61.0%	47	59.5%
	4	13	34.2%	10	24.4%	23	29.1%
まったくそのとおり	5	2	5.3%	4	9.8%	6	7.6%
計		38	100%	41	100%	79	100%

【6-4】 MPCの「運営方法」についてお尋ねします．以下のスケールにより該当する数字1つに○印をおつけください．

【6-4-1】 現場の人間，特にリーダーの意見は，目標設定の際に，できるだけ取り入れている．

		製造部門		販売部門		計	
		度数	割合	度数	割合	度数	割合
まったくそのようなことはない	1	0	0.0%	0	0.0%	0	0.0%
	2	1	2.6%	3	7.1%	4	4.9%
どちらともいえない	3	8	20.5%	7	16.7%	15	18.5%
	4	22	56.4%	26	61.9%	48	59.3%
まったくそのとおり	5	8	20.5%	6	14.3%	14	17.3%
計		39	100%	42	100%	81	100%

【6-4-2】 現場には比較的大幅な権限委譲を行っている．

		製造部門		販売部門		計	
		度数	割合	度数	割合	度数	割合
まったくそのようなことはない	1	0	0.0%	0	0.0%	0	0.0%
	2	5	12.8%	5	11.9%	10	12.3%
どちらともいえない	3	19	48.7%	14	33.3%	33	40.7%
	4	9	23.1%	19	45.2%	28	34.6%
まったくそのとおり	5	6	15.4%	4	9.5%	10	12.3%
計		39	100%	42	100%	81	100%

【6-4-3】 目標の達成状況は，現場のリーダー自らが実績を測定し，チェックできるようにしている．

		製造部門		販売部門		計	
		度数	割合	度数	割合	度数	割合
まったくそのようなことはない	1	0	0.0 %	0	0.0 %	0	0.0 %
	2	1	2.6 %	0	0.0 %	1	1.2 %
どちらともいえない	3	4	10.3 %	9	21.4 %	13	16.0 %
	4	24	61.5 %	23	54.8 %	47	58.0 %
まったくそのとおり	5	10	25.6 %	10	23.8 %	20	24.7 %
計		39	100 %	42	100 %	81	100 %

【6-4-4】 利益責任単位の業績を評価する際には，各単位を相対的に比較し評価するのではなく，単位ごとに設定された目標をどれだけ達成できたかを重視している．

		製造部門		販売部門		計	
		度数	割合	度数	割合	度数	割合
まったくそのようなことはない	1	0	0.0 %	0	0.0 %	0	0.0 %
	2	0	0.0 %	0	0.0 %	0	0.0 %
どちらともいえない	3	10	25.6 %	4	9.5 %	14	17.3 %
	4	19	48.7 %	29	69.0 %	48	59.3 %
まったくそのとおり	5	10	25.6 %	9	21.4 %	19	23.5 %
計		39	100 %	42	100 %	81	100 %

【コメント】

【6-4-1】から【6-4-4】は，MPCに対する運営方法のうち情報的事象に該当するものに関する設問である．目標設定への参加【6-4-1】，自由裁量度【6-4-2】，自己評価【6-4-3】，および到達度評価【6-4-4】はいずれも，内発的動機づけに正の影響を及ぼすことが先行研究によって明らかにされている．

スケール4と5に対するレスポンスが，目標設定への参加については製造部門76.9％・営業部門76.2％，自由裁量度については製造部門38.5％・営業部門54.7％，自己評価については製造部門87.1％，営業部門78.6％，到達度評価については製造部門74.3％・営業部門90.4％である．自由裁量度を除き，多くの企業において，組織成員に情報的事象と認知される可能性が高いMPCの運営方法を採用していることが分かる．（渡辺岳夫）

【6-4-5】 現場の人間，特にリーダーには，利益目標の達成を，強く要求している．

		製造部門		販売部門		計	
		度数	割合	度数	割合	度数	割合
まったくそのようなことはない	1	0	0.0%	0	0.0%	0	0.0%
	2	2	5.1%	0	0.0%	2	2.5%
どちらともいえない	3	3	7.7%	8	19.0%	11	13.6%
	4	20	51.3%	18	42.9%	38	46.9%
まったくそのとおり	5	14	35.9%	16	38.1%	30	37.0%
計		39	100%	42	100%	81	100%

【コメント】

【6-4-5】は，MPCに対する運営方法のうち制御的事象に該当するものに関する設問である．目標達成の強調【6-4-5】は，多くの先行研究によって，既に内発的動機づけ状態にある人間について，その内発的動機づけを抑制する効果を持つことが明らかにされている．ただし，他方で，そういった制御的な働きかけが，興味のなかった活動に従事するきっかけを与え，これにより当該活動に従事した結果，その活動に内発的な興味を抱くことになることもあるといった，内発的動機づけへのプラス効果の可能性も指摘されている．

回答結果を見ると，多くの企業において利益目標の達成が強く要求されていることが分かる．（渡辺岳夫）

【6-4-6】 一定以上の成果をあげた利益責任単位には，金銭的報酬や昇進・昇級で報いている．

		製造部門		販売部門		計	
		度数	割合	度数	割合	度数	割合
まったくそのようなことはない	1	0	0.0%	0	0.0%	0	0.0%
	2	1	2.6%	1	2.4%	2	2.5%
どちらともいえない	3	8	20.5%	12	28.6%	20	24.7%
	4	24	61.5%	18	42.9%	42	51.9%
まったくそのとおり	5	6	15.4%	11	26.2%	17	21.0%
計		39	100%	42	100%	81	100%

(7) 原価計算システムと原価改善活動についての質問

貴社における原価計算システムと原価改善活動についてお尋ねします．その際に，貴社において，最近5年の間に，原価計算システムの部分的な改良あるいは大幅な変更を実施なされている場合に限り，下記の質問にお答えください．

【7-1】原価計算システムの特徴の変化

貴社において原価計算システムを変更した際，新システムの特徴は旧システムに比べて「どのように変化している」と認識なされていますか．以下のスケールにより，該当する数字1つに〇をお付けください．

【7-1-1】部門内で生じる原価や製品・サービスの原価を正確に測定している．

		度数	割合
まったくその反対に変化している	1	1	0.9％
	2	7	6.6％
変化していない	3	21	19.8％
	4	56	52.8％
まったくその通りに変化している	5	21	19.8％
計		106	100％

【7-1-2】原価を発生させる原因を追求し，それに関する情報を提供している．

		度数	割合
まったくその反対に変化している	1	1	0.9％
	2	4	3.8％
変化していない	3	29	27.4％
	4	60	56.6％
まったくその通りに変化している	5	12	11.3％
計		106	100％

【7-1-3】原価の発生状況をきめ細かく把握できるように，原価集計単位を細分化している．

		度　数	割　合
まったくその反対に変化している	1	0	0.0％
	2	4	3.8％
変化していない	3	34	32.1％
	4	50	47.2％
まったくその通りに変化している	5	18	17.0％
計		106	100％

【7-1-4】部門間を横断する業務活動の連鎖に対応した原価情報を提供している．

		度　数	割　合
まったくその反対に変化している	1	2	1.9％
	2	7	6.6％
変化していない	3	35	33.0％
	4	50	47.2％
まったくその通りに変化している	5	12	11.3％
計		106	100％

【7-1-5】原価情報の意味内容を理解することが容易になっている．

		度　数	割　合
まったくその反対に変化している	1	2	1.9％
	2	9	8.5％
変化していない	3	38	35.8％
	4	45	42.5％
まったくその通りに変化している	5	12	11.3％
計		106	100％

【7-1-6】 原価計算システムから提供される情報を信頼している．

		度　数	割　合
まったくその反対に変化している	1	1	1.0％
	2	6	5.7％
変化していない	3	32	30.5％
	4	53	50.5％
まったくその通りに変化している	5	13	12.4％
計		105	100％

【7-1-7】 原価情報を活用したいとき，原価データベースにアクセスすることが技術的に可能である．

		度　数	割　合
まったくその反対に変化している	1	2	1.9％
	2	11	10.4％
変化していない	3	28	26.4％
	4	49	46.2％
まったくその通りに変化している	5	16	15.1％
計		106	100％

【7-1-8】 原価情報は必要なときに適時に提供されている．

		度　数	割　合
まったくその反対に変化している	1	2	1.9％
	2	5	4.7％
変化していない	3	29	27.4％
	4	54	50.9％
まったくその通りに変化している	5	16	15.1％
計		106	100％

【7-1-9】 自部門の原価情報のみでなく，他部門の原価情報を保有することが技術的に可能である．

		度　数	割　合
まったくその反対に変化している	1	2	1.9%
変化していない	2	12	11.3%
	3	42	39.6%
	4	40	37.7%
まったくその通りに変化している	5	10	9.4%
計		106	100%

【コメント】

　ここでは，原価計算システムの特徴がどのように変化したか，について質問している．以下，スケール1と2を「その反対に変化している」，3を「変化していない」，4と5を「その通りに変化している」と区分して，コメントを行う．まず，原価計算システムの変更を経験した回答者の6-7割が，システムがより精緻に原価を把握しうるようになっている（【7-1-1】72.6%，【7-1-2】67.9%，【7-1-3】64.2%，【7-1-4】58.5%）という認識を抱いており，5-6割が，提供される原価情報は理解が容易で信頼できるものになっている（【7-1-5】53.8%，【7-1-6】62.9%）と認識している．また，5-6割が，原価データベースへのアクセスが可能になっている（【7-1-7】61.3%），原価情報の提供がタイムリーになっている（【7-1-8】66.0%），他部門に関わる原価情報の入手が可能になっている（【7-1-9】47.1%）と回答しているように，原価計算システムを活用するうえでの利便性が向上している，ということを看取することができる．しかしながら，システムの変更を経験したにもかかわらず，これらの質問項目について，2-4割が「変化していない」と回答している．本調査では，原価集計単位の設定数や配賦基準の変更など，原価計算システムのデザイン上の変更を客観的に測定していないので断言することはできないが，このような回答結果の原因として，「既存システムは僅かに改良されただけ」，「回答者の情報要求を満たすほどには変更が加えられなかった」，「システムの変更に関わる情報が十分に提供されなかった」などを挙げることができるであろう．（真部典久）

【7-2】原価計算システムの役割，運用方法，現場の環境の変化

　貴社では，原価計算システムの変更後，原価計算システムの役割や運用の仕方，そして原価改善活動を遂行する現場の環境が「どのように変化している」と認識なされていますか．以下のスケールにより，該当する数字1つに○をお付けください．

【7-2-1】 原価数値などの会計情報を介して，自己の行動が上司により統制されている．

		度数	割合
まったくその反対に変化している	1	4	3.8%
	2	7	6.7%
変化していない	3	53	50.5%
	4	38	36.2%
まったくその通りに変化している	5	3	2.9%
計		105	100%

【7-2-2】 部門間の双方向的な対話が活性化している．

		度数	割合
まったくその反対に変化している	1	1	1.0%
	2	5	4.8%
変化していない	3	51	48.6%
	4	39	37.1%
まったくその通りに変化している	5	9	8.6%
計		105	100%

【7-2-3】 原価や収益性の観点から,業務改善案の効果・有効性を測定することが容易になっている.

		度 数	割 合
まったくその反対に変化している	1	1	1.0%
	2	5	4.8%
変化していない	3	39	37.1%
	4	54	51.4%
まったくその通りに変化している	5	6	5.7%
計		105	100%

【7-2-4】 上司や部下とのコミュニケーションが頻繁に行われている.

		度 数	割 合
まったくその反対に変化している	1	0	0.0%
	2	4	3.8%
変化していない	3	38	36.2%
	4	50	47.6%
まったくその通りに変化している	5	13	12.4%
計		105	100%

【7-2-5】 現状を変えるための意思決定や改善活動を促すような情報が提供されている.

		度 数	割 合
まったくその反対に変化している	1	1	1.0%
	2	4	3.8%
変化していない	3	32	30.5%
	4	53	50.5%
まったくその通りに変化している	5	15	14.3%
計		105	100%

【7-2-6】 自部門の業務活動が他部門に及ぼす影響を評価することが容易になっている．

		度　数	割　合
まったくその反対に変化している	1	2	1.9％
	2	9	8.6％
変化していない	3	60	57.1％
	4	28	26.7％
まったくその通りに変化している	5	6	5.7％
計		105	100％

【7-2-7】 現状を改善するためのアイデアの生成に役立つ情報が提供されている．

		度　数	割　合
まったくその反対に変化している	1	0	0.0％
	2	8	7.6％
変化していない	3	45	42.9％
	4	44	41.9％
まったくその通りに変化している	5	8	7.6％
計		105	100％

【7-2-8】 原価や収益性の実績に基づき，自己の業績が評価されている．

		度　数	割　合
まったくその反対に変化している	1	0	0.0％
	2	6	5.7％
変化していない	3	44	41.9％
	4	40	38.1％
まったくその通りに変化している	5	15	14.3％
計		105	100％

【7-2-9】業務上の問題点の発見が容易になっている．

		度数	割合
まったくその反対に変化している	1	1	1.1%
	2	5	4.8%
変化していない	3	43	41.0%
	4	48	45.7%
まったくその通りに変化している	5	8	7.6%
計		105	100%

【7-2-10】自部門の業務のみでなく関係部門の業務を改善するためのアイデアを提供している．

		度数	割合
まったくその反対に変化している	1	1	1.1%
	2	8	7.6%
変化していない	3	56	53.3%
	4	35	33.3%
まったくその通りに変化している	5	5	4.8%
計		105	100%

【7-2-11】関係部門との友好関係は改善され，お互いに協力的になっている．

		度数	割合
まったくその反対に変化している	1	0	0.0%
	2	6	5.7%
変化していない	3	45	42.9%
	4	45	42.9%
まったくその通りに変化している	5	9	8.6%
計		105	100%

【7-2-12】原価情報を通じて，自己の行動が上司や会計担当者により監視されている．

		度 数	割 合
まったくその反対に変化している	1	2	1.9 %
	2	12	11.4 %
変化していない	3	56	53.3 %
	4	32	30.5 %
まったくその通りに変化している	5	3	2.9 %
計		105	100 %

【7-2-13】所与の標準的な業務手続の遵守を促すような情報が提供されている．

		度 数	割 合
まったくその反対に変化している	1	0	0.0 %
	2	5	4.8 %
変化していない	3	56	53.3 %
	4	38	36.5 %
まったくその通りに変化している	5	5	4.8 %
計		104	100 %

【コメント】

ここでは，原価計算システムの変更後に，当該システムの役割，運用方法，および現場の環境がどのように変化したか，について質問している．まず，回答者の5-6割が，システム変更以前よりも，改善活動に役立つ情報が提供されている（【7-2-3】57.1 %，【7-2-5】64.8 %，【7-2-7】49.5 %），と認識しているように，改善活動における原価情報の有用性の向上が見て取れる．また，5-6割が，部門間の対話および階層間の対話が活性化しており（【7-2-2】45.7 %，【7-2-4】60.0 %），部門間の関係が改善されている（【7-2-11】51.5 %），と認識している．さらに，これより若干低い割合であるが，変更前に比べて，関係部門にアイデアを提供するようになっており（【7-2-10】38.1 %），他部門に対する影響力の把握が容易になっている（【7-2-6】34.2 %）．これらの集計結果から，変更前に比

して，原価情報は成員間のコミュニケーションを促進する共通言語として機能するようになっている，ということが推察される．その他に，3-5割が，原価情報を介して自己の行動が監視あるいは統制されるようになっている（【7-2-1】39.1％，【7-2-8】52.4％，【7-2-13】41.3％），収益性や原価に基づき自己の業績が評価されるようになっている（【7-2-12】33.4％），と回答している．本調査では，会計（原価）業績連動型の評価システム等への移行状況を明らかにしていないので断言することはできないが，原価計算システムの変更を通じて組織成員の業務活動や業績は管理対象としていっそう可視化される，ということを組織成員に認識させるようである．（真部典久）

【7-3】原価改善活動への取り組みの姿勢・態度の変化

貴社では，原価計算システムを変更した後に，原価改善活動への取り組みの姿勢や態度が「どのように変化している」と認識なされていますか．以下のスケールにより，該当する数字1つに〇をお付けください．

【7-3-1】 上司やエンジニアからの指示を受けてから，改善活動に取り組むようにしている．

		度数	割合
まったくその反対に変化している	1	5	4.8％
	2	14	13.3％
変化していない	3	41	39.0％
	4	39	37.1％
まったくその通りに変化している	5	6	5.7％
計		105	100％

【7-3-2】 収益性や原価の改善に要する知識・技能の習得を試みている．

		度 数	割 合
まったくその反対に変化している	1	0	0.0％
	2	3	2.8％
変化していない	3	25	23.6％
	4	68	64.2％
まったくその通りに変化している	5	10	9.4％
計		106	100％

【7-3-3】 金銭的な報酬や上司・同僚からの承認を得るために，業務の改善に専念している．

		度 数	割 合
まったくその反対に変化している	1	1	1.1％
	2	9	8.6％
変化していない	3	67	63.8％
	4	25	23.8％
まったくその通りに変化している	5	3	2.9％
計		105	100％

【7-3-4】 業務の改善を進めていくことが楽しくなっている．

		度 数	割 合
まったくその反対に変化している	1	1	1.0％
	2	10	9.5％
変化していない	3	57	54.3％
	4	29	27.6％
まったくその通りに変化している	5	8	7.6％
計		105	100％

【7-3-5】 自らが積極的に製品・サービスの改良や業務の改善に着手している．

		度　数	割　合
まったくその反対に変化している	1	1	0.9％
	2	4	3.8％
変化していない	3	37	34.9％
	4	54	50.9％
まったくその通りに変化している	5	10	9.4％
計		106	100％

【7-3-6】 解決が困難な業務上の問題に直面しても，可能な限り解決しようと努力している．

		度　数	割　合
まったくその反対に変化している	1	0	0.0％
	2	5	4.7％
変化していない	3	29	27.4％
	4	59	55.7％
まったくその通りに変化している	5	13	12.3％
計		106	100％

【コメント】

　ここでは，原価計算システムの変更後に，原価改善活動に対する姿勢・態度がどのように変化したか，について質問している．回答者の6-7割が，原価計算システムを変更する以前に比べて，知識や技能を身につけ積極的に改善活動に尽力している（【7-3-2】73.6％，【7-3-5】60.3％，【7-3-6】68.0％），と答えているように，全体的に原価改善活動への取り組みが積極的になっている．しかし，これらの割合に比べて，変更以前よりも業務改善が楽しくなっていると答えている回答者は35.2％に過ぎず，10.5％が楽しくなっていないと回答している（【7-3-4】）．また，自発的に行動を起こすというよりも，むしろ何らかの外的な報酬を得るために（【7-3-3】26.7％），あるいは上司の指示に応えるために（【7-3-1】42.8％），改善活動に取り組むようになっている．これらの集計結

果から,改善活動への積極性の向上は,必ずしも当該活動に対する自発性・主体性の向上を意味しているわけではない,ということが分かる.(真部典久)

(8) 経営環境および会計的情報の利用についての質問

【8-1】貴社を取り巻く環境や,貴社の現状についてお尋ねします.以下のスケールにより該当する数字1つに○印をおつけください.

【8-1-1】同業他社と比べて,製品やサービスのドメインが広い.

		度数	割合
まったくそのようなことはない	1	3	2.8%
	2	20	18.3%
どちらともいえない	3	33	30.3%
	4	30	27.5%
まったくその通りである	5	23	21.1%
計		109	100%

【コメント】

ドメインの相対的な広さについて訊ねた質問であるので,1,2を選択する企業と,4,5を選択する企業が同程度ではないかと推測したが,4,5を選択した企業が48.6%と,半数近くの企業が同業他社以上のドメインの広さを持っていると考える傾向が見られる.逆に同業他社よりも,ドメインが狭いと回答した企業は21.1%であった.これは,他社製品についてよりも,自社製品についての知識を多く持っており,したがって,他社よりも自社の方がドメインが広いと感じるのではないかと考えられる.(岸田隆行)

【8-1-2】 同業他社と比べて，新製品の投入頻度が高い．

		度数	割合
まったくそのようなことはない	1	3	2.8%
	2	24	22.0%
どちらともいえない	3	44	40.4%
	4	28	25.7%
まったくその通りである	5	10	9.2%
計		109	100%

【コメント】
　同業他社との相対的な新製品の投入頻度についての質問である．同業他社よりも頻度が低いと回答した企業が24.8％，同業他社よりも頻度が高いと回答した企業が34.9％であった．新製品をコンスタントに投入し続けることは，競争優位を獲得する上で重要であり，同業他社と同程度以上の頻度で開発し続けることを重要視しているためではないかと考えられる．（岸田隆行）

【8-1-3】 内部プロセスの効率化よりも，イノベーションが重要である．

		度数	割合
まったくそのようなことはない	1	5	4.6%
	2	26	23.9%
どちらともいえない	3	47	43.1%
	4	27	24.8%
まったくその通りである	5	4	3.7%
計		109	100%

【コメント】
　内部プロセスの効率化とイノベーションのどちらが重要であると考えているかについての質問である．1に近いほど内部プロセスを重視しており，5に近いほどイノベーションを重視していることになる．結果としては，1, 2を選択した企業が28.5％，4, 5を選択した企業が28.5％と同程度であった．しかし，

1と5を選択する企業は少数であり，多くの企業では，内部プロセスの効率化とイノベーションについて，同程度の重要性を考えており，どちらかに突出して資源を配分するのではなく，バランスを考慮しながら経営を行っているものと考えられる．（岸田隆行）

【8-1-4】 市場にある機会を敏感に察知し，素早く対応している．

		度　数	割　合
まったくそのようなことはない	1	0	0.0％
	2	19	17.4％
どちらともいえない	3	37	33.9％
	4	45	41.3％
まったくその通りである	5	8	7.3％
計		109	100％

【コメント】

3,4を選択する企業が多く，ある程度，市場の機会を察知した上で，対応している傾向が見受けられる．5を選択する企業が7.3％と意外と少ない．「素早く対応している」という点に関して，自社だけでなく，同業他社の出方を見た上で動くということがあるのかもしれない．（岸田隆行）

【8-1-5】 供給業者との取引関係は頻繁に変化する．

		度　数	割　合
まったくそのようなことはない	1	8	7.4％
	2	48	44.4％
どちらともいえない	3	36	33.3％
	4	16	14.8％
まったくその通りである	5	0	0.0％
計		108	100％

【コメント】

2,3を選択している企業がほとんどである．1を選択する企業が少ないことから，多くの企業が供給業者と安定的な取引関係を結びつつ，自社の基準に適合しない供給業者の入れ替えを行っていることが推察される．5を選択した企業が皆無であることから，あまりに頻繁な供給業者の入れ替えはまず行われないことが分かる．（岸田隆行）

【8-1-6】 同業他社との競争が激烈であると感じている．

		度数	割合
まったくそのようなことはない	1	2	1.8%
	2	2	1.8%
どちらともいえない	3	8	7.3%
	4	36	33.0%
まったくその通りである	5	61	56.0%
計		109	100%

【コメント】

5を選択する企業が最も多く，同業他社との競争は相当に激烈であると考えている企業が多い．（岸田隆行）

【8-1-7】 自社を取り巻く経済的環境は不安定である．

		度数	割合
まったくそのようなことはない	1	2	1.8%
	2	2	1.8%
どちらともいえない	3	8	7.3%
	4	36	33.0%
まったくその通りである	5	61	56.0%
計		109	100%

【コメント】

経済環境が不安定であると感じている企業が多数のようである．近年の技術的環境の変化などにより，経済環境の将来予測が困難になっていることが原因であろう．（岸田隆行）

【8-1-8】顧客嗜好の変化は予測が困難である．

		度　数	割　合
まったくそのようなことはない	1	2	1.8%
	2	31	28.4%
どちらともいえない	3	47	43.1%
	4	23	21.1%
まったくその通りである	5	6	5.5%
計		109	100%

【コメント】

顧客嗜好の変化の予測に困難さを感じている企業と，感じていない企業がほぼ半々という結果であった．顧客嗜好の予測可能性は，それぞれの企業が所属している業界によって異なってくると考えられるので，妥当な結果であろう．（岸田隆行）

【8-1-9】近年，自社を取り巻く法律的・経済的な制約が増えていると感じている．

		度　数	割　合
まったくそのようなことはない	1	2	1.8%
	2	22	20.2%
どちらともいえない	3	28	25.7%
	4	46	42.2%
まったくその通りである	5	11	10.0%
計		109	100%

【コメント】

半数以上の企業が制約が増加してきていると感じている．規制緩和が進められているため，法律的・経済的な制約は減少してきているのではないかと予測していたが，その反対の結果となった．どのような点において，制約が増えてきていると感じているのか，より詳細な調査が必要であろう．（岸田隆行）

【8-2】貴社では，製品戦略やサービス戦略を策定する際，以下のような情報をどの程度の頻度で利用しますか．以下のスケールにより該当する数字1つに○印をおつけください．そのような情報を作成していないために，情報を利用できない場合は，「0」に○をおつけください．（岸田隆行）

【8-2-1】 同業他社の類似製品の原価構造についての情報．

		度数	割合
そのような情報は作成していない	0	23	21.3%
まったく利用しない	1	1	0.9%
	2	13	12.0%
ときどき利用する	3	41	38.0%
	4	19	17.6%
頻繁に利用する	5	11	10.2%
計		108	100%

【コメント】

類似製品の原価構造についての情報を利用しながら，意思決定を行っている企業が多いようである．一方で，21.3％の企業がそのような情報は作成しておらず，企業によって対応に差があることが分かる．（岸田隆行）

【8-2-2】 顧客毎の収益性についての情報．

		度　数	割　合
そのような情報は作成していない	0	9	8.3%
まったく利用しない	1	1	0.9%
ときどき利用する	2	20	18.5%
	3	30	27.8%
	4	37	34.3%
頻繁に利用する	5	11	10.2%
計		108	100%

【コメント】
　顧客収益性については，今回調査した多くの企業が把握している．また，収益性についての情報を使う頻度は高く，このような情報が製品意思決定において，重要であることを示している．顧客収益性をどのようにして測定しており，どのように意思決定に役立てているのかについて，調査していくことも必要であろう．（岸田隆行）

【8-2-3】 顧客嗜好の変化が原価や収益に及ぼす影響についての情報．

		度　数	割　合
そのような情報は作成していない	0	18	16.8%
まったく利用しない	1	2	1.9%
ときどき利用する	2	19	17.8%
	3	25	23.4%
	4	37	34.6%
頻繁に利用する	5	6	5.6%
計		107	100%

【コメント】
　顧客嗜好の変化の影響についての情報利用度は比較的高く，顧客収益性と同様の傾向を示している．顧客についての情報は製品意思決定において重要な役

割を果たしているようである．(岸田隆行)

【8-2-4】 供給業者の製造システムや原価構造についての情報．

		度数	割合
そのような情報は作成していない	0	14	13.2%
まったく利用しない	1	5	4.7%
	2	28	26.4%
ときどき利用する	3	28	26.4%
	4	23	21.7%
頻繁に利用する	5	8	7.5%
計		106	100%

【コメント】

供給業者の製造システムや原価構造についての情報は多くの企業が把握しており，2が26.4%，3が26.4%，4が21.7%と，利用の程度は企業によってまちまちのようである．13.2%の企業がそのような情報は作成していないとのことであった．意思決定は，最終的な価格のみで判断するということで，製造システムや原価構造などの踏み込んだ情報は必要としていないということであろう．(岸田隆行)

【8-2-5】 将来起こりうる事象の予測とその事象が原価や収益に及ぼす影響についての情報．

		度数	割合
そのような情報は作成していない	0	11	10.2%
まったく利用しない	1	0	0.0%
	2	18	16.7%
ときどき利用する	3	32	29.6%
	4	36	33.3%
頻繁に利用する	5	11	10.2%
計		108	100%

【コメント】

　将来事象の影響についての情報は意思決定において重要である．しかし，それらが収益や原価に及ぼす影響まで情報として作成し，利用している企業は少ないのではないかと予測していたが，結果としてはよく利用している企業が43.5％と多く，このような情報を作成した上で，それを頻繁に利用していた．
（岸田隆行）

【8-2-6】 経済状態や政府の規制が原価や収益に及ぼす影響についての情報．

		度数	割合
そのような情報は作成していない	0	11	10.2％
まったく利用しない	1	1	0.9％
ときどき利用する	2	19	17.6％
	3	33	30.6％
	4	35	32.4％
頻繁に利用する	5	9	8.3％
計		108	100％

【コメント】

　経済状態や政府の規制が及ぼす影響についての情報利用についての質問である．将来事象の影響についての情報とほぼ同様の傾向を示している．この質問も，将来起こりうる事象が自社に与える影響を聞いており，したがって，同様の傾向を示したのだと考えられる．（岸田隆行）

【8-2-7】 市場規模や市場シェアについての情報.

		度 数	割 合
そのような情報は作成していない	0	0	0.0%
まったく利用しない	1	0	0.0%
	2	4	3.7%
ときどき利用する	3	19	17.4%
	4	43	39.4%
頻繁に利用する	5	43	39.4%
計		109	100%

【コメント】

　市場規模や市場シェアについては作成していない企業が皆無であり，ほぼすべての企業が意思決定に利用している．情報利用度についての他の質問から類推して，意思決定においては，複雑な処理を行って導き出した情報よりも，このような単純な情報を利用する企業の方が多いようである．（岸田隆行）

執筆者紹介（執筆順）

木島　淑孝	研究員・中央大学商学部教授
佐野　雄一郎	客員研究員・産能大学経営学部教授
渡辺　岳夫	研究員・中央大学商学部助教授
河合　久	研究員・中央大学商学部教授
成田　博	客員研究員・高千穂大学商学部教授
櫻井　康弘	客員研究員・高千穂大学商学部助教授
堀内　恵	研究員・中央大学商学部助教授
田代　景子	客員研究員・浜松大学経営情報学部助教授
真部　典久	客員研究員・富山大学経済学部助教授
岸田　隆行	客員研究員・駒澤大学経営学部専任講師

組織文化と管理会計システム　　　　中央大学企業研究所研究叢書 25

2006 年 6 月 10 日　初版第 1 刷発行

編著者　　木　島　淑　孝

発行者　　中　央　大　学　出　版　部
代表者　　福　田　孝　志

発行所　〒192-0393 東京都八王子市東中野 742-1
　　　　電話 042(674)2351　FAX 042(674)2354　　中央大学出版部
　　　　http://www2.chuo-u.ac.jp/up/

© 2006　　　　　　　　　　　　　　　　　ニシキ印刷・三栄社製本

ISBN4-8057-3224-5